国家社会科学基金重点项目（11AZD003）研究成果
江苏产业集群研究基地研究成果
教育部人文社会科学研究青年基金项目（12YJC630286）
中央高校基本科研业务费专项资金资助（30920140122010）

创新驱动发展论
ON INNOVATION-DRIVEN DEVELOPMENT

朱英明　张　珩　童毛第　著

图书在版编目（CIP）数据

创新驱动发展论/朱英明，张珩著. —北京：经济管理出版社，2014.12
ISBN 978-7-5096-3475-2

Ⅰ. ①创… Ⅱ. ①朱… ②张… Ⅲ. ①企业管理 Ⅳ. ①F270

中国版本图书馆 CIP 数据核字（2014）第 266141 号

组稿编辑：申桂萍
责任编辑：宋　凯
责任印制：黄章平
责任校对：陈　颖

出版发行：经济管理出版社
（北京市海淀区北蜂窝 8 号中雅大厦 A 座 11 层　100038）
网　　址：www.E-mp.com.cn
电　　话：(010) 51915602
印　　刷：三河市延风印装厂
经　　销：新华书店
开　　本：720mm×1000mm/16
印　　张：22.25
字　　数：373 千字
版　　次：2014 年 12 月第 1 版　2014 年 12 月第 1 次印刷
书　　号：ISBN 978-7-5096-3475-2
定　　价：78.00 元

·版权所有　翻印必究·
凡购本社图书，如有印装错误，由本社读者服务部负责调换。
联系地址：北京阜外月坛北小街 2 号
电话：(010) 68022974　　邮编：100836

序

朱英明教授从以我为联系导师的理论经济学博士后流动站出站后，十几年来潜心研究产业集聚与区域发展问题，研究成果丰硕。在国家社会科学基金重点项目的资助下，以朱英明教授为学术带头人的创新驱动发展研究团队，对创新驱动发展问题又进行了深入研究，本书就是他们的研究成果的较为系统性的总结。经他请求，本着推广他们学术的出发点，我很高兴为他的新著写序，并借此谈谈我对中国下一阶段发展战略转型的粗浅思考。

我国自从20世纪90年代中期以来，经济社会发展的主要动力机制之一是出口导向型经济。尤其是2000年以后，中国沿海地区利用了国际贸易中的经济地理效应，在国际代工中实现产业的技术进步，在技术模仿中实现自我创新能力的提升。2008年世界金融危机后，我国迎来了基于扩大内需的创新经济的发展机遇。过去在外向型经济中，创新也是经济发展的基本动力。但是这种创新大部分是模仿式的平面扩张，以高强度投资为特征。经济发展进入新常态后，扩大内需取向很有可能支撑起中国的自主创新战略和战略性新兴产业的发展。那些科教资源丰富、区域创新体系相对健全的地区，有可能在基于内需的经济全球化战略推动下，在新一轮的区域经济竞争中拔得头筹。

在发展机遇的竞争中，扩大内需战略为什么会产生对创新经济发展的促进作用，或者说，创新经济为什么要基于内需市场而发展？为什么我们说，自主创新必须基于中国庞大的内需市场来进行，而基于外需进行国际代工没有前途？这是因为，在全球价值链的国际分工中，基于外需进行国际代工，做的是别人早已研发好、设计好的外包订单，因此高附加值的产业活动内容掌控在西方发达国家的跨国企业手里，自己只能被别人纳入价值链上做低附加值的加工贸易，成为别人零部件的廉价供应商。因此，在这轮发展的新阶段和新机遇中，原来一些外向型经济特征和指向过于强烈的地区，包括原先发展阶段和发展机遇把握不够及时的地区，都必须加速进行战略转型和产业升级，把利用国内低端要素进行国际代工的外向型发展模式，或者把利用低端要素投资驱动型的发展模式，改造为面向国内外市场的自主创新发展模式。否则，我们就抓不住建设创新型国家所带来的新的发展机遇。

在上述大背景下，我们抓经济发展工作的重点、抓手、突破口就是及时地转向实施创新驱动战略；创新驱动的重点、抓手、突破口就是科技与人才工作；科技与人才工作的重点、抓手、突破口就是科技创业。深入分析后我们可以发现，科技创业，就是让科技资源通过一定的途径，经过一定的时期，转化为一个新的资源，或者是创造新财富的过程。它不是简单的搞投资项目，也不是大学和科研院所的研发活动，但是最终的落脚点是要通过创业成为一个企业，进而逐步发展成为一个产业。显然，把科技创业作为连接科教资源优势与创新驱动战略的行动变量，具有重要的理论和实践意义。

不同的经济发展方式和模式有不同的发展理念和发展路径。过去我们在出口导向型经济中，往往通过建设各种产业园区（如经济技术开发区、出口加工制造业园区、高新技术园区等）的载体平台来发展出口型制造业。主要办法是以低廉的要素成本，建设良好的基础设施加上优惠政策吸收外国资本。这种发展经济的办法，与"十三五"规划时期在创新经济中强调科技创业，是完全不同的两种战略思路和路径。主要表现为：第一，在经济目标上，前者是在中国制造，而后者是由中国创造；第二，在产业性质上，前者是依赖型经济，而后者是开放的自主经济；第三，在发展转型的动力上，前者是FDI主导型的外生驱动力，而后者是本土企业创新驱动的内生动力；第四，在要素依赖上，前者是引进资本、机器设备、技术为焦点，而后者是以人力资本投资和人才制度创新为焦点；第五，在工作抓手上，前者重点是对出口导向的开发区建设，而后者则是以科技创业、建设创新平台和综合创新环境为主；第六，在政府政策上，前者主要是针对物质资本的引进实施包括土地利用、税收、信贷等在内的各种优惠政策，而后者则是针对人力资本创新，进行物质和精神、文化的鼓励和诱导；第七，在后果上，前者一般只能取得较低的附加值，而后者必然获得高附加值。

在新一轮全球化浪潮下，创新型经济与经济全球化趋势不仅不冲突，而且高度相互依存。创新经济也是一种高水平的开放型经济。一方面，创新驱动发展要使产业发展的外资依赖格局转到依靠人力资本，依靠研发、技术、信息、管理、营销、品牌支撑的路径上来，实现制造业从价值链低端向高端的攀升，从微笑曲线底部环节向前端研发、技术、信息和后端营销及品牌的延伸。另一方面，我们要利用中国庞大的内需形成性吸收国内外先进生产要素的各种平台，让这些要素进入我国，为我们发展创新驱动型经济做贡献。

在发展战略转型的关键时刻，我推荐读一下朱英明教授关于创新驱动战略的这本最新论著，这对我们更加深刻地认识创新驱动战略的目标、实现机制和路径具有重要的学术价值。他的著作论题既涉及创新驱动经济增长问题，又涉及创新驱动就业增长问题。在归纳与总结现有的创新驱动发展理论的基础上，试图构建由创新过程模型、创新与就业模型、竞争强度与创新选择模型，以及市场势力与规模报酬约束下的创新发展模型等构成的创新驱动发展理论体系。因而本书在理论方面的建树，应该是较为突出的第一个特色。

与过去一些论述创新驱动发展战略的著作不同的是，本书不仅关注创新对经济增长的影响问题，而且更为关注创新对就业增长的影响。对后一个问题的研究较少，而且更为复杂。我国在实施创新驱动战略过程中，政策措施也是更多地强调创新驱动经济增长，而对创新驱动就业增长关注不够。在建设创新型国家的历程中，国家推出了一系列促进创新和就业的政策措施。但是，鉴于创新和就业之间的复杂关系，已经推出的那些政策的影响还不够清晰，不足以对未来的战略选择提供可靠的指导。为此，本书以创新驱动就业增长研究为主，从创新驱动就业增长的企业、行业与宏观经济层面的研究述评，到创新与就业关系的理论模型构建，再到创新驱动就业增长的计量经济学分析，对创新驱动就业问题进行深入系统探讨，这是本书的第二个特色。

我国创新型国家建设的目标必须落实在特定地域上，创新驱动发展战略也必然要分层次实施。从实践看，我国已经进行了区域（省级）创新系统、创新型城市、创新型乡镇、创新型园区和创新型企业建设，已经形成了包括区域（省级）、城市、乡镇、园区层面上的创新驱动发展空间等级体系。目前，这方面存在的一个突出问题是：在我国的创新驱动发展战略体系中，缺乏对中观层面的创新驱动活动的研究，即缺少对创新集群层面的创新驱动活动的研究。创新集群是经济合作与发展组织（OECD）在推出国家（区域）创新系统概念后，推出的又一个重要概念。创新集群概念是对区域创新系统概念的继承、发展和具体化，创新集群已被OECD看作是简化的区域创新系统。要想实现经济发展向创新驱动发展模式的转型，必须大力培育创新集群，基于创新集群的创新驱动发展战略，则是创新驱动发展战略的优先方向。本书在对国外创新集群研究动态的基础上，对创新驱动战略下的创新产业集群进行识别研究。基于创新集群的创新驱动发展战略问题进行深入探讨，这是本书的第三个特色。

根据世界经济论坛的国家竞争力报告，世界上公认的创新型国家有20多个，这些创新型国家的创新综合指数明显高于其他国家，主要体现在三个方面：一是科技进步贡献率在70%以上，二是研发投入占GDP的比例在2%以上，三是对外技术依存度指标在30%以下。按照国际经验，当人均GDP达到3000美元以后，传统要素对增长的边际贡献率明显下降，而科技创新逐步成为经济增长的核心驱动力，经济社会不可避免地从要素驱动和投资驱动向创新驱动转变。根据国家统计局刚刚公布的我国2013年人均GDP为6995美元，这表明我国目前早已越过要素驱动和投资驱动阶段，已经进入创新驱动发展的新阶段。进入创新驱动发展阶段后，如何更好地以创新作为经济社会发展的核心驱动力呢？一个非常重要的方面，就是借鉴创新型国家的经验教训。为了使我国创新驱动型发展进程少走弯路，本书较多地借鉴了发达国家的经验教训，并结合中国国情进行了许多的讨论。这是本书的第四个较为明显的特色。

总之，本书在创新驱动发展理论、创新集群与创新驱动发展研究、创新驱动发展借鉴研究、创新驱动发展管理研究、创新驱动就业增长等方面具有鲜明的特色，值得关心此问题的学者和学生阅读。当然，本书也存在一些不足之处，主要是结合中国创新驱动政策实践给出策略性建议不够，另外，相关的研究还需要加强和深化。这些并不影响本书的学术价值，它毕竟是我国较早系统深入研究创新驱动发展的专著，将对推动我国加速进入创新驱动发展轨道起到积极的作用。是为序。

刘志彪

2014年12月于南京大学安中楼

前 言

在经济新常态下,我国面临更大的挑战:一方面,与其他发展中国家相比,我国的工资水平和商务成本将继续提高,劳动密集型产品的竞争力在下降;另一方面,与发达国家相比,我国的生产率水平还很低,不能在高技术密集型产品生产领域与发达国家成功地进行竞争。为此,我国经济将面临着双重挑战:我国必须迈向创新驱动型经济以便提高生产效率,创造足够的就业资源以减少贫困和不平等,从而实现更高的经济增长和可持续发展。

实施创新驱动发展战略需要关注两个方面的创新驱动发展问题,一是创新驱动经济增长问题,二是创新驱动就业增长问题。与创新对经济增长的影响较为明确和简单不同,创新对就业增长的影响则不够明确和更为复杂。我国在实施创新驱动战略过程中,政策措施更多的是强调创新驱动经济增长,对创新驱动就业增长明显关注不够。

在迈向创新驱动型经济和建设创新型国家的历程中,国家推出了一系列促进创新和就业的政策措施。但是,鉴于创新和就业之间的复杂关系,已经推出的那些政策的影响还不够清晰,不足以对未来的战略选择提供可靠的指导。

近年来,许多国家积极寻求创新驱动政策以提高长期生产率、国际竞争力和经济增长。"OECD创新政策评论系列"对OECD成员国和非成员国国家的创新体系做出了综合评价,相关内容集中在政府的作用方面,提供有关怎样改进影响创新绩效政策的具体建议。该系列的评论包括:俄罗斯(2011)、墨西哥(2009)、韩国(2009)、匈牙利(2008)、中国(2008)、挪威(2008)、智利(2007)、南非(2007)、新西兰(2007)、卢森堡(2007)、瑞士(2006)。在经济全球化背景下,尽管创新对企业生存和国家经济福利被认为是至关重要的,但是对创新驱动发展的理论和实证研究在很大程度上还是缺乏的。

在国家社会科学基金重点项目"我国创新驱动发展的路径选择、突破方向与政策研究：创新集群视角（11AZD003）"的资助下，以朱英明教授为学术带头人，成员包括杨连盛、张珩、张鑫、吕慧君、胡修武、陈宥蓁、王奇珍、刘梦、汪晨、陈鹏恺的创新驱动发展研究团队，依托江苏产业集群研究基地，对创新驱动经济增长和创新驱动就业增长问题进行了深入系统的探讨。前期相关研究成果包括学术论文15篇、著作1部、学位论文1篇和案例1个。其中论文以《南京理工大学学报（社会科学版）》2014年第1~4期的"国家社会科学基金重点项目：创新驱动发展战略研究"专刊论文为主；著作是《中国创新型城市发展研究》；学位论文是《产业集聚对区域创新能力的影响研究》；案例是《盐城经济技术开发区创新型园区发展规划》。

创新驱动发展问题是一个内涵非常丰富的研究课题，既涉及创新驱动经济增长问题，又涉及创新驱动就业增长问题；既是一个需要开拓的理论研究问题，又是一个需要实践检验的实证研究问题。因而，对创新驱动发展问题研究需要长期、持续地进行研究。本书以创新驱动就业增长研究为主，也涉及创新驱动经济增长研究，对创新驱动发展问题进行深入系统探讨，试图为我国创新驱动发展问题研究奠定基础。本书内容包括七章：第一章为国外创新驱动发展研究综述，第二章为创新驱动发展理论，第三章为创新集群与创新驱动发展研究，第四章为创新驱动发展借鉴研究，第五章为创新驱动发展与管理研究，第六章为创新与区域发展研究，第七章为创新网络与创新效率研究。

第一章首先回顾了国外创新发展类型研究，然后对国外创新驱动就业增长研究进行了梳理。研究结果表明，国外相关研究通常将创新划分为管理（或组织）和技术创新，技术创新通常进一步划分为产品和工艺创新。创新类型的区别性观点反映出在产品与工艺创新研究中产业组织观点的优势，创新类型的一体化观点强调产品与工艺创新对企业竞争优势与绩效的协同影响的资源观。国外对创新驱动就业增长研究主要包括创新驱动就业增长的分析水平、企业层面创新对就业的影响研究、行业层面创新对就业的影响研究、宏观经济层面创新对就业的影响研究。

第二章主要是归纳与总结现有的创新驱动发展理论，试图构建创新驱动发展理论体系。相关理论包括：创新过程模型（创新过程多样性、产品生命周期中的产品与工艺创新模型、创新发展概念模型和创新效应发展模型）、创新与就业模型（企业层面上创新的就业影响、创新对就业影响的补偿理论、技术进步对劳动需求与失业水平的影响、劳动节约型技术创新对就业影响)、竞争强度与创新选择模型（竞争与创新的概念框架、竞争对产品与工艺创新的影响、竞争强度和创新选择的垂直差异化模型）以及市场势力与规模报酬约束下的创新发展模型（市场势力和规模报酬下的全要素生产率、新古典模型下TFP和对偶核算TFP间的关系、违反新古典模型下TFP和对偶核算TFP间的关系）。

第三章对创新集群与创新驱动发展问题进行研究，研究内容包括：国外创新集群研究动态、创新驱动发展战略下的创新产业集群研究、基于创新集群的创新驱动发展研究。本章首先梳理了国外有关创新集群的最新研究成果，包括创新集群的理念形成、创新集群的形成机制、演化动力、实证研究以及实践探索。其次界定了创新产业集群概念，提出创新产业集群的识别方法；以江苏为研究对象，实证分析江苏创新产业集群的地区分布和发展变化，指出促进江苏创新产业集群发展的政策措施。最后提出培育创新集群，构建完整的创新驱动发展体系，是推进江苏创新驱动发展进程的重要举措。在此基础上，本章提出推进江苏创新驱动发展的路径选择、空间布局和组织领导。

第四章对国外创新驱动发展的理论与实践对中国的借鉴进行研究，研究内容包括：国际创新驱动能力评价指标体系及其对我国的借鉴、国外创新效率度量的功能框架及其对中国的借鉴、韩国创新驱动发展的公共政策对中国的借鉴。本章首先简要介绍具有公信力的国际评价机构ITIF & Kauffman、WEF、INSEAD的创新驱动能力评价指标体系，并指出在建构我国创新驱动能力评价指标时，要充分发挥我国的创新驱动发展的特点，通过借鉴国际评价指标体系构建适合我国国情的创新驱动发展指标体系。其次，简要介绍度量国家创新效率的功能框架，该功能框架围绕创新过程中的知识获取、稳固、扩散、创造与运用这五大系统功能展开，从能力与绩效两方面入手构建创新效率指数，在此基础上指出对我国创新驱动发展效率评价和政策制定的借鉴意义。最后，介绍韩国创新驱动发展的主要公共政策，简要指出这些公共政策对我国创新驱动发展的政策含义。

第五章对创新驱动发展与管理问题进行研究，研究内容包括：中国科技创新发展方向研究、技术创新投入、产出对经济增长的影响研究、创新驱动发展管理研究。本章首先定性分析全球科技创新热点领域，并与中国的科技创新热点领域进行比较，研究结果表明中国战略性新兴产业已经考虑到全球科技创新热点领域，但在战略性新兴产业的发展过程中，应逐年检讨调整发展重点，规划短中长期的资源配置,以使得战略性新兴产业得以高效发展。其次,利用中国1995~2012年相关数据,基于VAR模型,通过变量平稳性检验、协整分析、格兰杰因果检验、误差修正和方差分解分析,对中国经济增长与技术创新投入、产出的长期均衡关系及其动态性进行实证分析。研究结果表明:技术创新投入、产出与经济增长存在长期稳定的均衡关系;技术创新投入对经济增长的影响,在短期内发挥的作用不明显,长期内的贡献比较显著;技术创新产出对经济增长也有明显的影响,短期内就能体现出来。方差分解结果显示,技术创新投入对经济增长的影响程度小于技术创新产出对经济增长的影响程度。最后,基于创新架构理念,图解式地介绍创新架构的构建程序和创新经营路线图的制定程序,试图为我国创新驱动发展管理提供决策依据。

第六章对创新与区域发展问题进行研究,研究内容包括:GVC、GPN和GIN下区域经济发展研究、技术创新与就业增长研究、产业集聚对区域创新能力的影响研究、基于DEA的区域技术创新效率研究。本章首先对全球价值链(GVC)、全球生产网络(GPN)和全球创新网络(GIN)下区域经济发展研究进行评述,分析和比较这三个框架各自的研究特点,并指出其对区域经济发展研究的借鉴意义。其次,从创新行为与结构变化、竞争形式以及需求间的关系入手,分析创新活动对就业增长的影响机理。从行业和地区两个层面研究创新活动对就业增长的影响。研究结果表明,总需求增长显著地促进行业和地区的就业增长,总创新强度增长显著地抑制行业和地区的就业增长,市场导向的产品创新只对行业就业增长产生显著的正向影响,兼有市场导向的产品创新与调整导向的工艺创新只对地区就业增长产生显著的正向影响。再次,从理论上分析了产业集聚对区域创新能力的影响机制,分别从全国和东中西三大地区的角度,实证研究产业集聚对区域创新能力的影响。研究结果表明,产业集聚水平的提高对我国区域创新能力有明显的促进作用,其中多样化集聚对创新能力提升作用显著,专业化集聚则不显著。最后,利用数据包络分析的CCR和BCC模型测算了2006~2010年东部沿海十省市的综合效率、纯技术效率、规模效率和规模收益趋势。结果表明:东部沿海十省市的技术创新效率总体较高,综合效率、纯技术效率、规模效率和规模收益趋势存在差异,且技术创新效率并没有表现出随时间变化的趋势。在非DEA有效的省市中,产出不足远远大于投入冗余。

第七章对创新网络与创新效率进行研究,研究内容包括:企业间合作创新对创新绩效影响研究综述，基于高校的协同创新研究动态，企业间协同创新网络与产业创新效率，创新网络集聚、网络联接对技术创新效率影响研究。本章首先梳理了国内外近年来的相关文献，总结了合作创新对创新绩效影响的主要因素及影响机理，指出现有研究的不足和未来的研究方向。其次，梳理了国内基于高校的协同创新的最新研究成果，简要介绍了协同创新理念的形成和协同创新困境的表现形式，协同创新的路径选择和实践探索，提出了协同创新的政策建议以及未来研究展望。再次，利用2005~2010年中国微观专利数据以及省级层面数据，从企业合作的比例分布与空间特性分析企业协同创新网络，引入双寡头两阶段博弈理论模型，综合运用面板门槛模型与随机前沿面分析方法（SFA），探讨企业协同创新网络与产业创新效率的关系。最后，借鉴复杂加权网络理论，测度区域创新网络加权集聚系数。利用随机前沿分析法实证分析了网络集聚、网络联接对创新主体创新效率影响。

朱英明

2014年12月

目 录

第一章 国外创新驱动发展研究综述 … 001

第一节 创新发展研究 … 001
一、创新发展类型研究 … 001
二、创新类型的区别性和一体化观点研究 … 002

第二节 创新驱动就业增长研究 … 006
一、创新驱动就业增长的分析水平 … 006
二、企业层面创新对就业的影响研究 … 008
三、行业层面创新对就业的影响研究 … 015
四、宏观经济层面创新对就业的影响研究 … 018

第二章 创新驱动发展理论 … 021

第一节 创新过程模型 … 021
一、创新过程多样性 … 021
二、产品生命周期中的产品与工艺创新模型 … 023
三、创新发展概念模型 … 025
四、创新效应发展模型 … 029

第二节 创新与就业模型 … 032
一、企业层面上创新的就业影响 … 032
二、创新对就业影响的补偿理论 … 036
三、技术进步对劳动需求与失业水平的影响 … 039
四、劳动节约型技术创新对就业影响 … 048

第三节 竞争强度与创新选择模型 … 049

一、竞争与创新的概念框架 …………………………………………… 049
　　二、竞争对产品与工艺创新的影响 …………………………………… 052
　　三、竞争强度和创新选择的垂直差异化模型 ………………………… 054
　第四节　市场势力与规模报酬约束下的创新发展模型 …………………… 063
　　一、市场势力和规模报酬下的全要素生产率 ………………………… 063
　　二、新古典模型下TFP和对偶核算TFP间的关系 …………………… 063
　　三、违反新古典模型下基本核算TFP和对偶核算TFP间的关系 …… 064

第三章　创新集群与创新驱动发展研究 …………………………………… 068

　第一节　国外创新集群研究动态 …………………………………………… 068
　　一、创新驱动发展下的创新集群 ……………………………………… 068
　　二、创新集群形成机制和演化动力 …………………………………… 071
　　三、创新集群的实践探索 ……………………………………………… 074
　　四、创新集群的未来展望 ……………………………………………… 079
　第二节　创新驱动发展战略下的创新产业集群研究
　　　　　——基于江苏省的实证分析 …………………………………… 079
　　一、引言 ………………………………………………………………… 079
　　二、创新产业集群的概念界定、数据说明和识别方法 ……………… 081
　　三、江苏各类创新产业集群的地区分布和发展变化 ………………… 084
　　四、简要结论与政策建议 ……………………………………………… 095
　第三节　基于创新集群的创新驱动发展研究
　　　　　——基于江苏省的实证分析 …………………………………… 097
　　一、江苏创新驱动发展阶段分析 ……………………………………… 097
　　二、创新驱动下江苏培育创新集群的现实意义与突出问题 ………… 099
　　三、基于创新集群的江苏创新驱动发展的路径选择和空间布局 …… 102
　　四、基于创新集群的江苏创新驱动发展的组织领导 ………………… 104

第四章　创新驱动发展借鉴研究 …………………………………………… 106

　第一节　国际创新驱动能力评价指标体系及其对我国的借鉴 ………… 106
　　一、引言 ………………………………………………………………… 106

二、国际创新驱动能力评价指标体系与评价结果 …………… 107
　　三、对我国创新驱动发展指标体系构建的启示 ……………… 113
第二节　国外创新效率度量的功能框架及其对中国的借鉴 ………… 116
　　一、引言 ………………………………………………………… 116
　　二、AC/DC 功能模型 …………………………………………… 117
　　三、创新效率指数的构建 ……………………………………… 119
　　四、结论及借鉴意义 …………………………………………… 124
第三节　创新驱动发展的公共政策研究
　　　　——韩国的经验及其对我国的借鉴 ……………………… 125
　　一、引言 ………………………………………………………… 125
　　二、韩国创新驱动发展的公共政策 …………………………… 125
　　三、结论与政策含义 …………………………………………… 129

第五章　创新驱动发展与管理研究 …………………………………… 131

第一节　中国科技创新发展方向研究 ………………………………… 132
　　一、引言 ………………………………………………………… 132
　　二、国际顶尖科技创新介绍 …………………………………… 133
　　三、国际顶尖创新企业介绍 …………………………………… 135
　　四、中国科技创新热点领域分析 ……………………………… 138
　　五、简要结论 …………………………………………………… 140
第二节　创新投入、产出对经济增长的影响研究 …………………… 141
　　一、引言 ………………………………………………………… 141
　　二、变量说明、数据来源与模型设定 ………………………… 142
　　三、实证分析 …………………………………………………… 144
　　四、结论与建议 ………………………………………………… 149
第三节　创新驱动发展管理研究 ……………………………………… 149
　　一、引言 ………………………………………………………… 149
　　二、创新驱动发展管理的创新架构 …………………………… 150
　　三、创新驱动发展管理的创新经营路线图 …………………… 153
　　四、简要结论与启示 …………………………………………… 158

第六章 创新与区域发展研究 ·················· 160

第一节 GVC、GPN 和 GIN 下区域经济发展研究 ·················· 161
一、引言 ·················· 161
二、全球经济一体化研究回顾 ·················· 161
三、全球经济一体化与区域经济发展研究 ·················· 163
四、比较与总结 ·················· 167

第二节 技术创新与就业增长研究 ·················· 169
一、引言 ·················· 169
二、工业企业技术创新对就业增长的影响机制 ·················· 170
三、我国工业企业技术创新与就业状况的描述分析 ·················· 172
四、我国工业企业技术创新对就业增长的计量经济学分析 ·················· 183
五、简要结论与政策建议 ·················· 191

第三节 产业集聚对区域创新能力的影响研究 ·················· 192
一、引言 ·················· 192
二、我国产业集聚状况分析 ·················· 193
三、我国区域创新能力状况分析 ·················· 198
四、产业集聚对区域创新能力作用机理的理论分析 ·················· 202
五、产业集聚对区域创新能力影响的实证研究 ·················· 207
六、相关对策和建议 ·················· 217

第四节 基于 DEA 的区域技术创新效率研究 ·················· 221
一、引言 ·················· 221
二、评价方法与指标选取 ·················· 222
三、实证研究 ·················· 225
四、结论与政策建议 ·················· 231

第七章 创新网络与创新效率研究 ·················· 233

第一节 企业间合作创新对创新绩效影响研究综述 ·················· 233
一、引言 ·················· 233
二、合作创新的内涵研究 ·················· 234

三、企业间合作创新对创新绩效的影响因素研究 …………… 236
　　四、结论与展望 …………………………………………………… 243
第二节　基于高校的协同创新研究动态 ……………………………… 244
　　一、协同创新理念的形成 ………………………………………… 244
　　二、协同创新困境的表现形式 …………………………………… 245
　　三、协同创新的路径选择 ………………………………………… 247
　　四、协同创新的实践探索 ………………………………………… 249
　　五、协同创新的政策建议 ………………………………………… 251
　　六、协同创新的未来展望 ………………………………………… 253
第三节　企业间协同创新网络与产业创新效率 ……………………… 254
　　一、引言 …………………………………………………………… 254
　　二、理论基础与研究方法 ………………………………………… 256
　　三、数据、变量说明及实证分析 ………………………………… 262
　　四、结论与政策建议 ……………………………………………… 273
第四节　创新网络集聚、网络联结对技术创新效率影响研究 ……… 275
　　一、引言 …………………………………………………………… 275
　　二、文献回顾 ……………………………………………………… 276
　　三、创新网络集聚系数度量 ……………………………………… 277
　　四、实证分析 ……………………………………………………… 282
　　五、结论与启示 …………………………………………………… 286

参考文献 …………………………………………………………………… 288

后　记 ……………………………………………………………………… 337

第一章 国外创新驱动发展研究综述

本章首先回顾了国外创新发展类型研究,然后对国外创新驱动就业增长研究进行了梳理。研究结果表明,国外相关研究通常将创新划分为管理(或组织)和技术创新,技术创新通常进一步划分为产品和工艺创新。创新类型的区别性观点反映出在产品与工艺创新研究中产业组织观点的优势,创新类型的一体化观点强调产品与工艺创新对企业竞争优势与绩效的协同影响的资源观。国外对创新驱动就业增长研究主要包括创新驱动就业增长的分析水平、企业层面创新对就业的影响研究、行业层面创新对就业的影响研究、宏观经济层面创新对就业的影响研究。

第一节 创新发展研究[①]

一、创新发展类型研究

创新在不同分析层面上被研究。在组织层面上,创新通常被定义为新思想或行为的新发展和利用,其中新思想与新产品、服务、生产流程、组织结构或管理系统有关(Bessant et al., 2005; Knight, 1967; Zahra & Covin, 1994; Zaltman, Duncan & Holbek, 1973)。创新被划分为管理(或组织)和技术创新,以反映社会结构和组织技术间的区别(Daft, 1978; Damanpour, 1991; Kimberly & Evanisko, 1981)。技术创新与产品、服务和生产工艺技术有关。因此,技术创新比管理创新更直接与组织的主要工作活动有关(Damanpour, 1991; Kimberly &

[①] 本部分借鉴了 Damanpour(2010)的研究成果。

Evanisko, 1981; Zahra & Covin, 1994)。

综观已有的研究成果,我们发现,相关研究主要集中在技术创新。技术创新进一步划分为产品和工艺创新。Pianta (2005) 引用熊彼特的话,他将产品创新定义为"推出新产品……或产品的新品质",将工艺创新定义为"推出新生产方法……或推出商业化经营商品的新方式"。其他一些学者将产品创新定义为推出新产品或服务以满足外部用户的需要,将工艺创新定义为新要素引入到企业生产或服务过程以生产产品或提供服务 (Damanpour & Gopalakrishnan, 2001; Knight, 1967; Utterback & Abernathy, 1978)。产品创新改变组织向外界提供什么,工艺创新改变组织生产和提供那些产品的方式 (Bessant et al., 2005)。产品创新关注的焦点是市场,主要是客户驱动;工艺创新关注的焦点是内部,主要是生产和销售产品或服务的技术 (Martinez-Ros, 2000; Schilling, 2005; Utterback & Abernathy, 1978)。尽管产品创新体现在组织的产出,可能导致产品的差异化或产品质量的增加,但是工艺创新指向生产的效率或效果,可能导致生产成本的降低 (Schilling, 2005)。

二、创新类型的区别性和一体化观点研究

在响应组织创新的实证研究结果不稳定的批评时 (Downs & Mohr, 1976; Kimberly & Evanisko, 1981; Wolfe, 1994),以前的研究主要采用创新类型的权变观点 (a contingency view),假设创新是不同的现象 (Damanpour & Aravind, 2006),对追求"创新类型的区别性观点" (a distinctive view of innovation types) 提供支持,从而鼓励更精细的研究以辨别每种创新类型如何不同于其他类型,并可以单独了解。另一种较少研究的观点认为,创新类型是互补的,不了解每种类型与其他类型的关系,每种类型就不能真正被了解 (Damanpour & Gopalakrishnan, 2001; Pisano & Wheelwright, 1995; Roberts & Amit, 2003),对追求"创新类型的一体化观点" (a integrative view of innovation types) 提供支持,并促进新研究以有助于更好地了解产品与工艺创新的相互依赖,确定创新类型被共同产生或采用的环境和组织条件。

1. 创新类型的区别性观点

将创新类型看作是不同现象的区别性观点是"分析型"思维的结果,该观点认为对一种现象的了解是从对其组成部分的行为的了解中推断出的。这种观点反

映出在产品与工艺创新研究中产业组织观点的优势,强调产业内企业的异质性和产业特征在决定企业绩效中的作用。

当实证结果不支持理论时,区别性观点主张寻求理论可能适用的更多的具体条件。例如,研究方法的差异可能是结果不稳定的来源(Camison-Zornoza et al., 2004; Cohen & Levin, 1989; Damanpour, 1991)。过去的研究强调行业差异是创新研究结果不一致的一个来源,并将技术机会、市场需求和专用性确定为代表创新的行业间差异的三个基本因素(Cohen & Levin, 1989; Scherer, 1980; Tidd, Bessant & Pavitt, 2001)。几项研究在回归模型中控制这三个因素。有些研究包括技术机会和市场需求(Cabagnols & Le Bas, 2002; Lunn, 1986, 1987; Martinez-Ros, 2000; Meisel & Lin, 1983),有些研究包括技术机会和专用性(Baldwin, Hanel & Sabourin, 2002; Cabagnols & Le Bas, 2002),一项研究包括所有三个因素(Cabagnols & Le Bas, 2002)。有些研究提供了消除行业差异可能的调节效应的分析。Lunn 区分高科技和低技术行业,并发现规模正向影响这两个行业的产品和工艺创新,竞争对这两个产业两种创新类型的影响是混合的,但通常是非正向效应(Lunn, 1986, 1987)。Freel(2003)区分供应商主导型、生产密集型和基于科学的企业,并发现尽管规模正向影响两个行业部门(供应商主导型和生产密集型)的产品创新,但规模不显著影响任何部门的工艺创新。这三项研究结果并没有提供足够的证据断定,规模或竞争对产品与工艺创新的影响在不同行业中是不同的。然而,由于研究的数量是有限的,行业或部门差异的其他方面没有被比较(例如,制造业和服务业企业间的差异),所以从区别性观点看,比较行业和部门的未来更精细的研究可能会了解行业差异的调节作用,并最终表明产品与工艺创新的前因变量的独特影响力。

产品和工艺创新研究的区别性观点之所以受到推崇,与产品生命周期模型提出的产品与工艺创新有序发展的影响有关(Abernathy & Utter-back, 1978)。然而,由于技术快速发展、解除管制和全球竞争导致的产品周期的持续时间变得越来越短,所以假如没有使得企业从产品中获得显著经济收益的新加工能力,新产品的竞争优势就不可能持续很长时间(Kotabe, 1990; Pisano & Wheelwright, 1995)。Bhoovaraghavan 等(1996)将区别性观点的流行归因于供给方导向的主导地位,他们的观点强调资源配置到不同方式的技术变革中(产品与工艺)。他们指出,从市场导向的观点看,产品和工艺创新在相互依赖中发生以满足客户的需求，并有助于企业绩效（Bhoovaraghavan et al., 1996）。

2. 创新类型的一体化的观点

创新类型的一体化的观点依赖于"综合"思维，该观点认为一种现象的行为可以根据其与包括在更大现象的其他组成部分的相互依赖来理解（Ackoff, 1999）。根据这种观点，创新类型是互补的，并共同影响组织。因此，不了解它与其他类型的相互关系，每种类型就不能真正被了解。例如，产品创新可以使相应的工艺创新有必要，工艺创新可以使企业能够提高其产品质量或生产全新的产品（Fritsch & Meschede, 2001）。

当预测其他创新类型时，有些研究控制一种类型的创新，发现结果不一致。例如，Fritsch 和 Meschede（2001）发现，尽管产品创新负向影响工艺创新，但是工艺创新却正向影响产品创新。Kraft（1990）发现产品创新对工艺创新的正向影响，而不是相反。Martinez-Ros（2000）发现，每种类型确实能够预测另一种类型。有些研究包括相关矩阵，并表明产品和工艺创新间的正向联系（Damanpour & Gopalakrishnan, 2001; Ettlie & Rubenstein, 1987; Ettlie et al., 1984; Kotabe & Murray, 1990; Zahra, Neubaum & Huse, 2000）。研究人员也报告了其他创新类型间统计上显著的关系，比如技术和管理创新（Bantel & Jackson, 1989; Kimberly & Evanisko, 1981; Zahra & Covin, 1994）以及激进和渐进创新（Dewar & Dutton, 1986; Ettlie et al., 1984; Germain, 1996）。从一体化的观点看，这些结果提供的证据表明，创新类型不一定是独立的，并建议更多的研究来探讨它们之间的相互关系。

有些研究讨论创新类型同时产生或采用对企业长期竞争地位的潜在利益。例如，Pisano 和 Wheelwright（1995）认为，制药企业通过将工序开发看作是产品开发的一个不可分割的部分而获得了巨大优势。产品与工艺创新的和谐发展导致新产品的较平稳推出，复杂产品更容易商业化，更迅速的市场渗透。Kotabe（1990）发现，在美国、欧洲和日本跨国企业的市场绩效研究中，产品和工艺创新的互动是市场绩效至关重要的决定因素。同样，在美国商业银行的研究中，Damanpour 和 Gopalakrishnan（2001）报告，随着时间的推移，高绩效银行比低绩效银行更一致地采用产品和工艺创新。最后，创新与企业绩效间关系的实证研究的定量评论发现，推出产品与工艺创新的组织更可能达到更高的绩效水平（Walker, 2004）。

创新类型的一体化观点主张，不是继续搜寻决定每种创新类型单独被了解的条件，未来的研究应当着重研究创新类型同时被推出的条件。换言之，创新类型学的未来研究应该离开目前的主导逻辑，从事的研究应当是确定能够提高创新类型共同产生或采用的环境和组织条件，而不是有助于区分它们并单独了解每种创新的条件。

创新类型研究的一体化观点反映基于资源的观点，在这种观点中，包括产品和工序知识资源的企业内部资源对其竞争优势与绩效的协同影响被强调。在当今动荡的商业环境中获得竞争优势，需要将重点转移到创新类型上的动态能力（Teece et al., 1997）。Volberda（2004）注意到该战略领域，指出创新研究也应超越分类，研究决定创新类型的协同产生或采用的环境和组织条件。产品和工艺创新在每个普通的经营战略中有一定作用，但不能认为产品创新仅仅提高差异化，工艺创新仅仅是成本导向的（Porter, 1985）。有关发展与检验创新类型间配合的动态观点的研究是具有挑战性的，因为考虑到组织的突发事件方面的差异，这种配合可能是独特的，甚至在组织类型间是独特的。然而，应该满足这个挑战，以推进组织中的创新研究。

总之，尽管以前的研究制定创新类型的自主战略以获取竞争优势，但是未来的研究应该考虑产品—工艺创新的组合战略。这种战略建议同步追求创新类型以实现竞争优势，因为企业的创新绩效依赖它们如何一起作用，而不是依赖每种创新类型如何独立地做出贡献。创新组织是以一种新方式将创新类型结合，以保持其竞争优势和实现其绩效目标的那些组织。除非其他创新类型变成其发展或采用过程不可分割的一部分，否则一种创新类型的全部潜力和利益就无法实现。像基于知识的理论倡导的那样，一个组织的主要作用是将其成员的专门知识整合到生产商品和提供服务以获得竞争优势，管理的首要任务是促进和协调知识整合过程（Grant, 1996）。因此，在产品和工艺创新方面，建议企业高管协同管理创新类型的产生或采用，避免将资源配置到一种类型而不利于另一种类型。产品与工艺创新不是独立自主的，分别由不同的一组驱动因素来促进，而是建议创新研究者研究创新类型与它们同时产生或采用的结果间的相互关系（Damanpour, 2010）。

第二节 创新驱动就业增长研究

一、创新驱动就业增长的分析水平

长期以来,创新对就业的影响一直是学者感兴趣的研究课题。一方面创新会导致失业,另一方面创新是创造就业的主要推动力。在创新对就业的影响问题上有激烈分歧,这并不令经济学者感到惊奇。虽然创新使得单位产出需要的劳动力较低,但是创新却使得企业增加产出。这两种效应中哪一种效应占主导地位,是评价创新影响就业的至关重要的因素(Van Reenen,1997)。

创新和就业之间的关系是一个复杂的问题。到目前为止,无论是在理论上还是在实证上,经济学家还不能清晰诊断创新对就业的影响。尽管理论经济学家可能构建有关工艺和产品创新对就业影响的清晰模型,但是应用经济学家必须"度量"技术变化、补偿机制以及创新的最终就业影响。原因在于:第一,创新难以衡量。传统指标比如 R&D(投入指标)、专利和至关重要的创新(产出指标)很少是能够完全得到的,而且往往不足以完全代表创新(例如,隐性知识和无形资产投资在促进创新中的作用)。第二,创新对就业的最终影响取决于体制机制,后者在微观、行业和宏观层面是非常不同的,在不同环境比如在不同国家或相同国家的不同部门是不同的。第三,难以区分创新对就业的最终影响,因为就业受到许多其他因素的影响:宏观经济周期状况、劳动力市场变化和管制、工作时间等(Vivarelli,2007)。

分析水平是研究创新对就业影响的一个极为重要的方面。在微观企业层面,创新对就业影响的实证分析,在揭示新产品如何产生新的就业以及劳动节约型工艺创新如何破坏老的就业方面是非常有用的。在企业层面研究创新对就业的影响是非常必要的,原因在于:第一,企业是推出创新的地方,对就业产生直接影响。第二,这些影响很可能影响到企业内不同主体抵制或鼓励创新的程度,甚至影响到推出的创新的类型及其对价格、产出和就业的后续影响。第三,创新政策的主体是企业,了解企业中的就业如何对创新做出反应,对决策者具有重要的参考价值。事实上，创新政策应当能够预见创新对就业的影响，以便通过最佳方式克服或减轻潜在的替代效应的成本（Monge-González，2011）。

然而，企业层面分析的主要缺点在于，往往强调创新对就业的正向影响。事实上，一旦实证分析是在单个企业层面上进行，创新型企业往往具有更好的就业表现，因为它们增加创新导致的市场份额。甚至当创新是劳动节约型时，这些分析通常显示技术和就业间的正向联系，因为这种分析没有考虑到被创新企业排挤的竞争对手的重要影响，即所谓的"偷窃效应"（Van Reenen，1997；Piva & Vivarelli，2005）。创新的许多效应，比如偷窃效应或市场扩张效应（business stealing or market expansion）在企业层面的分析不能被控制。这需要在行业层面进行分析（Merikūll，2009）。

当实证分析是在行业层面上进行时，这种偏差可以被纠正：在这种情况下，研究人员可以考虑到创新型企业的正向表现和竞争对手的间接影响，所以研究人员可以研究创新对就业最终的影响结果。例如，Greenan 和 Guellec（2000）使用法国1986~1990年制造业部门的数据，发现在企业层面上（产品和工艺创新）创新与就业间的正向关系。然而，在部门层面上，只有产品创新创造更多就业机会，而工艺创新在创新企业内创造就业机会，且以损害竞争对手为代价，导致行业层面上总的负效应。即使在行业层面上，实证分析未能考虑创新对就业所有的直接和间接影响。例如，在一些行业部门（主要是制造业）中工艺创新的劳动替代效应；在某些部门（通过降低价格和增加投资）和其他部门（通过部门间产品和收入的流动）中的劳动补偿效应。

因此，企业层面和行业层面上创新对就业影响的结果是有差异的。Merikūll（2009）的研究结果表明，总创新活动在企业和行业层面上有正向的、统计上显著的就业影响；企业水平上的影响似乎更强大。工艺创新在企业层面上对就业有显著的正向影响，产品创新在行业层面上对就业有正向影响。这些结论被来自高收入国家企业和行业层面上的结果所证实。令人惊讶的是，在高技术部门中，创新对就业没有影响，而工艺创新在低技术部门对就业有强大的正向影响。

创新对就业影响的完整观点来自于宏观经济层面的分析，后者能够考虑创新对就业影响的所有间接影响。这种观点通常被称为"补偿机制"观点，这种观点的详细分析参见 Vivarelli（1995），他从理论上评价了补偿机制的作用方式。通过价格降低、新机器、新投资、新产品、工资降低和收入增加等补偿机制阐述其基本观点：新技术降低价格，增加国际竞争力，导致新产品类型和更大产出，恢复最初的创新引致的失业，创新者获得创新收益（Vivarelli，1995）。然而，这些结果取决于没有需求约束、企业以较低价格转移源于创新的生产率收益、相关市场中没有寡头垄断权力、替代效应以及劳动和资本的竞争性市场、工资和劳动市场的灵活性等任何一种组合（Pianta，2003）。

如前所述，创新和就业间的关系是非常复杂的，涉及直接的劳动节约效应、补偿力和不同形式的技术进步。尽管这种宏观经济层面分析观点对解释技术变化对就业的总影响是最全面和满意的，但是模型构建的复杂性以及创新数据的缺乏，限制了宏观经济层面的分析（Pianta，2003）。对这种层面分析的互补方案是在企业和部门层面上研究技术变化以及创新（产品与工艺创新）对就业的影响（Üçdoğruk，2006）。

二、企业层面创新对就业的影响研究

1. 企业增长的创新观研究

解释企业增长的文献表明，经济增长在很大程度上是一个随机过程，其中未确定的和不可观察（企业特有的）因素是企业增长绩效的原因。但是，自从Jovanovic（1982）的开创性工作以来，企业增长被看作是一个学习过程：企业发现自己真实的效率水平，并相应地调整其规模，更高效的企业成长到较大规模。这种学习过程在进入之后不久是最明显的，这就解释了为什么年轻的小企业成长得更快。建立在Jovanovic的基础上，Pakes和Ericson（1998）构建"积极"的学习模型，其中的效率水平可以由企业特有的创新活动和R&D方面的投资主动地提高，由此开创企业的增长观点。本部分借鉴Goedhuys和Veugelers（2012）的研究成果，对创新对企业增长的文献做简要梳理。

有些学者（Enos，1992；Lall，1992；Bell & Pavitt，1995；Kim，1997）利用经济变化的演化观点（Nelson & Winter，1977），将企业增长观点与发展中国家赶超技术企业文献相结合。这些作者强调投资在产生和管理技术变革的国内能力方面的重要性。效率增加和企业增长不会自动从植根于机械设备的外国技术和诀窍的获得中产生（Bell & Pavitt，1995）。企业层面的技术变革被理解为一个连续的过程，即吸收或产生技术知识的过程，部分地通过外部投入的获得（通过FDI、许可证、诀窍和技术服务协议、资本货物进口），部分地通过积累的技能和知识（通过正规教育培训人力资本、在职培训、经验以及管理技术变化、内部 R&D 努力）。

分析发展中国家的创新、决定因素以及对其他企业绩效指标的影响的许多研究（Raffo et al., 2008），利用创新调查数据，将企业绩效（主要是生产率）解释为产品/工艺创新的函数，而创新由 R&D 和其他的创新支出解释。例如，Chudnovsky 等（2006）发现内部 R&D 和技术获取支出提高产品/工艺创新的可能性，创新者比非创新者达到更高的生产率水平。Benavente 和 Lauterbach（2008）对智利创新对企业增长的影响进行研究，他们发现，产品创新刺激就业增长，但没有发现工艺创新和增长之间的关系。Almeida 和 Fernandes（2008）基于 43 个发展中国家的数据，分析创新与国际环境的关系，发现进出口企业而不是外资企业更具创新性，但他们没有测度对企业绩效的进一步影响。Raffo 等（2008）同样未发现外资拥有权对创新性的正向影响，但是却发现对生产率显著的正向影响。Goedhuys 和 Veugelers（2012）利用世界银行来自巴西制造业企业 2000~2002 年 ICS 数据，研究企业的创新战略，特别是内部开发（技术生产）和外部获得（技术购买）战略，及其对成功的工艺和产品创新的影响。他们探讨工艺和产品创新对企业增长的重要性，成功的工艺和产品创新主要通过技术购买发生（主要是通过购买机械和装备），或者是单独的或者是与技术生产相结合。仅仅依靠内部开发的选择是不太成功的。企业增长的结果表明，创新绩效是企业增长的重要驱动器。特别是产品与工艺创新的结合显著促进企业增长。创新与增长绩效得到融资渠道的支持。劳动力的技能和管理是重要的，但未必是高等教育水平。国际联系对创新与增长绩效的影响是混合的。

2. 企业层面创新对就业质量和数量的影响研究

创新与就业之间关系的复杂性还源于这种事实，即创新不仅影响就业数量，而且也影响就业质量（Monge-González et al., 2011）。为此，本部分借鉴 Üçdoğruk（2006）的研究成果，对企业层面创新对就业质量和数量的影响研究进行梳理。

在企业层面上分析创新对就业影响的实证文献可以大体上划分成两类。第一类文献分析技术变化对就业质量的影响，强调技能偏向性技术变化的技能组成和工资结构（Chennells & Van Reenen, 1999）。Sanders 和 Weel（2000）、Addison 和 Teixeira（2001）和 Brown 和 Campbell（2002）考察技能偏向性技术变化的相关实证文献，强调技术变化如何影响工资和就业结构，探讨与来自欠发达国家制成品进口增加有关的国际贸易的扩张，是否是熟练工人与非熟练工人间工资差异增大的另一个原因。Acemoğlu（2002）采取另一种观点，探讨19世纪取代熟练工人和扩大非熟练工人的技术进步与20世纪技能偏向的技术进步间的差异。第二类文献实证研究创新对就业数量变化的影响，强调影响就业产生和破坏的结构、需求和制度因素。

相关文献分析创新对就业质量的影响研究，报告不同国家比较熟练与非熟练工人间的相对组成及其工资差异的研究的经验证据。相关研究通常利用要素替代框架进行，表明像R&D强度那样的技术、计算机使用和不同类型创新的直接和间接度量指标在解释熟练劳动力的相对增加方面是重要的（Pianta，2003）。企业中技能偏向的这类实证文献的主要研究结果在于，技术扩散有强大的技能偏向效应，而技术扩散对工资的影响不太明显。

通过估计就业份额方程，利用劳动需求框架，分析技术变化与分解为熟练和非熟练工人的变化间关系的企业层面的研究有：Bauer和Bender（2004）对1993~1995年的德国、Haskel和Heden（1999）对1972~1992年的英国、Maurin和Thesmar（2004）对1984~1995年的法国制造业企业、Falk和Seim（2001）对1994~1996年的联邦德国服务业企业。此外，企业层面上的研究利用熟练和非熟练工人在总工资额中份额的超越对数成本函数分析熟练工人的需求转变，强调工资结构内部与之间组成上的变化。相关研究包括：Baldwin和Rafiquzzaman（1999）对1973~1993年的加拿大、Berman等（1994）对1979~1989年的美国、Piva和Vivarelli（2004）对1991~1997年的意大利、Dunne等（1997）对20世纪70年代和80年代的美国、Gera等（2001）对1981~1994年的加拿大制造业企业。

第二类实证研究通过估计就业方程（总量或增长率）分析创新对就业数量的影响，或者分析就业创造和破坏率。企业层面上创新的总就业影响的证据往往是正向的；创新型企业增长得更快，尤其是产品创新者比非创新者更可能扩大就业（Pianta，2003）。分析技术变化对就业创造和破坏率影响的企业层面上的研究有：Greenan和Guellec（2000）对1984~1991年的法国制造业企业、Klette和Forre（1998）对1982~1992年的挪威制造业企业。这些研究表明，技术变化和净就业创造间没有清晰的正向关系，强调不同技术水平间R&D强度的差异。

分析技术变化对就业增长影响的企业层面上的研究还有：Blanchflower和Burgess（1998）对1990年的英国和奥地利、Peters（2004）对1998~2000年的德国。前者利用推出新技术的虚拟变量估计三年的就业增长率,发现新技术推出更可能与就业增长有关(Blanchflower & Burgess, 1998)。后者通过利用新产品和工艺创新产生的销售增长率换算的创新产出估计就业增长率,发现产品创新对就业增长率有正向影响(Peters, 2004)。

度量技术变化对总就业影响的最后一类企业层面上的研究,估计类似于劳动需求公式的简化的就业方程。利用这种方法,Van Reenen(1997)分析1979~1982年的英国制造业企业,包括产品和工艺创新的度量指标、R&D强度、资本和滞后的就业,发现技术创新特别是产品创新与较高的企业层面上的就业有关(Van Reenen, 1997)。此外,Piva和Vivarelli(2004)分析了1992~1997年的意大利制造业企业,发现创新与就业间的正向关系。Greenhalgh等(2001)分析了1987~1994年的英国,估计总就业的派生需求取决于目标产出和如同R&D那样的技术活动的度量指标,并发现技术创新对企业层面就业的正向影响。

3. 企业层面不同创新类型对就业的影响研究

Üçdoğruk(2006)认为,技术变化的就业结果取决于工作创造和破坏发生的方式、工资被设定的方式、学习、灵活性和福利保护被管理的方式,以及补偿机制起作用的方式。另外,劳动市场制度影响劳动力的供给,与伴随新技术出现的技能和能力要求相匹配(Pianta, 2003)。技术变化的不同度量指标以及不同类型的创新,对就业有不同的影响,这也需要根据产业结构和需求因素进行区分。这表明,比较工艺创新直接的劳动节约型效应(labor-saving effect)与产生劳动密集型影响(labor-intensive impact)的产品创新是必要的。

技术变化对就业的影响可以通过区分创新的产品和工艺导向来分析(Edquist et al., 1998)。成功创新的企业通过市场份额或利润胜过竞争对手,这种优势是否导致更多或者更少的工作,取决于创新的类型。当生产率保持不变时,主要影响产品需求的产品创新对创新企业的市场份额以及就业有正向影响(Greenan & Guellec, 2000)。假如对相同企业提供的其他产品有较高的替代效应,并假如在随后的实施方案中变为工艺创新的新产品(Edquist et al., 1998)时,产品创新对就业水平的这种正向影响可能是有限的。如果新产品在功能上取代老产品,无论是增加或减少就业都可能产生,取决于对老产品的需求是否取代产品变化。

产品创新和工艺创新影响就业的机制大不相同。工艺创新的结果是更高的生产效率,因此,生产投入可以被节省,或生产价格降低。通常的结果是就业的降低。但当产品质量提高,或产出价格降低时,它也可能由于需求增加,导致较高的就业。新产品或服务、激进创新或模仿,通常提高产品的质量和种类,开辟新市场以及增加生产和就业。结果也可能是相反的,新产品被创新以降低成本,并以这种方式与工艺创新有类似的影响。产品创新也可能对就业没有影响,比如当新产品以较小的经济影响替代老产品时(Pianta, 2005; Smolny, 1998; Meriküll, 2009)。

主要影响成本结构以及产品供应的工艺创新对就业的影响,强调分析工艺创新取决于两个相互冲突的作用力:①降低就业的生产率效应;②扩大就业的商品价格提高导致需求增加的补偿效应(Reati, 1998)。工艺创新对就业的净效应取决于价格水平和需求的收入弹性。一方面,由于更高生产率引致的价格降低,企业的市场份额增加。另一方面,在给定的生产水平上,劳动生产率提高,导致劳动需求的降低(Greenan & Guellec, 2000)。因此,取决于投入间的变动率、变动方向与替代弹性的工艺创新的直接影响,将是劳动节约型的(Taymaz, 1996)。

4. 企业层面上的主要研究成果

如前所述,创新对就业影响的研究结论通常是不同的,取决于理论依据、实证估计方法和数据特征等(Meriküll, 2009)。为此,本部分借鉴 Meriküll 的研究成果,从理论推导视角梳理企业层面上的主要研究成果。

在理论推导方面,主流研究方法是假设某种类型的生产函数(通常是不变替代弹性,CES),由此推导出相应的劳动需求函数,用技术变化的代理变量代理创新。技术变化代理变量包括创新投入(比如 R&D 支出),或创新产出(比如专利或实施创新数)。这种方法的优势在于其简单性和直接解释。劣势在于不同类型的技术变化,如产品创新或工艺创新,并没有完全被纳入。模型的结构并没有考虑与供给和需求因素的独特的相互作用。这种方法的例子是:Van Reenen (1997), Piva 和 Vivarelli (2005), Fung (2006), Lachenmaier 和 Rottmann (2007) 和 Yang 和 Lin (2008)。这些研究的结果通常表明创新对就业的正向影响,但影响的大小和统计上的显著性各异。总创新对就业的影响在英国、意大利和中国台湾的数据中被发现是显著的和正向的(Van Reenen, 1997; Piva & Vivarelli, 2005; Yang & Lin, 2008)。产品创新的影响被发现是正向的和显著的(Van Reenen, 1997; Yang & Lin, 2008),而工艺创新的影响被发现是较弱正向的(Yang & Lin, 2008),或不显著的(Van Reenen, 1997)。

第二种理论推导探讨产品创新和工艺创新如何分别影响就业的机制。例如，Greenan 和 Guellec（2001）假设，工艺创新影响企业的生产函数，而产品创新影响其产品的需求。企业追求利润最大化，不仅通过选择要素需求，而且通过选择其生产的价格和水平。简化形式的价格和生产方程相结合，产生包括三个方程的方程组：销售、劳动和资本的需求。Greenan 和 Guellec（2001）发现，推出工艺创新的企业进行降价，导致需求增加。如果需求不发生变化，企业的就业将减少，但由于需求的反应，企业的就业增加。产品创新引起需求增加，从而有更高的就业。令人惊讶的是，工艺创新对就业的正向影响大于产品创新的影响，因为通常来自产品创新的影响是较大的。该结果不可能依赖他们的估计策略，因为当将就业增长直接对产品创新和工艺创新回归时，他们发现相同的结果。这种方法被后来的研究者效仿，可能是与系统的估计的复杂化有关。

第三种理论推导由 Jaumandreu（2003）提出。他构建新、老产品生产的两个生产函数，并将劳动需求函数与两种产品中的任一产品的成本函数相结合。他假设工资的边际成本在新、老产品间是相同的，得到作为这两种产品劳动需求变化组合的劳动需求的总变化。由此产生的估计的设定是相当简单的，就业变化只取决于新产品导致的产出增长以及源于工艺创新的效率增长。这种方法充分利用社区创新调查数据库（Community Innovation Surveys，CIS）。该方法的估计策略被后来的学者效仿：Peters（2004）利用德国的数据、Harrison 等（2008）利用欧洲四国的数据、Hall 等（2008）利用意大利的数据以及 Benavente 和 Lauterbach（2008）利用智利的数据。这种分析方法的实证结果通常证实就业增长和产品创新间的正向关系，而工艺创新对就业的影响通常是负向的，但总是不显著的（Harrison et al.，2008；Hall et al.，2008）。研究结果上的一致可能与模型设定过于简单化有关。这种方法的劣势是与 CIS 数据的局限性有关，尽管理论推导中简化是巧妙的，但是这可能导致实证估计中忽略变量的偏差。

第四种理论推导构建就业增长与滞后就业和企业的其他特征的函数。例如，Machin 和 Wadhwani（1991）和 Blanchflower 等（1991）利用英国 1984 年的 Workplace Industrial Relations Survey（WIRS）探讨就业的决定因素。在这两项研究中，采用新的微电子技术与就业增长具有负向关系。控制工作场所的特征后表明，条件相关实际上是正向的。相似的正向研究结果也在英国 1990 年的 WIRS 以及澳大利亚 1989 年的 WIRS 中发现（Blanchflower & Burgess，1995；Van

Reenen，1997）。

第五种理论推导构建两物品生产函数及其就业方程，将就业增长与工艺创新以及就业增长与分别归因于创新产品和未变产品的销售增长相联系。Harrison 等（2008）研究企业推出的工艺和产品创新对这些企业的就业增长的影响，利用来自于法国、德国、西班牙和英国的可比较的企业水平的数据进行估计；结果表明，老产品生产过程中生产率增长引致的替代效应是大的，而与工艺创新有关的替代效应（可能由价格降低得到补偿）是小的。然而，与产品创新有关的效应强大得足以超常弥补这些替代效应。Monge-González 等（2011）根据哥斯达黎加 2006~2007 年 Innovation Surveys 的数据，利用Ⅳ方法估计 Harrison 等提出的模型；结果表明，产品和工艺创新与就业增长正相关，企业规模和劳动技能的影响方面重要差异的证据被发现。作为就业产生的驱动器的内部创新战略是非常重要的，输入的创新似乎并没有对就业增长产生影响。研究结果表明，旨在克服哥斯达黎加的企业面对的、变得更具创新的调整的政策，对该国创造新的就业机会也是非常重要的。

此外，也有一些实证研究，没有设定任何理论模型支持其经验估计。这些研究通常拥有企业自身估计创新怎样影响其劳动禀赋的信息，并估计取决于各种解释变量的离散的或二进制的选择模型。Rennings 等（2004）和 Evangelista 和 Savona（2003）是这种类型的研究的例子。

企业层面上创新对就业的影响还与经济部门和经济类型有关。就经济部门来说，高技术或研发密集型部门对就业通常有正向影响（Yang & Lin，2008；Greenhalgh et al.，2001）。制造业和服务业间的结果往往对工艺创新不同，但是没有向哪个方向的清楚模式（Peters，2004；Harrison et al.，2008）。就分析的经济类型而言，实证调查通常从高收入国家的数据出发。在低收入国家中，Lundin 等（2007）发现，中国科技投资对就业没有影响，而 Benavente 和 Lauterbach（2008）根据中国台湾和智利的数据，发现创新对就业的正向影响，类似于高收入国家发现的影响。

总体而言，企业层面的就业结果是各种供给和需求因素的结合。大多数研究侧重于技术创新（技术变化）对就业的影响。来自发达经济体的经验证据通常发现就业和创新间的正向关系（参见 Pianta（2005）和 Djellal & Gallouj（2007）的文献综述）。当区分产品创新和工艺创新时，大多数实证研究发现企业层面上产品创新与就业间的正向关系（Van Reenen，1997；Greenan & Guellec，2001；Harrison et al.，2008）。在工艺创新方面，结果则多样化。Greenan 和 Guellec（2001）、Fung（2006）和 Harrison 等（2008）发现这种关系是正向的，Van Reenen（1997）发现弱正向或没有显著的关系，而 Evangelista 和 Savona（2003）发现这种关系是负向的。

三、行业层面创新对就业的影响研究

1. 行业层面分析的原因研究

企业层面上创新的就业效应与行业或国家层面上创新的就业效应具有本质性的差异。Meriküll（2009）主张，行业总层面上创新对就业的净效应可能不同于企业层面的结果。企业层面的分析通常不允许将这些结果扩展到整个行业。这些企业层面的结果不能被应用于行业层面有几个原因（Harrison et al.，2008；Piva & Vivarelli，2005）：第一，企业水平的补偿效应不可能区分纯粹的市场扩张效应和偷生意效应（business-stealing），或者由于某个企业的创新，其他企业的就业将增加或降低是不可观察的。我们观察到的企业水平的平均就业结果，已经包含企业的竞争对手的偷生意需求的影响，即使我们不知道它们的特性，或在实证研究样本中没有观察到它们。假如不同类型企业在我们的实证研究样本中具有很好的代表性，那么偷生意效应将大致可以忽略。然而，在微观的企业层面上，这种偷生意效应必须要加以考虑。例如，巨大的创新型企业的创新引起的偷生意效应是来自非创新者还是市场扩张，是很难确定的。第二，企业的进入或退出影响到行业或国家层面上创新的就业效应。企业的进入和退出是观察不到的，创新者可能使得非创新者倒闭。企业进入（可能是创新的结果）是就业增长的一个重要来源，而退出（可能由成功的创新和竞争企业的偷生意引起）则是就业降低的重要因素。因此，行业或国家层面创新的就业效应的理论分析，必须明确地包含进入、退出以及竞争企业间的竞争等因素。第三，全新的经济部门可能会出现，并创造全新的就业机会。Piva 和 Vivarelli（2005）对创新的就业效应的微观计量经济学估计的优势与劣势做了综述：主要的劣势在于，微观研究的结果不能被推广到整个经济，因为所有的部门效应和宏观经济效应没有捕捉到。例如，假如人们使用只有创新企业的样本，偷生意效应将被忽略。

还有其他原因支持对创新—就业关系的行业方法（Antonucci，2010）。第一，分析的行业层面使得行业内就业的得与失得到平衡。这是企业层面分析的一个主要限制，因为大多数创新型企业就业的获得可能以较少的创新竞争对手的损失为代价，削弱创新行为的净就业绩效。第二，行业研究可以更好地说明欧洲经济中出现的结构性变化。因为经济的行业部门组成的变化会决定行业部门特有的创新行为和战略的减弱或巩固，所以对就业的影响可能变化非常大（Perez，1983；Evangelista，1999；Marsili，2001；Marsili & Verspagen，2002）。第三，当察看欧洲的就业变化时，行业部门模式的多样性是非常高的。

2. 行业层面创新对就业影响的文献类型

如同企业层面创新对就业的影响研究那样，本部分借鉴üçdoğruk 的研究成果，将行业层面上分析创新对就业影响的实证文献划分成两类。第一类实证文献分析技术变化对就业质量的影响；第二类实证文献研究分析创新对就业数量变化的影响。

第一类实证文献比较不同国家在熟练与非熟练工人的组成以及总工资额中份额的变化结构，强调跨国的相似性。这些研究包括 Hollanders 和 Weel（2002）对 1975~1995 年六个 OECD 国家，估计熟练和非熟练工人的就业份额方程；Machin 和 Van Reenen（1998）对 1973~1989 年的美国和六个其他 OECD 国家，估计熟练和非熟练工人在总工资额中的份额；Berman 等（1994）对 20 世纪 80 年代包括美国和 OECD 的不同国家；Machin（2001）调查劳动需求的变化性质，强调对熟练工人需求的增加，对英国和美国进行比较。

第二类实证文献分析企业内部创新的直接就业影响和行业内部起作用的间接影响。这些行业层面的研究首先估计从低创新密集型企业到高创新密集型企业的产出和工作的竞争性再分布，其次估计归因于创新的较低价格引致的需求和部门增加值的演化（Pianta，2003）。这些研究表明，创新的来源和机会与就业创造在决定就业绩效的不同部门中是特有的。实证证据表明，创新对就业的影响在高需求增长和指向产品创新特征的行业中是正向的，尽管工艺创新导致就业损失。对行业层面的研究来说，需求因素是重要的，因为行业需求受到不同于单个企业的国内和国外需求的组成和动态的限制。

3. 行业层面上的主要研究成果

Meriküll（2009）对相关实证研究文献的梳理表明，对行业层面和企业层面的同时研究没有得出相同的结果，特别是当区分产品创新与工艺创新时。工艺创新对就业的影响在行业层面上往往更多是负向的。Greenan 和 Guellec（2001）发现，与非创新的企业和部门相比，创新企业和部门产生更多的就业。工艺创新的正向影响在企业层面上占主导地位，产品创新的正向影响在行业层面上占主导地位。Antonucci 和 Pianta（2002）利用欧洲高收入国家制造业的面板数据发现，工艺创新对就业产生负向影响，而产品创新有正向的但不显著的影响。Evangelista 和 Savona（2003）发现，在意大利服务业部门中，创新的正向就业影响在企业层面的估计值大于行业层面的估计值（Van Reenen，1997）。

行业层面的其他研究主要包括：Antonucci 和 Pianta（2002）、Pianta（2001）、Taymaz（1996）和 Taymaz（2001）。Antonucci 和 Pianta（2002）对 1994~1996 年八个欧洲国家估计了强调需求条件和创新类型的就业增长方程，发现这些国家依赖主动的价格竞争力和推出工艺创新战略，其工艺创新对取决于需求演化的就业有负向影响。Pianta（2001）根据说明需求变化的变量即增加值、创新强度、产品创新份额，分析了 1989~1993 年欧洲五国（丹麦、意大利、德国、荷兰和挪威）技术变革和就业增长之间的关系发现，产品创新和需求变化对就业变化有正向影响。Taymaz（1996）分析了 1985~1992 年行业层面上技术变革尤其是工艺创新对制造业就业的影响。他首先估计技术变化率，然后利用技术变化率和 R&D 强度估计就业增长方程，他发现技术变化对行业层面上就业有负向的，但是弱的影响。Taymaz（2001）分析了产品和工艺创新对 1993~1997 年计算的就业增长率的影响。他通过利用产品与工艺创新确定就业增长率，发现产品创新对就业增长有正向影响，而工艺创新对就业增长没有显著的影响。

Meriküll 的成果表明，不同的方法被用于分析行业层面的创新对就业的影响。如果创新对就业的直接影响的信息是可得到的，那么每个行业具有正向影响的企业的加权份额可以很容易地计算出。这种估计被 Evangelista 和 Savona（2003）使用过，他们利用意大利服务业 CISII（1993~1995）数据，发现知识密集型产业对就业的正向影响，在传统的服务行业中有负向影响，企业层面的正向影响比行业层面的正向影响要大得多。然而，有关创新对就业影响的直接信息往往缺乏数据。因此，随之而来的估计策略是计算行业水平上的就业变化，并以一个行业的创新活动为标准检验这些变化。创新效果的识别是这种方法中的"瓶颈"。Antonucci 和 Pianta（2002）根据八个高收入的欧盟国家制造 CISII 数据采用这种策略，他们根据 1994~1996 年的创新和其他控制变量，估计该行业 1994~1999 年的就业变化率，他们发现创新对欧洲制造业就业具有负向影响。

另外，Meriküll 发现，有的学者使用行业就业变化的更先进的测量方法。Greenan 和 Guellec（2001）将行业就业增长率分解为创造就业率和破坏就业率。他们利用 Davis 和 Haltiwanger（1992）提出的就业流的计算方法。与传统的产业就业增长相比，这种方法有明显的优势。例如，一个行业经历了净就业零的变化，但是该行业产生和破坏大量实际就业。因此，净就业人数变化并不与行业任何一个创新变量有关；该行业产生的就业可能由于产品创新，损失的就业可能是由于工艺创新。如果没有创造就业和破坏就业间的区别，我们会容易低估创新在劳动市场总就业再分配中的作用。这种方法的优点在于，由此产生的变化率可解释为普通的增长率。其缺点是，按照定义，较小企业产生更大就业流的概率要高得多。

四、宏观经济层面创新对就业的影响研究

在宏观经济文献中被广泛认可的是，R&D 和创新是经济增长的主要驱动器。自从经典的"索洛剩余"论文以来（Solow，1956），公认的是，要素积累率没有解释经济增长的主要部分。内生增长文献（Romer，1994；Grossman & Helpman，1991；Aghion & Howitt，1998）将创新努力确定为增长的主要发动机。在这些模型中，一个国家的增长速度取决于其初始的发展水平、国内新知识的产生以及知识的吸收和利用，与知识在哪里产生无关（Goedhuys & Veugelers，2012）。宏观经济层面创新对就业影响的实证文献，主要借鉴 Vivarelli（2007）的研究成果，从投入—产出模型开始。

Leontief 和 Duchin（1986）假设四种不同情景（特点是技术变化的不同速度），使用投入—产出矩阵检验自动化对就业的影响。作者将未来的需求演变看作是外生变量进行模拟。虽然所有四种模拟导致日益增加的就业趋势，但是该研究揭示出新技术清晰的劳动节约倾向，加速发展的技术进步意味着较低的就业增长率。Whitley 和 Wilson（1982，1987）利用补偿框架提出一个多部门动态模型，明确提出要研究技术变化对就业的影响。在他们的第一项研究中，他们预测英国经济大多数部门 1990 年的就业水平，并在他们的模拟中补偿机制超过补偿工艺创新导致的初始失业。在补偿力中，通过降低价格的机制更有效，占初始的劳动替代的补偿超过 50%。在他们的第二项研究中，模拟方案的时期变为 1985~1995

年，也考虑到了办公自动化和公共部门。在这种情况下，补偿的结果只是部分的，新技术的总影响相当于英国经济中28万多个工作损失。无论如何，补偿机制在补偿最初的工作损失方面是有效的，大多数有效的机制似乎是"通过降低价格"和"通过新投资"的那些机制。非常接近Whitley和Wilson的模型的是，Kalmbach和Kurz（1990）的框架。他们对"基于微电子的最实用技术"对西德经济影响的模拟表明，补偿机制在起作用，但不能完全补偿ICTs扩散导致的最初的劳动力替代。Meyer-Krahmer（1992）的投入—产出研究也是有关西德的：利用20世纪80年代整个经济51个部门的数据，作者仿真德国经济对创新（内部研发支出和购买的研发知识—溢出）的就业反应。他的计量经济学结果支持，技术进步意味着整体的劳动节约效应这一观点；而重要的部门差异出现：尽管购买的研发涉及像纺织、服装和电子设备这样的行业的就业损失，但是内部研发刺激像化学品和计算机等行业对劳动力的需求。

从投入—产出模型出发，另外两类文献可以被单列出来。在第一类文献中，"补偿途径"范围内的一些计量经济学研究试图在局部均衡或一般均衡框架内检验（一些）补偿机制的有效性。在第二类文献中，相关研究将注意力转向经济增长和就业间的直接关系或总宏观经济模型。Sinclair（1981），Layard和Nickell（1985）与Nickell和Kong（1989）属于第一类研究。在Sinclair（1981）文献中，Sinclair提出宏观IS/LM方案，得出的结论是，如果需求弹性和要素替代弹性足够高，正向的就业补偿可能发生。当使用基于美国的数据进行估计时，作者发现支持通过降低工资机制的强有力的证据，不支持通过降低价格的机制。Layard和Nickell（1985）在准一般均衡框架中推导出对劳动力的需求，并指出，关键的参数是对劳动力的需求弹性，以响应实际工资与劳动生产率间比例的变化；事实上，技术变化提高劳动生产率，假如弹性足够大时，技术变化也按比例地提高对劳动力的需求，这可能足以完全补偿初始的工作损失。当使用英国经济的数据时，他们估计弹性系数等于0.9，按照作者的观点，这不足以从英国失业的可能原因中排除创新。Nickell和Kong（1989）将其注意力集中在英国9个数字行业"通过降低价格"的补偿机制的作用。当他们推出劳动节约型技术的成本节约效应被完全转化为价格降低的价格方程时，他们发现，在九个行业的七个行业中，足够高的需求弹性意味着技术变化对就业总的正向影响。

在第二类文献中，根据信息和通信技术不同的扩散性质（工艺与产品创新）

和补偿机制的不同效果，增长或多或少是劳力密集型的。Boltho 和 Glyn（1995）详细说明 1960~1993 年分时段 OECD 国家的数据，主要结果表明，从一个描述性的观点看，就业/增长关系不是如此稳健的，但是这种关系被简单的计量经济学估计（单因素和同时期的）证实。Pini（1996）和 Piacentini 和 Pini（2000）得到不太乐观的结果。他们对 1960~1997 年 G6+瑞典（总体和经济部门）的就业弹性进行估计。在 20 世纪 90 年代，在意大利、德国、英国和瑞典发现负弹性（失业增长），而除日本外的所有国家与 80 年代相比出现就业弹性的增长。当注意力转向部门分析时，清晰的结论出现：尽管所有国家表明制造业的负弹性，但是它们在服务业表现出正弹性。Padalino 和 Vivarelli（1997）给出 1960~1994 年 G7 经济体的实证研究，主要结论是：第一，从长期来看，北美显著的就业创造与欧洲适度的就业创造形成对比；第二，尽管在制造业中后福特主义和 ICTs 技术的扩散意味着除了日本外的所有国家失业增长和负就业弹性，但是没有类似的清晰的证据在整个经济体系中发现；第三，长期演化必须通过短期相关来区分。尽管北美和欧洲在其长期就业创造能力的结构上不同，但是它们的增长与就业间呈现出短期强烈的、统计上显著相关。

增长与就业间的关系不仅仅是技术变化和就业间通过许多直接和间接机制的复杂相互作用的最终结果。Vivarelli（1995）和 Simonetti 等（2000）给出一个联立方程宏观经济模型，能够共同考虑到工艺创新的直接劳动节约效应、其特有障碍的不同补偿机制以及产品创新的工作创造的影响。当利用 1965~1993 年美国、意大利、法国和日本的数据，运行三阶段最小二乘回归时，作者发现，更有效的补偿机制是"通过降低价格"机制以及"通过增加收入"机制。其他机制不那么显著，并以不同国家的制度结构为条件。例如，"通过降低工资的机制"证明与美国灵活的劳动力市场有关。最后，只有此期间在技术上领先的国家即美国，产品创新显著表现出其劳动密集型的潜力。

第二章 创新驱动发展理论

本章主要是归纳与总结现有的创新驱动发展理论,试图构建创新驱动发展理论体系。相关理论包括:创新过程模型(创新过程多样性、产品生命周期中的产品与工艺创新模型、创新发展概念模型和创新效应发展模型)、创新与就业模型(企业层面上创新的就业影响、创新对就业影响的补偿理论、技术进步对劳动需求与失业水平的影响、劳动节约型技术创新对就业的影响)、竞争强度与创新选择模型(竞争与创新的概念框架、竞争对产品与工艺创新的影响、竞争强度和创新选择的垂直差异化模型)以及市场势力与规模报酬约束下的创新发展模型(市场势力和规模报酬下的全要素生产率、新古典模型下 TFP 和对偶核算 TFP 间的关系、违反新古典模型下 TFP 和对偶核算 TFP 间的关系)。

第一节 创新过程模型

一、创新过程多样性

创新过程是一个极为复杂的社会经济过程,深受众多社会经济因素的影响,不同经济学派的观点也迥然不同。为此,本部分简要介绍 Antonucci(2010)的观点。

古典经济学派认为,创新(技术变化)是工作替代的一个可能的原因,尽管创新(技术变化)对就业有益的经济影响的观念常常阻碍对其净就业结果更严密的分析(Petit & Soete, 2001)。新古典经济学派认为,作为外生的普通过程的技术变化,如同"天上掉的馅饼",推动经济增长,并导致充分就业。这种观点限制了创新过程中的异质性及其对就业不同影响的研究。在过去的几十年里，创新的多样性概念已经成为经济学家分析技术变化的目标，尤其是源于 Nelson 和 Winter（1977，1982）、Dosi（1988）和 Dosi 和 Nelson（1994）开创性贡献的"演化流"领域内。

自 20 世纪 80 年代以来，通过提供部门间存在的高创新异质性理论和实证证据（Malerba & Orsenigo，1993，1996，1997；Evangelista，2000），"技术体制"理论对分析创新—就业间关系提供新的深刻见解。在这一领域的开创性贡献是 Pavitt（1984）提出的部门分类。这种分类描述和解释部门间创新种类、目标、活动和来源方面的相似性和差异性。

从那时以来，许多文献强调存在不同的且在很大程度上是部门特有的"技术体制"。在技术专用性、机会和累积水平方面不同类型的知识和条件，能够解释创新活动的集中水平、创新企业的规模分布以及防止新竞争对手进入的技术壁垒水平等方面的行业间差异（Breschi et al.，2000；Malerba，2004）。

创新研究的数据约束是严重的，已经限制了系统探讨技术和创新行为多样性的可能性（Dosi，1988）。官方统计包括的技术活动（在国家和国际水平）是有限的，主要局限于研发和专利活动（Sirilli，1997），尽管这些活动是非常可靠的，但是这类活动只能掌握创新活动有限的一部分（Evangelista & Mastrostefano，2005）。

在早期的新熊彼特主义的文献中，创新活动被概念化为源于正式 R&D 的科技进步的线性过程（Freeman，1997）。由于强调激进式创新在驱动经济增长中的作用，所以这类文献重视"创造性破坏"力，而不是平稳的渐进式创新过程。主要由科学技术发现驱动的激进式创新的不连续性，往往创造和扩大新的技术部门，同时取代更传统的部门。在这种背景下，创新对就业的正向影响由新的和更具创新的部门来保证。

此外，利用 SIEPI 数据库提供的大量定性和定量创新信息（Evangelista & Mastrostefano，2005）的成果表明，部门在创新的总财政投入、进行的创新活动类型、进行创新的总战略等方面似乎通常是不同的。

已发现的最相关的行业间技术差异可能涉及：第一，投入到创新中的资源，包括参与 R&D 活动的人员比例，或者受到创新影响的总营业额的百分比。第二，企业创新的方式，即内部的 R&D，还是采用通过体现在新机械设备中的技术。

第三，企业追求的具体目标，其中更大的差异与产品导向的创新目标有关（"取代淘汰产品"和"扩大产品类别"）（Evangelista & Mastrostefano，2005）。

创新过程的多样化意味着创新战略及其决定因素的多样性，因而将创新战略及其决定因素概念化是一项艰巨的任务。从 Pavitt 开创性的工作开始，创新战略被定义为三个要素的组合：企业追求的目标、实现目标体系开展的活动以及利用现有技术机会提供的来源。

按照 Antonucci 和 Pianta（2002）提出的分类，创新战略主要包括产品创新战略和工艺创新战略。在他们的分类中，企业追求三种不同的创新（技术）战略。第一种战略是寻求技术竞争力的战略，建立在源于质量优势的产品创新和生产率增长的基础上。第二种战略是主动的价格竞争力战略，建立在源于结构调整与专业化的工艺创新和生产率增长基础上。第三种战略是被动的价格竞争力战略，得到依赖降低成本努力的非创新者的追捧。

二、产品生命周期中的产品与工艺创新模型

Utterback 和 Abernathy（1975）率先提出的产品生命周期中工艺和产品创新动态的理论模型，在今天研究产品和工艺创新的动态过程仍具有重要的参考价值。为此，本部分简要介绍他们的模型。

日益激烈的市场竞争和经营压力表明，成功的企业在产品和制造工艺方面利用技术创新以获得竞争优势。企业虽然对革命性突破（创新）有很大的兴趣，但是许多研究表明，在推出创新后，创新持续发展，并渐进式地提高，成本降低也继续产生于渐进式的工艺改进。研发投资可以分为不同的需求刺激（产品创新）和成本降低（工艺创新）活动。对某些行业，产品和工艺创新是相互依存的（Kraft，1990）。一个领域发展的完全实现需要其他领域的改进。例如，高压发电机需要高强度耐热钢合金，这反过来又需要新的加工方法的发展（Usher，1954）。在电视行业，广角 CRT 需要更复杂的固态元件，固态元件的发展对创新产品比如远程控制是必要的；制造工艺的变化取决于产品的重新设计，以减少部件的数量和种类（Sciberras，1982）。

研发预算的规模以及将其分成产品和工艺活动，在行业间是不同的（Levin & Reiss，1988）。研究产品和工艺研发支出的实证工作发现，具有高机会产品突破的行业（例如化工产品、制药、电脑、电子、航空器和科学仪器），通常将更

多的研发预算花费在与产品有关的创新上。而具有低机会产品突破的行业（例如食品、纺织、木制品、纸张、玻璃、黏土和金属）将更多的研发预算花费在工艺创新上（Link，1982；Lunn，1986）。

当集中在产品和工艺创新的动态时，Utterback 和 Abernathy（1975）勾勒出产品生命周期中工艺和产品创新动态的理论模型（见图 2-1）。他们指出，企业恰当的创新活动类型（产品或工艺研发支出）取决于企业的环境、竞争以及增长战略。他们提出的模型通常与产品生命周期相协调（Abernathy & Utterback，1978）。在"早期"阶段，产品创新主导研发活动。创新是市场刺激型的，支出是大的。在"成长"阶段，工艺创新变得重要，因为生产走向自动化（例如生产线）。在"成熟"阶段，产品和工艺中只进行小的改进。研发活动主要由与工艺有关的因素驱动，支出是相对较少的。Utterback 和 Abernathy 因此建议，在产品生命周期中将研发支出从产品改进转向与工艺相关的创新，这种一般模式被所有企业遵循。

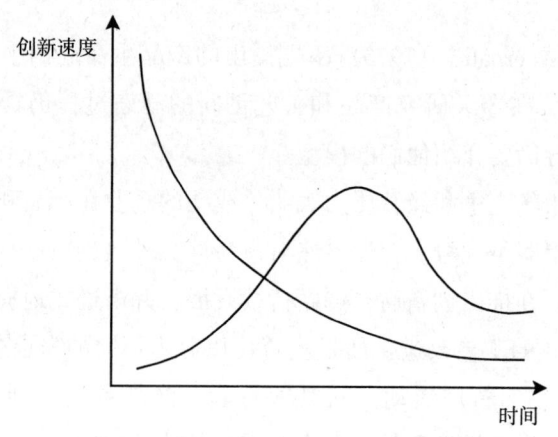

图 2-1　Utterback 和 Abernathy 的产品与工艺创新模型

该理论模型本质上是描述性的，有关该理论有效性的结论性结果尚未得到。支持模型的研究包括（Abernathy et al.，1983；Abernathy & dark，1985；Calatone et al.，1988）。并不完全与该模型一致的研究包括（Pavitt & Rothwell，1976；DeBresson & Townsend，1981；DeBresson & Lampel，1985）。自 Utterback 和 Abernathy 的独创性论文以来，他们已经修改了他们的思想，考虑革命性的变化以及行业的非成熟性或反向演化（Abernathy et al.，1983）。但是，这些修改不是真正改变图 2-1 的基本框架，而是提出重大技术变化间一系列连续的产品技术生命周期。

三、创新发展概念模型

企业内部的创新模式与企业的某些特点（其生产过程的发展阶段及其选择的竞争基础）存在着密切的关系，这些关系涉及企业的竞争战略和创新间的关系以及生产的工艺特征与创新间的关系。企业创新过程的特征以及企业创新尝试的特征，将随着企业的环境及其竞争和增长战略、企业及其竞争对手利用的工艺技术发展状况而系统地变化。由于企业仅以较少的方式可以影响其环境，因此企业的战略选择与其环境间、战略既定下企业进行的产品与工艺创新类型与生产资源被利用的方式特别是生产过程中达到的发展状况间，存在着密切的相互关系。Utterback 和 Abernathy（1975）提出的包含创新、竞争战略和工艺发展状况间相互关系的概念模型，关注企业的竞争环境与支持其进行的创新模式的目标（是绩效最大化、销售最大化还是成本最小化）间的关系，也充分考虑企业的生产工艺特征的发展与其进行的创新活动的类型（例如创新的类型、来源和创新激励）间的关系。为此，本部分简要介绍他们的工艺发展模型、产品发展模型及其创新与发展阶段的关系。

1. 工艺发展模型

生产工艺是用于生产产品或提供服务的工艺设备、劳动力、任务要求、原料投入、工作和信息流动等生产产品或服务的系统。构建工艺发展模型的基本观念是，由于生产工艺随着时间的推移而朝着提高产出生产率水平的方向发展，所以生产工艺以特有的演化模式发展：它变得更加资本密集型，通过更大的分工和专业化直接提高劳动生产率，工序内原料的流动更具有直线流性质（流量是合理化的），产品设计变得更加标准化，生产规模变得更大。生产率提高源于这几个变量同时和经常增加的变化，其中一些变化是由市场的变化（数量和产品标准化）引起的，而另一些产生于企业内部的变化。

由于工艺通过这些因素渐进式变化持续向更高生产率状态发展，所以显著改变工艺的总性质的累积效应得以实现。不同行业和经济部门中相似的一定发展阶段，可以根据各种工艺的生产率因素的特征确定。伴随着工艺的发展，也可能在内部组织结构、专用原料以及基于技术的资本货物的供应行业的发展方面发生变化。Utterback 和 Abernathy 描述工艺发展的三个不同阶段，即不协调、分割性（segmental）和系统性阶段。

不协调阶段。在工艺和产品生命的早期，市场扩张和重新确定导致竞争程度频繁提高。产品和工艺的变化率是高的，竞争对手间有很大的产品多样性。工艺本身通常主要由非标准化和手动操作组成，或者由依赖通用设备的操作组成。在这种情况下，工艺是流动的，工艺要素间具有松散和不稳定的关系。这样的系统是一个有机整体，并容易对环境变化做出响应，但必然是缺少活力和低效的。

分割性阶段。随着一个行业及其产品群的成熟，价格竞争变得更加激烈。日益为效率而设计的生产系统，变为机械式的和刚性的。任务变得更加专业化，并受到更正规操作的控制。在工艺方面，生产系统通过自动化和过程控制往往变得复杂精美和紧密集成。一些子工艺通过特殊的工艺技术可能是高度自动化的，而其他子工艺可能仍然基本上是手动的或依赖通用设备。因此，在该情况下的生产工艺将有分割性性质。然而，直到一个产品群成熟得有足够的销售量以及至少有几个稳定的产品设计时，这种粗放式发展才能发生。

系统性阶段。随着工艺变得高度发达和一体化以及对其投资变大，工艺要素的选择性改进变得越来越困难。工艺一体化变得更好，因而工艺变化变得非常昂贵，因为即使是较轻微的变化，可能需要其他工艺要素和产品设计的变化。在这个阶段，工艺的重新设计通常更慢，但可能受到新技术的发展或市场要求的突然或累积性改变的刺激。如果由于工艺技术和市场持续演化，变化受到阻碍，那么该阶段将导致经济衰退，或者为革命性而不是渐进式技术变化。

2. 产品发展模型

产品创新是为满足用户或市场需求而商业化引进的一项新技术或技术组合。与工艺发展的情况一样，构建产品创新模型的基本观念在于，随着时间的推移，产品以可预测的方式被发展，起初强调产品性能，然后强调产品种类，后来强调产品的标准化和成本。这种观念的优势在于，它使人们能够基于占主导地位的竞争策略区别既定时间某个行业的创新模式与不同时间既定企业的创新模式。因此，某个企业在一个时间可能试图成为第一个推出技术先进的产品（绩效最大化），或者观察别的企业创新，但准备迅速适应和采用新产品的变化和特点（销售最大化），或者在产品生命周期的晚些时候以更简单和更便宜的形式进入市场（成本最小化）。同样，企业的战略可能会随着时间的推移从一个主导战略演变到另外的战略。

绩效最大化。在产品生命周期的早期阶段，产品变化速度是快速的，利润是高的。绩效最大化战略的企业可能强调独特的产品和产品性能，常常预期新能力将扩大顾客的需求。由于最终市场潜力的高度不确定性，绩效最大化企业所进行的大部分创新被预计是市场激发的。满足市场需求的技术可能有许多来源。创新可能经常产生于意想不到的来源或调查方向。绩效最大化企业被预计更多地依靠外部的信息来源，比其他企业更多地依赖更多样化的信息来源。

行业很可能由相对较少的企业组成，这些企业将是基于其现有的技术实力进入全新市场的小的新企业或较老企业。生产能力将是灵活的，生产投入具有易变性，生产能力倾向于定位在发达市场附近，因为那里各种生产投入是可得到的。

在产品与工艺分割性发展的开始阶段，即对应于不协调状态，产品市场界定不清楚，产品是非标准化的，生产工艺未充分发展。产品创新往往由新的市场需求和机会驱动。对创新的关键洞察常常通过识别相关产品的需求获得，而不是在新科学成果或先进技术方面。创新核心是在非常熟悉需求的个人或组织中。在这里，如果先进技术是至关重要的，那么先进技术主要应用于产品创新而不是应用于工艺创新。可能有市场应用的技术创新处于闲置状态，直到市场被认同或被产生为止。

销售最大化。随着产品的生产者和使用者经验的积累，市场的不确定性将相应降低。基于产品差异化的竞争更加激烈，一些产品设计开始处于支配地位。销售最大化企业往往会根据其知名度确定需求。可以预料，导致更好的产品性能的创新是不太可能的，除非性能改进很容易为客户评估和比较。

随着产品使用的更大扩散，市场需求不确定性的减少使得先进技术应用的增加成为进一步产品创新的源泉，结果往往是产品差异化或新部件的出现。为了取代现有产品而不是产生全新的产品应用，更多根本性的变化可能会出现。经济的影响几乎立即显现。与此同时，降低产品变化率和创新的力量正开始加强。由于推出明显的改进，所以使得超过过去的绩效变得越来越难，用户展现忠诚与偏好，销售实践、分销、维护、广告等要求更高的标准化。先进技术在促进产品和工艺创新方面发挥着日益重要的作用。

产品创新的这个阶段大致相当于工艺演化的分割性阶段。工艺变化将在很大程度上被增加的产出需求促进，这些变化往往是不连续的（或重大的）工艺创新，涉及组织、产品设计和生产的新方法。

成本最小化。由于产品生命周期的演化，产品种类往往会减少，产品变得标准化。然后作为一个连续系列，竞争的基础开始转向产品价格，利润减少，行业常常成为寡头垄断，生产中强调效率和规模经济。由于价格竞争加剧，生产过程变得更加资本密集型，并且可能会被重新定位来达到较低的要素投入成本。再定位可能将生产能力转移到海外。

在成本最小化阶段，显著的变化常常涉及产品和工艺改进，并必须作为一个系统加以处理。由于适合的工艺设备投资是高的，产品和工艺变化是相互依赖的，所以可以预期产品和工艺创新主要是增加的。来自激进式创新的市场和组织的高成长率的前景，无论是产品特性的提高还是成本的降低都是不可评估的。然而，在这些条件下，产品和工艺特征很好地被阐述并容易被分析。科技成果和系统技术应用需要的条件是存在的。然而，需要证明变化的成本的支付是大的，而潜在的好处往往是少量的。创新通常会被设备供应商发展，对他们来说，激励是相对较大的，并被更大的用户企业采用。

3. 创新及发展阶段

不同的发展阶段和创新间的关系模型可以被概念化，如图 2-2 所示。创新频率的变化在垂直轴上表示，并与水平轴线上的工艺和产品发展阶段有关。图 2-2 意味着产品和工艺发展的有序而平稳的进展、标准化和销量的增加。

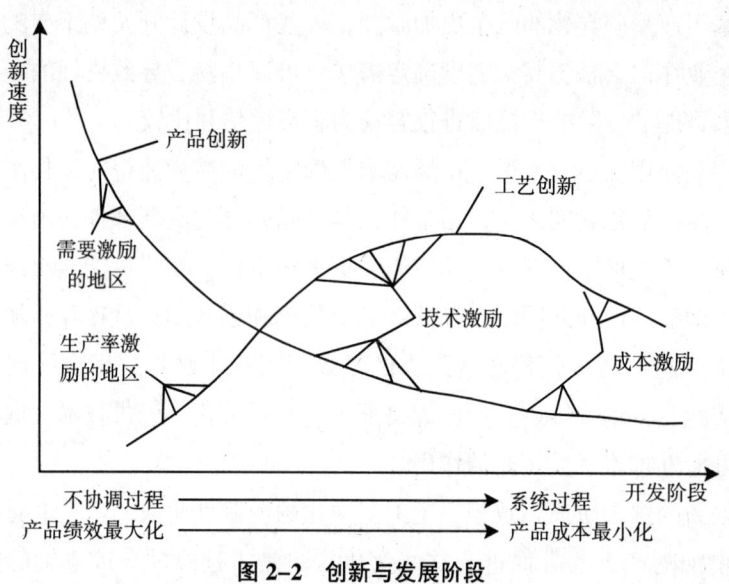

图 2-2　创新与发展阶段

上述模型揭示了技术创新管理中的几个重要问题：创新的自然中心（或最有潜力的富有成效的来源）、最合适的创新类型以及一系列的创新障碍。

第一，创新的中心随着发展阶段而改变。在工艺发展的不协调阶段，创新洞察力来自非常熟悉感受性强的工艺的那些个人或组织，而不是来自非常熟悉新技术的那些个人或组织。至关重要的投入不是最先进的技术，而是有关需求的新洞察。在系统性阶段，需求很好地被界定，这些需求适宜于复杂的技术解决方案，创新者常常是对问题带来新技术见解的人。创新者可能是一个正式的工程或 R&D 团队、设备企业或其他一些外部源。在采取行动促进创新方面，评价这些区别是重要的，以便能够确定、培育与支持最可能的创新来源。

第二，很可能成功的创新类型，无论技术上复杂还是简单，以及是否适用于产品还是工艺，也取决于所处的发展阶段。在不协调阶段，大多数技术应用于生产阶段将要生产的产品中。少数技术应用于工艺改进，的确出现的那些技术往往在应用上是简单的，并解决单一需求。当感受性强的工艺定义不清晰、不确定和非结构化时，复杂的工艺设备技术系统没有很好地起作用。系统技术不是很成功地应用于解决定义不清晰的工艺需求。在系统性阶段，当感受性强的生产阶段处于系统阶段时，甚至具有重大意义的孤立的激进式创新，也很少被乐意接受。看似孤立的创新实际上必须被整合为整个系统性生产阶段的变化。将要成功的创新类型的现实评价以及它们怎样应当被推出，取决于对生产工艺的了解。

第三，创新的一系列总的障碍，像适当的创新类型一样，随着发展过程改变创新的组成。在不协调阶段，阻力集中在对枝节问题的感知，创新在起作用并满足需要吗？在系统性阶段，阻力源于创新的破坏性性质，它将取代既得利益并扰乱目前的做法？该模型有助于澄清这些障碍的变化性质。

四、创新效应发展模型

Lee 和 Stone（1994）创新效应发展模型是纳入了国内行业的 Krugman（1979）的南北贸易模型扩展形式。他们利用该模型分析产品和工艺导向的创新对价格、工资、销售和出口的影响。为此，本部分简要介绍他们的模型。

他们假设世界上有两个区域，即北方和南方。新产品是最近开发的产品，只能在北方生产，老产品可以在两个地区生产。当北方仅生产新产品时，假设新、老产品的相对价格大于 1，且是由需求决定的。消费者是完全相同的，产品都是等价值的。每个地区有 m 个不同的行业。工艺是行业特有的，一个行业产品的生产不能用于另一行业产品的生产。因此，行业由使用的工艺确定，而不是由需求特征的差异确定。

每个行业都只有一种生产要素即劳动，该要素在每个行业中是同质的。世界上劳动力的总量是固定的。行业和地区间的劳动力是不流动的，但在每个地区的每个行业内的产品间是自由移动的。因此，该模型具有特定因素模型的属性特征，它与短中期间最相关。基于不同的工艺导向的技术，劳动生产率在不同地区和行业间可能是不同的。

1. 需求

像 Krugman（1979）模型中的那样，这两个地区所有个人的效用函数是：

$$U = \left(\sum_{f=1}^{n} C_f^\theta \right)^{1/\theta} \quad 0 < \theta < 1 \tag{2-1}$$

其中，

$$n = \left(\sum_{j=1}^{m} n_{Nj} + \sum_{j=1}^{m} n_{Sj} \right)$$

是在两个地区生产的产品的总数量，C_f 是第 f 个产品的消费量，θ 是需求参数。因此，对给定收入，如果可得到的产品数量增加，则消费者的效用将提高。效用函数也意味着，具有相同价格的两种产品将被所有消费者以相同的数量被消费。

因此，这种具体形式的效用函数意味着，对北方行业产品的需求相对于对南方行业产品的需求仅取决于那个行业的相对价格。当任意选择南部第一个行业的产品为基准价格单位时，因此 P_{S1} 等于 1，我们可以将对北方代表性行业的产品的需求相对于对基准价格单位的需求表达为：

$$C_{Nj}/C_{S1} = P_{Nj}^{-(1/1-\theta)}, \quad j = 1, \cdots, m \tag{2-2}$$

其中，C_{Nj} 是北方代表性行业 j 产品的总消费量，C_{S1} 是基准价格单位的总消费量，P_{Nj} 是北方代表性行业 j 产品的价格（根据基准价格单位）。

2. 生产与价格

各地区各行业生产产品的技术由展示不变规模收益的新古典生产函数表示。每个行业的完全竞争（和线性齐次生产函数）产生下列劳动需求：

$$L_{ij} = a_{ij}C_{ij}n_{ij}, \quad i = N, S; \quad j = 1, \cdots, m \tag{2-3}$$

其中，L_{ij}是地区 i 行业 j 中的劳动力供应量；a_{ij}是相应的单位产出的劳动力需求。

自由进入每个行业假设，促使利润等于 0，因此价格等于平均成本：

$$P_{ij} = a_{ij}w_{ij}, \quad i = N, S; \quad j = 1, \cdots, m \tag{2-4}$$

其中，W_{ij}是地区 i 行业 j 的工资率。

3. 静态均衡

从式（2-2）和式（2-3），对（北方）行业 j 新产品的相对劳动力需求相对于基准价格单位的劳动力需求可以写成：

$$L_{Nj}/L_{S1} = (a_{Nj}/a_{S1})P_{Nj}^{-1/(1-\theta)}(n_{Nj}/n_{S1}), \quad j = 1, \cdots, m \tag{2-5}$$

对价格，式（2-5）可以改写成：

$$P_{Nj} = (a_{Nj}/a_{S1})^{1-\theta}(L_{Nj}/L_{S1})^{-(1-\theta)}(n_{Nj}/n_{S1})^{1-\theta}, \quad j = 1, \cdots, m \tag{2-6}$$

对工资，式（2-4）和式（2-6）产生下面的表达式：

$$W_{Nj} = (a_{Nj}/a_{S1})^{-\theta}(L_{Nj}/L_{S1})^{-(1-\theta)}(n_{Nj}/n_{S1})^{1-\theta}, \quad j = 1, \cdots, m \tag{2-7}$$

对销售，式（2-3）和式（2-6）产生下面的表达式（需要注意的是，销售额S_{ij}等于$P_{ij}C_{ij}n_{ij}$）：

$$S_{Nj} = (a_{Nj}/a_{S1})^{-\theta}(L_{Nj}/L_{S1})^{\theta}(n_{Nj}/n_{S1})^{1-\theta}, \quad j = 1, \cdots, m \tag{2-8}$$

4. 产品创新

在其他因素相同的情况下（两个地区间产品技术的过时与转移的速度不变），任何产品创新都表现为北方某个行业产品数量增加的形式。分别从式（2-6）、式（2-7）和式（2-8），我们得到产品创新对价格、工资和销售的影响效果：

$$\partial P_{Nj}/\partial n_{Nj} = (1-\theta)n_{Nj}^{-1}P_{Nj} > 0, \quad j = 1, \cdots, m \tag{2-9}$$

$$\partial W_{Nj}/\partial n_{Nj} = (1-\theta)n_{Nj}^{-1}W_{Nj} > 0, \quad j = 1, \cdots, m \tag{2-10}$$

$$\partial S_{Nj}/\partial n_{Nj} = (1-\theta)n_{Nj}^{-1}S_{Nj} > 0, \quad j = 1, \cdots, m \tag{2-11}$$

这些影响效果一律是正的。凭直觉，由于效用函数的特殊形式，n_{Nj}的增加导致对北方行业产品的超额需求。因此，P_{Nj}必须增加以消除相对超额需求。行业中的工资率上升，因为劳动力是特有的要素；因为超额需求，销售也增加。由于相同效用函数的假设，出口也随销售的增加而增加。

5. 工艺创新

工艺导向的技术变化表现为单位产出的劳动力需求（a_{ij}）的减少。北方行业

j 中的工艺创新降低 a_{Nj}。从式（2-6）、式（2-7）和式（2-8），我们得到工艺创新对价格、工资和销售的影响效果：

$$\partial P_{Nj}/\partial a_{Nj} = (1-\theta)a_{Nj}^{-1} P_{Nj} > 0, \; j=1,\cdots,m \tag{2-12}$$

$$\partial W_{Nj}/\partial a_{Nj} = -\theta a_{Nj}^{-1} W_{Nj} > 0, \; j=1,\cdots,m \tag{2-13}$$

$$\partial S_{Nj}/\partial a_{Nj} = -\theta a_{Nj}^{-1} S_{Nj} > 0, \; j=1,\cdots,m \tag{2-14}$$

这些影响效果表明，工艺创新降低价格，提高工资和销售。直观地说，采取降低单位产出的投入需求的技术进步，像增加产出的要素禀赋那样起作用，这导致以现有价格计算的产出的超额供应，并引起价格下降。销售随着价格的下降而上升，由于生产率提高，工资率上升。由于相同效用函数的假设，出口也随销售的增加而增加。

第二节　创新与就业模型

一、企业层面上创新的就业影响

创新已被公认为经济增长的重要来源，促进企业水平上的创新政策是许多国家创新政策的重要内容。创新对就业的影响是决策者和研究者特别感兴趣的问题，但是创新和就业间的关系仍然没有被充分了解。一方面，创新对就业的长期经济影响显然不是负向的，发达经济体几十年甚至几个世纪的创新一直伴随着就业增长，而不是许多人预测的不断下降的就业水平。另一方面，尽管有证据表明，创新企业有可能比非创新企业更容易生存和成长，但是有关创新对就业影响的知识，在企业层面上仍然是相当模糊的。创新往往破坏工作，但也促进对企业产品的需求，创新影响总就业的程度和机制至今还是不清楚的（Harrison et al., 2008）。为此，本部分借鉴 Harrison 等的研究成果，就企业层面的创新对就业的影响进行阐述。

1. 工艺与产品创新的就业效应

人们早已认识到，创新通过不同时间尺度和复杂性的多重渠道影响就业，总的影响对创新的特征（工艺和产品创新、突破性和渐进性创新等）及其环境是敏感的。工艺创新能够导致生产率增长，这使得企业用更少的投入生产相同水平的产出，或者用相同的投入生产更多的产出。因此，工艺创新能够产生直接的劳动力节省效果（取代效应）。当源自创新的成本降低，刺激价格降低，驱动更高的需求和更大产出时，工艺创新对就业的这些负面影响可以通过间接的扩张影响抵消（补偿效应）。另外，产品创新的就业效应不那么模糊，产品创新通常刺激对企业产出的需求（国内和国外），能够引起市场扩张。同时，像工艺创新一样，产品创新能够引起来自其他企业的替代产品的需求转移（分流效应或偷生意效应）。因此，尽管产品创新可能提高创新企业的劳动力需求，但是其对总就业的影响是不太清楚的，取决于市场扩张和偷生意效应的相对强度。实践中创新对就业的这些抵消性的影响怎样平衡是一个实证性问题，其答案逻辑上取决于使用的技术的性质和投入要素的替代性、需求自身的价格弹性和交叉价格弹性、相关产品市场竞争的程度、经营环境的性质、工艺创新的类型、新产品的新奇程度以及一大批其他因素（Dutz et al., 2011）。

创新对企业层面上就业的潜在影响总结在表2-1中（Nickell & Kong, 1989; Van Reenen, 1997; Garcia et al., 2002）。区分工艺创新的影响与产品创新的影响是必要的，因为工艺创新针对改进生产工序，因此对生产率和单位成本有直接影响，而产品创新主要增强对企业产品的需求。但是，在创新实践中，工艺创新与产品创新密切相关，有时是不可区分的，工艺创新往往伴随着产品创新；反之亦然。如表2-1所示，这两种类型的创新可以解释为企业的研发投资和其他创新活动的结果。

表2-1 创新的就业效应

		替代效应	补偿效应	
R&D和创新支出 ⇒	工艺创新	生产率效应（<0）：既定产出需要较少劳动	价格效应（>0）：成本降低，传递到价格，扩大需求	⇐ 取决于企业内经济主体的行为 ⇕ 取决于竞争
	产品创新	新产品的生产率差异（>0或<0）	需求扩大效应（>0）	⇐

纯工艺创新能够降低单位产出所需要素的数量，包括所需的劳动投入量。因此，对既定产出，工艺创新往往取代劳动，虽然这种取代效应的大小取决于工艺改进在多大程度上是劳动增长型或者资本增长型。工艺创新的影响是对学习和溢出这类因素引起的效率渐进式改进影响的补充，随着时间的推移这也减少投入需

求。源自工艺创新的生产率提高意味着单位成本的降低。根据企业面临的竞争条件，这种成本降低可能导致较低的价格，这将刺激需求，因此增加产出和就业。这种补偿效应的大小在很大程度上取决于对企业产品的需求弹性，而且有可能取决于企业内部经济主体的行为以及市场竞争的性质。例如，工会的影响可能使得企业创新的任何收益转换成更高的工资，管理者可能利用其稳定的市场势力增加利润，这两种行为都可能抑制补偿效应（Nickell，1999）。

产品创新可能有生产率效应，即使它们与同时发生的工艺创新没有关系。新的或改进的产品可能意味着生产方法和投入组合的变化，这可能降低或增加劳动力需求。这些影响的程度和方向必须根据实证来确定。然而，这些影响可能小于源于对企业产品需求增加的正补偿效应。这样的需求增加的重要性将取决于竞争的性质和竞争对手对新产品推出的反应的延迟。此外，新产品的销售可能会蚕食一定比例的企业现有的销售，降低补偿效应的大小。因此，在可能的情况下，区分总效应和净效应是重要的，因为后者考虑到现有销售的引致性减少。

2. 创新对就业影响的估计模型

Harrison 等（2008）构建的创新和就业模型，实际上是两产品生产函数。他们假设企业可以生产两类产品：旧的或只略为改进的产品（老产品）和新的或显著改良产品（新产品），它们分别用 $i=1$ 和 $i=2$ 表示。两个不同年份的企业分别用 $t=1$ 和 $t=2$ 表示，可能在这期间推出一些新产品。在 t 年老产品和新产品的产出分别由 Y_{1t} 和 Y_{2t} 表示。在 $t=1$ 时，所有产品都是老产品，因此 Y_{21} 总是等于 0。如果企业在两年间没有推出任何新产品，那么 Y_{22} 也等于 0。

他们假定，新、老产品的生产技术在资本、劳动和中间投入上具有规模报酬不变特征，并可以写成两个可分离的生产函数，它们具有不同的希克斯中性技术参数 θ：

$$Y_{it} = \theta_{it} F(K_{it}, L_{it}, M_{it}) e^{\eta+\omega_{it}} \quad i=1, t=1; i=2, t=2 \qquad (2-15)$$

其中，K、L 和 M 表示资本、劳动和中间消费，η 是未观察到的企业特殊的"固定"效应，ω 表示特定产品和时间的生产率冲击，具有 $E(\omega_{it})=0$。

他们假设，企业 R&D 投资以形成产品和工艺创新。新产品比老产品以较高或较低生产率生产，通过在工艺创新上的投资，企业可以影响新、老产品的生产效率。分析的主要兴趣是在估计生产老产品效率的变化（θ_{12}/θ_{11}），以及生产新、老产品的相对效率（θ_{22}/θ_{11}）。

企业的生产率水平受到未观察到的企业特有的效应 η 以及特殊冲击 ω 的影响。η 代表使得一个企业比使用相同技术即拥有相同 θ 的平均水平的企业更多（更少）生产能力的所有未观察到的因素。这些因素包括与创新有关的任何特征（例如，创新管理的卓越能力、有较高的吸收能力、更有效的组织）。他们称之为个体生产率效应。ω 表示生产函数中技术发展以外的原因引致的未观察到的所有变化（例如，未观察到投资、突然出现的设备利用、劳动和临时组织问题），他们称之为（非技术）生产率冲击。

他们进一步假设，考虑到个体生产率效应 η 和生产率冲击 ω 在决定投入的数量前，生产率冲击由企业观察到，就业和投入的其他决定是根据成本最小化做出。考虑到技术，相关的成本函数有这种形式：

$$C(\mu_{it}, Y_{it}, \theta_{it}) = c(\mu_{it}) \frac{Y_{it}}{\theta_{it} e^{\eta + \omega_{it}}} + F_i \tag{2-16}$$

其中，边际成本 $c(\mu)/\theta e^{\eta+\omega}$ 是投入价格 μ 的矢量函数，F 代表某个任意的固定成本。根据谢泼德引理（Shephard's lemma），老、新产品的劳动需求可以写为：

$$L_{1t} = c_{\mu L}(\mu_{1t}) \frac{Y_{1t}}{\theta_{1t} e^{\eta + w_{1t}}} \quad t = 1, 2 \tag{2-17}$$

$$L_{22} = c_{\mu L}(\mu_{22}) \frac{Y_{22}}{\theta_{22} e^{\eta + w_{22}}} \quad （如果 Y_{22} > 0，该等式成立；否则，L_{22} = 0）$$

其中，$c_{\mu L}(.)$ 代表 $c(.)$ 对工资的导数。该表达式表明，就业与个体生产率效应 η 和生产率冲击 ω 有关。他们假设，$c_{\mu L}(\mu_{11}) = c_{\mu L}(\mu_{12}) = c_{\mu L}(\mu_{22})$。例如，在投入的相对价格在两个年份大约保持不变且新老产品相等的可能情况下，这种关系近似成立。

他们将两个年份 t=1 和 t=2 的就业增长分解为，归因于老产品生产的就业增长以及归因于新产品生产的就业增长：

$$\frac{\Delta L}{L} = \frac{L_{12} + L_{22} - L_{11}}{L_{11}} = \frac{L_{12} - L_{11}}{L_{11}} + \frac{L_{22}}{L_{11}} \approx \ln\frac{L_{12}}{L_{11}} + \frac{L_{22}}{L_{11}} \tag{2-18}$$

其中，新产品的增长率被定义为 L_{22}/L_{11}。他们也利用对数形式的老产品增长率，得到下面与有关变量相关的更为简化的线性方程。在这种分解以及拥有简单化假设的劳动需求方程基础上，他们给出的就业方程，其中个体固定效应 η 被消去：

$$\frac{\Delta L}{L} \cong -(\ln\theta_{12} - \ln\theta_{11}) + (\ln Y_{12} - \ln Y_{11}) + \frac{\theta_1}{\theta_{22}} \frac{Y_{22}}{Y_{11}} - (w_{12} - w_{11}) \tag{2-19}$$

上述方程是一个简单的表达式，它说明观察到的就业增长的四个部分分别是：第一，老产品生产过程中的效率变化；第二，随着时间的推移，老产品的需求的变化率；第三，归因于新产品需求的生产扩张；第四，生产率冲击的影响。

对在老产品生产过程中推行工艺创新的企业而言，老产品的生产效率（$\ln\theta_{12}-\ln\theta_{11}$）的增长预计将是较大的，即使由于其他的重要原因比如学习和溢出效应，企业的效率也预期随着时间的推移而增加。产品创新对就业增长的影响取决于生产新、老产品的相对效率的比率（θ_{11}/θ_{22}）。如果新产品比老产品更有效地生产，这个比率小于 1，就业没有随着新产品引起的产出增长而以相应的增长速度增长。

Harrison 等（2008）简单但正式的创新和就业模型，在企业层面探讨创新对就业的影响，该模型厘清其中的一些结构性影响（结构效应）。使得我们能够观察到每个企业的现有产品和新推出产品间产出增长的组合，能够量化产品创新对就业的影响，该模型已被许多学者用于不同的实证研究中。

二、创新对就业影响的补偿理论

基于信息通信技术（ICTs）的新"技术范式"的传播，导致关于创新对就业影响的老的争论再次出现。技术进步的就业影响存在着两种截然不同的观点：技术进步对就业的替代效应和技术进步对就业的补偿效应。自经济理论问世以来，经济理论就指出技术进步引致的就业减少的补偿经济力量的存在。19 世纪上半叶，经济学家提出了"补偿理论"（Marx，1961）。该理论由不同的市场补偿机制组成，这些机制由技术变化本身引起，能够抵消工艺创新起初的劳动节约型影响（Vivarelli，2007）。就创新对就业影响的经典的补偿理论而言，本部分介绍 Vivarelli（2007）的研究成果。

1. 经典补偿理论

创新对就业影响的经典的补偿理论由不同的市场补偿机制组成，这些机制包括：

第一，"通过新机械设备"的补偿机制。在用户行业取代工人的相同的工艺创新，在生产新机械设备的资本部门中创造新的工作（Say，1964）。

第二，"通过降低价格"的补偿机制。一方面，工艺创新涉及工人的取代；另一方面，在竞争性市场中，工艺创新本身导致单位生产成本下降，生产成本下降导致价格降低，价格降低反过来刺激对产品的新需求，因而增加生产和就业。

这种机制在经济思想史的初期被单列出来（Steuart，1966）。当萨伊定律成为古典经济理论的焦点时，这种推理过程变为补偿理论的基石（Say，1964）。在一个竞争激烈的世界中，供应产生自己的需求，技术变化充分参与这种自我调节的过程。"通过降低价格"的补偿机制，在经济思想史中，被新古典经济学家和现代理论家多次提出（Neary，1981；Stoneman，1983；Hall & Heffeman，1985；Dobbs et al.，1987；Nickell & Kong，1989；Smolny，1998）。

第三，"通过新投资"的补偿机制。在竞争趋同并非瞬时的世界中，在技术变化引致的成本降低与随之而来的价格下降间的差距期间，超额利润可能被创新企业家累积。这些利润被投资，因而创造新的生产和新的工作。这个命题最初由Ricardo（1951）提出，也由像Marshall（1961）那样的新古典经济学家以及比如Hicks（1973）和Stoneman（1983）那样的动态模型提出过。在微观层面，Van Reenen（1997）研究了滞后的创新在促进就业演化中的作用。

第四，"通过减少工资"的补偿机制。与其他形式的失业一样，劳动节约型技术的直接影响可能在劳动力市场中得到补偿。在新古典主义的框架中，由于自由竞争以及劳动与资本之间的完全替代，技术性失业意味着工资下降，这将导致反向转回更具劳动密集型技术。第一个应用这种论点的是Wicksell（1961），然后是Hicks（1932）和Pigou（1933）。工资调整是比如Neary（1981）和Sinclair（1981）那样的局部均衡模型和比如Layard和Nickell（1985）、Venables（1985）、Layard等（1991）、Davis（1998）和Addison和Teixeira（2001）那样的一般均衡分析的一个组成部分。

第五，"通过增加收入"的补偿机制。与"通过减少工资"直接相比，这种补偿机制是由凯恩斯和卡尔多提出。在福特主义生产模式中，工会参与技术进步成果的分配。所以，必须考虑的是，创新导致的成本节约的一部分可以转化为更高的收入以及由此产生的更高的消费。这种需求的增长导致就业增加，这可以补偿工艺创新导致的初期的工作损失（Pasinetti，1981；Boyer，1990）。

第六，"通过新产品"的补偿机制。技术变化不仅仅是工艺创新，可能意味着可以创造更多就业机会的全新的经济部门的诞生。产品创新的劳动密集型的影响再次被古典经济学家强调（Say，1964），甚至补偿理论的最严厉的评论家也承认来自这种技术进步的正向的就业利益（Marx，1961）。

在目前的争论中，许多研究认为，产品创新对就业产生正向影响，因为产品创新开辟了通往全新产品或重要差异化成熟产品的开发之路。产品创新的"劳动友好型"在微观经济层面被证明是特别明显的（Entorf & Pohlmeier, 1990; Brouwer et al., 1993）。

2. 对经典补偿理论的批评

技术变化引发能够潜在抵消工艺创新初始的劳动节约效应的市场力量。此外，不同形式的技术进步即新产品的扩散，可以对就业趋势产生正向影响。为此，针对上述补偿机制，对补偿理论的主要批评包括：

第一，除了少数例外（Hicks, 1973），如今这种补偿机制不再被提出。新机器可以通过增加投资，或仅仅是通过过时机器的替代（报废）来实现。在后一种情况下，那里完全没有补偿（Freeman et al., 1982）。

第二，像 Malthus（1964）和 Mill（1976）注意到的那样，劳动节约型技术的第一个影响是总需求的减少，因为以前与被解雇的工人有关的需求被取消。因此，"通过降低价格"的机制涉及需求降低，必须更多地抵消起初总购买力的下降。

此外，这种机制依赖于萨伊定律，并不考虑需求约束可能会发生。有关"有效需求"部分的困难（以凯恩斯的术语）比如"资本的边际效率"的低值（Keynes, 1973）可能涉及支出决策的延迟和较低的需求弹性。如果是在这样的情况下，这种补偿机制被阻碍，技术性失业不再是一个暂时性的问题。最后，"通过降低价格"的机制的效果取决于完全竞争的假设。如果一个寡头垄断的制度占优势，整个补偿被强烈削弱，因为成本节约不一定完全转化为价格下降（Sylos Labini, 1969）。

第三，"通过新投资"的补偿机制依赖于萨伊定律的假设，即源于创新的累计利润完全并立即转化为追加投资。凯恩斯对萨伊定律的态度再次可以用来怀疑这种补偿机制的完全效果。此外，新投资的内在本质的确很重要；如果这些投资都是资本密集型的，补偿也只能是局部的（Marx, 1961）。

第四，"通过减少工资"的机制与凯恩斯的有效需求理论形成对比。一方面，工资的下降可以导致企业雇用更多的工人；另一方面，下降的总需求降低雇主的商业预期，因而他们倾向于雇用更少的工人。此外，如果创新的累积性和局部性被考虑，那么新古典模型假设的资本和劳动间完全替代性的假设以及技术变化反向的可能性似乎是非常不可能的。

第五，在 20 世纪 50~60 年代福特制生产模式的"黄金时代"，福特制生产模式是基于劳动—工资关系中的相关变化。不是将工资由竞争性的劳动力市场进行调节，工人被允许占有技术进步带来的生产率收益的相关部分。实际工资的增加反过来涉及大规模消费，这刺激投资，通过创新和规模经济导致更多的生产率收益（Boyer，1988）。劳动节约型技术被大规模引进，但是卡尔多的"良性循环""通过新收入"允许重大补偿。如今，福特制生产模式由于很多原因已经过时，这里不能再讨论（Boyer，1988）。收入分配遵循不同的规则（是基于菲利普斯曲线，而不是基于共享生产率收益），劳动力市场已经回到具有竞争性和灵活性。整体而言，该补偿机制在新的制度环境中被强烈削弱（Appelbaum & Schettkat，1995）。

第六，新产品仍然是抵消劳动节约型工艺创新更强大的方式。然而，"福利效应"（新的生产部门）必须与"替代效应"进行比较（成熟产品的替代，参见 Katsoulacos，1986）。此外，不同的"技术范式"的特征是不同的新产品集群，后者反过来对就业产生非常不同的影响。因此，汽车的推出比家用电脑的扩散有高得多的劳动密集效应。事实上，在不同的历史时期和不同的制度框架中，工艺创新的劳动节约效应和产品创新的劳动密集效应之间的相对平衡，可以有很大变化。

三、技术进步对劳动需求与失业水平的影响

技术变化如何影响对劳动力的需求？技术变化往往何时会增加失业？经济理论并没有对此给出明确的答案。如果假设在所有情况下劳动力市场出清，技术性失业的可能性根本不可能出现：工资率、价格和数量通过保持持续的"充分"就业对技术变化做出反应。另外，假如总需求"决定"产出，如同在"凯恩斯主义"体系的一些描述那样，那么仅仅提高可变生产要素生产率的技术变化一定带来那种要素的就业降低。第一，乐观的看法取决于工资和价格的完全灵活性的假设。第二，悲观的结论在某种程度上取决于相反的假设，即工资或价格被锁定在不平衡状态。因此，在技术变化存在的情况下，工资如何表现具有至关重要的意义。Sinclair（1981）对上述问题进行了深入探讨，本部分简要介绍他的研究成果；主要介绍技术变化对劳动需求的影响，以及介绍技术变化对失业水平的影响。

1. 技术进步的类型

中性技术进步分为三种类型：产出增长型技术进步（希克斯中性）、劳动增长型技术进步（哈罗德中性）、资本增长型技术进步（索洛中性）。

希克斯中性技术进步假设，在劳动—资本比（L/K）不变的条件下，当技术发生了变化，而并没有使劳动与资本的边际替代率（dK/dL）发生变化，那么就定义为发生了中性技术进步。反映到生产函数上，如果技术进步属于希克斯中性，那么生产函数就由 $Y=F(K, L, t)$ 演变为这样的特殊形式：$Y=A(t)F(K, L)$。很显然，$A(t)$ 就是由于技术进步的作用而产生的。希克斯中性技术进步表明，这种形式的技术进步使得资本和劳动这两种要素的效率获得同步提高，即劳动的边际产量（dY/dL）和资本的边际产量（dY/dK）之比保持不变，而使产出得到增长，因此，称为产出增长型技术进步。这样，我们就可以写出一般生产函数：$Y=A(t)F(K, L)$ 的形式，然后，通过度量 $A(t)$ 来测算技术进步对经济增长的影响。

哈罗德中性技术进步假设，资本的边际产量不变，并假定它等于利润率 ρ。如果 K/L 比不变，那么技术进步会正常地提高资本的边际产量，为了保持资本的边际产量不变，K/L 比就必须提高。技术进步以后，使资本—产出比保持不变的 K/L 比水平也同样会使 ρ 保持不变。这种技术进步就是哈罗德意义上的中性技术进步。在数学表达上，如果技术进步属于哈罗德中性，那么生产函数就由 $Y=F(K, L, t)$ 演变为这样的特殊形式：$Y=F[K, A(t)L]$。在哈罗德中性技术进步条件下，无论 K/L 处于何种水平之上，只要它保持不变，产出就会以相同的速度增加，这个速度就是提供了衡量技术进步的标准。从服从哈罗德中性技术进步的特殊生产函数 $Y=F[K, A(t)L]$ 上可以看出，如果技术进步属于哈罗德中性，那么这种技术进步的作用主要是使得劳动的效率得到提高，技术进步以后 L 数量的劳动能够做相当于从前 $A(t)$ 倍的工作。所以，这类技术进步称为劳动增长型技术进步。

索洛中性技术进步假定，劳动的边际产出是一个常数，并假定它等于工资率 w，如果 K/L 比水平不变，那么技术进步会正常提高劳动的边际产量。为了保持劳动的边际产量不变，K/L 比就必须降低。技术进步以后，使劳动—产出比保持不变的 K/L 比水平也同样使 w 保持不变。这种技术进步就是索洛意义上的中性技术进步。在数学表达上，如果技术进步属于索洛中性，那么，生产函数具有这样的特殊形式：Y=F[A(t)K, L]。从这一函数式我们可以看出，如果技术进步属于索洛中性，那么这种技术进步的作用主要是使得资本的效率得到提高，技术进步以后K数量的资本能够做相当于以前A(t)倍的工作。所以，这类技术进步称为资本增长型技术进步。

2. 基本模型

Sinclair（1981）做出以下假设：

A1：在规模报酬不变的情况下，一种商品由同质资本（K）和同质劳动（L）生产；

A2：生产者面临商品和要素市场竞争状况，且非定量供应；

A3：K和L之间的替代弹性σ是恒定的，且非单位弹性；

A4：K是固定的；

A5：技术进步是无实体性的；

A6：技术进步至少由下列之一的增加表示：A索洛中性技术参数，B哈罗德中性技术参数，T希克斯中性技术参数；

A7：经济是封闭的，总需求系统由下列方程组成：实际收入或支出，本身是线性的，是利率和实际货币余额水平的对数线性；对名义货币的需求，是实际收入、价格和利率的对数线性；名义货币的供给，是利率的对数线性；货币市场出清；

A8：雇员的工作时间是每小时的实际工资率的对数线性；

A9：或者（Ⅰ）每小时实际工资率是固定的；或（Ⅱ）产出的工资份额是固定的；或（Ⅲ）货币工资率是固定的；或（Ⅳ）货币工资率是价格水平的对数线性。

假设A1和A3意味着总量生产函数，其中Q是产出：

$$Q = T[a(AK)^{(\sigma-1)/\sigma} + b(BL)^{(\sigma-1)/\sigma}]^{\sigma/(\sigma-1)} \quad (2-20)$$

其中a, b, A, B, T>0，且$\infty > \sigma > 0$。

A2使得实际工资率即W/P与（1）中劳动的边际产品相等：

$$\frac{W}{P} = BTb^{\sigma/(\sigma-1)}\left[\frac{a}{b}\left(\frac{AK}{BL}\right)^{(\sigma-1)/\sigma} + 1\right]^{1/(\sigma-1)} \quad (2-21)$$

由于A9中有关工资的四个不同的假设，所以基本模型产生四种不同的模型。模型Ⅰ由假设A1到A8加上A9Ⅰ组成；模型Ⅱ由A1到A8和A9Ⅱ组成；模型

Ⅲ由假设 A1 到 A8 和固定的货币工资率 A9Ⅲ组成；在模型Ⅳ中，A1 到 A8 和 A9Ⅳ结合。对劳动力超额需求的可能性通过生产者在劳动力市场中不能被配给这一假设（A2）排除。因而低于或等于劳动力供应的就业，由对劳动力的需求以及特别是所做的工资假设（A9Ⅰ，Ⅱ，Ⅲ or Ⅳ）决定。总需求系统方程为：

$Q = E = cQ + e\left(\dfrac{M}{P}\right)^\alpha R^{-\beta}$，其中 Q 代表实际收入和产出，E 是实际支出，M 是名义货币供给，P 是价格水平，R 是利率；参数的符号限制是 α、β，$e>0<c<1$；

$M_d = hP^\gamma Q^\delta R^{-\varepsilon}$，其中 M_d 是对名义货币余额的需求，h、γ、δ 和 $\varepsilon>0$；

$M = kR^\zeta$，其中 $\zeta>0$；

$M = M_d$ 表明货币市场出清。

该系统中第一对方程产生 IS 曲线

$$Q = \dfrac{e}{1-c}\left(\dfrac{M}{P}\right)^\alpha R^{-\beta} \tag{2-22}$$

后三对方程产生 LM 曲线

$$R^{\varepsilon+\zeta} = \dfrac{h}{k} P^\gamma Q^\delta \tag{2-23}$$

式（2-22）和式（2-23）可以结合起来产生总需求方程，该方程表明实际支出或产出如何随着价格水平 P 以及支出、流动性偏好和货币供应量的常数项（分别是 e、h 和 k）的变化而变化：

$$Q = P^{-\eta}\left(\dfrac{e}{1-c}\right)^\lambda h^{-\theta\lambda} k^{\lambda(\alpha+\theta)} \tag{2-24}$$

其中，$\theta = \dfrac{\beta-\alpha\zeta}{\varepsilon+\zeta}$，$\dfrac{1}{\lambda} = 1+\theta\delta$，$\eta = \lambda(\alpha+\gamma\theta)$。

在式（2-24）中，η 是总需求的价格弹性。该弹性应当是负的，因为在其他条件相同的情况下，价格水平的下降，通过实际余额机制（α），也通过对名义货币的需求施加下行的压力，进而使得利率下降，往往增加支出。假如 $\beta<\alpha\zeta$，则方程（2-24）可能有病态般表现。在下面，注意力将局限在 η、λ 和 $\theta_3>0$ 的正常情况。

3. 技术变化和对劳动的需求

技术变化对劳动 L 需求的影响，可以通过对四个模型中的每个模型的 L 求解，然后通过求 L 对三个技术参数 A、B 和 T 中每个参数的微分来获得。

(1)模型Ⅰ：实际工资率是固定的（A9Ⅰ）。在这种情况下，产出和就业完全是由供给决定的。总需求方程用来帮助确定金融变量P、R和M。对L求解可直接从式（2-21）得到。假设实际工资率和资本存量是固定的，具有d（W/P）=da=db=dK=0约束的式（2-21）的全微分为：

$$\frac{dL}{L} = \frac{\sigma}{\pi}\frac{dT}{T} + \left(\frac{\sigma-\pi}{\pi}\right)\frac{dB}{B} + \frac{dA}{A} \tag{2-25}$$

其中，π 为国民收入的利润份额 $\left(1+\frac{b}{a}\left(\frac{BL}{AK}\right)^{(\sigma-1)/\sigma}\right)^{-1}$，该式可以从式（2-20）和式（2-21）中得到。

由式（2-25）可以得出：

第一，纯资本增长型技术进步（索洛资本增长型技术进步A）一定同比例地提高对劳动力的需求；

第二，纯希克斯中性技术进步（希克斯产出增长型技术进步T）一定提高对劳动力的需求，以替代弹性与利润份额之比的比例；

第三，纯劳动增长型技术进步（哈罗德劳动增长型技术进步B）对劳动力需求的影响是不明确的。这种技术进步将提高或削减对劳动力的需求，取决于替代弹性是否超过利润份额。

(2)模型Ⅱ：国民收入的劳动份额是固定的（A9Ⅱ）。模型Ⅱ类似于模型Ⅰ，因为总需求再次对产出或劳动需求没有影响。[①] 国民收入的劳动份额是：

$$\frac{WL}{PQ} = \left[\frac{a}{b}\left(\frac{AK}{BL}\right)^{(\sigma-1)/\sigma} + 1\right]^{-1} \tag{2-26}$$

式（2-26）由式（2-20）和式（2-21）得到。当然，它也等于 $1-\pi$（参见前面）。在 d（WL/PQ）=da=db=dK=0 的约束下，式（2-26）的全微分为：

$$\frac{dL}{L} = \frac{dA}{A} - \frac{dB}{B} \tag{2-27}$$

式（2-27）表明，纯希克斯中性技术变化不能影响对劳动力的需求，而纯资本增加型技术变化一定增加对劳动力的需求，纯劳动增加型技术变化一定降低对劳动力的需求，在每种情况下都是同比例的。

[①] 然而，假如A3假设被放松，允许柯布—道格拉斯生产函数，那么这未必是正确的。在这种情况下，σ 是单位弹性；国民收入的劳动份额会永恒固定的；在模型Ⅱ中，产出、就业和价格水平都是不确定的。

(3) 模型Ⅲ：货币工资率是固定的（A9Ⅲ）。在这种凯恩斯主义的假设下，仅仅对生产函数及其相关的边际生产率条件的处理将不能进行。在对 L 求解之前，总需求必须发挥作用。这样做的原因是，一旦货币工资率是固定的，产出和就业就依赖于价格水平、三个技术参数以及资本存量。如果技术和资本存量既定（如在马歇尔的短周期中），而货币工资率是固定的，则价格水平的上升将总是提高就业和生产。总产出对价格水平的弹性可以通过从式（2-20）和式（2-21）中通过替代和微分消除 L 得到：由于货币工资率是固定的，所以它等于 $\sigma(1-\pi)/\pi$（当实际工资率固定时，它等于 0，如同模型Ⅰ表明的那样）。当假定货币工资率固定时，现在的技术进步往往会降低商品的价格水平。从这个意义上讲，技术进步对产出和就业产生一些有利的规模效应，因为实际货币余额上涨，利率下降。在介绍对劳动的需求发生了什么的全貌之前，对需求方面的这些影响必须与技术进步通过生产函数引起的要素增加型效应相结合。

这个完整的画面可以被构造，首先通过重新排列式（2-21），将其代入到式（2-24）以消除 P，然后代入式（2-20）以含有 K 和 L 的项替换 Q。最后，当除了 L、A、B 和 T 外的所有参数和变量不变的情况下，得到全微分方程：

$$[\sigma(1-\pi)+\pi\eta]\frac{dL}{L}=\pi(\eta-\sigma)\left(\frac{dA}{A}-\frac{dB}{B}\right)+\sigma(\eta-1)\left(\frac{dB}{B}+\frac{dT}{T}\right) \quad (2-28)$$

假设国民收入的工资和利润份额是正的，而且总需求与物价水平负相关，那么由式（2-28）可以得出：

第一，纯资本增长型技术进步对劳动力的需求将上升或下降，取决于总需求的价格弹性是否超过生产函数中资本和劳动间的替代弹性；

第二，纯希克斯中性技术进步对劳动力的需求会上升或下降，取决于总需求对价格水平是富有弹性还是缺乏弹性；

第三，如果国民收入的利润份额超过替代弹性，纯劳动增长型技术进步则对劳动力的需求一定下降。如果情况正好相反，且总需求对价格具有充分弹性，对劳动力的需求将上升。这是由于，将式（2-28）右边化简后含有 $\frac{dB}{B}$ 的项为：

$$[-\sigma(1-\pi)+\eta(\sigma-\pi)]\frac{dB}{B}。$$

(4) 模型Ⅳ：货币工资率不上升，实际工资率不下降（A9Ⅳ）。这个模型是介于模型Ⅰ和Ⅲ之间。事实上，模型Ⅰ和Ⅲ可以作为模型Ⅳ的特殊情况。根据对数线性假设（A9 Ⅳ）有：

$$W = uP^\mu \tag{2-29}$$

其中，$u>0$ 和 $0 \leq \mu \leq 1$。当 $\mu=1$ 时，我们得到模型 Ⅰ；当 $\mu=0$ 时，我们得到模型 Ⅲ。

等式（2-29）与式（2-20）、式（2-21）和式（2-24）相结合。当对 L、A、B 和 T 求全微分时，得到下式：

$$\frac{dL}{L} = \rho\phi\left(\frac{dA}{A} - \frac{dB}{B}\right) - \xi\phi\left(\frac{dB}{B} + \frac{dT}{T}\right) \tag{2-30}$$

其中，$\xi = \sigma(1-\mu-\eta)$，$\rho = \pi[\eta - \sigma(1-\mu)]$，$\phi = (\xi + \rho + \sigma\eta)^{-1} > 0$。

由式（2-30）得出：

第一，当且仅当 $\eta > \sigma(1-\mu)$ 时，纯资本增长型技术进步将提高对劳动力的需求；

第二，当且仅当 $\eta + \mu > 1$ 时，纯希克斯中性技术进步将提高对劳动力的需求；

第三，纯劳动增长型技术进步将增加或减少对劳动力的需求，取决于下式是否满足。如果满足下式，则纯劳动增长型技术进步将增加对劳动力的需求；否则，则减少对劳动力的需求。

$$\eta > \frac{(1-\pi)(1-\mu)}{1-\frac{\pi}{\sigma}}$$

在模型 Ⅳ 中，对劳动力的需求不太可能比在模型 Ⅲ 中下降。μ 值越大（在货币工资方程（2-29）中"货币幻觉"越低，伴随技术变化的实际工资的上升越低），对劳动力的需求增加的可行性就越大。

4. 技术变化对失业影响的含义

如果实际工作的所有员工每年被雇用恒定的、统一的时数，那么很容易看到技术变化如何影响失业。当对劳动力的需求上升时，失业一定下降。而当出现相反情况时，失业一定上升。另外，也许正是工作时数吸收对劳动力需求变化的全部重任。在这种情况下，失业水平（失去工作的人数）将不受技术变化的影响。

还有一种可能性是，单个雇员的工作时数可以对每小时实际工资率的变化进行调整。基本模型假定这种情况（A8）。因此，我们假设个人的工作长度或工作小时数 H 与每小时的实际工资率 W/P 有关：

$$H = y\left(\frac{W}{P}\right)^{\chi} \tag{2-31}$$

一般证据表明是 χ 将是负的。这种对数线性形式简单实用,并符合实证研究。为了与上述分析一致,变量 W 现在被定义为每小时货币工资率。

在模型 I 中,式(2-31)并没有发挥作用,因为实际工资率是固定的。因此,可以推断,如果技术进步是哈罗德中性,且利润份额超过替代弹性,那么失业率将趋于增长;另外,如果技术进步是希克斯中性或朝着资本增加的希克斯偏向,或者如果利润份额小于替代弹性,那么技术进步一定减少失业水平。

然而,在模型 II、III 和 IV 中,实际工资率通常发生变化。在下文中,L 更准确地被定义(但与上述分析一致)为所需要的劳动力的总量,新变量 J 表示为 L/H,等于在工作的个体的数量。

在模型 II 中,产出的劳动份额是固定的,但实际工资率发生变化。每小时的实际工资率的变化直接从式(2-21)可导出,并适用于所有的情况:

$$\frac{d(W/P)}{W/P} = \frac{dT}{T} + \frac{\sigma - \pi}{\pi}\frac{dB}{B} + \frac{\pi}{\sigma}\frac{dA}{A} - \frac{\pi}{\sigma}\frac{dL}{L} \tag{2-32}$$

根据式(2-31)总微分和恒等式 JH=L,得到:

$$\frac{dJ}{J} = \frac{dL}{L} - \chi\frac{d(W/P)}{W/P} \tag{2-33}$$

在模型 II 的情况下,将式(2-32)和式(2-33)代入到式(2-27),工作数量的变化是:

$$\frac{dJ}{J} = \frac{dA}{A} - (1+\chi)\frac{dB}{B} - \chi\frac{dT}{T} \tag{2-34}$$

当 χ 为零时,式(2-34)简化为式(2-27)。假设 $-1 < \chi < 0$,我们可以得出以下结论:

第一,纯资本增长型技术进步等比例地提高在工作的人数;

第二,纯希克斯中性技术进步提高那些在工作的人数,但低于等比例的提高;

第三,纯劳动增长型技术进步一定增加失业,提高 B/A 比例的技术进步也是如此(在后一种情况下,假如 $|\chi|$ 足够小)。

在模型 III,货币工资率(每小时)是固定的。技术进步对失业的影响可以通过将式(2-32)、式(2-33)与式(2-28)结合得到:

$$\Psi\frac{dJ}{J} = \pi(\eta - \chi - \sigma)\frac{dA}{A} + \sigma\left[\eta - 1 - \chi\left(1 - \pi - \frac{\pi}{\sigma}\right)\right]\frac{dT}{T}$$

$$+\left[\eta\left(1-\frac{\pi}{\sigma}\right)-(1+\chi)(1-\pi)\right]\frac{dB}{B} \qquad (2-35)$$

其中，$\Psi=\sigma(1-\pi)+\pi\eta$。

从实际工资率的上升引起每个工人工作时间的下降意义上看，技术进步将提高失业的机会有所减少。式（2-35）对三类"纯"技术进步的意义在于：

第一，当且仅当 $\sigma>\eta-\chi$ 时，纯资本增长型技术进步导致失业率将上升；

第二，当且仅当 $\eta-\chi\left(1-\pi+\frac{\pi}{\sigma}\right)<1$ 时，纯希克斯中性技术进步导致失业率将上升；

第三，对纯劳力增长型技术进步，假如 $\pi>\sigma$ 且 $\eta<\dfrac{(1-\pi)(1+\chi)}{1-\dfrac{\pi}{\sigma}}$，则失业率将上升；如果这两个条件都不成立，失业率将下降。

一旦式（2-30）、式（2-32）和式（2-33）对 dJ 求解，可以看到模型Ⅳ（其中货币工资率部分灵活）中会发生什么。

$$\omega\frac{dJ}{J}=\pi[\eta-(\sigma+\chi)(1-\mu)]\frac{dA}{A}+\sigma\left[\eta+\mu-1-\chi(1-\mu)\left(1-\pi+\frac{\pi}{\sigma}\right)\right]\frac{dT}{T}$$

$$+\sigma\left[\eta\left(1-\frac{\pi}{\sigma}\right)-(1+\chi)(1-\mu)(1-\pi)\right]\frac{dB}{B} \qquad (2-36)$$

其中，$\omega=\xi+\rho+\sigma\eta=\sigma(1-\mu)(1-\pi)+\pi\eta$ [参见方程（2-30）]，式（2-36）是特殊情况，式（2-25）、式（2-28）、式（2-30）和式（2-35）的一般情况：

当 $\mu\to1$ 时，式（2-36）→式（2-25）；

当 $\mu\to0$，且 $\chi\to0$ 时，式（2-36）→式（2-28）；

当 $\chi\to0$ 时，式（2-36）→式（2-30）；

当 $\mu\to0$ 时，式（2-36）→式（2-35）。

在模型Ⅳ中，技术进步对失业的影响是：

第一，当且仅当 $\dfrac{\eta}{1-\mu}-\chi<\sigma$ 时；纯资本增长型技术进步会提高失业率；

第二，当且仅当 $\eta+\mu-\chi(1-\mu)\left(1-\pi+\dfrac{\pi}{\sigma}\right)<1$ 时，纯希克斯中性技术进步会提高失业率；

第三，如果 $\pi>\sigma$ 且 $\eta<\dfrac{(1-\pi)(1+\chi)(1-\mu)}{1-\dfrac{\pi}{\sigma}}$，纯劳动增长型技术进步会提

高失业率。如果这两个条件都不成立,失业率将下降。

四、劳动节约型技术创新对就业影响

经济学家已经在许多方面提出技术创新如何影响就业的理论。Van Reenen (1997) 做出几个关键区别,总结简单的劳动需求的微观经济分析。为此,本部分简要介绍 Van Reenen (1997) 的研究成果。

第一个重要区别是,产品创新(其改变需求函数)和工艺创新(其改变生产函数)。分析往往侧重于后者,而不是前者,也许是因为产品创新总是与较高的就业有关。新产品将产生新的需求,(在没有任何工艺因素情况下)这应该增加劳动力需求。当然,如果一个企业生产多种产品,新产品可能逐出老产品,所以这将降低劳动力需求的总体扩张。

第二个重要区别是,工艺创新是否立即(无成本)扩散到整个行业,工艺创新的采用是否是缓慢的。显然,最佳做法中逐渐模仿是比较现实的,这是熊彼特经济变化观点的基础。然而,标准的方法是假设,一个行业中的所有企业都使用相同技术。在这种情况下,不同类型的非物化型工艺创新对就业的影响取决于几个因素的相对重要性。至关重要的是,劳动节约型技术进步降低单位产出所需的劳动投入,但通过降低成本,有补偿产出扩张的效应。

Van Reenen 的模型说明了某种权衡。他考虑完全竞争产业,在不变替代弹性生产函数形式性经营:

$$Q=T[(AN)^{(\sigma-1)/\sigma}+(BK)^{(\sigma-1)/\sigma}]^{\sigma/(\sigma-1)} \tag{2-37}$$

其中,Q=产出,N=就业,K=资本;T 表示希克斯中性技术参数,T 的变动使得资本—劳动比保持不变;A 代表劳动增长型哈罗德中性技术(该技术使得产出—资本比保持不变),B 代表索洛中性技术变化(产出资本比不变)。由于实际工资(W/P)等于劳动的边际产品,对劳动的一阶条件可以写成:

$$\text{Log } N = \log Q - \sigma\log(W/P) + (\sigma-1)\log A \tag{2-38}$$

劳动对劳动节约型技术变化 A 的弹性,同时考虑到在竞争性产业中,价格等于边际成本,则:

$$\frac{\partial \log N}{\partial \log A} = \left(\frac{\partial \log Q}{\partial \log P}\right)\left(\frac{\partial \log MC}{\partial \log A}\right)+(\sigma-1)$$

上式也可以表示为:

$$\eta_{NA} = \eta_P \theta + (\sigma - 1) \tag{2-39}$$

其中，η_{NA} 是就业—技术弹性，需求的价格弹性是 η_P，边际成本对技术变化的弹性是 θ。

对一个固定的产出水平，技术变化对就业的影响将取决于资本和劳动之间的替代程度（哪一个现在相对便宜）。当该弹性高时（$\sigma > 1$），劳动力需求将上升。当产出和资本允许变化时，正的就业影响仍然是可能的，甚至对低替代弹性（$\sigma < 1$），因为较低的行业价格将增加消费需求。需求对价格的敏感性（η_P）越大，创新的规模（θ）越大，正的就业影响的可能性就越大。

这是从一个行业的角度来看，但从企业视角情况又是怎样呢？如果扩散是立即的，那么就业效应应该是一样的，不管谁首先在行业中创新。因此，创新在行业间可能会有所不同，但被相同行业中所有企业共享。当创新在行业中缓慢扩散时，除了最终出现在全行业的任何产出扩张效应外，首先采用的企业将享受市场份额的增加。对行业就业有负向影响的创新，将被首先创新的企业享有（暂时的）市场份额增加这种事实所抵消。

从理论上讲，创新的影响是不明确的，哪些因素将占据主导地位是一个实证问题。不过，没有涉及的假的正向关系为什么能够产生？还有其他原因。首先，由于生产函数中有其他不可度量的因素。更高素质的组织可能发现创新的成本较低，也由于出色的效率而有较高的产出。如果这种效率没有正确被度量，那么创新对就业的影响会出现虚高。这本质上是相关的企业特有的效应的问题。其次，有一个需求预期的问题。如果企业预计需求将增加，那么就业将增长，但企业也可能使得新的创新商业化，以夺取这个不断增长市场的更大部分（Shleifer，1986）。当考虑到创新数据的性质时，这种理论上的可能性是不太可能的。

第三节 竞争强度与创新选择模型

一、竞争与创新的概念框架

到目前为止，竞争与创新间关系仍然是学术界研究的热点命题。本部分不对二者的关系问题进行深入探讨,而是对不完全竞争市场中阻碍创新的因素进行探析。为此,本部分借鉴 Dutz 等(2011)的研究成果对此加以分析。

1. 竞争、创新与企业生存

理想化的竞争提高生产率,有利于企业生存,这是基本的经济理论(Syverson,2011)。在动态环境中,市场主导型生产率水平由创新规定。理想化的竞争淘汰无效率,促进生产率和技术进步。竞争也使得企业扩张是有利可图的,因为它促进生产率增长。尽管在现实的经济世界中许多市场并不完全具有这种理想化竞争的特征,但是它们可能至少拥有一些特性,对动态效率和创新是至关重要的。当企业参与者能够利用灵活性和流动性扩大其产出市场,即没有扩大成本或压低收益的市场,获取了竞争优势时,这样的市场有利于创新的激励和能力、提高生产率和随之发生的增长。

在这样的竞争性市场中,增加全要素生产率(TFP)的创新可能将边际成本降低到一个新水平,产生或增加利润空间,由此促进更多的产出。同样,产生新产品或者改进产品的创新可能会增加企业产值,因为更高的利润或更多的需求,从而诱发生产的扩张。预期只产生于成功的创新和提高的 TFP 的更高利润,为预期促进动态进步的企业活动提供激励,但是特别强有力的激励出现的地方是,创新也被预期导致以扩大利润为目标的显著的销售增长从而大幅度扩大利润的那些地方。因此,使得企业通过效率和灵活性扩大的市场,促使创新和增加 TFP 的努力和投资支出的激励提高,在响应企业成功的创新时也促进企业成长。

为了促进创新发展,创新并不需要集中在世界性的新技术方面。除了产生新技术之外,企业家精神的促进能够促进现有产品、工艺、组织和销售技术的扩散和适应。一般来说,不通过有形的产出和投入的增长,创新也可能是有利可图的,包括通过高价值的设计产品和通过增加利润但不增加产出的较低固定生产成本。这些无形的产出和投入可能涉及信息化(软件和数据库)、创新资产(包括企业的研发支出和包含建筑和工程设计的知识产权)和经济能力(包括企业在品牌、人力和组织资本方面的投资)(Corrado et al.,2006)。

2. 不完全竞争市场中阻碍创新的因素分析

不同环境中的不完全竞争市场,不能给予企业响应创新进行扩张需要获取的资源和市场机会。一般的经营环境可能缺乏竞争力,即对现有的物质基础设施和其他商业基础设施、法律制度和政府支持方面缺乏做出充分的响应,而这些则是年轻或其他脆弱的企业获得当地基本商务服务，比如银行和相关金融服务、通信、运输和必需的能源服务、出口市场通道、开放性房地产市场、专业性行政支持服务所需要的。在发展经济体中，获得金融投资和信贷可能是脆弱的企业基本的业务投入中最成问题的。Gorodnichenko 和 Schnitzer（2010）表明，金融约束如何抑制企业的创新和出口活动。Ayyagari 等（2007）的研究表明，新兴市场中企业创新的积极因素包括外部融资、没有被金融机构控制的私人所有权、出口活动以及摆脱不幸的普遍的腐败。Aterido 等（2009）的研究集中在怎样的企业规模在金融对就业增长的影响方面是至关重要的。对此，Dutz 等（2000）提出促进创新的竞争政策的理由，该政策通过集中在供应方的进入政策方面，促进由草根企业家领导的脆弱（通常是年轻的、小的但是潜在的快速增长的）企业的进入和扩张。一个更为激进的供应方面的竞争政策强调：通过保护商业自由、产权和合同，保护来自生产创新的报酬；消除草根进入的壁垒；通过开放竞争的战略"瓶颈"促进基本商务服务的获得。根据这一观点，提高经营环境的竞争力的主张是竞争机构最重要的任务之一。

政府规制可能是进入壁垒、流动壁垒、过大的经营成本、创业风险提高和激励扭曲的来源，它们阻碍创新，阻碍促进创新的企业扩张机会。即使看起来出于好意的规制可能有强大消极的、意想不到的后果，比如要求雇主在解雇工人之后就要支付一年的薪水以保护工人这样的法律规定。这样的规定极大地阻碍企业雇用工人以便开展新的不确定的业务。在许多国家，对企业开办或扩张，其他的监管规则需要大量的许可和授权以及官僚审批业务，由此产生的过大的成本和延迟对增长是令人生畏的，对扩张和企业家精神的投资激励是令人窒息的。实证研究成果表明，规制对经济绩效最重要的负面影响是通过对企业投资和创新激励的负面影响（Crafts，2006）。

对创新者能力增长的限制的另一个来源是缺乏输出的市场机会。可能有很少的销售渠道可以得到，或者被当地企业所了解，强大的利益可能阻止市场准入，或者国家没有组织国际贸易门户网站需要的机构。在企业市场准入的限制下，可能没有其他的竞争性的供应商。因此，企业可能有市场势力，但是不能扩大产出，价格没有显著下降。虽然当垄断者创新时也有扩大产出的激励，但是这些激励经常低于高度竞争市场中经历的那些激励，因为创新者为了从竞争对手那里转移销售额，价格未必下降得太多（Tirole，1988）。然而，必须认识到的是，如果竞争对手是寡头垄断者而不是价格接受者，那么与假如竞争对手是当地相关市场的垄断者相比，对其销售额转移的抵抗可能使得创新者的扩张很少是有利可图的。

经营环境竞争力对创新产生显著的影响。对年轻企业和成熟企业而言，经营环境对其扩张能力的影响是不同的。一般而言，年轻企业更可能受到影响，成熟的企业所受影响较小。原因有三个：第一，生存的选择。成熟企业已经适应经营环境，并从不可避免的绩效变迁中存活下来，所以它们很可能已经找到所需要的融资、市场准入和政府许可的方法。对这些企业来说，由于环境产生的进入壁垒，一个困难的或压抑的经营环境可能是投资于创新和扩张的一种鼓励。困难的经营环境产生的进入壁垒，能够增加创新和扩张的预期的获利能力。第二，艰难的市场环境造成的许多障碍特别适用于新进入者。对初创企业和尚未与政府监管部门形成便捷关系，也没有学习如何经过监管过程的那些企业而言，经常观察到的监管要求是特别繁重的。第三，成熟企业更可能能够自筹资金，或者从了解它们过去的成就的外人那里获得融资，而年轻企业不太可能有用于投资目的的现金流，也不太可能在没有有效的金融机构的环境中获得外部资金。

二、竞争对产品与工艺创新的影响[①]

市场结构状况通常由竞争或集中状况来描述。在学术界，市场结构对创新的影响存在两种截然不同的观点。本部分借鉴 Damanpour（2010）的研究成果，对这两种不同做简要分析。

1. 竞争对创新影响的不同观点

第一种观点即"Schumpeter 式观点"。该观点与 Schumpeter（1942）有关的传统推理在于，市场集中度是创新的促进因素。具有垄断势力的企业往往有更大的冗余资源（slack resources），可以使用充足的 R&D 专业人员，负担得起熟练员工的薪金，履行对代价高的、有风险的创新计划的长期承诺，并将来自于创新的大部分利益内部化（Cohen & Levin，1989；Scherer，1980）。此外，企业可能投资于事后市场势力期望的创新（Cohen & Levin，1989）。在集中的市场中的企业会有更强烈的创新激励，因为它们可能更容易占有来自创新的收益（Baldwin et al.，2002；Martinez-Ros，2000）。

---

① 本部分借鉴了 Damanpour（2010）的研究成果。

第二种观点即"Arrow 观点"。该观点认为,竞争而不是集中有利于创新。Arrow（1962）是最早对 Schumpeter 提出挑战的学者,他试图寻求建立相反的命题,即更激烈的竞争环境会给予更大的激励去创新。Arrow 考虑不能被竞争对手模仿的降低成本的投资情况。他在相同的需求和成本条件下,将垄断行业与完全竞争行业进行比较,发现完全竞争下的企业从降低成本的创新获益高于垄断者。权力的垄断减少了搜索新的和更好的解决方案的压力,引起技术领先的自满情绪和忽视对手的倾向（Dean et al., 1998; Scherer, 1980）。集中的行业中的企业更不可能创新,因为创新可能会破坏其市场均衡（Zahra, 1993）。另外,竞争产生强大的激励去获取知识,把它用于生产。孤立于竞争之外会导致阻碍创新的官僚主义的无效率（Arrow, 1962; Baldwin et al., 2002）。在产品和工艺中的创新是竞争的主要组成部分,通过确定产品的差异化、工艺替代和成本领导能力,提供有竞争力的优势（Porter, 1985）。

2. 竞争对产品与工艺创新的不同影响

产品和工艺创新常常被视为不同的现象,以不同的方式对企业的竞争力和增长做出贡献。追求产品创新以响应客户对新产品需求或高管获取新市场的愿望,而追求工艺创新以减少交货时间或降低运营成本（Knight, 1967; Martinez-Ros, 2000; Schilling, 2005）。作为不同的现象,产品与工艺创新的产生与采用被认为由环境和组织因素决定。竞争强度对产品创新的影响比对工艺创新的影响更强烈（Baldwin et al., 2002; Kraft, 1990）。

虽然学者们对集中和竞争对创新的影响意见不一,但是他们对这些因素对产品与工艺创新的相对影响有更多的一致意见（Cohen & Levin, 1989; Kotabe, 1990; Scherer, 1983）。产品和工艺创新有不同的信息产权（information properties）（Kraft, 1990）。在激烈竞争的情况下,如果新产品没有受到专利保护,竞争对手会迅速地对其进行逆向工程。在不违反专利保护的情况下,竞争对手甚至可能围绕产品创新改进和发明（Kotabe, 1990）。不过,竞争对手不能轻松地模仿工艺创新,因为它们更多是内部驱动的（即他们更多地依靠无形知识和人的技能）,可以更容易地保持秘密,竞争对手更少是看得见的（Kotabe, 1990; Kraft, 1990; Zahra, 1993）。

此外,在更少竞争性（更大集中）的市场中的企业,比产品创新有更大的激励投资于工艺创新,因为与来自于工艺创新的利益相比,来自于产品创新的利益更少依赖企业的垄断势力（Cohen & Klepper，1996）。鉴于已经主宰其市场的企业几乎没有从推出新产品中获益，因为从其竞争对手中拿走不多的利益，所以这些企业从其自己独自占有的任何工艺创新中会有更大的成本节省份额。因此，与工艺创新相比，市场竞争与产品创新有更大的正向关系。

三、竞争强度和创新选择的垂直差异化模型

Bonanno 和 Haworth（1998）将产品创新看作是企业产品质量的提高（如更快的计算机芯片的引进），将工艺创新解释为企业成本的降低。他们在垂直差异化的模型内研究两个问题。第一个问题是降低成本的创新是在更加激烈的（伯特兰德）竞争体制，还是没那么激烈的（古诺）竞争体制更可能被观察到。他们发现，企业在古诺竞争而不是伯特兰德竞争下更为追求降低成本的创新。第二个问题是竞争体制是否会影响企业在产品和工艺创新之间的选择。他们指出，对高质量企业来说，每当伯特兰竞争者做出的选择和古诺竞争者做出的选择间存在差异时，前者选择产品创新，而后者则喜欢工艺创新。对低品质的企业，结果是相反的。为此，本部分简要介绍 Bonanno 和 Haworth（1998）的研究成果。

1. 垂直差异化模型构建

在 Mussa 和 Rosen（1978）提出的垂直差异化模型基础上，Bonanno 和 Haworth 假设：有 N 个消费者，他们具有相同收入，以 E 表示，但是具有不同的偏好参数 θ 值。每个消费者至多购买一单位。如果消费者不购买产品，则他的效用等于其收入 E。如果具有参数 θ 的消费者以价格 p 购买一单位质量为 k 的物品，则他的效用等于 $E-P+\theta k$。参数 θ 在区间（0，1］均匀分布。因此，对每一个 $x \in (0, 1]$，具有小于或等于 x 的参数 θ 的消费者的数量是 xN。他们考虑有两个企业的情况。企业 H 销售质量为 k_H 的产品，而企业 L 销售质量为 k_L 的产品，$k_H > k_L > 0$（因此，"H"代表高质量，"L"代表低质量）。设 θ_0 是相应的消费者没有消费产品与消费低质量产品间具有无偏向性特点的 θ 的值。那么 θ_0 是下列方程的解：

$$E = E - p_L + \theta K_L \tag{2-40}$$

因此 $\theta_0 = (p_L/K_L)$。设 θ_1 是相应的消费者消费低质量产品与消费高质量产品间具有无偏向性特点的 θ 的值。那么 θ_1 是下列方程的解：

$$E - p_L + \theta K_L = E - p_H + \theta k_H \tag{2-41}$$

因此 $\theta_1 = [(p_H - p_L)/(K_H - K_L)]$。因此，（直接）需求函数由下面表达式给出：

$$D_H(p_H, p_L) = (1 - \theta_1)N = \left(1 - \frac{p_H - p_L}{K_H - K_L}\right)N \tag{2-42}$$

$$D_L(p_H, p_L) = (\theta_1 - \theta_0)N = \left(\frac{p_H - p_L}{K_H - K_L} - \frac{p_L}{K_L}\right)N \tag{2-43}$$

像 Bester 和 Petrakis（1993）那样，他们假设两企业在不变规模收益情况下经营。因此，企业 i（i = H, L）有 $C_i(q_i) = c_i q_i$ 形式的成本函数，其中 $c_i > 0$。他们也假设，较高质量与较高成本相联系：$c_H > c_L$。最后，他们假设，当两种产品以单位成本销售时（当 $p_H = c_H$ 和 $p_L = c_L$ 时），c_H 和 c_L 应该保证两类需求是正的。容易看到，当且仅当以下两个条件得到满足的情况下，情况是这样的。

$$k_H - K_L > c_H - c_L \tag{2-44}$$

$$k_L c_H > k_H c_L \tag{2-45}$$

反需求函数（其中 q_H 表示企业 H 的产出，q_L 表示企业 L 的产出）由下式给出：

$$f_H(q_H, q_L) = \frac{Nk_H - k_H q_H - k_L q_L}{N} \tag{2-46}$$

$$f_L(q_H, q_L) = \frac{k_L(N - q_H - q_L)}{N} \tag{2-47}$$

他们考虑两种情况：伯特兰德情况（决策变量是价格），古诺情况（决策变量是产出水平）。他们将上标"B"用于伯特兰德情况，上标"C"用于古诺情况。

在伯特兰德的情况下，利润函数由下式给出：

$$\prod_H^B(p_H, p_L) = N(p_H - c_H)\left(1 - \frac{p_H - p_L}{k_H - k_L}\right) \tag{2-48}$$

$$\prod_L^B(p_H, p_L) = N(p_L - c_L)\left(\frac{p_H - p_L}{k_H - k_L} - \frac{p_L}{k_L}\right) \tag{2-49}$$

伯特兰德纳什均衡下的价格和产出水平由下式给出：

$$p_H^B = \frac{k_H(2k_H - 2K_L + 2c_H + c_L)}{4k_H - k_L} \tag{2-50}$$

$$q_H^B = N\frac{(2k_H^2 - 2k_H k_L - 2K_H c_L + k_H c_L + k_L c_H)}{(4k_H - k_L)(k_H - k_L)} \tag{2-51}$$

$$p_L^B = \frac{k_H k_L - k_L^2 + c_H k_L + 2k_H c_L}{4k_H - k_L} \tag{2-52}$$

$$q_L^B = N\frac{k_H(k_H k_L - k_L^2 + k_L c_H - 2k_H c_L + k_L c_L)}{(4k_H - k_L)(k_H - k_L)k_L} \tag{2-53}$$

给出企业 H 和 L 均衡利润的下列表达式：

$$\pi_H^B(k_H, k_L, c_H, c_L) = N\frac{[2k_H^2 - 2k_Hk_L - 2k_Hc_H + k_Hc_L + k_Lc_H]^2}{(4k_H - k_L)^2(k_H - k_L)} = \frac{k_H - k_L}{N}(q_H^B)^2$$

$$= \frac{k_H - k_L}{N}(q_H^B)^2 \quad (2-54)$$

$$\pi_H^B(k_H, k_L, c_H, c_L) = Nk_H\frac{[k_Hk_L - k_L^2 - 2k_Hc_L + k_Lc_L + k_Lc_H]^2}{(4k_H - k_L)^2(k_H - k_L)k_L}$$

$$= \frac{k_L(k_H - k_L)}{k_HN}(q_L^B)^2 \quad (2-55)$$

在古诺情况下，其利润函数由下式给出：

$$\prod_H^C(q_H, q_L) = q_H\left(\frac{Nk_H - q_Hk_H - q_Lk_L}{N} - c_H\right) \quad (2-56)$$

$$\prod_L^C(q_H, q_L) = q_L\left[\frac{k_L(N - q_H - q_L)}{N} - c_L\right] \quad (2-57)$$

古诺纳什均衡下的价格和产出水平由下式给出：

$$p_H^C = \frac{2k_H^2 - k_Hk_L + 2k_Hc_H + k_Hc_L - c_Hk_L}{4k_H - k_L} \quad q_H^C = N\frac{2k_H - k_L - 2c_H + c_L}{4k_H - k_L} \quad (2-58)$$

$$p_L^C = \frac{k_Hk_L + 2k_Hc_L + k_Lc_H - k_Lc_L}{4k_H - k_L} \quad q_L^C = N\frac{k_Hk_L + k_Lc_H - 2k_Hc_L}{(4k_H - k_L)k_L} \quad (2-59)$$

给出企业 H 和 L 均衡利润的下面表达式：

$$\pi_H^C(k_H, k_L, c_H, c_L) = N\frac{k_H(2k_H - k_L - 2c_H + c_L)^2}{(4k_H - k_L)^2} = \frac{k_H}{N}(q_H^C)^2 \quad (2-60)$$

$$\pi_L^C(k_H, k_L, c_H, c_L) = N\frac{(k_Hk_L - 2k_Hc_L + k_Lc_H)^2}{(4k_H - k_L)^2 k_L} = \frac{k_L}{N}(q_L^C)^2 \quad (2-61)$$

如果参数约束 [式 (2-44) 和式 (2-45)] 得到满足，那么对每个企业 i (i= H，L)，古诺产出低于伯特兰德产出 ($q_i^C < q_i^B$)，古诺价格高于伯特兰德价格 ($p_i^C > p_i^B$)，古诺利润高于伯特兰德利润 ($\pi_i^C > \pi_i^B$)。此外，所有的数量都是正的，均衡价格大于单位成本 ($p_i^C > p_i^B > c_i$)。

2. 竞争强度与成本降低的创新

在本部分中，他们比较伯特兰德竞争者和古诺竞争者间既定成本降低的激励，并表明后者是较大的。设 $\Delta_H > 0$ 是企业 H 非激烈的成本降低，$\Delta_L > 0$ 是企业 L 非激烈的成本降低，这里"非激烈的"意味着，在成本降低后，创新者不能通过索要接近单位成本的价格驱使其他企业退出市场。换言之，他们假设 Δ_H 和 Δ_L

对应于式（2-44）和式（2-45）的不等式足够小以满足：

$$k_H - k_L > (c_H - \Delta_H) - c_L \tag{2-62}$$

$$k_L(c_H - \Delta_H) > k_H c_L \tag{2-63}$$

$$k_H - k_L > c_H - (c_L - \Delta_L) \tag{2-64}$$

$$k_L c_H > k_H(c_L - \Delta_L) \tag{2-65}$$

对于每一个企业 i（i=H，L），设 $\Delta \pi_i^C$ 为古诺竞争情况下既定的成本降低预期的利润的增加，$\Delta \pi_i^B$ 为伯特兰德竞争情况下既定的成本降低预期的利润的增加：

$$\Delta \pi_H^C = \pi_H^C(k_H, k_L, c_H - \Delta_H, c_L) - \pi_H^C(k_H, k_L, c_H, c_L) \tag{2-66}$$

$$\Delta \pi_H^B = \pi_H^B(k_H, k_L, c_H - \Delta_H, c_L) - \pi_H^B(k_H, k_L, c_H, c_L) \tag{2-67}$$

$$\Delta \pi_L^C = \pi_L^C(k_H, k_L, c_H, c_L, -\Delta_L) - \pi_L^C(k_H, k_L, c_H, c_L) \tag{2-68}$$

$$\Delta \pi_L^B = \pi_L^B(k_H, k_L, c_H, c_L, -\Delta_L) - \pi_L^B(k_H, k_L, c_H, c_L) \tag{2-69}$$

其中，π_H^C 和 π_L^C 由式（2-61）给出，π_H^B 和 π_L^B 由式（2-55）给出。

再结合式（2-66）至式（2-69）可以得出，$\Delta \pi_H^C$ 和 $\Delta \pi_H^B$ 在 c_H 中是递减的；$\Delta \pi_L^C$ 和 $\Delta \pi_L^B$ 在 c_L 中是递增的。

对满足式（2-62）至式（2-65）的所有的 k_H，k_L，c_H，c_L，Δ_H 和 Δ_L，以及对每一个 i=H，L，有 $\Delta \pi_i^C > \Delta \pi_i^B$。因此，对每个 i（i=H，L），如果它在古诺竞争制度下经营，而不是在伯特兰德竞争制度下经营，有降低成本的投资机会。在伯特兰德竞争下进行的每一个降低成本的投资也在古诺竞争下进行降低成本的投资。这表明，企业 i 的成本降低对企业 i 的利润有直接的（正向的）影响，也通过它引致的竞争对手的选择变量的变化有战略性的影响或间接的影响。

在伯特兰德制度下，成本降低的战略影响可以由 $\dfrac{\partial \prod_i^B}{\partial p_j} \dfrac{\partial p_j^B}{\partial c_i}$ 表示，其中 i≠j，$\prod_i^B$ 由式（2-48）给出，p_j^B 由式（2-53）给出。容易证明 $\dfrac{\partial \prod_i^B}{\partial p_j} > 0$ 和 $\dfrac{\partial p_j^B}{\partial c_i} > 0$，因而，$\dfrac{\partial \prod_i^B}{\partial p_j} \dfrac{\partial p_j^B}{\partial c_i} > 0$。因此，在伯特兰德制度下，战略影响是负的，竞争对手将通过降低其自身的价格对 c_i 的降低做出反应，由此增加竞争的强度。

另外，在古诺制度下，成本降低的战略影响可以由 $\dfrac{\partial \prod_i^C}{\partial q_j} \dfrac{\partial q_j^C}{\partial c_i}$ 表示，很容易

证明 $\dfrac{\partial \prod_i^c}{\partial q_j} \dfrac{\partial q_i^c}{\partial c_i} < 0$。因此，在古诺制度下，成本降低有正向的战略影响，即它导致竞争的软化。

3. 工艺与产品创新间的选择

假设两个企业之一，比如说企业 H，在 R&D 上投资（例如，它已经雇用工程师团队），相应的成本是沉没成本。假设该企业有两种选择：

第一种选择，它可以指示其研究人员追求产品创新，预计将导致企业的产品质量从 $\hat{k}_H$ 增加到 $\hat{k}_H + \Delta k$（$\Delta k > 0$）；

第二种选择，它可以指示其研究人员追求工艺创新，预计将导致企业的单位成本从 $\hat{c}_H$ 减少到 $\hat{c}_H - \Delta c$（具有 $0 < 0 < \Delta c \leq \hat{c}_H$）。

假设在创新实施中没有涉及其他成本。定义产品/工艺投资机会为一个三元组（$\Delta c, \Delta k, \alpha$），其中 α 是实施创新的成本（例如雇用研究团队的成本），这对两种类型的创新是相同，假如追求工艺创新（例如，如果研究人员被指示寻求对现有产品更便宜的生产工艺），Δc 是预期的单位成本的降低。假如追求产品创新（例如，如果指示研究人员提高产品质量），Δk 是预期的质量提高。假如预期的来自至少一种类型的创新（成本降低或质量改进）的利润增加，大于实施创新的（普遍）成本 α，那么工艺/产品投资机会（$\Delta c, \Delta k, \alpha$）是有利可图的。

下面首先考虑创新者是高质量企业的情况。让满足约束式（2-44）和式（2-45）的任意的 $\bar{k}_H, \bar{k}_L, \bar{c}_H, \bar{c}_L$ 保持不变。然后，在（k_H, c_H）平面中，经过点（$\bar{k}_H, \bar{k}_L$）的伯特兰德等利润线［由式（2-55）得到］和古诺等利润曲线［由式（2-61）得到］是递增的；此外，伯特兰德等利润曲线比古诺等利润线更陡峭（在那个点）。由此断定，两条等利润线不能相交多次。对高质量企业来说，假设产品/工艺投资机会（$\Delta c, \Delta k, \alpha$）是有利可图的，那么：

第一种情况（见图 2-3）：伯特兰德竞争者和古诺的竞争者选择产品创新。

第二种情况（见图 2-4）：伯特兰德竞争者和古诺的竞争者选择工艺创新。

第三种情况（见图 2-5）：伯特兰德竞争者和古诺的竞争者做出不同的选择。在这种情况下，伯特兰德竞争者选择产品创新，而古诺竞争者选择工艺创新。

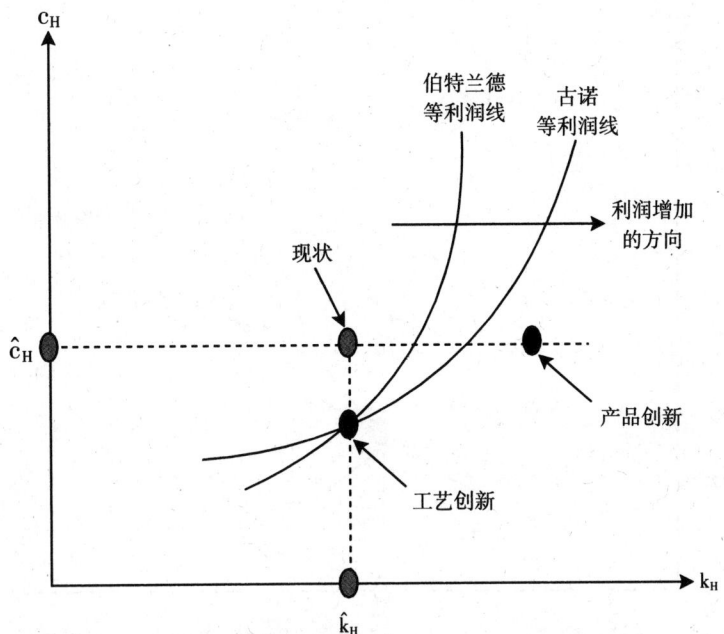

图 2-3 伯特兰德竞争者和古诺的竞争者选择产品创新

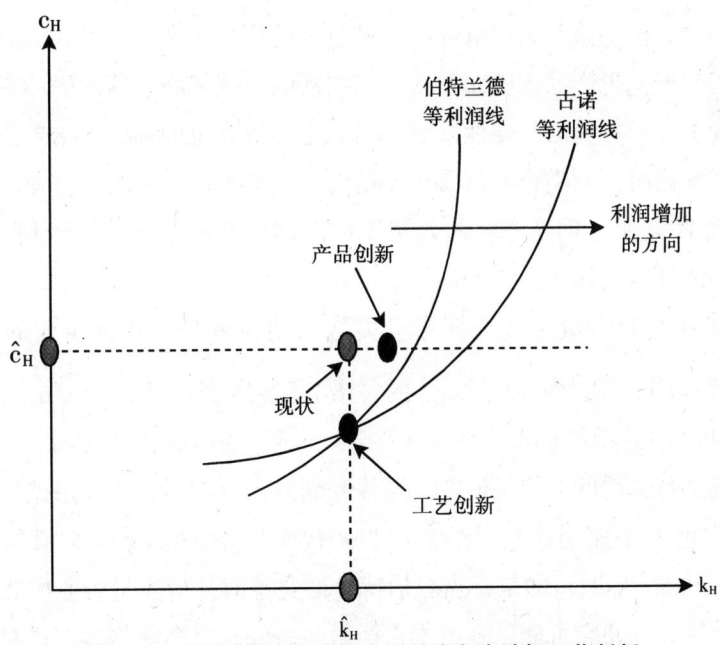

图 2-4 伯特兰德竞争者和古诺的竞争者选择工艺创新

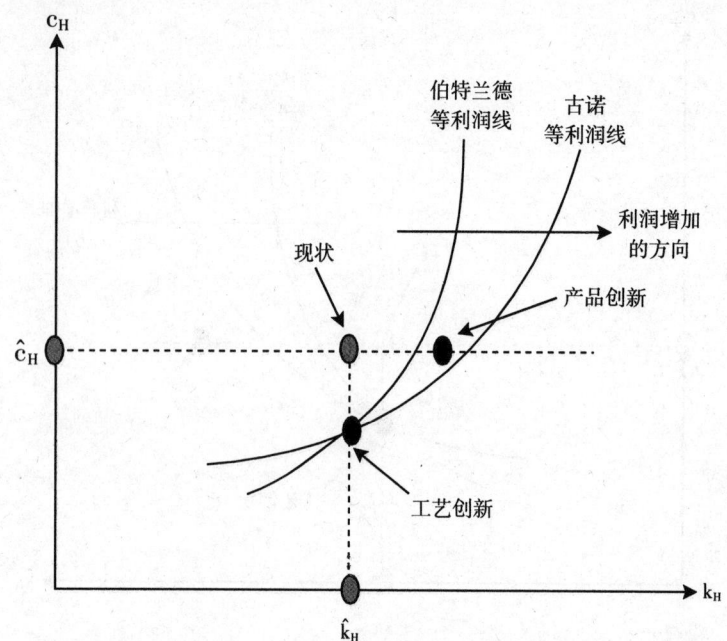

图 2-5　伯特兰德竞争者选择产品创新，古诺竞争者选择工艺创新

上述结论的证明涉及难以解释的大量复杂的代数运算。为了获得有关伯特兰德竞争者为何更偏爱产品创新而不是工艺创新的直观解释，请考虑：在伯特兰德制度中，成本降低有负的战略性影响，因为它导致竞争的加剧，结果是在接下来的工艺创新均衡时，两类企业索要比创新前的均衡更低的价格。另外，产品创新将总是导致 H 企业（创新者）的价格增加，即使企业 L 的均衡价格（竞争者）可能会增加或减少，如图 2-6 所示。

对创新者是低质量企业的情况。类似于创新者是高质量企业的做法，在 (k_H, c_H) 平面中，经过点 $(\bar{k}_H, \bar{k}_L)$ 的古诺等利润曲线［由式（2-61）得到］是递增的，且比古诺等利润线［由式（2-55）得到］更陡峭（在那个点）。尽管古诺等利润线总是递增的，但是伯特兰德等利润曲线可能不会（如果差异化程度不是太小，它可能是递增的）。已经在文献中指出（Gabszewicz & Thisse，1979；Shaked & Sutton，1982）的是，当有伯特兰德竞争时，低质量企业可能避免增加其产品的质量，即使它可能以零成本这样做。另外，当竞争是古诺式时，低质量企业有提高其产品质量的动力（Bonanno，1986）。因此，工艺和产品创新之间的比较主要对这种情况感兴趣：低质量企业将受益于无成本的质量改进（也就是

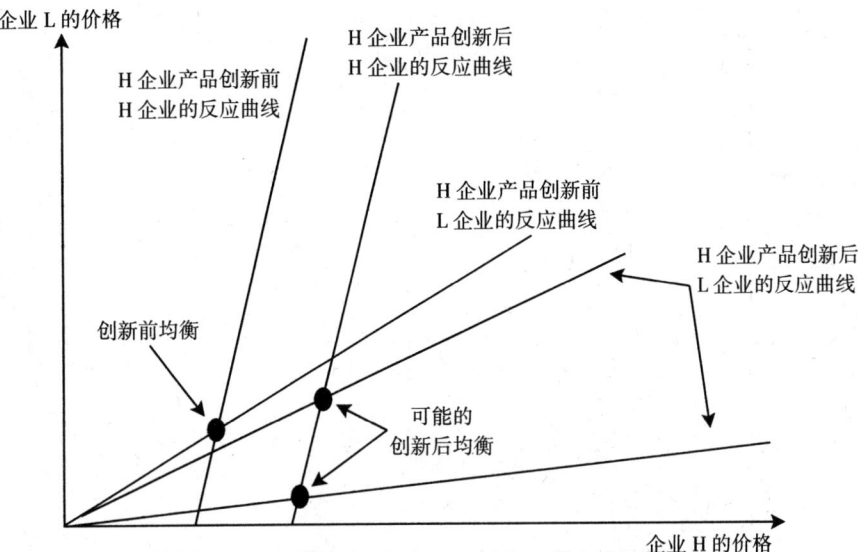

图 2-6　伯特兰德竞争下：企业 H 产品创新的影响

说，当伯特兰德等利润线是递增时）。在这种情况下，可以得到与高质量企业情况相反的结果：当创新者是低质量企业，伯特兰德竞争者做出不同于古诺竞争者的选择，那么后者将选择产品创新，而前者将选择工艺创新。

与高质量企业的情况一样，上述结果的证明涉及难以解释的许多复杂的代数运算。通过检查战略性影响，可以获得该结果的直观解释。例如，在伯特兰德竞争的情况，低质量企业的工艺创新有负向战略影响，因为它促使创新者降低其价格（企业 L 的反应曲线向下移动），竞争者（企业 H）通过降低其价格做出反应。一方面，企业 L 的产品创新将可能有正的战略影响，因为它使得创新者的反应曲线向上移动。然而，不同于高质量企业的情况（高质量企业的质量改进增加差异化的程度），这里企业 L 的质量改进降低差异化程度，增加竞争者的积极反应：企业 H 的反应曲线向左移动。换句话说，通过创新者价格的降低，企业 L 的成本降低只对企业 H 的利润有间接影响。另一方面，企业 L 的质量改进对竞争者的利润有直接的影响（它降低企业 H 的收益），因而引起企业 H 更积极的反应（见图 2-7）。

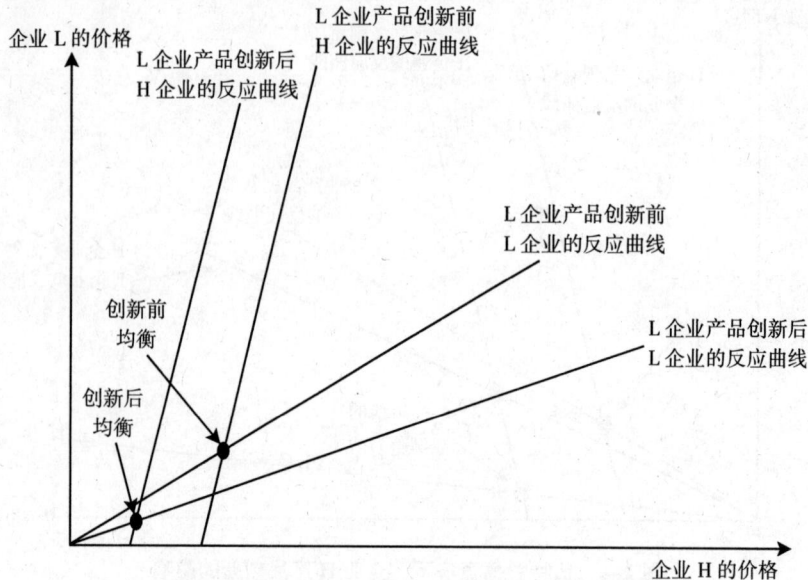

图 2-7 伯特兰德竞争下：企业 L 产品创新的影响

4. 结论

在垂直差异化模型内（归因于 Mussa & Rosen (1978)），Bonanno & Haworth (1998) 关注两个问题。第一个问题是，更激烈的竞争是否与引入成本降低的创新的更强或更弱的激励有关。继 Delbono 和 Denicolo (1990)、Bester 和 Petrakis (1993) 之后，他们比较两个完全相同的产业（相同需求和成本函数，同样的企业数量），只在竞争制度方面不同：伯特兰德式与古诺式。由于古诺竞争比伯特兰德竞争导致更低的产出和更高的价格，所以它可以被认为是没么激烈竞争的制度。他们的发现是，推出降低成本的创新的激励对古诺竞争者来说更强烈。

到目前为止，第二个问题在文献中关注较少，即在企业投资在产品创新（产品质量的提高）还是工艺创新（成本降低）的决策中什么因素可能是重要的。他们发现，竞争制度可能是一个这样的因素。对高质量企业，他们的结果是，如果在伯特兰德竞争者做出的选择与古诺竞争者做出选择间存在差别，那么前者将选择产品创新，而后者则更喜欢工艺创新。另外，对低质量企业，结果是相反的：每当有区别时，伯特兰德竞争者将偏爱工艺创新，而古诺竞争者将偏爱产品创新。

第四节 市场势力与规模报酬约束下的创新发展模型[①]

一、市场势力和规模报酬下的全要素生产率

全要素生产率长期以来被看作是经济增长的重要来源。技术创新被认为是 TFP 的重要决定因素。技术创新也包括其他许多因素，比如制度变化、社会行为变化、要素份额变化、需求波动、其他被忽略的变量以及度量误差。即使我们能够推测和命名尽可能多的因素，这些因素不是直接和单独地被观察或度量，而是概括为残差。对此，Abramovitz（1956）称 TFP 为"我们忽略的度量标准"。

在规模报酬不变和完全竞争的新古典生产模型的标准假设下，基本核算 TFP (Primary TFP) 增长率，即在文献中被称为索洛剩余，被定义为产出增长率减去投入增长率的收入份额的加权平均值，由此捕捉到不能由传统的要素投入比如劳动和资本的变化解释的产出数量的变化。更直观地说，在既定的要素投入量上，TFP 提高使生产函数向外移动，因而更多的产出可以用同样的要素投入生产。集中在生产理论的价格—成本方面，并将成本函数用作生产函数的对偶函数时，对偶核算 TFP (Dual TFP) 增长率根据成本函数度量。对偶核算 TFP 增长率被定义为投入价格增长率的收入份额加权平均值减去产出价格增长率。

当违反完全竞争和规模报酬不变的假设时，基本核算 TFP 增长率不再反映真实的生产率增长（Hall, 1988, 1990），对偶核算 TFP 增长率也不再反映真实的生产率增长（Kee, 2002）。

二、新古典模型下 TFP 和对偶核算 TFP 间的关系

新古典生产模型的标准假设是规模报酬不变、非联合生产、投入和产出的完全竞争市场。在这些假设下，设 i 为行业指标，t 是时间指标，产出增长率 $\hat{Y}_{it}$、

[①] 本部分借鉴了 Kee（2002）的研究成果。

劳动投入增长率 $\hat{L}_{it}$ 和资本投入增长率 $\hat{K}_{it}$ 间的关系可以由方程（2-70）表示：

$$\hat{Y}_{it} = \hat{A}_{it} + \theta_{iL}\hat{L}_{it} + \theta_{iK}\hat{K}_{it} \tag{2-70}$$

其中，$\hat{A}_{it}$ 是希克斯中性技术增长率，θ_{iX} 是投入 X 在总收入中的份额，且 $\theta_{iL} + \theta_{iK} = 1$。因此，

$$\hat{A}_{it} = \overline{\left(\frac{Y_{it}}{K_{it}}\right)} - \theta_{iL}\overline{\left(\frac{L_{it}}{K_{it}}\right)} \tag{2-71}$$

利用生产理论的对偶法，产出价格的增长率 $\hat{p}_{it}$、工资增长率 $\hat{\omega}_{it}$ 和租金价格增长率 $\hat{r}_{it}$ 间也存在相似的关系。

$$\hat{p}_{it} = \theta_{iL}\hat{w}_{it} + \theta_{iK}\hat{r}_{it} - \hat{A}_{it} \tag{2-72}$$

$$\hat{A}_{it} = \theta_{iL}\overline{\left(\frac{w_{it}}{r_{it}}\right)} - \overline{\left(\frac{p_{it}}{r_{it}}\right)} \tag{2-73}$$

因此，称为索洛剩余的基本核算 TFP 增长率和对偶核算 TFP 增长率可以简单明了定义：

设 $\hat{TFP}^P_{it}$ 是基本核算 TFP 增长率，$\hat{TFP}^D_{it}$ 是对偶核算 TFP 增长率，那么：

$$\hat{TFP}^P_{it} = \overline{\left(\frac{Y_{it}}{K_{it}}\right)} - \theta_{iL}\overline{\left(\frac{L_{it}}{K_{it}}\right)} \tag{2-74}$$

$$\hat{TFP}^D_{it} = \theta_{iL}\overline{\left(\frac{\omega_{it}}{r_{it}}\right)} - \overline{\left(\frac{p_{it}}{r_{it}}\right)} \tag{2-75}$$

请注意，在规模报酬不变和完全竞争的假设下，两个 TFP 增长率在理论上是相等的，它们准确地度量真实的生产率增长 $\hat{A}_{it}$。

三、违反新古典模型下基本核算 TFP 和对偶核算 TFP 间的关系

1. 基本核算 TFP 分析

设 i 行业 t 时期的生产函数为：

$$Y_{it} = A_{it}F_i(L_{it}, K_{it}) \tag{2-76}$$

对方程（2-76）取对数并对时间求微分得出：

$$\frac{\partial Y_{it}/\partial t}{Y_{it}} = \frac{\partial A_{it}/\partial t}{A_{it}} + \frac{\partial L_{it}/\partial t}{L_{it}}\frac{L_{it}}{F_{it}}\frac{\partial F_i}{\partial L_i} + \frac{\partial K_{it}/\partial t}{K_{it}}\frac{K_{it}}{F_{it}}\frac{\partial F_i}{\partial K_i} \tag{2-77}$$

设 $\hat{X}_t = \dfrac{\partial X/\partial t}{X}$ 和 $\dfrac{X}{F}\dfrac{\partial F}{\partial X} = \dfrac{X}{F}\dfrac{\partial Y}{\partial X} = \alpha X$ 和为产出对投入 X 的弹性,式(2-77)可以简化为:

$$\hat{Y}_{it} = \hat{A}_{it} + \alpha_{iL}\hat{L}_{it} + \alpha_{iK}\hat{K}_{it} \tag{2-78}$$

对每个行业 i,假设生产函数 F_i 是齐次次数 S_i。与 1 有关的 S_i 的规模告诉我们该行业的规模报酬的程度。当 S_i 大于、等于或小于 1 时,规模报酬是递增、不变或递减。

对齐次函数利用欧拉定理:

$$\alpha_{iL} + \alpha_{iK} = S_i \tag{2-79}$$

利用约定 $x = \dfrac{X}{K}$,我们可以对式(2-78)重新表示:

$$\hat{Y}_{it} - \hat{K}_{it} = \hat{A}_{it} + \alpha_{iL}(\hat{L}_{it} - \hat{K}_{it}) + (S_i - 1)\hat{K}_{it} \tag{2-80}$$

$$\hat{y}_{it} = \hat{A}_{it} + \alpha_{iL}\hat{l}_{it} + (S_i - 1)\hat{K}_{it} \tag{2-81}$$

设超过企业 i 的边际成本的企业的价格加成比为:

$$\mu_i = \dfrac{p_{it}}{m_{it}} \tag{2-82}$$

请回想一下,θ_{iL} 是总收入中的劳动份额。根据 $\alpha_{iL} = \mu_i \theta_{iL}$,式(2-81)可以被简化为:

$$\hat{y}_{it} = \hat{A}_{it} + \mu_i \theta_{iL} \hat{l}_{it} + (S_i - 1)\hat{K}_{it} \tag{2-83}$$

在不完全竞争($\mu \neq 1$)和规模报酬可变($S \neq 1$)的情况下,基本核算 TFP 增长率和实际生产率增长率 $\hat{A}_{it}$ 间的关系为:

$$\widehat{TFP}_{it}^P = \hat{y}_{it} - \theta_{iL}\hat{l}_{it} = \hat{A}_{it} + (\mu_i - 1)\theta_{iL}\hat{l}_{it} + (S_i - 1)\hat{K}_{it} \tag{2-84}$$

假设 $0 < \hat{L}_{it} < \hat{K}_{it}$,假如加成比($\mu_i > 1$)大于 1,且技术是规模报酬递减($S_i < 1$),则 $\widehat{TFP}_{it}^P < \hat{A}_{it}$,基本核算 TFP 的增长率将低于真实的生产率增长率。

因此,在资本深化相对比就业增长快的世界中,市场势力和规模报酬递减意味着,基本核算 TFP 增长率未达到实际的生产率增长。上述结论再次强调 Hall(1988,1990)的结果,即不完全竞争可能引起索洛剩余具有顺周期性,并与一些总需求变量相关。

2. 对偶核算 TFP 分析

设 $C[\omega_{it}, r_{it}, F_i(L_{it}, K_{it})]$ 是一般的成本函数，则有：

$$C[\omega_{it}, r_{it}, F_i(L_{it}, K_{it})] = \omega_{it}L_{it} + r_{it}K_{it} \tag{2-85}$$

显然 C 在 L_{it} 和 K_{it} 上是 1 次齐次的。由于 $F_i(L_{it}, K_{it})$ 是 S_i 次齐次的，所以 C_i 在 $F_i(L_{it}, K_{it})$ 上也是 S_i 次齐次的。

C_i 的齐次性使得我们能够进一步简化函数：

$$C[\omega_{it}, r_{it}, F_i(L_{it}, K_{it})] = [F_i(L_{it}, K_{it})]^{\frac{1}{S_i}} G_i(\omega_{it}, r_{it}) = \left(\frac{Y_{it}}{A_{it}}\right)^{\frac{1}{S_i}} G_i(\omega_{it}, r_{it}) \tag{2-86}$$

其中，$G(w, r) = C(w, r, 1)$ 是单位成本函数，上式只取决于投入价格。因此，假定投入价格不变时，企业的生产越多，或企业的效率更低时，生产的总成本就越高。

为了发现边际成本函数 m_{it}，式（2-86）对 Y_{it} 微分：

$$m_{it} = \frac{\partial C_{it}}{\partial Y_{it}} = \frac{1}{S_i} \frac{Y_{it}^{\frac{1}{S_i}-1}}{A_{it}^{\frac{1}{S_i}}} G_i(w_{it}, r_{it}) \Rightarrow$$

$$\ln m_{it} = -\ln S_i + \left(\frac{1}{S_i} - 1\right)\ln Y_{it} - \frac{1}{S_i}\ln A_{it} + \ln G_i(w_{it}, r_{it}) \tag{2-87}$$

式（2-87）对时间微分：

$$\hat{m}_{it} = \left(\frac{1}{S_i} - 1\right)\hat{Y}_{it} - \frac{1}{S_i}\hat{A}_{it} + \frac{\omega_{it}}{G_{it}}\frac{\partial G_i}{\partial w_{it}}\hat{w}_{it} + \frac{r_{it}}{G_{it}}\frac{\partial G_i}{\partial r_{it}}\hat{r}_{it}$$

$$= \left(\frac{1}{S_i} - 1\right)\hat{Y}_{it} - \frac{1}{S_i}\hat{A}_{it} + \frac{\omega_{it}L_{it}}{G_{it}}\hat{w}_{it} + \frac{r_{it}K_{it}}{G_{it}}\hat{r}_{it} \tag{2-88}$$

根据式（2-86）和式（2-88），我们得到：

$$\widehat{\left(\frac{m_{it}}{r_{it}}\right)} = \left(\frac{1}{S_i} - 1\right)\hat{Y}_{it} - \frac{1}{S_i}\hat{A}_{it} + \frac{w_{it}L_{it}}{C_{it}}\widehat{\left(\frac{w_{it}}{r_{it}}\right)} \tag{2-89}$$

其中，$\frac{w}{G}\frac{\partial L}{\partial w} = \frac{wL}{G}\left(\frac{A}{Y}\right)^{\frac{1}{S}} = \frac{wL}{C}$ 根据 $G(w, r)$ 的定义得到。

设 $C_{iX} = \frac{w_i X_i}{C_i}$ 是投入 X 在行业 i 的总成本中的支付份额。假设加成系数 μ_i 随着时间的推移保持不变，因而：

$$\hat{p}_{it} = \hat{m}_{it}$$

为了简化的目的，式 (2-88) 两边乘以 ($-S_i$)，并重新排列各项：

$$\widehat{\left(\frac{r_{it}}{p_{it}}\right)} = \hat{A}_{it} - S_i c_L \widehat{\left(\frac{w_{it}}{r_{it}}\right)} + (S_i - 1) \widehat{\left(\frac{p_{it} Y_{it}}{r_{it}}\right)} \tag{2-90}$$

利用 $S_i c_{iL} = \mu_i \theta_{iL}$，我们可以进一步将式 (2-90) 简化为：

$$\widehat{\left(\frac{r_{it}}{p_{it}}\right)} = \hat{A}_{it} + \mu_i \theta_{iL} \widehat{\left(\frac{r_{it}}{w_{it}}\right)} + (S_i - 1) \widehat{\left(\frac{p_{it} Y_{it}}{r_{it}}\right)} \tag{2-91}$$

其中，$\theta_{iL} = \left(\frac{w_i L_i}{p_i Y_i}\right)$ 是行业 i 的总收入中投入 L 的支付份额。

因此，在有不完全竞争（$\mu \neq 1$）和规模报酬可变（$S \neq 1$）的情况下，对偶核算 TFP 增长率与实际生产率 $\hat{A}_{it}$ 间的关系是：

$$\widehat{TFP}^D_{it} = \theta_{iL} \widehat{\left(\frac{w_{it}}{r_{it}}\right)} - \widehat{\left(\frac{p_{it}}{r_{it}}\right)} = \hat{A}_{it} + (\mu_i - 1) \theta_{iL} \widehat{\left(\frac{r_{it}}{w_{it}}\right)} + (S_i - 1) \widehat{\left(\frac{p_{it} Y_{it}}{r_{it}}\right)} \tag{2-92}$$

假设 $0 < \hat{r}_{it} < \hat{w}_{it}$，且 $\hat{r}_{it} < \hat{p_{it} Y_{it}}$，假如加成价格比大于 1，且技术是规模报酬递减的，那么对偶核算 TFP 增长率将低于真实生产率增长率。

因此，由于恰当的条件，不完全竞争和规模报酬递减可能导致对偶核算 TFP 低估真实的生产率增长。请注意，通过保持规模报酬不变的假设，即 $S_i = 1$，Roeger（1995）指出不完全竞争引起对偶核算 TFP 低估真实的生产率增长。

3. 基本核算与对偶核算 TFP 间的差异

假如 $\mu \neq 1$ 或者 $S \neq 1$，那么不论是基本核算 TFP 增长率还是对偶核算 TFP 增长率都不反映真实的生产率增长率，这是很清楚的。两个 TFP 度量的增长率可以由式 (2-84) 减去式 (2-92) 得出：

$$\widehat{TFP}^P_{it} - \widehat{TFP}^D_{it} = (\mu_i - 1) \theta_{iL} \widehat{\left(\frac{w_{it} L_{it}}{r_{it} K_{it}}\right)} + (S_i - 1) \widehat{\left(\frac{r_{it} K_{it}}{p_{it} Y_{it}}\right)} \tag{2-93}$$

因此，从理论上看，不完全竞争和规模报酬可变的存在产生两种度量标准间可能的差距。然而，假设总收入中的投入份额在现实世界中通常不变，即 $\widehat{\left(\frac{r_{it} K_{it}}{p_{it} Y_{it}}\right)} = \widehat{\left(\frac{w_{it} L_{it}}{p_{it} Y_{it}}\right)} = 0 \Rightarrow \widehat{\left(\frac{w_{it} L_{it}}{r_{it} K_{it}}\right)} = 0$，那么式 (2-93) 右边实际上为 0，甚至当竞争是不完全的，规模报酬是可变的时也是如此。因此，假如总收入中劳动和资本份额保持不变，那么基本核算 TFP 增长率等于对偶核算 TFP 增长率。

第三章 创新集群与创新驱动发展研究

本章对创新集群与创新驱动发展问题进行研究,研究内容包括:国外创新集群研究动态、创新驱动发展战略下的创新产业集群研究、基于创新集群的创新驱动发展研究。本章首先梳理了国外有关创新集群的最新研究成果,包括创新集群的理念形成、创新集群的形成机制、演化动力、实证研究以及实践探索。其次界定了创新产业集群概念,提出创新产业集群的识别方法;以江苏为研究对象,实证分析江苏创新产业集群的地区分布和发展变化,指出促进江苏创新产业集群发展的政策措施。最后提出培育创新集群,构建完整的创新驱动发展体系,是推进江苏创新驱动发展进程的重要举措。在此基础上,本章提出推进江苏创新驱动发展的路径选择、空间布局和组织领导。

第一节 国外创新集群研究动态[①]

一、创新驱动发展下的创新集群

创新集群理论是当代经济学新兴的研究热点。1999 年,在 OECD《集群:促进创新之动力》提出的"国家创新系统"概念中赋予了集群有关创新方面的新的意义;2001 年,在其研究报告《创新集群:国家创新系统的推动力》中首次以官方文本提出"innovative clusters"(创新集群)的概念,它标志着创新集群理念的成熟,奠定了 21 世纪对创新集群研究的基础。

[①] 本节借鉴了杨连盛和朱英明(2013)的研究成果。

然而，创新集群的思想却由来已久，最早的萌芽起源于 1890 年新古典经济学创始人马歇尔的代表著作《经济学原理》，书中最早提出了产业集群内具有创新优势的思想。在随后大量的有关"创新"的研究为"创新集群"的"创新"视角提供了丰富内涵和深刻要义，其中技术创新理论的创始人熊彼特在其 20 世纪初的著作《经济发展理论》里最早提出了创新具有在时间或空间上成群出现的特征。由此，一部分关于"创新"的研究开始注重"创新"的时空特性和地理特性。1990 年，波特将集群定义为相关产业领域的企业、科教机构和其他支撑服务机构在地理上邻近和互动，他认为产业集群是一组在地理上靠近的相互联系的企业和关联的机构，它们处于或相关于一个特定的产业领域，由于具有共性和互补性而联系在一起。这标志着"产业集群"理念的成熟，也意味着"创新"的地理特性有了一个成熟的载体——集群。研究大都是在波特的集群思想基础上将"创新"和"集群"一起讨论研究，例如有大量研究创新与集群关系的（Baptista, 2001; Simmie, 2004），有研究产业集群创新过程的（Carbonara, 2004; Ronde, 2001）。创新理论体系吸收了集群思想，产业集群研究逐渐将重心偏向于创新理念，两个学术体系在当代研究中不断交叉融合，最终形成了较为成熟的创新集群理念。但学者们对创新集群概念并没有形成统一的范式，一方面是由于学者们发现波特对集群的定义有诸多局限性，比如概念比较模糊（Martin & Sunley, 2003）、看待联系上过于表面（Rugman & Boyd, 2003），不适合分析某些实际存在的集聚案例（Lundequist & Power, 2002）等，于是把自己对"集群"的理解赋予了"创新集群"；另一方面"创新集群"作为一个新的研究热点，研究角度的不同，实证范围大小的不同，各国产业环境背景的不同也都会使当代学者们对"创新集群"概念有着自己的理解。

创新集群的理解是创新集群研究的基础，多样化的理解角度使得研究角度也更加多样化。综合梳理 20 世纪末 21 世纪初的研究，国外学者们对创新集群的理解角度大致可以分为三类：特征要素角度、机理功能角度和系统论角度。

描述特征要素式的定义主要阐述了创新集群区别于普通集群的关键要素，由此来界定了创新集群概念，从大量研究来看这里的关键要素一般是指合作、联系的网络关系。例如 Liyanage 和 Mitchell（1994）认为，产业集群向创新集群转化至少需要具备四个条件：知识状态、组织管理、知识扩散与战略联盟以及市场机会。从技术经济网络角度强调了知识在网络间扩散对创新集群形成的重要性。

Liyanage（1995）将创新集群定义为一种由研究产业界与研究机构在从事创新活动过程中形成的技术网络和联系，是合作研究发展结果的反映。Lee（2003）也认为创新集群的关键要素是合作与联系，他定义创新集群为不同功能的企业以及相关参与主体在水平、垂直和地理上的集聚，这种集聚是以分享知识、使新产品增值为目的而形成的合作与联系。Broersma（2001）把创新集群的重点放在"联系"上，认为集群的特征要素在于产业创新活动之间的创新联系。然而美国竞争力协会（2010）则把"合作"放在了突出位置，认为创新集群的核心要素是合作关系，而非竞争，定义创新集群为：基于相关联第二、第三产业企业间的密切合作的关系而形成的紧密联系的供应链。还有些学者提出了其他的一些特征要素，比如"互动"，Preissl（2003）将传统产业集群中的地理关系用互动关系取代来定义创新集群，互动的解释采用了Steinle和Schiele（2002）的描述：互动的特征表现为主体之间形成的一种密切的俱乐部式的知识交换氛围。综上所述，这类定义的优点是以要素为标准，更容易识别创新集群，但缺点是通过某种或某几种要素来理解集群，容易造成对集群理解的片面性，忽略其他琐碎但不可或缺的要素。

　　机理功能角度的定义是通过回答创新集群有什么样的内部作用机理，实现了什么样的功能来定义创新集群。例如，有的从创新的内嵌性和产业集群发展的角度，把创新集群定义为创新的产业集群或者基于创新的产业集群，认为创新集群的形成、演化机理都在于其内在的创新性，创新推动了产业集群的发展（Humphrey & Schmitz，2002）。有的将创新集群理解为通过大量有效率的新技术商业化的企业家行为，使得创新集群中的企业能够实现快速增长的集群（Bortagaray，2000）。总的来说，这类定义大都强调了创新集群的创新机制以及创新对集群发展的重要推动力。此类定义的缺点也很明显，即过于强调创新本身作用，缺乏系统、宏观的理解。

　　系统论角度的定义即从系统论角度来理解创新集群，实现了对前两种定义角度的综合与改进。既保留了对集群特征要素的识别，同时又解决了要素识别可能的片面性问题；既强调了创新的作用机制与功能，同时又使得对创新理解具有了宏观的系统角度。具有代表性的理解为上文所提到的2001年OECD出版的《创新集群：国家创新系统的推动力》，认为集群是企业通过相互作用逐步聚合以提高竞争力的经济现象，创新集群是一种以创新为目标，以知识驱动经济、资源全球配置的集群；创新是科研、商业、教育和公共管理机构不断相互作用的产物，可以从产业集群体系中培育出来；创新集群是产业集群发展的高级阶段，可视为简化的国家创新系统。同样，Spielkamp 和 Vopel（1998）也认为，创新集群是一个由众多要件构成的创新系统，能对企业的创新战略制定、创新行为的实施提供有效的背景信息。还有的学者将创新集群理解为一个技术系统，该系统以技术流动作为纽带（Montresor & Marzetti，2008）。另外，还有些侧重点不同的综合定义，例如 2010 年财政联邦基金（FFO）将地区创新集群定义为工业化和职业化集群的组成，创新能力和地区资金相互依赖相互交织的空间共同体，是国家经济的驱动力。该定义强调了地区层面的竞争力、创新、增长以及这些元素内在联系。又比如 Meng（2008）从特征要素和机理功能两个角度综合考虑，认为可界定创新集群的要素特征有动态性、国际化、网络化、科学和技术的紧密联系、集群成员创新的紧密联系等，创新集群的功能目标为在技术浪潮影响时期增强集群创新能力，推动技术成果商业化。

总之，国外学者们对创新集群的理解是多样化，有共识但却没有达成一致标准，且已有的定义也大多具有一定的模糊性。一方面给我们提供了认识创新集群的多角度，推动着创新集群研究的发展；另一方面，这种概念的模糊性与不统一性可能给实际中创新集群理论体系的建立、创新集群政策的制定和实施带来长期的不良影响。

当代学者们对创新集群的理解虽然有差异，但在创新集群是可以推动该集群区域经济发展这一观点上基本达成了共识。为了给创新集群的培育和发展提供理论基础，大量的研究集中于探寻创新集群演进路线上，其内容包含了形成机制与演化动力。

二、创新集群形成机制和演化动力

1. 创新集群的形成机制

创新集群的形成是以产业集群为基础的，创新集群是产业集群的高阶形式。创新集群的形成机理的探究应当以考虑产业集群的形成为起点。

目前被广泛认可的产业集群成因理论体系主要有两大类：第一类是迈克·波特的"竞争优势"理论。该理论认为，产业的地理集中是由竞争导致的，集群有助于提升地区产业竞争力和国家竞争力，提升国家竞争力有四项基本环境要素即著名的波特"钻石模型"中的四项基本因素；还认为一个国家的钻石体系中每个关键因素都具有其地理集中的含义，所以强化国家竞争力的产业都会出现集聚。第二类是以保罗·克鲁格曼为代表的新经济地理学派的解释。该派别观点认为创新集群的形成是由于"偶然事件"和"循环累积"，即集群的产生是由于某一地区历史的偶然因素形成了最初的萌芽，然后经历了"路径依赖"再经过一段时间的"累积过程"最终形成的。一些经济学家通过分析收益递增理论，认为像硅谷这类的创新集群的出现并没有什么特别的地方，只是由于累计循环的因果关系，即生产活动倾向于集聚在市场大的区域，市场也因为生产活动的集聚而进一步扩大，如此累计循环。两大理论体系也存在着自己的不足：比如波特的理论体系对环境要素驱使集群产生的动态过程没能解释清楚；经济地理学派理论体系过分强调了集群产生的自然性，忽略了集群产生的经济、制度、社会环境背景对集群的重要影响意义。但总体来说，相比较创新集群，产业集群成因理论已经有了较为成熟的理论体系。

在此背景之下，学者们对创新集群形成机理展开了各自的探索，Martin 和 Sunley（2003）认为创新集群的演化路径多样，但大致可从创新集群发展的动力来源和政府在集群形成路径中发挥的作用大小两个维度来衡量。Debresson（1989）认为内在经济约束与诱因、外在技术约束与压力是创新集群形成的原因，认为创新集群的来源在于范式不连续性、技术复杂性、累积性的学习过程以及范围经济性，该成因理论奠定了创新集群的研究框架。Ketels（2004）从交易成本角度出发，认为创新集群的成因在于创新技术在企业和竞争中的决定性地位。Park（2003）通过对环太平洋地区经济空间动态变化的原理进行研究，认为知识溢出效应是创新集群形成的重要因素。Moreno（2006）通过分析创新活动的影响因素，Bottazzi 通过分析知识溢出对高科技产业的影响，也都得出了和 Park 相类似的观点。还有学者认为创新集群形成并发展的原因是持续的、稳定的、有利于科技创新的政策环境。

总结上述国外学者的研究，经济性、技术多样性以及知识溢出效应为创新集群产生的主要推动因素。为了促使已形成的创新集群不断发展与进步，需要进一步探究其发展与演变进化的动力。

2. 创新集群的演化动力

与形成机制类似，国外学者都从不同角度对集群演化的影响因素进行了阐述，尚未形成一致认可的理论。Sun 等（2009）认为，集群发展的驱动力包括要素状况、需求状况、相关和支持产业、企业结构及战略、政府支持和文化，并以此为基础对新竹科技园集群的发展状况进行了分析，认为要素状况是新竹科技园发展的重要制约因素。Lee（2003）通过对中国台湾南部和北部地区集群的发展情况进行比较，认为导致北部区域经济发展远远超过南部地区的重要原因在于人力资源、科学技术、市场、资金、政府政策、环境和社会资本七个方面的差异性，并给出了相关集群发展的政策建议。Engel 和 Del-Palacio（2011）认为，创新集群区别于产业集群的主要特征是流动性资源（人员、资本、信息、知识产权等）、企业发展速度和文化上的差异，集群演化必然受到这些因素的影响。Bartlett（2006）通过将斯洛文尼亚和克罗地亚进行对比分析，强调了私人部门在科技网络和创新集群方面的作用以及社会资本和社会信任在面对知识转移过程中市场失灵时的重要性。Takeda 等（2008）以日本 Yamagata 地区的实证研究发现网络对知识转移和技术扩散的重要意义，特别是对缺少资源优势的中小企业更是可以通过网络来弥补自身不足。Kitagawa（2005）通过研究增强了地区间内在联系的福冈 Silicon SEA-BELT 项目，提出建设高阶层的创新集群系统的一种新模式，并认为创新网络化可以弥补自身不足、提高区域竞争力。Park（2003）通过对环太平洋地区经济空间动态变化的实证研究，强调了创新集中、知识溢出、创新系统的作用，得出商业网络和创新网络是促进创新集群发展的重要推动力的结论。Engel 和 Del-Palacio（2009）把网络关系的进步作为创新集群发展到超级创新集群的决定因素。Tracey（2003）从联盟、网络和竞争策略的角度分析创新集群，更进一步探讨了网络的优势以及局限性，提出了网络的结构的重要性，认为创新活动需要的是一个具有一定弹性的网络结构，并提出，国际化是网络发展的必然趋势。Davis（2009）从创新集群视角研究了加拿大魁北克省创意型创新产业集群，认为创意型创新集群在地方和国家层面上都更根植于社会环境和政治经济。值得注意的是，大多数的研究广泛认可了大学在创新集群中的重要性，但是 Smith（2007）却用计量的方法分析了大学在创新集群中的重要性，反而发现大学的重要性没有想象中那么高，认为把大学作为创新系统中的核心地位的策略需要谨慎的考虑。Gomes 和 Silva（2013）研究了创新集群内部个体间联系、文化间的联系、政策等要素之间的联系。Batabyal 和 Nijkamp（2012）提出创新对集群经济发展的重要作用，并通过建立"熊彼特模型"具体阐述了其作用机理。Feldman 和 Audretsch（1999）的研究提出了资源互补性和网络之间互动对创新集群的重要意义，认为在产业发展的不同阶段，专门化外部性和多样化外部性一起发挥着决定性作用，二者的动态关系决定了集群的发展阶段。

总结学者们的观点，本章认为影响集群发展的重要因素有三个：一是资源。创新集群的发展建立在一定的物质资源、人力资源、科技资源、社会资源、创意资源等基础之上，重要资源的短缺很可能成为创新集群发展的重要"瓶颈"。二是网络体系。集群内外部网络化体系的建立可使得创新集群参与者快速地、低成本地获得其他参与者的优势资源来汲取弥补集群自身某方面的劣势，同样，这个过程也使得参与者自身的优势通过网络体系的力量迅速放大。三是环境。稳定的有效的政治环境，良好的经济环境甚至是优异的人文环境都是创新集群发展的重要保障，因为创新集群是一个包容了政治、经济、社会的区域集群，前两点提到的资源的产生与利用、网络的构建与实施都根植于这个区域集群的土壤环境。

三、创新集群的实践探索

创新集群理论的研究最终目的是推动区域经济发展，其重要的一个环节就是理论与实际相结合。对创新集群理论实践分两大类型：一种是实证研究，从创新集群视角研究现实对象，得出有意义的结论进而丰富创新集群理论体系；另一种是政策制定，这是从理论到实践的最后一步。拥有创新集群最多的两大经济体是欧盟和美国，本章着重展示他们近年来的创新集群政策，作为我国创新集群政策制定的参考。

1. 创新集群的实证研究

创新集群的实证研究对象范围很广，有跨国家层级的，也有地方层级的。由于地方层级的创新集群往往都很具有自己的特点，其研究往往不易形成可推广的理论，所以本章的研究重点在于宏观层面，其中更重点研究了关于欧盟和美国的实证研究。

由于近代创新集群理念形成在欧洲，故关于欧洲的实证研究有很多。例如Davo（2011）实证研究了欧洲15个国家的科技创新集群，聚类分析了1998~2008年各国的科技创新和竞争力指数变量，根据科技创新和竞争力水平的不同将创新集群划分成了五个层级。认为创新集群的层级很好地解释了国家之间竞争力的不同，突出了产业集群的重要地位。Moreno（2005）用假设检验，计量分析的方法探索了创新集群发展推动力的空间特性和20世纪80~90年代的时间动态性。空间分析的结论为：邻近区域如果也是技术专业化的，创新更倾向于集聚；时间维度分析的结论为：生产活动的专业化与创新活动的专业化是正向关系。Moreno（2006）进一步地对欧盟 17 个国家 175 个地区 1994~1996 年和 1999~2001 年两个时期，国际标准工业分工的 23 个行业的区域专利认证的数据进行计量分析，进一步探究专业化和多样化对创新集群的影响，结果表明空间依赖的程度和强度都随时间而增强。

虽然集群的思想启蒙是在美国产生的，但是由于创新集群思想最近才被美国政府所接受，故宏观层面的经济分析相对欧洲要少很多。Yu 和 Jackson（2011）从创新集群的角度对最近奥巴马政府的经济发展政策进行了回顾，提出了创新集群作为经济发展核心战略的几点概念上的缺点和计划性的困难：创新集群识别标准模糊，创新集群发展方案是以集群作为单位，但会同时涉及各产业集群、地方政府以及中央政府等各层级的长、短期目标，可能出现策略的矛盾性、松散性、妥协性，因而，和明确的长、短期的政策相比，实效性低，所以该策略更倾向于作为启发式的建议。Kerr（2010）定义美国在 1975~1984 年后来引用前 1%的科技发明为突破性发明，研究结果表明专利的增长数量在有突破性发明的地区显著高于同等的没有重大发明的地区；在科技严重依赖于发明家迁移的地方，空间的调整也更为迅速。结果有效地反映了突破性的发明和发明家对创新集群发展的重要作用，也证实了 Duranton 一类模型中的产业转移机制。

欧盟和美国是先进创新集群宏观层面的代表，除此之外还有大量的其他层面的宏观研究，例如对 Park（2003）通过对环太平洋地区经济空间动态变化的实证研究，强调了创新集中、知识溢出、创新系统的作用，得出商业网络和创新网络是促进创新集群发展的重要推动力的结论。比如 Li 等（2010）实证研究了 2005~2006 年 160000 家中国的本地制造业企业的活动，发现越来越多的企业在新兴市场进行着创新活动，并且把目标定位从模仿者转变为创新者，研究结果表明取得国外知识和内在资源投资的途径加强了企业对国外知识吸收的能力，提高了集群的创新能力。Ray（2010）研究了印度市场中有资源约束为背景的创新，认为资源充裕的企业需要抛弃传统的选择，落实从区域创新集群模型中学习的东西来进行资源的分配才能获得更强劲的发展动力；资源贫瘠型企业需要用新产品的研发来填补产品的差距。在印度低端市场，管理者需注重本地特殊的环境，通过本地的工程师和管理者还有结合因地制宜的实地考察。投资于对现存替换技术新组合的探索，形成合适的产品体系是十分必要的，特别是在现存产品不能很好地适应当地的可支付力的情况下；管理者需要重新审视其价格策略，尽量采取大批量低定价策略，发展低价、不提供不必要服务的技术创新是很好的策略模板。Calamel（2012）实证调研了法国创新集群组织与组织间合作的建设，合作建设由中央政府和当地政府一些核心行为构成，其特征为位于不同文化与就业状况地区间节点的特殊管理和人力资源的管理实践。两年的项目观察表明合作作为社会建设过程的产物，能很好地被管理性支持所培育；协调的努力、参与者合作的动力都是必要的但也都不够充分，人力资源管理的支持是一种动员合作的额外手段，这些合作管理项目使得合作创新和管理成为了管理实践和过程的改革风向标。Bartlett（2006）通过将斯洛文尼亚和克罗地亚创新集群发展状况进行对比分析，发现两个国家对科技园区和商业孵化器的支持政策没有起到很好的推动经济发展效果，其原因是科技园和孵化器缺少相应支撑，同时受阻于对知识产权保护的缺失以及官僚机构的管理系统。斯洛文尼亚相比克罗地亚，在发展科技网络、创新集群方面的政策虽然相似，但更成功，其原因在于私人部门在对科技网络和创新集群方面的参与，表明逐步积累的社会资本和集群网络成员间的社会信任对克服知识转移过程中的市场失灵有着重要作用。Buerger 等（2012）实证研究了德国集群创新绩效的要素——专利数、R&D 投入、高科技行业就业人数之间从1999~2005 年的动态关系。Broekel（2012）用条件效率方法定量化研究集群创新绩效与集群内部或者外部合作强度之间的关系，对德国 270 个电子产业集聚进行实证研究。结果表明德国产业集群的创新绩效与合作强度成倒"U"型关系，内部或者外部合作强度处在平均水平的集群的创新绩效是最好的。而那些合作关系过于疏远的集群、合作关系过于密切的集群以及内外部合作水平不均衡的集群其创新绩效都不尽如人意。Fogelberg 和 Thorpenberg（2012）对瑞典两个三螺旋组织（即产学研综合作用的组织）进行了考察，认为三螺旋组织模式可以作为瑞典构建创新系统的新模式。

除了上述大量国家层面上的研究，还有大量对创新集群的微观领域研究，这些研究的对象大都是具有典型性或特殊性的地方产业集群，例如硅谷创新集群、日本九州岛创新集群、中国台湾新竹创新园区等。Foley 等（2011）认为关于节能建筑的泛费城创新集群（GPIC）中公共、私人合作的模式是一种全新的、有效的、可以在更多国家地区推广的模式。该模式为：公共机构、私人机构、学术机构在七个联邦政府机构的协调下,将各主体的问题收集整合,从整个产业体系的角度来提出解决方案,为整个集群提高了能源利用率,创造了更多就业机会并且刺激了更多私人投资。Engel 和 Del-Palacio（2011）通过实证研究硅谷和以色列创新集群之间的动态关系,发现了全球创新集群架构的作用,该架构是一个综合统一的工具,可以帮助识别创新集群中的组成元件和过程,该架构还帮助描绘了创新集群的全球联系,拓展了地区经济发展管理者的视野,促使他们制定出超越邻近地区,在全球范围内寻求提高效率的政策。Davis（2009）应用创新集群理念于创意型产业——加拿大安大略省的基于屏幕媒体行业,实证研究表明创意和技术为基础的创新集群不同于彼此,创意型集群有更强的创新集群特征：高度网络化、高度的地理集中、更被普遍关注的内容产品的创新,以及在地方和国家层面上都更根植于社会环境和政治经济。创意型创新集群的表现从更广泛的社会和政治环境受到影响,而不是创新政策制定者习惯性认可的特定范围环境。Kitagawa（2005）认为可以在亚洲构建新的大学—政府—产业联盟和企业家精神模式。需要建立创新支持和技术转移的组织以战略性联接科学和产业,同样,培育知识探索和开发的系统也需要被建立以为创新超越国界的延展创造空间。这个多层级的创新系统管理模式在 Silicon Sea-belt 战略中已有所体现,系统通过集群网络中本地出色联接节点来实现这个技术全球化的新阶段,通过跨越空间的大企业、大学科学研究、小型专业化企业以及政府支持来恢复并加强在特定先进科学领域的全球竞争力。Hu 等（2005）研究了中国台湾新竹科技产业园,发现欠发达地区的产业园区有自己的特点：新竹创新集群模式是由合作与竞争共同作用的,虽然有别于一般性强调合作与依赖性的模式,但仍然是一种相对有效的本地创新集群模式。

2. 创新集群的政策制定

理论到实践的最后一步是制定出创新集群政策,拥有创新集群最多的两大经济体是欧盟和美国,其中某些北欧国家早在 2000 年之前就开始实施创新集群政策。2003 年,欧盟委员会在《欧洲创新发展趋势图：国家专题——冰岛》中对集群政策定义为："集群政策有不同的表现形式,有被贴上'集群政策'标签的显性形式,也可以是隐性的。从这个角度来看,集群政策就是对集群有影响的政策,不限于那些以集群为目标制定的政策。"2005 年,欧洲委员会在《集群创导计划——欧洲政策和实践的回顾》中进一步描述集群政策为："集群政策表现为将彼此孤立的政策工具结合成一个整体的方法。"从本质来看，集群政策是不具独立性的，内容涵盖了所有能影响集群发展的政策，已经考虑过政策之间的协同与交换。在这个意义上，在建设维护区域合作环境方面的不同名称的政策例如产业政策、区域政策、创新政策等，实际上就是集群政策。2010年，欧洲委员会在《欧洲创新集群：对最近支持性政策的统计分析和回顾》中，基于欧盟各地区之间的合作程度还不高的现象，强调了创新集群政策的在欧盟层面下跨地区、跨国家合作的意义，鼓励各国家、地区制定合作性的创新集群政策，在此基础上，欧盟层面也会制定出相应的创新集群政策来作为补充，并通过欧洲创新集群观测站来提供可靠有效的集群信息，辅助合作。2010年3月3日，欧盟委员会公布了指引欧盟发展的"欧洲2020战略"，提出了欧盟未来10年的发展重点和具体目标。10年发展目标的七大计划都与创新有关。创新集群政策作为欧盟创新政策中的重点，已经得到了各成员国的一致认同。可以预见，学者们对欧洲创新集群的研究也必将随着进入高潮。

美国是拥有创新集群最多的国家，但其创新集群政策的关注却非常晚，第一次提到地区创新集群政策的文件是2009年9月21日出版的《美国创新政策》。这份文件描绘了奥巴马政府建设国家可持续发展基础的综合方法，创新是建设基础的核心。Muro等（2010）总结了之所以美国直到2009年才开始重视创新集群的原因：新的科学研究显示集群对当地经济增长有贡献；在范式水平下，集群可以反映经济的真实状况，而这一点可从帮助国家认清长期被忽略的经济增长的真正要素；集群和集群思想提供了反思、认知、改良联邦、州、区域经济发展努力的优良框架。而在创新集群政策制定方面，美国本着这样一个发展规划：①构筑集群的信息基础（如集群地图项目等）；②为确保在政策实践交流与合作方面的有效互动建立专门论坛；③发展区域集群中介；④在国家重大挑战领域实施集群范式；⑤发展一个论坛来协调不同的集群发展项目。而在集群政策的具体实施上，美国是通过一系列的项目资助来实行的。虽然美国的创新集群政策刚被提出，但是根据欧盟委员会的定义，美国其实早就有了大量的隐性的创新集群政策。这些政策虽然没有以"创新集群"的名义提出，但是早已涵盖了美国经济体系的各个层面。

四、创新集群的未来展望

从上述大量国外研究可以看出,创新集群理论虽然已初具一定体系架构,但由于是近年来新兴的研究领域,其理论体系还远不够成熟,发展的空间还非常大。具体来说,有如下几个方面的潜力:

(1)创新集群理论有大量的定性研究而深入的定量研究还不够。用来识别创新集群的特征要素、机理功能、创新系统都只有定性的描述,定量研究的缺失导致很难形成一个有效的创新集群识别标准。另外促进创新集群形成的经济性、技术多样性以及知识溢出效应,推动创新集群演化的资源、环境、网络等方面大都只有少数研究是通过定量的深入分析。

(2)创新集群的研究对象有待细化、深入。现有的大量研究的对象基本是典型的、成功的创新集群,创新集群理论体系也是基于对他们的分析。而对特殊背景下的创新集群的研究,对失败的创新集群的研究数量有限,这方面的研究还很有潜力。

(3)对创新集群政策的研究的需求非常大。创新集群的理论研究起步晚,而将理论运用到实践中的创新集群政策研究起步更晚,美国甚至到2009年才将创新集群政策写入政府文件中。创新集群的发展需要怎样的政府支持,当地需要怎样的创新集群模式,如何用政策来推动创新集群的产生与发展等问题都需要通过大量的研究来回答。

第二节 创新驱动发展战略下的创新产业集群研究[①]
——基于江苏省的实证分析

一、引言

改革开放以来,我国根据自己的资源禀赋和比较优势,选择了要素驱动和投

[①] 本节借鉴了朱英明(2014)的研究成果。

资驱动的发展模式，创造了世界经济发展史上的"中国奇迹"。然而，这种要素驱动和投资驱动的发展模式却是以资源大量消耗和环境过度透支为代价。随着我国经济规模的继续扩大，资源和环境压力日益加剧，这种要素驱动和投资驱动的发展模式必将影响到我国经济的可持续发展。如果我们不及时地将要素驱动和投资驱动的发展模式转向创新驱动的发展模式，我国就有可能重蹈一些拉美国家的覆辙，陷入"中等收入陷阱"（专题调研组，2010）。因而，走创新驱动发展之路是我国现实和必然的选择。

创新集群是经济合作与发展组织在推出国家创新系统（national innovation system）概念后，推出的又一个重要概念。创新集群概念是对国家创新系统概念的继承、发展和具体化。从创新系统的观点来看，创新集群被看作是简化的国家创新体系（reduced-NIS）。对此有两种可能的解释：一种是减小规模的国家创新体系（reduced-scale NIS），它意味着国家创新体系可以被完全地复制在创新集群的层次上；另一种是简化形式的国家创新体系（reduced-form NIS），它意味着创新集群保持着国家创新体系内在性的本质特征和关键角色（肖广岭，2003）。OECD在其《创新集群：国家创新体系的推动力》中，将创新集群看作是由企业、研究机构、大学、风险投资机构、中介服务组织等构成，通过产业链、价值链和知识链形成战略联盟或各种合作，具有竞争优势的集聚经济和大量知识溢出特征的技术—经济网络。与普通产业集群不同，创新集群是一种"以创新为目标"的集群（OECD，2001）。

根据世界经济论坛的国家竞争力报告，世界上公认的创新型国家接近20个，这些创新型国家的创新综合指数明显高于其他国家；例如，科技进步贡献率在70%以上，研发投入占GDP的比例在2%以上，对外技术依存度指标在30%以下。这些创新型国家都有一个共同特征，即发育了规模较大、具有竞争优势的创新集群。这些创新集群多分布在高技术领域，其高增长率、高就业率、高研发投入和大量知识外溢的内在属性集中到宏观层次，就显现为创新型国家的外部特征（钟书华，2008）。这些创新型国家的经验也表明，创新集群是一种有效的经济组织形式。要想实现经济发展从要素驱动和投资驱动发展模式向创新驱动发展模式转型，建设创新型国家，必须大力培育创新集群。我国的创新驱动发展面临着多种路径选择，目前处于"摸着石头过河"阶段。大力发展和培育创新集群，无疑是我国实现创新驱动模式进而建设创新型国家的重要发展战略之一。

OECD 提出的创新集群是经济发达国家中以创新为目标的产业集群网络。从我国创新集群的发展状况看，我国目前尚未形成创新主体间具有密切经济社会联系的创新集群，我国所谓的创新集群更多是具有一定经济联系的创新产业集群。这种创新产业集群有两种表现形式：一种是既定时期展示高水平创新产出的那些产业集群（比如创新的数量、授权专利的数量等），另一种更为普遍的是在创新投入基础上界定的"高技术产业"专业化的那些产业集群（比如技术导向型就业在总就业中的比例或 R&D 支出在总销售中的份额）（Karlsson 等，2003）。考虑到术语"创新"和"高技术"可以交替使用，借鉴 Maggioni 和 Riggi（2008）的做法，本节将创新产业集群界定为高技术产业集群。从我国创新产业集群发展的现实看，这种界定具有很强的可操作性。

二、创新产业集群的概念界定、数据说明和识别方法

1. 创新产业集群的概念界定

Maggioni 和 Riggi（2008）基于 OECD（1997）的创新集群的定义，根据其 R&D 强度界定创新产业集群。对本节中创新产业集群的定义，我们借鉴他们的做法，但又与他们不完全相同，其特性涉及以下三个方面：

第一，关于高技术产业的界定。Maggioni 和 Riggi（2008）利用 OECD（2005）的定义研究高技术产业，OECD 的定义是部门 R&D 支出占总销售的百分比应当超过 4%的阈值。根据这一标准，他们确定三位数水平上六个高技术产业：制药（283）、飞机及零件（372）、导弹、空间飞行器、零件（376）、计算机、办公用机械（357）、电子元器件（367）、医疗器械及用品（384）。

根据国家统计局《关于印发高技术产业统计分类目录的通知》（国统字 [2002] 033 号），我国的高技术制造业行业分为：核燃料加工、信息化学品制造、医药制造业、航空航天器制造、电子及通信设备制造业、电子计算机及办公设备制造业、医疗设备及仪器仪表制造业。① 在本节中，高技术产业主要涉及除了核燃料加工、信息化学品制造之外的其他高技术产业。由于江苏省航空航天器制造企业数量极少，不可能形成产业集群。因此，本节所指的创新产业集群是医药

---

① 由于中国工业企业数据库中没有统计办公设备制造业，所以本节的电子计算机及办公设备制造业实际上是电子计算机制造业。

制造业、电子及通信设备制造业、电子计算机及办公设备制造业、医疗设备及仪器仪表制造业这四个高技术产业集群。

第二，关于集群的地理规模。在实证研究中，为了识别产业集群，研究中可以选择不同的地理规模。在大多数情况下，地理规模的选择由数据的可得到性和总的易处理性决定。此外，所选择的地理规模原则上应该对应于地理学者所谓的"同质性或均质区域"（即具有相似的产业结构、人口统计模式和劳动力市场动态特征的区域）。然而，找到这样理想区域是非常困难的。基于这个原因，本节的地理规模选择在县（市）、区水平上。

第三，关于度量产业集中的变量。大多数研究利用就业数量作为度量产业集中的变量，一些研究利用企业数量作为度量产业集中的变量，实际上很少有任何研究使用销售额或增加值数据作为度量产业集中的变量，因为获得高度细分区域和行业水平上的这些数据是非常困难的。区域企业数量的数据可以获得该区域部门产业结构和创业情况的相关信息，但是该变量没有考虑现有企业规模的任何差异。因此，基于企业数量的区位图可能高估新兴的小企业（常常相对年轻的）地方集群，低估企业平均单位规模较高地区的产业集群。此外，产生集聚经济（比如生产者—用户关系，知识溢出和本地竞争激励）的一些相关现象都与企业数量有关，而不是与行业规模（有关就业或销售）有关。

就业数量是广泛应用于区位研究的、与规模有关的变量。通过就业数据，人们可以更好地评估地区水平上特定行业的绝对和相对规模。然而，当利用这个变量时，有可能高估大企业高度集中地区的产业集群。此外，由于劳动力是生产过程的一种投入，建立在劳动力基础上的就业数据没有考虑地区生产率差异，因而利用这一变量有可能夸大劳动密集型技术所在地区产业集群的重要性。需要特别说明的是，就业变量的这种局限性对高技术产业不太严重，因为不同企业的生产函数的地区变化相当小。

基于上述方面的考虑，本节采用就业数量和企业数量两个变量来度量创新产业集群。

2. 数据说明

本节的基础数据主要来源于 2011 年和 2006 年企业层面的微观数据库，即 2011 年和 2006 年的《中国工业企业数据库》。中国工业企业数据库由国家统计局建立，它的数据主要来自于样本企业提交给当地统计局的季报和年报汇总。该数据库的全称为"全部国有及规模以上非国有工业企业数据库",其样本范围为全部国有工业企业以及规模以上非国有工业企业,其统计单位为企业法人。本节使用的数据主要是江苏省2011年和2006年高技术产业的工业企业数据(见表3-1)。

表3-1 江苏省工业企业与高技术工业企业基本情况

地区	工业企业单位数量(万个)		工业企业就业人数(十万人)		高技术工业企业单位数量(万个)		高技术工业企业就业人数(十万人)		高技术工业企业单位数量占比(%)		高技术工业企业就业人数占比(%)	
	2011年	2006年	2011年	2006年	2011年	2006年	2011年	2006年	2011年	2006年	2011年	2006年
南京	8.43	2.26	18.68	5.99	0.90	0.30	3.02	1.07	10.72	13.35	16.16	17.92
无锡	21.63	5.10	34.96	11.14	1.20	0.26	5.58	1.50	5.53	5.17	15.97	13.49
徐州	8.02	1.61	14.56	4.26	0.31	0.08	0.40	0.12	3.87	4.66	2.75	2.87
常州	19.37	4.28	20.84	6.58	1.57	0.34	2.44	3.64	8.11	8.04	11.69	10.33
苏州	34.84	7.77	79.35	23.91	4.07	0.87	25.23	7.08	11.67	11.13	31.80	29.60
南通	21.20	4.26	19.77	5.70	0.98	0.20	1.36	0.43	4.61	4.69	6.88	7.47
连云港	4.28	0.85	4.28	1.21	0.19	0.04	0.48	0.11	4.32	4.57	11.14	9.22
淮安	5.88	1.36	6.17	2.00	0.34	0.07	0.33	0.10	5.73	4.93	5.43	5.16
盐城	11.39	2.52	12.66	4.07	0.44	0.10	0.38	0.12	3.87	3.84	2.97	2.86
扬州	10.73	2.31	15.06	4.40	0.50	0.12	0.97	0.25	4.62	5.16	6.45	5.61
镇江	8.85	1.99	11.35	3.68	0.42	0.08	0.55	0.16	4.70	4.23	4.85	4.29
泰州	10.35	2.20	10.31	3.19	0.60	0.12	0.87	0.24	5.76	5.33	8.47	7.36
宿迁	4.53	0.86	4.69	1.31	0.09	0.02	0.08	0.02	2.03	2.10	1.74	1.24
全省	169.51	37.38	252.67	77.45	11.59	2.59	41.69	14.83	6.84	6.93	16.50	15.33

由表3-1看到,2011年江苏省全部国有工业企业以及规模以上非国有工业企业单位数、就业人数、高技术工业企业单位数、高技术工业企业就业人数分别为169.51万个、2526.7万人、11.59万个和416.9万人。2006年江苏省全部国有工业企业以及规模以上非国有工业企业单位数、就业人数、高技术工业企业单位数、高技术工业企业就业人数分别为37.38万个、774.5万人、2.59万个和148.3万人。就全省高技术工业企业单位数量占工业企业单位数量的比例来看,2006~2011年呈现出下降的趋势,从2006年的6.93%下降到2011年的6.84%;就全省高技术工业企业就业人数占工业企业就业人数的比例来看,2006~2011年呈现出上升的趋势,从2006年的15.33%上升到2011年的16.50%。就各地区来看,2006~2011年高技术工业企业单位数量占工业企业单位数量的比例下降的地区有南京、徐州、扬州、连云港、南通和宿迁六个地区,其他地区该比例上升;高技

术工业企业就业人数占工业企业就业人数的比例下降的地区只有南京、南通和徐州三个地区，其他地区该比例上升。

3. 创新产业集群识别方法

江苏省创新产业集群识别方法可以借鉴 Maggioni 和 Riggi（2008）所提出的方法：任何产业部门要成为某个地区的产业集群在企业数量和就业数量上均必须达到一定阈值。只有该地区该产业部门的企业数量和就业数量均大于或等于该阈值后，我们才认为该地区该产业部门形成产业集群。如果某个地区仅仅在就业方面满足阈值要求，这表明该地区具有大规模生产的特点，但创业水平较低，因而该地区因缺乏足够的多样性而无法形成产业集群。相反，如果某个地区仅仅在企业数量方面满足阈值要求，这表明该地区具有高水平创业的特点，但生产却是小规模的，因而这样的地区因缺乏足够多的合格的和多样化的劳动力资源不能产生信息溢出，从而无法形成产业集群。因此，与区域规模相关的、企业和就业数量都超过规定的阈值，是界定产业集群的必要（最小）条件。

企业数量和就业数量一般都与区域人口或规模高度相关。然而，一些区域正向或负向偏离这种一般模式。通过说明这种正向偏离应当高于就业和企业数量的某个百分比，我们能够识别包含产业群集的那些地区。

当应用这种方法时，我们估计以下两个回归方程：

$$\ln Emp_{ir} = \alpha + \beta_1 \ln Man_r + \varepsilon_{ir} \tag{3-1}$$

$$\ln Est_{ir} = \alpha + \beta_1 \ln Man_r + \eta_{ir} \tag{3-2}$$

其中，Emp_{ir} 是地区 r 产业 i 的就业人数，Est_{ir} 是地区 r 产业 i 的企业数量，man_r 是地区 r 的工业企业的就业人数，ln 是自然对数，ε 和 η 是服从正态分布的误差项。对每个年份，我们估计产业 i 的式（3-1）和式（3-2），并保存残差 ε_{ir} 和 η_{ir}。与 Maggioni 和 Riggi 的假定相同，我们假定，如果地区 r 产业 i 的企业数量和就业数量的残差是正的，且超过 0.1 的那些情况，那么地区 r 就形成 i 产业集群。

三、江苏各类创新产业集群的地区分布和发展变化

1. 江苏各类创新产业集群的地区分布

（1）江苏创新产业集群的地区分布。为了识别出有实际意义的江苏创新产业集群类型，我们将识别的创新产业集群的地理规模定位在县（市）、区。因此，利用式（3-1）和式（3-2），我们对江苏省 2011 年 105 个县（市）、区四个高技

术产业进行回归。其中企业数量和就业人数回归残差均大于0.1的地区形成创新产业集群，其分布在图3-1中的第一象限（Karlsson等，2003）。江苏2011年创新产业集群的地区分布如表3-2所示。

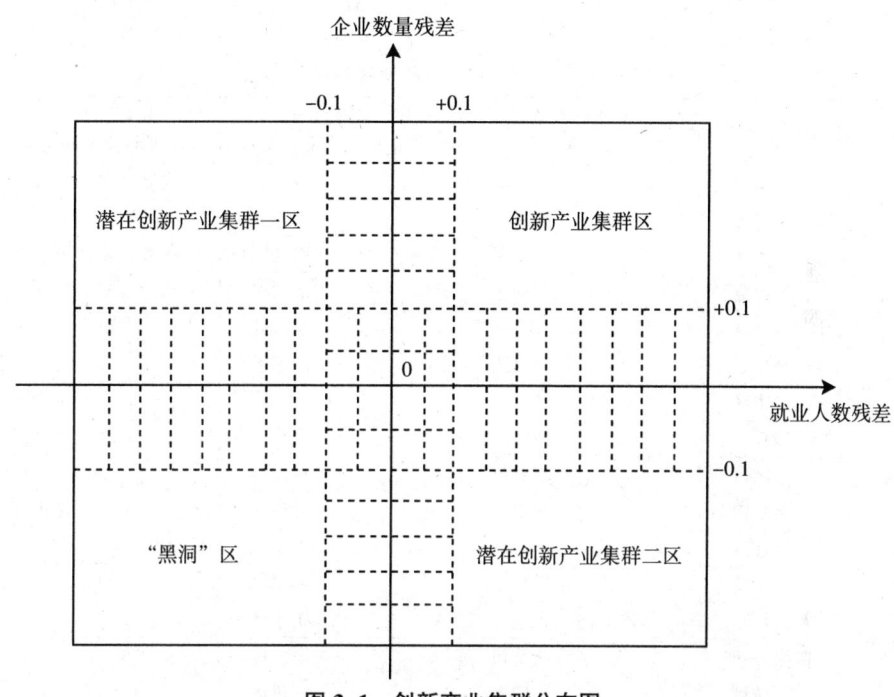

图3-1　创新产业集群分布图

就2011年江苏医药制造创新产业集群来说，南京市分布在浦口区、栖霞区和高淳县；苏中市分布在金阊区、平江区、吴中区和虎丘区；无锡市只分布在滨湖区；常州市分布在金坛市和新北区；泰州市分布在高港区、姜堰市、泰兴市和海陵区；南通市只分布在启东市；连云港市分布在赣榆县和新浦区；徐州市分布在鼓楼区和铜山县；淮安市分布在清河区和楚州区；盐城市分布在滨海县、大丰市、阜宁县和响水县；宿迁市只分布在泗阳县。

就2011年江苏电子及通信设备制造创新产业集群来说，南京市分布在玄武区、白下区、秦淮区、江宁区、栖霞区、鼓楼区和浦口区；苏州市分布常熟市、昆山市、平江区、虎丘区、太仓市、吴江市、吴中区、相城区和沧浪区。无锡市分布在滨湖区和锡山区；常州市分布在武进区和新北区；镇江市分布在润州区和京口区；扬州市分布在邗江区和广陵区；泰州市只分布在高港区；南通市分布在崇川区和楚州区。值得注意的是，苏州市11个县级市和市辖区中，9个县级市和市辖区分布着电子及通信设备制造创新产业集群。

就2011年江苏医疗设备及仪器仪表制造创新产业集群来说，南京市分布在高淳县、鼓楼区、下关区、浦口区、江宁区和玄武区；苏州市分布在虎丘区、平

表3-2 江苏2011年创新产业集群地区分布

医药制造创新产业集群		电子及通信设备制造创新产业集群		医疗设备及仪器仪表制造创新产业集群		电子计算机及办公设备制造创新产业集群	
城市	地区	城市	地区	城市	地区	城市	地区
南京	浦口区	南京	玄武区	南京	高淳县	南京	玄武区
	栖霞区		白下区		鼓楼区		下关区
	高淳县		秦淮区		下关区		栖霞区
苏州	金阊区		江宁区		浦口区	苏州	平江区
	平江区		栖霞区		江宁区		虎丘区
	吴中区		鼓楼区		玄武区		吴中区
	虎丘区		浦口区		虎丘区		相城区
无锡	滨湖区	苏州	常熟市	苏州	平江区		吴江市
常州	金坛市		昆山市		沧浪区		昆山市
	新北区		平江区		吴中区	无锡	滨湖区
泰州	高港区		虎丘区	无锡	滨湖区		
	姜堰市		太仓市		锡山区		
	泰兴市		吴江市	常州	新北区		
	海陵区		吴中区		武进区		
南通	启东市		相城区	镇江	扬中市		
连云港	赣榆县		沧浪区	扬州	邗江区		
	新浦区	无锡	滨湖区		广陵区		
徐州	鼓楼区		锡山区	泰州	泰兴市		
	铜山县	常州	武进区		高港区		
淮安	清河区		新北区	南通	海安县		
	楚州区	镇江	润州区		启东市		
	滨海县		京口区		通州市		
盐城	大丰市	扬州	广陵区	连云港	连云区		
	阜宁县		邗江区		灌南县		
	响水县	泰州	高港区	徐州	鼓楼区		
宿迁	泗阳县	南通	崇川区		泉山区		
			楚州区		铜山县		
				淮安	清浦区		
					清河区		
					金湖县		

江区、沧浪区和吴中区;无锡市分布在滨湖区和锡山区;常州市分布在新北区和武进区;镇江市只分布在扬中市;扬州市分布在邗江区和广陵区;泰州市分布在泰兴市和高港区;南通市分布在海安县、启东市和通州市;连云港市分布在连云区和灌南县;徐州市分布在鼓楼区、泉山区和铜山县;淮安市分布在清浦区、清河区和金湖县。

就2011年江苏电子计算机及办公设备制造创新产业集群来说,南京市分布在玄武区、下关区和栖霞区;苏州市分布在平江区、虎丘区、吴中区、相城区、吴江市和昆山市;无锡市只分布在滨湖区。相对于其他创新产业集群,电子计算机及办公设备制造创新产业集群的地区分布相对较为集中。

从总体上看,江苏省创新产业集群主要分布在苏南地区,苏南地区主要分布在南京和苏州,苏中地区也有较多的分布,苏北地区分布较少。江苏省创新产业集群的地区分布表现出与经济发展水平相类似的地区分布特征。

(2)江苏潜在创新产业集群的地区分布。由图3-1看出,有可能发展成为创新产业集群的地区分布在第二、第三象限。其中,第二象限是企业数量残差大于0.1,而就业人数残差小于-0.1的地区;第三象限是就业人数残差大于0.1,而企业数量残差小于-0.1的地区。2011年江苏潜在创新产业集群的地区分布如表3-3所示。

表3-3 2011年江苏潜在创新产业集群的地区分布

城市	医药制造创新产业集群		电子及通信设备制造创新产业集群		医疗设备及仪器仪表制造创新产业集群		电子计算机及办公设备制造业创新产业集群	
	潜在一区	潜在二区	潜在一区	潜在二区	潜在一区	潜在二区	潜在一区	潜在二区
南京	江宁区	六合区		下关区		秦淮区		
		鼓楼区		六合区				
		玄武区						
苏州	常熟市	沧浪区				常熟市		
	昆山市	相城区				昆山市		
无锡	江阴市	北塘区	宜兴市	江阴市		崇安区		
	宜兴市			惠山区				
常州		天宁区		钟楼区				
				金坛市				
				天宁区				
镇江		京口区		扬中市				
				丹阳市				
扬州	江都市	广陵区						

续表

城市	医药制造创新产业集群		电子及通信设备制造创新产业集群		医疗设备及仪器仪表制造创新产业集群		电子计算机及办公设备制造业创新产业集群	
	潜在一区	潜在二区	潜在一区	潜在二区	潜在一区	潜在二区	潜在一区	潜在二区
泰州		靖江市	泰兴市		兴化市	海陵区		高港区
南通	海门市	港闸区	海门市		崇川区			
	崇川区		通州市					
	如东县		如皋市					
	如皋市		港闸区					
			启东市					
连云港	灌云县	连云区		连云区				
				海州区				
徐州			睢宁县	鼓楼区				
			云龙区					
淮安			清浦区			盱眙县	洪泽县	
			涟城镇					
盐城	东台市		亭湖区					
	建湖县							
宿迁	沭阳县							

对江苏潜在创新产业集群一区而言,南京市有可能发展成为创新产业集群的地区很少,只有江宁区。这出乎我们的预料,可能的原因在于:一是江苏已有的创新产业集群的地区分布较广泛;二是通过提高企业的就业水平,进而通过外部规模经济(地方化经济)促进创新产业集群形成的可能性很少。苏州市有可能发展成为创新产业集群的地区只有常熟市和昆山市,这两个地区分别可能成为医药制造创新产业集群和医疗设备及仪器仪表制造创新产业集群。无锡市有可能发展成为创新产业集群的地区是宜兴市、江阴市和惠山区,有可能发展的创新产业集群是医药制造创新产业集群和电子及通信设备制造创新产业集群。常州市有可能发展成为创新产业集群的地区是钟楼区、金坛市和天宁区,且这三个地区都有可能发展成为电子及通信设备制造创新产业集群。镇江市有可能发展成为创新产业集群的地区是扬中市和丹阳市,且它们都有可能发展成为电子及通信设备制造创新产业集群。扬州市只有江都市有可能发展成为医药制造创新产业集群。泰州市的泰兴市有可能发展成为电子及通信设备制造创新产业集群;兴化市有可能发展成为医疗设备及仪器仪表制造创新产业集群。值得注意的是,南通市有可能发展成为创新产业集群的地区最多且最集中,其中海门市、崇川区、如东县和如皋市

有可能发展成为医药制造创新产业集群；海门市、通州市、如皋市、港闸区和启东市有可能发展成为电子及通信设备制造创新产业集群。连云港市只有灌云县有可能发展成为医药制造创新产业集群。淮安市只有盱眙县有可能发展成为医疗设备及仪器仪表制造创新产业集群。盐城市的东台市和建湖县有可能发展成为医药制造创新产业集群；亭湖区有可能发展成为电子及通信设备制造创新产业集群。宿迁市的沭阳县有可能发展成为医药制造创新产业集群。总之，2011年江苏省有可能发展成为创新产业集群的地区有33个，其中有可能发展成为医药制造创新产业集群的地区有14个，有可能发展成为电子及通信设备制造创新产业集群的地区有14个，有可能发展成为医疗设备及仪器仪表制造创新产业集群的地区有5个。

对江苏潜在创新产业集群二区而言，南京市有可能发展成为医药制造创新产业集群的地区是六合区、鼓楼区和玄武区；有可能发展成为电子及通信设备制造创新产业集群的地区是下关区和六合区；有可能发展成为医疗设备及仪器仪表制造创新产业集群的只有秦淮区。苏州市有可能发展成为医药制造创新产业集群的地区是沧浪区和相城区。无锡市的北塘区、江阴市和崇安区分别有可能发展成为医药制造创新产业集群、电子及通信设备制造创新产业集群和医疗设备及仪器仪表制造创新产业集群。常州市只有天宁区有可能发展成为医药制造创新产业集群。镇江市只有京口区有可能发展成为医药制造创新产业集群。扬州市的广陵区有可能发展成为医药制造创新产业集群。泰州市的靖江市、海陵区和高港区分别有可能发展成为医药制造创新产业集群、医疗设备及仪器仪表制造创新产业集群和电子计算机及办公设备制造业创新产业集群。南通市只有港闸区有可能发展成为医药制造创新产业集群。连云港市有可能发展成为医药制造创新产业集群和电子及通信设备制造创新产业集群。徐州市的睢宁县和云龙区有可能发展成为医药制造创新产业集群；鼓楼区有可能发展成为电子及通信设备制造创新产业集群。淮安市的清浦区和涟城镇有可能发展成为医药制造创新产业集群；洪泽县有可能发展成为医疗设备及仪器仪表制造创新产业集群。总之，2011年江苏省有可能发展成为创新产业集群的地区有27个，其中有可能发展成为医药制造创新产业集群的地区有16个，有可能发展成为电子及通信设备制造创新产业集群的地区有6个，有可能发展成为医疗设备及仪器仪表制造创新产业集群的地区有4个，有可能发展成为电子计算机及办公设备制造业创新产业集群的地区有1个。

(3) 江苏非创新产业集群的地区分布。Karlsson 等（2003）将不可能利用政策措施将其发展成为创新产业集群，但是却有可能发展其他产业及其集群的区域称为"黑洞"区，这些黑洞区分布在第四象限（见图 3-1）。2011 年江苏有不可能发展成为创新产业集群的地区分布如表 3-4 所示。

表 3-4　2011 年江苏不可能发展成为创新产业集群的地区分布

城市	医药制造创新产业集群	电子及通信设备制造创新产业集群	医疗设备及仪器仪表制造创新产业集群	电子计算机及办公设备制造业创新产业集群
南京	溧水县、建邺区	溧水县、高淳县	雨花台区、六合区	江宁区
苏州	张家港市、吴江市		张家港市、吴江市	张家港市、常熟市
无锡	锡山区、惠山区		惠山区、南长区、宜兴市、江阴市	锡山区
常州	戚墅堰区、钟楼区	戚墅堰区、溧阳市	溧阳市	武进区
镇江	句容市、润州区、扬中市、丹阳市、丹徒区		京口区、丹徒区	丹阳市
扬州	高邮市、宝应县、仪征市	仪征市、高邮市、江都市	仪征市、高邮市	
泰州		海陵区、靖江市、姜堰市、兴化市		靖江市
南通	海安县	海安县、如东县	如东县、海门市、如皋市、港闸区	
连云港	海州区	赣榆县	海州区、灌云县	
徐州	沛县、泉山区、丰县	沛县、贾汪区、泉山区、铜山县	睢宁县、云龙区	铜山县
淮安	淮阴区、洪泽县、金湖县	清浦区、金湖县、涟城镇、盱眙县、淮阴区、洪泽县	淮阴区	清浦区
盐城	盐都区、射阳县、亭湖区	建湖县、盐都区、大丰市、射阳县、滨海县、阜宁县	亭湖区、盐都区、建湖县	
宿迁	泗洪县	宿豫区、宿城区、泗洪县、沭阳县	宿豫区、宿城区	

由表 3-4 看出，在不可能发展成为医药制造创新产业集群的城市中，镇江市有五个地区，扬州市、徐州市、淮安市和盐城市各有三个地区，南京市、苏州市、无锡市和常州市各有两个地区，南通市、连云港市和宿迁市各有一个地区。

在不可能发展成为电子及通信设备制造创新产业集群的城市中，淮安市和盐城市各有六个地区，泰州市、徐州市和宿迁市各有四个地区，扬州市有三个地区，南京市、常州市和南通市各有两个地区，连云港市有一个地区。

在不可能发展成为医疗设备及仪器仪表制造创新产业集群的城市中，无锡市和南通市各有四个地区，盐城市有三个地区，南京市、苏州市、镇江市、扬州市、连云港市、徐州市和宿迁市各有两个地区，常州市和淮安市各有一个地区。

在不可能发展成为电子计算机及办公设备制造业创新产业集群的城市中，苏州市有两个地区，南京市、无锡市、常州市、镇江市、泰州市、徐州市和淮安市各有一个地区。

2. 江苏各类创新产业集群的发展变化

（1）医药制造创新产业集群发展变化。对江苏创新产业集群的发展变化，我们主要从创新产业集群的类型变化进行分析。就创新产业集群的类型变化而言，我们将2006年和2011年都存在的创新产业集群界定为稳定型创新产业集群，将2006年存在但2011年不存在的创新产业集群界定为衰退型创新产业集群，将2006年不存在但2011年存在的创新产业集群界定为新生型创新产业集群。据此，我们利用前述的创新产业集群识别方法，识别出江苏省2006年的创新产业集群，然后与江苏2011年创新产业集群（见表3-2）进行比较，分析创新产业集群的发展变化。

表3-5 江苏医药制造创新产业集群发展变化

城市	地区	集群类型	城市	地区	集群类型	城市	地区	集群类型
南京	浦口区	稳定型	南京	高淳县	新生型	苏州	昆山市	衰退型
	栖霞区	稳定型	苏州	虎丘区	新生型		太仓市	衰退型
苏州	金阊区	稳定型	连云港	新浦区	新生型	常州	武进区	衰退型
	平江区	稳定型	宿迁	泗阳县	新生型	扬州	广陵区	衰退型
	吴中区	稳定型					江都市	衰退型
无锡	滨湖区	稳定型				泰州	兴化市	衰退型
常州	金坛市	稳定型				南通	海门市	衰退型
	新北区	稳定型					如东县	衰退型
泰州	高港区	稳定型				连云港	灌云县	衰退型
	姜堰市	稳定型				徐州	新沂市	衰退型
	泰兴市	稳定型				淮安	淮阴区	衰退型
	海陵区	稳定型					盱眙县	衰退型
南通	启东市	稳定型				盐城	东台市	衰退型
连云港	赣榆县	稳定型						
徐州	鼓楼区	稳定型						
	铜山县	稳定型						

续表

城市	地区	集群类型	城市	地区	集群类型	城市	地区	集群类型
淮安	清河区	稳定型						
	楚州区	稳定型						
盐城	滨海县	稳定型						
	大丰市	稳定型						
	阜宁县	稳定型						
	响水县	稳定型						

由表 3-5 看出，江苏医药制造创新产业集群的发展变化主要发生在稳定型集群上，其次是衰退型集群，新生型集群较少。

江苏稳定型医药制造创新产业集群的发展变化发生在苏南、苏中和苏北地区，其中盐城市和泰州市各有四个，苏州市有三个，南京市、常州市、徐州市和淮安市各有两个，无锡市、南通市和连云港市各有一个。

江苏衰退型医药制造创新产业集群的发展变化发生在苏南、苏中和苏北地区，其中苏州市、扬州市、南通市和淮安市各有两个，常州市、泰州市、连云港市、徐州市和盐城市各有一个。

江苏新生型医药制造创新产业集群的发展变化只发生在苏南和苏北地区，其中南京市、苏州市、连云港市和宿迁市各有一个。

（2）电子及通信设备制造创新产业集群发展变化。由表 3-6 看出，与医药制造创新产业集群的发展变化相类似，江苏电子及通信设备制造创新产业集群的发展变化主要发生在稳定型集群上，其次是衰退型集群，新生型集群较少。

江苏稳定型电子及通信设备制造创新产业集群的发展变化主要发生在苏南地区，其中苏南地区的苏州市的稳定型集群高达八个，南京市有五个，无锡市、常州市和镇江市各有两个。

江苏衰退型电子及通信设备制造创新产业集群的发展变化只发生在苏中和苏南地区，其中苏中地区的南通市的衰退型集群高达五个，苏南地区有三个。

江苏新生型电子及通信设备制造创新产业集群的发展变化只发生在苏南地区的南京市、苏州市和南通市，且总共只有四个新生型集群。

表 3-6　江苏电子及通信设备制造创新产业集群发展变化

城市	地区	集群类型	城市	地区	集群类型	城市	地区	集群类型
南京	玄武区	稳定型	南京	鼓楼区	新生型	无锡	江阴市	衰退型
	白下区	稳定型		浦口区	新生型		宜兴市	衰退型
	秦淮区	稳定型	苏州	沧浪区	新生型	常州	钟楼区	衰退型
	江宁区	稳定型	南通	楚州区	新生型	扬州	维扬区	衰退型
	栖霞区	稳定型				泰州	泰兴市	衰退型
苏州	常熟市	稳定型				南通	港闸区	衰退型
	昆山市	稳定型					海安县	衰退型
	平江区	稳定型					海门市	衰退型
	虎丘区	稳定型					如皋市	衰退型
	太仓市	稳定型					通州市	衰退型
	吴江市	稳定型						
	吴中区	稳定型						
	相城区	稳定型						
无锡	滨湖区	稳定型						
	锡山区	稳定型						
常州	武进区	稳定型						
	新北区	稳定型						
镇江	润州区	稳定型						
	京口区	稳定型						
扬州	广陵区	稳定型						
	邗江区	稳定型						
泰州	高港区	稳定型						
南通	崇川区	稳定型						

（3）医疗设备及仪器仪表制造创新产业集群发展变化。由表 3-7 看出，与江苏医药制造创新产业集群以及电子及通信设备制造创新产业集群的发展变化明显不同，江苏医疗设备及仪器仪表制造创新产业集群的发展变化主要发生在衰退型集群上，其次是新生型集群，稳定型集群最少。

江苏衰退型医疗设备及仪器仪表制造创新产业集群的发展变化发生在苏南、苏中和苏北地区，其中苏南地区的南京市有四个衰退型集群，苏中地区的扬州市、泰州市、南通市、徐州市和淮安市各有三个衰退型集群，苏南地区的苏州市和无锡市各有两个衰退型集群，常州市、镇江市和盐城市各有一个衰退型集群。

江苏新生型医疗设备及仪器仪表制造创新产业集群的发展变化主要发生在苏北和苏中地区，苏北地区的连云港市、徐州市和淮安市共有七个新生型集群，苏中地区扬州市、泰州市和南通市共有六个新生型集群，苏南地区只有常州市和镇江市两个新生型集群。

江苏稳定型医疗设备及仪器仪表制造创新产业集群的发展变化主要发生在苏南地区的南京市、苏州市和常州市，苏中和苏北地区分别只有泰州市和淮安市的一个集群。

表3-7 江苏医疗设备及仪器仪表制造创新产业集群发展变化

城市	地区	集群类型	城市	地区	集群类型	城市	地区	集群类型
南京	高淳县	稳定型	常州	武进区	新生型	南京	建邺区	衰退型
苏州	虎丘区	稳定型	镇江	扬中	新生型		溧水县	衰退型
常州	新北区	稳定型	扬州	邗江区	新生型		栖霞区	衰退型
泰州	泰兴	稳定型		广陵区	新生型		雨花台区	衰退型
淮安	清浦区	稳定型	泰州	高港区	新生型	苏州	常熟	衰退型
				海安县	新生型		太仓	衰退型
			南通	启东	新生型	无锡	崇安区	衰退型
				通州	新生型		宜兴	衰退型
			连云港	连云区	新生型	常州	钟楼区	衰退型
				灌南县	新生型	镇江	丹徒区	衰退型
			徐州	鼓楼区	新生型	扬州	宝应县	衰退型
				泉山区	新生型		江都	衰退型
				铜山县	新生型		仪征	衰退型
			淮安	清河区	新生型	泰州	靖江	衰退型
				金湖县	新生型		海陵区	衰退型
							兴化	衰退型
						南通	港闸区	衰退型
							海门	衰退型
							如东县	衰退型
						徐州	贾汪区	衰退型
							睢宁县	衰退型
							新沂	衰退型
						淮安	洪泽县	衰退型
							楚州区	衰退型
							盱眙县	衰退型
						盐城	滨海县	衰退型

（4）电子计算机及办公设备制造创新产业集群发展变化。由表3-8看出，与前述的三个创新产业集群的发展变化不同，江苏电子计算机及办公设备制造创新产业集群三种类型的发展变化相对均衡，且都集中在苏南地区。

江苏稳定型电子计算机及办公设备制造创新产业集群的发展变化主要发生在苏州市，新生型电子计算机及办公设备制造创新产业集群的发展变化主要发生在南京市和苏州市，而衰退型电子计算机及办公设备制造创新产业集群的发展变化均衡地发生在南京市、苏州市和无锡市。

表 3-8　江苏电子计算机及办公设备制造创新产业集群发展变化

城市	地区	集群类型	城市	地区	集群类型	城市	地区	集群类型
南京	玄武区	稳定型	南京	秦淮区	衰退型	南京	下关区	新生型
苏州	平江区	稳定型	苏州	太仓	衰退型		栖霞区	新生型
	虎丘区	稳定型	无锡	崇安区	衰退型	苏州	吴江	新生型
	吴中区	稳定型					昆山	新生型
	相城市区	稳定型				无锡	滨湖区	新生型

四、简要结论与政策建议

利用前述创新产业集群识别方法，不仅能够识别出江苏创新产业集群及其地区分布，而且也能够确定有可能培育成为创新产业集群以及不能发展成为创新产业集群的地区分布。除此之外，本节还研究了江苏创新产业集群发展变化的稳定型、衰退型和新生型及其地区分布。发展和培育江苏创新产业集群，不仅关系到江苏实施创新驱动战略的顺利实施，而且关系到江苏经济社会发展全局和"两个率先"进程，必须在政策支持上有更大举措，在营造环境上有更大作为。

1. 要在激发创新产业集群内生发展动力上有新突破

从全国范围来看，创新产业集群领域目前仍处于理论研究的探索阶段，还谈不上在区域创新驱动发展中的应用。对区域创新能力位居全国首位的江苏省来说，有必要在激发创新产业集群内生发展动力上有新突破。要积极推进以医药制造创新产业集群、电子及通信设备制造创新产业集群、医疗设备及仪器仪表制造创新产业集群、电子计算机及办公设备制造业创新产业集群为代表的创新产业集群。要积极推进以龙头骨干企业为核心、相关及配套企业与机构为依托、集群成员间紧密联系的创新产业集群体系。发挥政府的引导和调控作用，强化龙头骨干企业在创新产业集群中的主体地位，激发创新产业集群的内生发展动力。引导创新产业集群进行技术创新与管理创新，持续提升创新产业集群的竞争力。

2. 要在推进潜在创新产业集群加快发展上有新突破

从江苏来看，2011 年江苏潜在的创新产业集群高达 60 个，其中潜在创新产业集群一区 33 个，潜在创新产业集群二区 27 个，这些面广量大的潜在创新产业集群借助相应政策措施，有可能发展成为江苏的创新产业集群。其中，对潜在创新产业集群一区的地区来说，政策措施的重点在于提高现有高技术企业的就业水平，换言之，有效的政策措施应着眼于促进现有高技术企业增长，以便提高其规模经济；对潜在创新产业集群二区的地区来说，政策措施应凸显刺激新高技术企业的产生，以便提高其集聚经济。

3. 要在建设创新产业集群体系上有新突破

从江苏创新产业集群的地区分布上看，江苏创新产业集群的地区分布表现出与经济发展水平相类似的地区分布特征。因此，要在建设创新产业集群体系上有新突破，必须优化区域创新产业集群的布局，着力推进县（市）、区层面上的创新产业集群建设，在抓好国家级或省级经济技术开发区（高新技术产业开发区）所在地区创新产业集群建设的基础上，着力启动实施县域创新产业集群的建设，以便切实提升区域创新产业集群的创新能力和内生发展能力。以苏南创新产业集群的创新提升、苏中创新产业集群的创新跨越、苏北创新产业集群的创新突破为目标，分类指导，合理布局，努力形成各具特色、优势互补的区域创新产业集群体系。

4. 要在促进创新产业集群动态发展能力上有新突破

从动态发展能力上看，创新产业集群不同于一般的产业集群，前者更具有显著的动态发展变化特点。对江苏创新产业集群来说，创新产业集群的动态变化主要分为稳定型、新生型和衰退型。对不同地区、不同类型的创新产业集群，其动态发展变化差异很大。因此，要在促进创新产业集群动态发展能力上有新突破，首先必须遵循江苏创新产业集群的动态发展变化的规律，在此基础上，针对不同地区和不同类型的创新产业集群的动态变化类型，制定差异化的政策措施，以便维持创新产业集群的创新发展活力。

第三节 基于创新集群的创新驱动发展研究[①]
——基于江苏省的实证分析

一、江苏创新驱动发展阶段分析

创新驱动发展战略是江苏省委十一届九次全会提出的发展战略，是江苏经济社会发展的核心战略。实施创新驱动发展战略，最重要的是要靠理念创新，改变主要依靠物质资源消耗的增长模式，推动江苏经济社会发展走上主要依靠创新驱动的轨道；走创新驱动发展之路，最根本的是要构建完善的创新驱动发展体系，推动江苏创新驱动发展走上持续增强的轨道，实现在全国率先基本建成创新型省份的宏伟目标。针对江苏创新驱动发展实践中的突出问题，借鉴世界上创新型经济体（创新型国家）的成功经验，本部分提出推进江苏创新驱动发展的路径选择、空间布局和对策建议。

波特在其国家竞争力四阶段发展模型中，首次将创新驱动作为一个发展阶段提出来，他把经济发展划分为四个阶段：第一阶段是要素驱动阶段，第二阶段是投资驱动阶段，第三阶段是创新驱动阶段，第四阶段是财富驱动阶段。目前，波特的四阶段发展模型已经成为创新驱动发展研究的基本理论模型。与波特的四阶段模型相类似，世界经济论坛提出了国家及地区的三阶段发展模型，将国家及地区划分为三个发展阶段：第一阶段为要素驱动的国家及地区，主要体现在价格优势，生产一些廉价的基本产品；第二阶段为效率驱动的国家及地区，开始采用更高效的生产流程，产品质量有所提高；第三阶段为创新驱动的国家及地区，通过科技进步和自主创新，不断推出新产品和特色产品，保持较高工资和标准。无论从时代背景还是从历史方位来看，江苏省目前都处于向创新驱动发展转型的关键时期。主要原因如下：

[①] 本节内容借鉴了朱英明（2013）的研究成果。

1. 江苏向创新驱动发展转型的推力强劲

改革开放以来，江苏根据自己的资源禀赋和比较优势，选择了要素驱动和投资驱动的发展模式，这种发展模式实现了江苏经济的持续增长并确立了江苏在全国经济中的领先地位。然而，这种发展模式却是以资源大量消耗和环境过度透支为代价。江苏每产出1万美元GDP，需要消耗的石油、水资源、钢材和水泥分别是世界平均水平的2~11倍。江苏单位GDP能耗高于北京、广东、浙江和上海，单位面积化学需氧量、二氧化硫负荷量是全国平均水平的5~6倍。当前与今后一段时期既是江苏新一轮经济增长期，也是转变经济发展方式的关键时期，资源环境约束的倒逼机制，已成为江苏向创新驱动发展转型的强劲推动力。

2. 向创新驱动发展转型的拉力强大

伴随着全球化进程的不断发展，江苏将更全面地融入全球价值创造体系，更多地参与国际规则制定，包括江苏在内的长三角地区已经成为世界经济增长的重要引擎之一。但是，在世界金融危机的背景下，以美国为首的西方发达国家已主动调整产业结构和发展模式，使得江苏的传统发展模式受到前所未有的挑战。按照世界银行的标准，2010年江苏人均GDP达到9545美元（当年汇率），已经进入中等收入偏上行列。如果江苏仍延续传统的要素驱动和投资驱动的发展模式，未来可能会陷入"中等收入陷阱"。当前与今后一段时期既是本轮世界金融危机的经济复苏期，也是全球产业分工格局和全球治理结构的重大调整期，发达国家经济增长动力的"战略性转变"，已成为江苏向创新驱动发展转型的强大拉动力。

3. 国际经验表明江苏开始进入但尚未真正进入创新驱动发展阶段

一方面，按照国际经验，当人均GDP达到3000美元以后，传统的生产要素对经济增长的边际贡献率明显下降，而科技创新逐步成为经济增长的核心驱动力，经济社会不可避免地从要素驱动和投资驱动向创新驱动转变。2010年江苏人均GDP达到9545美元，国际经验表明，江苏目前已经越过要素驱动和投资驱动阶段，开始进入创新驱动发展的新阶段。

另一方面，从美国、日本、芬兰、韩国等创新型国家的发展历程来看，进入创新驱动的条件一般包括：①创新综合指数明显高于其他国家，科技进步贡献率在70%以上；②从创新投入来看，研发投入占GDP的比例一般在2%以上，研发投资的较大部分投向产业领域；③从创新过程来看，大量创新活动是原始创新，对外技术依存度指标一般在30%以下；④从创新产出来看，创新产出高，发明专利多；⑤从产业发展来看，创新不仅仅体现在科技优势上，而且体现在产品或服务的国际竞争优势上，这个阶段会形成较为完善的产业集群，对经济的变动和外部事件影响的免疫力很强；⑥从社会发展来看，创新驱动不仅体现在经济增长上，而且扩散到社会发展、环境改善、体制优化等多个领域。只有达到上述所有条件，才算进入创新驱动阶段。目前，尽管江苏省满足部分条件，但是尚未满足所有六个条件，江苏省还没有真正进入创新驱动阶段。

二、创新驱动下江苏培育创新集群的现实意义与突出问题

1. 培育创新集群是区域创新驱动发展的现实意义

根据世界经济论坛的国家竞争力报告，世界上公认的创新型国家（创新型经济体）有20多个。这些创新型国家或经济体都有一个共同特征，即发育了规模较大、具有竞争优势的创新集群。这些创新集群多分布在高技术领域，其高增长率、高就业率、高研发投入和大量知识外溢的内在属性集中到宏观层次，就显现为创新型国家或经济体的外部特征。这些创新型国家或经济体的经验也表明，创新集群是一种有效的经济组织形式。要想实现经济发展向创新驱动模式的转型，建设创新型国家，必须大力培育创新集群。大力培育创新集群，是区域创新驱动发展的现实和必然选择。主要原因在于：

（1）创新集群已被看作是简化的区域创新系统。创新集群是经济合作与发展组织在推出国家（区域）创新系统概念后，推出的又一个重要概念。创新集群概念是对区域创新系统概念的继承、发展和具体化。从创新系统的观点来看，创新集群被看作简化的区域创新系统。

创新集群作为一个新概念和方法，除了与区域创新系统有内在联系和共同点之外，还有本身的特点。首先，区域创新系统和创新集群两者都着眼于整个系统并试图识别决定系统特征的关键参与者、框架条件和相互关系，但创新集群作为创新系统不是在区域层次上，而是在更小的规模上，因此，可以把区域创新系统看作创新集群所处的环境。其次，两者都强调创新系统中各种要素的整合，强调分析系统的内在结构和相互作用及其与结果的关系，但创新集群着眼于直接的经济结果，而区域创新系统则着眼于间接的竞争力。最后，区域创新系统着眼于区域科技发展及科技政策和由科技创新导致的经济发展；创新集群着眼于产业发展和由产业发展所需求和带动的技术的与非技术的创新（钟书华，2008）。

（2）培育创新集群将成为创新型省份建设的可操作性强的目标。创新集群理论实际上明晰了创新型省份建设的具体目标。创新集群理论认为，创新型省份的内部结构可分为创新型组织、创新集群和创新型经济三个层次；企业、大学、研究机构、政府和中介服务等创新型组织构成了创新集群，创新集群成长、壮大后就演化为创新型经济，当一个省份的创新型经济在国民经济中占主导地位时，这个省份就是创新型省份。因此，创新型省份建设的目标应当是培育创新集群，这一目标可操作性强，通过创新集群培育能够促进创新型经济的发展和创新型省份的建设（王孝斌、王学军，2011）。

2. 江苏创新驱动发展实践中的突出问题

政府在推动江苏创新驱动发展方面起着不可或缺的作用。2006年，江苏省确立建设创新型省份战略目标。正是这一决策，使江苏赢得了创新驱动发展的先发优势。继2009年江苏区域创新能力首次跃居全国第一之后，2010年和2011年连续两年保持全国第一。2009年11月，江苏省被科技部等六部委确定为全国首批国家科技创新工程试点省份。2010年2月，江苏省正式启动国家技术创新工程试点，着力完善科技创新体制机制，大力推动创新要素向企业集聚，不断深化产学研紧密合作，加快形成具有江苏特色的区域技术创新体系。2010年8月，江苏省正式发布全国首个省级《创新型城市、创新型乡镇、创新型园区建设评价考核指标体系（试行）》，决定开展创新型城市、创新型乡镇和创新型园区建设，打造一批创新型经济新载体。2011年11月，江苏省委十一届九次全会明确提出，江苏要大力推进经济结构战略性调整，加快发展创新型经济，努力实现经济发展由主要依靠物质资源消耗向创新驱动转变。以创新驱动为核心战略，使创新成为经济转型升级的主要驱动力。由于政府对江苏创新驱动发展的推动作用，江苏创新型经济和创新型省份建设走在了全国的前列。但是，江苏在创新驱动发展实践中还存在一些问题，主要表现在以下两个方面：

（1）江苏创新驱动发展体系缺乏中观层面的创新驱动活动。创新型经济建设是一项复杂的社会经济系统工程，涉及创新基础设施、创新要素投入、创新产出、创新服务平台、创新创业载体、创新要素空间布局等众多创新驱动因素。由于创新驱动因素禀赋的地区差异，地区间形成了不同的创新驱动发展模式。就同一地区内部而言，为了便于推进和管理不同类型的创新驱动发展区，创新驱动发展主管部门分别进行了不同等级或类型的创新驱动发展工程。就江苏省而言，江苏区域创新系统是国家创新系统的子系统之一，而江苏区域创新系统本身则由更低一级的创新系统构成。这些不同的创新系统分别是创新型城市、创新型乡镇、创新型园区、创新型企业，江苏由此形成了"江苏区域创新系统—创新型城市—创新型乡镇—创新型园区—创新型企业"不同规模和等级的创新驱动体系，我们称为创新驱动发展体系（见图3-2）。

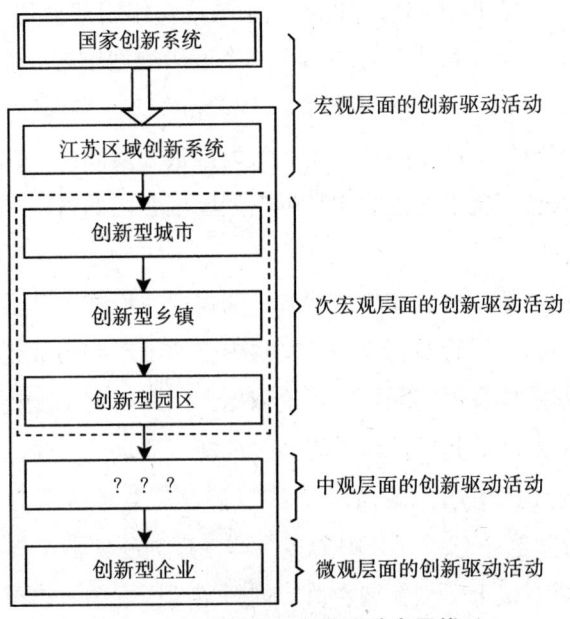

图3-2　江苏现行的创新驱动发展体系

江苏创新驱动发展的目标是建设创新型省份，创新型省份的建设势必要落实在特定地域上，创新驱动发展的战略必然要分层次实施。从江苏创新型省份的建设实践看，江苏已经进行了区域创新系统、创新型城市、创新型乡镇、创新型园区和创新型企业建设，已经形成了包括区域、城市、乡镇、园区层面上的创新驱动发展空间等级体系。从江苏创新驱动发展战略的实施情况看，江苏区域创新系统建设层面上创新驱动发展的战略导向属于宏观层面的创新驱动活动，创新型城市、创新型乡镇、创新型园区建设层面上创新驱动发展的战略导向是次宏观层面的创新驱动活动，创新型企业建设层面上创新驱动发展的战略导向是微观层面的创新驱动活动。毫无疑问，江苏创新驱动发展的战略导向缺乏中观层面的创新驱动活动。

（2）江苏创新驱动发展体系缺乏创新集群理论指导。江苏省在创新驱动发展实践中，开始强调创新集群的作用。2010年3月江苏省发布的《江苏省创新型园区管理办法（试行）》指出，"创新型园区的建设，以科学发展观为统领，依托高新技术产业开发区等创新创业载体，推进体制机制创新，加快集聚创新要素，提升创新服务功能，推动新兴产业和创新集群发展，建立创新驱动发展模式"。在该管理办法中，江苏首次将推动创新集群发展与建立创新驱动发展模式相联系，凸显了创新集群在建立创新驱动发展模式中的重要作用和地位。在2011年3月发布的《江苏省国民经济和社会发展第十二个五年规划纲要》中，对促进开发园区转型升级问题，提出"充分发挥各类国家级和省级开发园区在提升产业层次、形成产业集聚和创新集群的主阵地作用，大力推进开发园区'二次创业'"。在该纲要中，江苏强调创新集群在加快包括创新型园区在内的各类园区发展中的重要作用和地位。

目前，江苏省创新型经济和创新型省份建设研究面临"建设什么"和"如何建设"两个突出问题。尽管在官方相关文件中强调推动和形成创新集群，但是如何推动和促进创新集群发展问题缺乏理论依据，因而也就不能提出通过创新集群促进江苏创新驱动发展的具体政策措施。在创新集群理论看来，江苏创新型经济发展和创新型省份建设的重点就是培育和发展具有竞争优势的创新集群，应将"成为创新型省份"这一总目标分解为多个"培育创新集群"的子目标，将这些子目标分配到创新型城市、创新型乡镇、创新型园区之中，再根据不同子目标选择具体的建设内容并分阶段加以实施。

三、基于创新集群的江苏创新驱动发展的路径选择和空间布局

1. 基于创新集群的江苏创新驱动发展的路径选择

基于上述分析，我们认为，江苏创新驱动发展的路径选择应当考虑"两步走"战略：第一，通过政府创新政策引导，鼓励企业、研究机构、大学、金融机构、中介组织围绕技术研发和产业化项目开展合作，培育创新型企业；第二，以创新型企业为核心，沿创新链、产业链、供应链、服务链和价值链扩展，分别在城市、乡镇、园区形成多节点、结构复杂、具有自动调节机制和高产出率的创新集群（见图3-3）。

通过"两步走"战略，江苏创新驱动发展实践能够形成较为完善的"区域创新体系—创新型城市—创新型乡镇—创新型园区—创新集群—创新型企业（以及

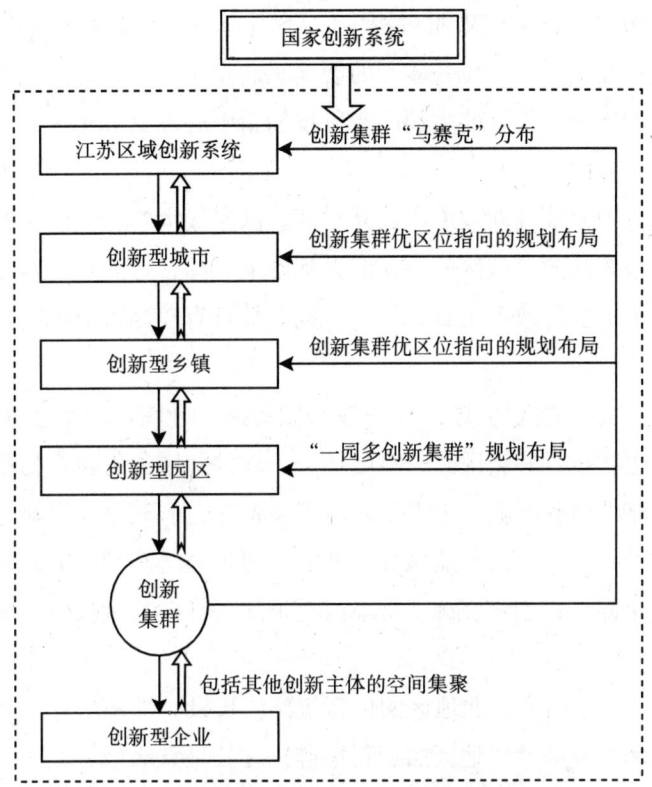

图 3-3 基于创新集群的江苏创新驱动发展体系

其他创新主体)"构成的创新驱动发展体系。更为重要的是,作为成功对接宏观层面和微观层面创新驱动活动的创新集群,能够分布于不同空间等级的宏观创新驱动活动区域中,作为创新驱动活动具有可操作性的创新集群,能够为不同空间等级的创新驱动活动提供统一的考量标准。

2. 基于创新集群的江苏创新驱动发展的空间布局

构建江苏完整的创新驱动发展体系的关键,在于加快创新集群的空间布局。为此,根据江苏创新集群的培育条件和培育潜力,我们提出基于创新集群的江苏创新驱动发展的空间布局思路:

(1) 加快培育苏南地区创新集群密集区。依托苏南地区创新资源丰富以及创新要素集聚的优势,加快培育江苏苏南地区的具有国际竞争优势的创新集群,在此基础上,加快形成创新要素联系密切、创新集群密集分布、技术创新链和经济产业链双向融合的苏南创新集群密集区。由此形成苏南创新集群密集区、苏南国家自主创新示范区（国务院审批过程中）、率先基本实现现代化示范区、世界级城市群协调互动发展的"四位一体"的创新驱动发展区。使苏南创新集群密集区成为具有全球创新资源配置能力的产业科技创新中心和具有全球竞争力的高技术产业基地。

在提高现有国家级高新技术产业开发区、国家级大学科技园、国家级农业科技园以及国家级软件园等园区的创新能力基础上，综合运用孵化器、生产力促进中心、创新基金等多种政策工具，加快形成一批具有较高科技创新能力的科技创新集群。

加强政策支持和规划引导，促进战略性新兴产业跨越发展。重点发展新能源、新材料、生物技术和新医药、节能环保、软件和服务外包、物联网和新一代信息技术等战略性新兴产业，大力发展高端装备制造、光电、智能电网等战略性新兴产业。推动战略性新兴产业做强、做大，向价值链高端攀升，向研发设计和销售服务两端延伸，在创新资源丰富地区力争加快形成一批战略性新兴产业创新集群。

（2）加快培育苏中和苏北地区的创新集群增长极。加快培育苏中和苏北地区的城市、城镇和开发区所在地区的创新集群，尤其是省级中心城市、中心城镇和省级以上开发区所在地区的创新集群，使之成为苏中和苏北地区创新驱动发展的增长极，通过其集聚辐射效应，培育苏中和苏北地区新的创新集群，使之成为具有区域创新资源配置能力的产业科技创新中心和具有区域竞争力的高技术产业基地。

依托现有的国家级经济技术开发区、省级经济技术开发区，通过体制创新、机制创新与研发创新，建立以企业为主体、市场为导向的产学研相结合的自主创新体系，引导社会优势资源向园区倾斜，激发企业自主创新活力，加快形成一批具有较高产业创新能力的产业创新集群。

通过政府的引导与支持企业技改，协调产学研结合，成立由政府主导和参与的科技中心、技术服务中心等公共技术服务机构，促进传统产业集群与科技创新活动互促共进，在传统产业集群发育良好地区培育形成一批传统产业创新集群。

四、基于创新集群的江苏创新驱动发展的组织领导

创新驱动是一种战略，也是一项工作，如能实现全民创新，创新就成为社会

必不可少的事业。为推动创新驱动，就要构建创新机构作为创新管理的载体，负责统一协调全省创新驱动工作。几种可能的组织领导机构构架如下：

1. 成立省创新驱动发展领导小组

建议省政府下文成立省创新驱动发展领导小组，该小组设立省科技创新领导小组、省产学研工作指导小组等一系列由科技部门为主的工作协调机制，各市也要建立相应的领导小组。

2. 成立省创新驱动发展委员会

建议省政府下文成立省创新驱动发展委员会，该委员会或者为省政府直属特设机构，或者隶属于江苏省科学技术厅，下设创新驱动发展办公室。

3. 创新驱动发展的科技服务机构

建议组建省、市级重点实验室、工程技术研究中心、科技资源库和科技企业孵化器、生产力促进中心，及其软科学研究所等科技服务机构。还可组建创新联盟，共谋产业发展，也可派驻科技特派员，促进长效合作。

4. 创新集群发展管理中心

建议成立由江苏省发展和改革委员会、江苏省经济和信息化委员会和江苏省科学技术厅三方共同领导的创新集群发展管理中心，以便协调创新集群发展过程中的产业发展和创新问题，加快创新集群的培育和建设。

新成立的创新驱动发展新机构，其职责应包括：整合创新资源，统一创新标准，杜绝重叠浪费；制定、督促与检查创新规划、法规、政策的情况；创新情报、信息、成果的搜集、整理、传送、转化、使用及归档；创新部门与人员的协调、教育、培训及对外交流；创新宣传、报刊编辑；建立和管理好创新基金等。

第四章 创新驱动发展借鉴研究

本章对国外创新驱动发展的理论与实践对中国的借鉴进行研究,研究内容包括:国际创新驱动能力评价指标体系及其对中国的借鉴、国外创新效率度量的功能框架及其对中国的借鉴、韩国和中国台湾创新驱动发展的公共政策对中国的借鉴。本章首先简要介绍具有公信力的国际评价机构 ITIF & Kauffman、WEF、INSEAD 的创新驱动能力评价指标体系,并指出在建构我国创新驱动能力评价指标时,要充分发挥我国的创新驱动发展的特点,通过借鉴国际评价指标体系构建适合我国国情的创新驱动发展指标体系。其次,简要介绍度量国家创新效率的功能框架,该功能框架围绕创新过程中的知识获取、稳固、扩散、创造与运用这五大系统功能展开,从能力与绩效两方面入手构建创新效率指数,在此基础上指出对我国创新驱动发展效率评价和政策制定的借鉴意义。最后,介绍韩国与中国台湾创新驱动发展的主要公共政策,简要指出这些公共政策对我国创新驱动发展的政策含义。

第一节 国际创新驱动能力评价指标体系及其对我国的借鉴[①]

一、引言

世界经济论坛创始人兼执行主席克劳斯·施瓦布表示:"一个经济体要想在未

[①] 本节借鉴了陈宥蓁(2014)的研究成果。

来实现繁荣，创新就显得尤为关键。我预计'发达'和'欠发达'国家之间的传统界限将逐步消失。相反，我们会更多地使用'创新丰富'和'创新贫乏'这样的标准来区分这些国家。因此，企业、政府和公民社会的领袖必须携手合作，共同打造能够培育创新能力的教育体系和环境。"

就我国的创新驱动发展状况而言，企业技术创新主体地位没有真正确立，产学研结合不够紧密，科技与经济结合问题没有从根本上解决，原创性科技成果较少，关键技术自给率较低；一些科技资源配置过度行政化，分散重复、封闭低效等问题突出，科技项目及经费管理不尽合理，研发和成果转移转化效率不高；科技评价导向不够合理，科研诚信和创新文化建设薄弱，科技人员的积极性创造性还没有得到充分发挥。这些问题已成为制约科技创新的重要因素，影响我国综合实力和国际竞争力的提升。

针对我国创新驱动发展的现实，我国明确提出要实施创新驱动发展战略。然而，实施创新驱动发展战略是一项复杂的系统工程，涉及经济社会的方方面面，既需要立足于我国经济社会发展的实际，更需要借鉴先行国家的发展经验，尤其在创新驱动发展指标体系的构建方面。了解国际知名评价机构对我国及邻近经济体创新驱动能力的评价可作为衡量我国创新驱动发展状况的参考工作之一。因此，本节简要介绍具有公信力的国际评价机构 ITIF & Kauffman、WEF、INSEAD 的创新驱动能力评价指标体系，对我国与邻近经济体包括日本、韩国、新加坡、中国香港、中国台湾等在创新驱动能力的表现进行比较分析。在借鉴国际创新驱动能力评价指标体系的基础上，提出构建我国创新驱动发展指标体系的思路。

二、国际创新驱动能力评价指标体系与评价结果

本部分选取三个国际组织在 2012~2013 年提出的创新驱动能力评价指标体系，这三个评价指标体系分别为：ITIF & Kauffman 2012 创新政策指数、WEF 2012~2013 经济体竞争力–创新成熟度因子以及 INSEAD 2013 创新指数。

1. ITIF & Kauffman 2012 创新政策指数与评价结果

信息技术与创新基金会（The Information Technology and Innovation Foundation，ITIF）成立于 2006 年，是美国华盛顿非营利非党派的技术政策智库。ITIF 定位为致力于构思和促进 21 世纪所需的有关技术驱动的生产力、竞争力和全球化的新思维，着重开发新颖并具有创造性的政策建议，从支撑创新和生产力的视

角分析现有的政策问题，反对阻碍数字化改造和创新的政策等。考夫曼基金会（the Kauffman Foundation），是全美第 26 大基金会，致力于推动创业。2012 年 3 月，信息技术与创新基金会与考夫曼基金会（ITIF & Kauffman）联合发布了《2012 年全球创新政策指数报告》。报告基于全球创新生态体系，提出了包括七大核心指标 22 个次级指标共计 91 个子项指标的创新政策评价体系，并对全球 55 个经济体的创新政策情况进行了分类评价，目的在于帮助世界各国政府重新审视和优化本国的创新政策，提升全球整体创新能力。该报告不以分数排名，仅将评估结果区分为领先、中高、中低、落后四个等级区段。结果显示，18 个经济体处于领先等级，15 个经济体处于中高级，13 个经济体处于中低级，9 个经济体处于落后等级（见表 4-1）（杨耀武、魏喜武，2013）。

表 4-1 ITIF & Kauffman 2012 创新政策指数报告指标体系

#	核心指标	整体权重	次级指标	该政策内权重	子项指标数量
1	贸易与外商直接投资	17.5	市场近用	65%	10
2			贸易便捷	15%	4
3			外商直接投资	20%	4
4	科学与研发政策	17.5	研发税金奖励	20%	1
5			政府研发支出	80%	4
6	国内市场竞争与企业家精神	15	企业法规环境	60%	15
7			企业竞争环境	25%	4
8			创业环境	15%	2
9	智慧财产保护政策	15	智财保护	40%	2
10			智财实施	30%	2
11			智财侵权	30%	2
12	数位与ICT	17.5	ICT 基础建设竞争力与政策竞争性	25%	10
13			ICT 市场国际开放与竞争	40%	9
14			法规环境	10%	3
15			ICT 应用	25%	12
16	政府采购政策	10	WTO 政府采购协议	40%	1
17			国营企业和投资指标	20%	1
18			采购透明性与权责性	20%	1
19			政府对先进科技产品的采购决策	20%	1
20	高技术移民政策	7.5	高技术移民在外来移民中的占比	25%	1
21			高低技术移民比值	25%	1
22			高技术移民在总人口中的占比	50%	1

就中国与亚洲邻近经济体的创新政策综合评价表现而言，中国香港、中国台湾、日本、新加坡皆属于领先等级，韩国处于中高级，中国为中低级，中国总体排名相对靠后。其中七个核心指标的单项评价表现中，新加坡在七个核心指标皆位于领先地位。中国香港与中国台湾地区皆有四个核心指标表现领先；其次是日本、韩国有两个指标领先。中国在七个核心指标的评价皆落后于其他六个经济体，还有进步空间。但是在科学与研发次级指标的表现处于中高级，是各单项评价表现中最好的一项，说明我们的创新政策体系结构虽有不足之处，但科学与研发的基础相对具有急起直追的能力（见表4-2）（ITIF，2012）。

表4-2 我国与各经济体的指标评价表现

经济体	综合评价	次级指标评价						
		贸易与外商直接投资	科学与研发政策	国内市场竞争与企业家精神	智慧财产保护政策	数位与ICT	政府采购政策	高技术移民政策
中国	中低	落后	中高	中低	中低	中低	落后	中低
中国台湾	领先	中低	领先	中高	中高	领先	领先	领先
中国香港	领先	中高	中高	领先	中高	中高	领先	领先
日本	领先	中低	中高	中高	领先	中高	领先	中高
新加坡	领先	领先	领先	领先	领先	领先	领先	领先
韩国	中高	中低	领先	中低	中高	领先	中高	中低

2. WEF GCI 2012~2013创新支柱架构与评价结果

世界经济论坛（World Economic Forum，WEF）成立于1971年，总部设在瑞士日内瓦，是一个非营利的中立组织，不介入任何政治、党派或国家利益。世界经济论坛自1996年以来，每年约于9月份公布《全球竞争力报告》，受评比国家/经济体数量每年均有变动，最近发布的2012~2013年报告中共有144个受评比国家。《全球竞争力报告》的竞争力排名依据是"全球竞争力指数"（Global Competitiveness Index，GCI），该指数自2006年正式采用作为主要排名指标。GCI从12个方面衡量一国综合竞争力状况，即采用12个竞争力支柱。竞争力指数总分就是这些支柱指标的综合计分结果（WEF，2013）（见表4-3）。

12项支柱包括：制度、基础设施、宏观经济环境、健康与初等教育、高等教育与培训、商品市场效率、劳动力市场效率、金融市场发展、技术整备度、市场规模、商业成熟度和研发创新（见图4-1）。12个竞争力支柱进一步分别归属于三大次级指标，分别是基本需求（basic requirements）、效率提升（efficiency enhancers) 和创新与成熟因子 (innovation and sophistication factors)。

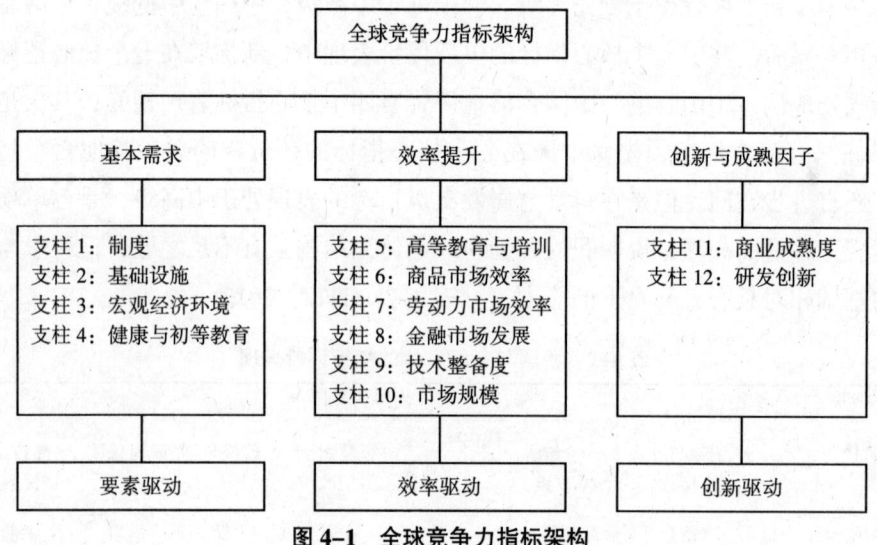

图 4-1　全球竞争力指标架构

本节就影响创新与成熟因子的商业成熟度支柱以及研发创新支柱做进一步说明。

商业成熟度支柱涉及两个紧密联系的要素：一个是国家的整体商业网络质量和企业的独立营运和策略的质量。商品和服务的生产效率较高，有利于复杂的商业行为。国家在发展到一定阶段后，若没有健全、缜密的商业网络和较好的质量作为配套，经济效益的提升则不易彰显成效。因此商业环境成熟、健全与否，会影响创新商业模式的发展。一国唯有在供需间不断地碰撞，以本地供货商的质量和国家相互作用的程度作为衡量标准，才能提高生产效率、创造更多的机会、流程和产品创新。

研发创新支柱专注于技术创新的竞争力。虽然通过完善制度、基础设施建设，可以得到可观的收益，提高人力资本，减少宏观经济的不稳定性，但从WEF的观点，长远来看，通过技术创新，可以提高生活水平，技术上的突破将促进生产率提高，但是创新发展阶段，技术创新已不仅局限于提高生产力。企业必须拥有一个可以设计和开发尖端产品的流程和提高附加价值的环境，这一环境的营造需由国家公私部门共同支持。这表示私人企业在研发活动上需要有足够的投资；国家要有高质量的科研机构，可以从事基础、前瞻研究，产业与学术机构间能有广泛的合作研究和技术发展，并且投注资源在知识产权保护上，特别是在高度竞争的环境下，拥有专利更容易获得风投资金与融资。

表 4-3 影响创新与成熟因子的支柱

第 11 个支柱：商业成熟度 50%	第 12 个支柱：研发创新 50%
本地供应链的数量	创新能量
本地供应链的质量	科研机构质量
群聚发展的状态	企业研发支出
天然的竞争优势	大学与产业在研发的合作
价值链的广度	政府对先进科技产品的采购决策模式
国际供给的控制能力	科学与工程人员的可得性
生产过程的成熟度	通过专利合作合约申请专利数
市场扩张性	智慧财产保护
权力下放的意愿	
专业管理机制的依赖程度	

WEF 比较重视了解国家经济成长因素，因此为展现不同经济发展阶段所面临的问题，WEF 评比将经济体区分为三阶段，分别为：生产要素驱动（factor-driven）、效率驱动（efficiency-driven）和创新驱动（innovation-driven）三阶段，三阶段之间分别包含两个转换阶段，即要素—效率驱动和效率—创新驱动。

在 2012 年竞争力报告所涵盖的 144 个经济体中，有 38 个经济体归属于阶段一；生产要素驱动、33 个经济体归属于阶段二；效率驱动、35 个经济体归属于阶段三；创新驱动、17 个经济体归属于要素—效率驱动阶段；21 个经济体归属于效率—创新驱动阶段。就我国与邻近经济体的表现，仅我国是属于效率驱动的阶段，其他经济体皆达到创新驱动阶段。

在竞争力的整体指标排名状况，新加坡、中国香港、日本、中国台湾分别居第 2、第 7、第 9、第 12 名，整体表现相对突出，皆在前 10% 的排名序列内；我国在 144 个经济体中排名第 29。另外就创新与成熟因子的指标来看，日本、中国台湾、新加坡分别排名第 3、第 9、第 13 名，皆进入 10% 的行业中；创新支柱、商业成熟度支柱的表现则以日本、中国台湾、新加坡表现较佳。我国在创新与成熟因子的表现皆落在 30 名之后，均不在前 20% 的领先群中，还有相当大的空间可以提升与转型（见表 4-4）。

表 4-4　我国与邻近经济体的竞争力与创新排名

经济体	发展阶段	整体指标		创新与成熟因子					
		总排名	分数	总排名	分数	创新支柱		商业成熟度	
						排名	分数	排名	分数
中国	效率驱动	29	4.84	34	4.1	45	4.31	32	3.89
中国香港	创新驱动	7	5.47	19	4.83	14	5.22	23	4.44
中国台湾	创新驱动	12	5.29	9	5.22	15	5.2	8	5.25
日本	创新驱动	9	5.4	3	5.62	1	5.75	5	5.49
韩国	创新驱动	25	5.01	20	4.82	24	4.86	17	4.78
新加坡	创新驱动	2	5.61	13	5.14	17	5.08	9	5.19

3. INSEAD 2013 创新指标架构与评价结果

欧洲工商管理学院（institut europeen d'administration，INSEAD），创立于 1957 年，总部设于法国巴黎枫丹白露地区。1999 年，INSEAD 的亚洲校区在新加坡成立；2001 年 2 月，INSEAD 与美国排名第一的华顿商学院（Wharton）结成学院联盟，连接成国际性知识及学习网络。

全球创新指数（The Global Innovation Index，GII）的调查报告以 INSEAD 为主，此外也与数个国际组织合作进行，例如：世界知识产权组织（WIPO）、阿尔卡特—朗讯（Alcatel-Lucent）、博思企业（Booz & Co）以及印度工业联合会（CII）等。

GII 调查报告的进行始于 2007 年，并于 2009 年发布第二次调查报告，其后每年定期发表，2013 年则是第六次调查报告发表。在 2013 年版的 GII 调查中，总计纳入全球 142 个经济体。

GII2013 全球创新指标主要由两类指标构成：创新投入分项指标与创新产出分项指标，这两个分项指标皆由数个支柱要素构成。其中，创新投入分项指标由五个支柱要素所构成，以描绘各经济体促进创新活动之样态，包括：机构、人力资本与研究、基础建设、市场成熟度及商业成熟度。创新产出分项指标则由两个支柱要素所构成，以描绘各经济体的实际创新产出状况，分别是知识与技术产出及创意产出。指标架构往下发展，每一支柱要素皆有三个分项支柱，而每一分项支柱则由数个指标所构成，总计有 84 个细项指标（individual indicator）。除了上述三大指数（总指数、创新投入分项指数及创新产出分项指数）外，GII 另外还计算创新效率指标，该指标是由产出/投入的比例来表示，展现某一特定经济体之创新投入与创新产出间的效率关系（见表 4-5）(INSEAD, 2013)。

表 4-5 INSEAD 2013 年创新指标架构

		分类	主要支柱	分项支柱
全球创新指标（平均）	创新投入产出效率比	创新投入次级指标	体制	政治环境
				监管环境
				商业环境
			人力资源与研发	教育
				高等教育
				研发
			基础建设	信息通信
				一般性基础建设
				生态永续性
			市场成熟度	信用
				投资
				贸易与竞争
			商业成熟度	知识工作者
				创新连结
				知识吸收
		创新产出次级指标	知识与科技产出	知识创造
				知识影响
				知识扩散
			创新产出	无形资产
				创新商品与服务
				线上创意

从总体排名来看，中国香港、新加坡在整体上的表现最佳，分别为第 7、第 8 名，同时在亚太地区也是位居领先地位。同样地，这两个经济体的创新投入在评比国家中也是表现最好的。但就产出指标来看，我国与邻近经济体的产出表现都落到评比国家的 10% 之后。就投入产出的效率比来看，我国虽然在总排名以及投入、产出单项指标上没有突出表现，但效率比远远胜过其他经济体，排名第 14 名，在评比国家的前 10% 之列（见表 4-6）。

三、对我国创新驱动发展指标体系构建的启示

从我国在上述三个创新驱动能力指标排名表现来看，我国相较于邻近经济体，表现是相对落后的，但在某些次指标的结果呈现上，却有不错的表现（见表

4-7)。就 ITIF & Kauffman 2012 创新政策指数来看，在科学与研发次级指标的表现处于中高级。就 WEF 2012~2013 经济体竞争力—创新因子来看，我国目前尚属于效率驱动的阶段，距离创新驱动仍有一段距离。就 INSEAD 2013 创新指数来看，我国虽然在总排名没有突出的表现，但投入产出效率比却明显优于我国邻近经济体。

表 4-6 我国与邻近经济体的 INSEAD 2013 全球创新指标排名状况

	总分(0~100)	总排名	亚太地区排名	创新投入	创新产出	投入产出效率比	投入产出效率排名
中国	44.66	35	8	46	25	0.98	14
中国台湾	—	—	—	—	—	—	—
中国香港	59.43	7	1	2	15	0.68	109
日本	52.23	22	6	14	33	0.66	112
韩国	53.31	18	4	16	24	0.72	95
新加坡	59.41	8	2	1	18	0.64	121

表 4-7 我国在国际创新驱动能力评价总评结果

评比名称	中国	中国香港	中国台湾	日本	韩国	新加坡
ITIF & Kauffman 2012 创新政策指数	中低	领先	领先	领先	中高	领先
WEF 2012~2013 经济体竞争力—创新因子	34	19	9	3	20	13
INSEAD 2013 创新指数	33	7	—	22	18	8

就上述三个指标体系评价指标的选择来看，从企业与市场、人才与教育、智财权与专利、政府体制与基础建设四个方面来做指标的分类（见表 4-8），可以发现虽然三个指标体系的侧重点不同，但都围绕着这四个主轴架构创新驱动能力的衡量标准，因此未来在建构我国创新驱动能力评价指标时可以朝这四个方向思考合乎我国发展特色的指标体系。

我国在国际间创新驱动相关评比机构中的认定，尚属于发展中阶段，仍有跃进的空间，因此对我国在制定创新发展政策以及与国际接轨方面，本节有以下几点建议：

有鉴于我国在国际间的科研政策发展上，具有一定优势，因此建议能借此优势，结合各项人才发展政策，出台有助于促进我国创新发展的举措，在现有的优势基础上持续扩大影响力。

表 4-8 三个指标体系的指标项目分类

		ITIF	WEF	INSEAD
企业与市场		市场近用	信用	本地供应链的数量
		贸易便捷	投资	本地供应链的质量
		外商直接投资	贸易与竞争	价值链的广度
		企业法规环境	知识工作者	国际供给的控制能力
		企业竞争环境	创新连结	生产过程的成熟度
		创业环境	知识吸收	市场扩张性
			无形资产	创新能量
			创新商品与服务	企业研发支出
			线上创意	
人才与教育		高技术移民在外来移民中的占比	教育	科研机构质量
		高低技术移民比值	高等教育	大学与产业在研发的合作
		高技术移民在总人口中的占比	研发	科学与工程人员的可得性
智财权与专利		智财保护	知识创造	通过专利合作合约申请专利数
		智财实施	知识影响	智慧财产保护
		智财侵权	知识扩散	
政府体制与基础环境		研发税金奖励	政治环境	群聚发展的状态
		政府研发支出	监管环境	天然的竞争优势
		ICT 基础建设竞争力与政策竞争性	商业环境	权力下放的意愿
		ICT 市场国际开放与竞争	资通讯	专业管理机制的依赖程度
		法规环境	一般性基础建设	政府对先进科技产品的采购决策模式
		ICT 应用	生态永续性	
		WTO 政府采购协议		
		国营企业和投资指标		
		采购透明性与权责性		
		政府对先进科技产品的采购决策		

我国在创新投入产出的效率上有优异的表现,显示我国对创新项目的执行力是获得国际机构肯定的。建议可借此在国际上强化创新产出成果案例的推广,以带动国际间对我国创新能力的进一步认识,提升我国在国际创新领域的形象。

我国在智财权与专利的认知方面,近年来在产业内已逐步获得重视,通过专利申请来保护智慧财产权与创新的观念做法,已成为提高企业竞争力的重要战略。政府除了持续重视企业申请智财权与专利,建议还可进一步鼓励智财权与专利的合作申请,扩大创新的范畴以及引导出更多跨产业合作的可能性。

我国邻近经济体的创新发展状况皆优于我国,因此建议可以掌握此良机,完善创新环境，通过鼓励投资、市场开放等政策配合，吸引邻近经济体好的创新事例到本国做进一步发展，激发我国的创新能量。

第二节 国外创新效率度量的功能框架及其对中国的借鉴[①]

一、引言

在创新全球化的背景下，创新作为国家经济增长的内生驱动作用不断增强，创新能力日益成为衡量国家竞争力的重要组成部分。作为创新能力的重要组成部分的创新效率备受政府和学者的高度关注。对国家创新效率的测度一直是学术界的前沿研究领域。近年来，相关机构构建各种创新指标来度量国家和地方的创新效率，最著名的指标包括欧洲创新记分牌（PROINNO Europe，2009）、经合组织的科学、技术和行业展望（OECD，2010）、北欧创新检测器（Norden，2009），以及由联合国贸易和发展会议构建指标（例如 UNCTAD，2005）以及世界银行设计的指标（World Bank，2010）。除了上述研究机构构建的指标外，一些学者也试图构建创新效率指标。例如 Nasierowski 等（2003）用非参数的方法分析了国家创新效率，认为一国创新效率的影响因素主要包括文化因素（权力差距、不确定性避免、男性化、个人主义）、国家规模（人口、GDP）、技术储备（文化素养）和生产率这四个方面。官建成、何颖（2009）提出了创新三阶段概念模型，利用 DEA 方法对 1992~2004 年的中国和 20 个 OECD 主要国家的创新效率进行比较分析，实证结果表明，在研发效率上中国正在赶超 OECD 国家，但转化效率上中国低于 OECD 国家的平均效率。针对传统 DEA 模型和随机前沿分析方法在效率测度时的不足，钟祖昌（2012）首次把外部环境因素和随机误差因素纳入国家创新效率差异的研究中，通过将 SBM 模型和三阶段 DEA 模型相结合，构建修正的三阶段 DEA 模型，实证评估比较 2001~2008 年 30 个 OECD 国家和中国的创新

[①] 本节借鉴了吕慧君和朱英明（2014）的研究成果。

效率。

综观现有的创新效率度量指标，我们发现存在以下问题：第一，许多创新效率度量工具仅仅关注创新投入与创新产出之间的关系，忽视创新过程中的创新决策者和纳税人的真正利益，即创造价值和解决问题的工具。造成这一结果的主要原因在于，支撑大多数创新度量工具的概念化思维是线性创新模式，即创新过程中各种投入和产出之间的单向关系。相反，传统的创新度量工具很少关注创新投入与产出之间会有什么样的重要性，尤其是创新过程中对知识的学习、采纳和改编（Andersson & Mahroum，2008）。第二，对发展中国家的创新效率度量指标，重视创新发展能力（DC）的重要性，忽视创新吸收能力（AC）的重要性，没有将二者置于同样重要的地位。造成这种现象的原因在于，忽视了一国的创新能力不仅取决于内部知识，而且取决于与内部知识互补的外部知识这一公认的观点（Cassiman & Veugeler，2002；Mahroum et al.，2008）。

针对上述创新效率度量中存在的问题，Mahroum 等（2008）构建创新的 AC/DC 模型。该模型侧重于分析怎样通过获取、稳固以及扩散各种内外部知识来提高系统效率并进行价值创造，而不是仅仅强调对本地新知识的开发和运用。在此基础上，Mahroum 和 Al-Saleh（2013）构建度量国家创新效率的功能框架，提出了创新效率指数（Innovation Efficacy Index，IEI）的概念。该指数围绕 AC/DC 模型中的五大系统功能，分别从国家潜在创新能力和实际创新绩效两方面来选取指标。

本节主要是对 Mahroum 等的 AC/DC 功能模型和 Mahroum 和 Al-Saleh（2013）的创新效率指数做简要介绍，在此基础上提出对我国创新驱动发展效率评价的借鉴意义。

二、AC/DC 功能模型

对国家创新效率的度量一般是在创新体系（SI）的概念性框架下进行的。根据不同系统的特点，SI 的定义存在着很大差别。许多学者对此概念进行了界定，包括 Edquist（2010）、Lundvall（1992）、Metcalfe（1995）等。其中，Lundvall 给出的定义被引用的最多，他认为"创新体系是与知识的产生、扩散和使用等有关的要素以及相互关系，并且这些知识是全新的、能够产生经济效益的"。

创新体系的概念使得人们对创新的分析视角从传统的线性模型，转变为以一种系统的观点来看不同要素之间的互动（Edquist，2010）。尽管 SI 具有理论上的吸引力，但是这一概念由于简单关注结构性的要素，以及倾向于忽视各个创新系统的动态而倍受指责（Bergek，2008）。迄今为止，SI 框架尚未充分用于实际应用，政策分析人员无法使用相应工具来制定有关的实际政策准则。

相较于传统的创新体系对结构的关注，AC/DC 模型则更多地侧重于创新过程，因而该模型是具有可操作性的创新体系框架。根据 Mahroum 等的观点，AC 即创新吸收能力，DC 即创新发展能力，而 AC/DC 模型围绕这两方面的能力，突出了创新过程中的五大功能——知识的获取、稳固、扩散、创造与应用。其中，与创新吸收能力相关的功能是知识的获取、稳固与扩散，而知识的创造与应用则与创新发展能力相关。有关创新的传统模式往往假设，在知识创造和知识运用之间存在线性的因果关系。这种观点忽视了在创新的过程中，知识采用与传播通过市场力量和知识网络在产生创新中的作用（Mahroum & Al-Saleh，2013）（见图 4-2）。AC/DC 模式的主要贡献在于，通过主张 AC 是知识产生和利用最重要的一个因素（模式 2），该模型完全背离知识产生和利用的功能被看作是创新过程的起点和终点这一传统观点（模式 1）。AC/DC 将决策者和政策分析者的重点，从将创新理解为始于知识产生终于知识利用的线性过程，转变为通过学习、采用和改编知识实现价值产生的过程。

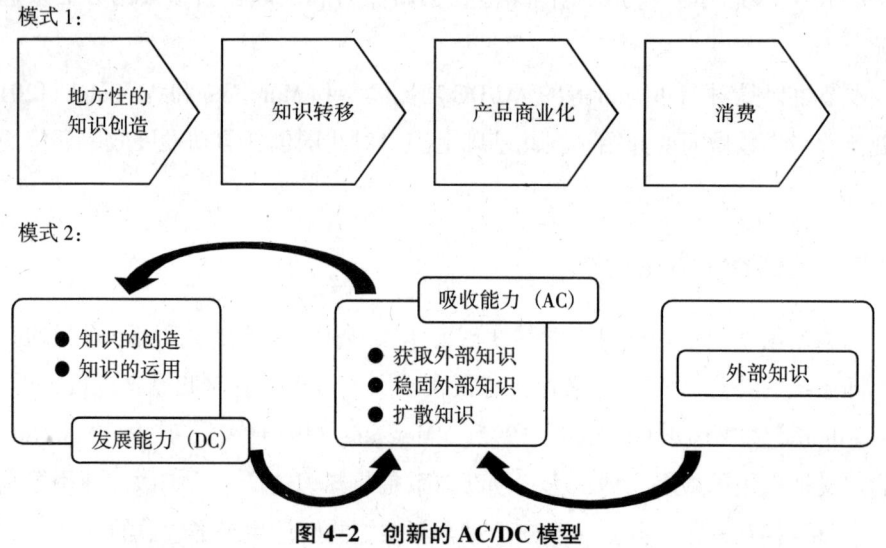

图 4-2 创新的 AC/DC 模型

三、创新效率指数的构建

基于 AC/DC 模型，Mahroum 和 Al-Saleh 构建创新效率指数（IEI），以此来系统性定量考察国家创新效率。他们将创新效率定义为创新系统的效能和有效性的综合水平。换句话说，它是用创新绩效与创新能力的比率再加上创新体系的相对绩效来表示：

$$创新效率 = \frac{创新绩效}{创新能力} + 创新绩效$$

由此看出，该指数分别从国家潜在的创新能力和实际创新绩效这两方面入手，围绕 AC/DC 模型中的五大系统功能来选取指标。这样的指数的一个好处在于，能够更好地展现一国现有的创新能力与真正的价值创造之间的差距。Mahroum 和 Al-Saleh 将评估国家潜在创新能力的指标称为"能力指标"，将衡量国家实际创新绩效的指标称为"绩效指标"。下面对五大系统功能的评价指标做简要介绍。

1. 知识的获取

知识的获取是指一个国家能够连接、访问到国际网络中的知识的能力。严格来讲，它是国家创新体系中各要素通过网络访问安全利益或者国际和地区网络的成员资格获利的能力。对知识和信息的迅速获取，能够有效利用各种外部资源来保障一国国际竞争优势。从外部获取的专业知识和技能能够促进特定产品和服务的发展，从而创造价值。毫无疑问，各国家或地区在获取其所需要的知识和技能方面存在差别。以相对优惠的条件（如成本、质量或速度）来获取知识资源将有助于建立一国的国际比较优势。

表 4-9 列出了 IEI 框架中"知识获取"这一功能所选择的各种指标。通过这些指标，我们可以衡量一个体系获取知识的能力。然而，Mahroum 和 Al-Saleh 主

表 4-9 知识获取的能力指标与绩效指标

知识获取的能力指标	知识获取的绩效指标
因特网用户数	价值链增值
每百人中使用宽带人数	国外市场规模
互联网业务的使用范围	先进服务的提供者
贸易壁垒	
基础设施	

张,由于知识流量是变动的,对区域知识存量的精确量化是不可能的。当代频繁的跨区域甚至跨国界的知识流动意味着这种度量还远远谈不上简单。因此,知识的获取的度量不应依赖于单一的指标,而是要使用一个复合指标。

2. 知识的稳固

知识的稳固是指一个经济体识别并吸收外来知识的能力。对一国而言,这一能力具体地表现为该国吸引潜在的外部知识(如国际人才、外国企业和投资等)并将其扎根于国内。获取国际知识的能力对一国的短期利益至关重要,而从长远来看,稳固外来知识的能力更有助于建立可持续的竞争优势。吸引和培养高技能人才是一个创新体系获得成功的决定性因素(Gilsing & Nooteboom, 2006)。然而,一般而言,要将各种外部知识牢牢地扎根于本地是比较困难的,各个经济体在这方面的竞争仍然非常激烈(Mahroum et al., 2008; Mahroum, 2007)。

与知识的稳固这一系统功能相关的要素包括很多,比如,建立一个新企业所需的时间、提供投资者保护的法律力度等(Chung & Alcácer, 2002; Crone & Watts, 2003)。这些要素在吸引和改编一些外部的知识来源上表现良好,包括外国直接投资(FDI)、技术移民以及与知识集群有关的安排等。表4-10列出了能够度量一国知识稳固的能力与绩效的各种指标。其中,"政府管理力度"这一指标是指政府制定和实施政策来促进私营部门发展的能力。

表4-10 知识稳固的能力指标与绩效指标

知识稳固的能力指标	知识稳固的绩效指标
新建企业所需时间	外国直接投资(FDI)
新建企业需经程序的数量	集群发展状态
政治稳定性	技术引进
政府管理力度	版税与许可证费用
投资者保护	高等人才的移入
外资拥有权限制	

3. 知识的扩散

知识的扩散是指一个经济体广泛采用、改编并同化创新与新技术的能力。Fallah等(2004)将知识扩散分为三个层次:①个人层次。个人可以驾驭自己的知识,即可以与任何想要或需要的人分享知识。②企业层次。企业之间也经常交流知识,尤其是在产业集群内。产业集群内技术发达的企业往往通过技术交流等方式扶持技术落后的企业。③国家层次。包括国家之间产业集群的迁移与国家之间的贸易协议，后者通常包含了技术转让的过程（Fallah & Ibrahim，2004）。

知识的扩散常被视为考察创新绩效的一项重要能力。此外，Mahroum 和 Al-Saleh 认为，可以通过这一功能来判断知识的获取与知识的稳固这两个功能能否成功运作。Smith 和 Glasson（2010）在最近的一个研究中指出，这三种功能对一国或一个地区的知识创造和创新发展至关重要。举个例子，位于英国东南部的 Milton 公园作为一个科学与商业园区，通过充分发挥知识的获取、稳固与扩散这三大系统功能，在其广阔的区域内产生了丰富的经济、社会和技术效益。然而，尽管大多数发展中国家在获取和稳固外部的知识、技能等资源上表现良好，但仍然无法成功地将这些资源传播并扩散到整个经济体中。造成这一现象的重要原因在于创新吸收能力的缺失，尤其是对那些研发能力不足、研发活动不活跃的地区而言，创新吸收能力的作用更加不容忽视（Mahroum & Al-Saleh，2013）。

表 4-11 中列出的是度量一国知识扩散能力的各种指标。其中，"政府参与指数"这一指标是指政府网站为民众提供在线信息和参与服务的意愿及有效性。

表 4-11 知识扩散的能力指标与绩效指标

知识扩散的能力指标	知识扩散的绩效指标
成人识字率	企业层面的技术采用
教学质量	技术意识
科学家和工程师的数量	厂商进口
企业内员工培训程度	生产流程的复杂性
政府参与指数	通信技术产品的进口
ISO 认证	
资本形成总额	

4. 知识的创造

知识的创造是指产生新知识的能力，这种新知识表现为多种形式，包括创意、发现、设计和发明等。一方面，人们往往会产生一种误解，认为仅仅依靠获取、稳固和传播现有知识库中的资源就能创造价值并解决问题，实际上，他们忽视了新知识的创造的重要性（Bhide，2008）。目前，大多数发达国家越来越重视创造新知识的能力，不仅增加各种研发投入，而且注重对知识产权的保护。另一方面，新知识的创造并不是凭空产生的，而是通过对现有知识的进一步深化和拓展来实现（Simmie et al.，2008）。在创新吸收能力的基础上，一国能够更好地不断进行内部的知识创造活动。

"知识创造"作为 IEI 框架中的一项系统功能,其作用是不容忽视的。为此,表 4-12 列出了一系列评价指标,以衡量一国在知识创造方面的潜在能力和实际绩效。其中,"能力指标"包括政府研发投入、知识产权保护措施、科研机构质量等,"绩效指标"包括人均发表论文数、人均发明专利授权数、商标申请数等。

表 4-12 知识创造的能力指标与绩效指标

知识创造的能力指标	知识创造的绩效指标
政府研发投入	人均发表论文数
知识产权保护,包括防伪措施	人均发明专利授权数
科研机构质量	商标申请数
博士项目	新注册企业数
每百万人中的研发人员	高等科学教育毕业生人数

5. 知识的运用

知识的运用是指出于社会性或商业性目的调动和应用各种知识的能力。这一功能在创新的过程中占据关键地位。创新并不等同于发明,发明是指新创意、新思路的发现,创新则是指将这些思路运用到市场中,并在此基础上真正地创造出价值(Schumpeter,1942)。如果没有将知识运用到实践中,包括从各种渠道获得的现有知识或者创造出的新知识,那么,这些知识将无法真正地发挥作用,国家甚至会面临失去人才、企业或投资者的风险。

表 4-13 中列出的是度量一国知识运用功能的各种指标。如表 4-13 所示,知识运用的能力受到众多因素的影响,包括风险资本、股票市场和创业活动等。其中,创业活动这一指标具体是指每百人中参与新企业创立的人数。这些要素的存在有助于推动经济的发展,提高人民的生活水平。

表 4-13 知识运用的能力指标与绩效指标

知识运用能力指标	知识运用绩效指标
可获得的风险资本	产品出口
培训机构的质量	劳务出口
股票市场准入	创意产业的国际贸易
高科技产品的政府采购	人均 GDP
创业活动	工业增加值
PISA 得分	服务增加值

Mahroum 和 Al-Saleh 指出，并非所有的选定指标都适用于世界上的各个国家和地区。例如，在发展中国家，由于知识产权保护制度的不完善，企业往往会使用公私合作模式和保密法等其他机制来代替。

实际上，IEI 框架为 AC/DC 模型中的每个系统功能都提供了一个复合指数。IEI 框架的各种指标中，有些属于可衡量的指标，其数据可以从各种统计资料获得，还有一些指标则是较难衡量比较的，其数据往往来自于专家调查问卷。由于这些数据的统计口径不同，为便于进一步的比较和分析，应对其进行标准化处理。Mahroum 和 Al-Saleh 采用的标准化方法称为"最大最小方法"：首先，对 IEI 框架中每一个系统功能的一组能力指标或绩效指标，通过在各个指标的基础上减去该组指标的最小值，再除以该组最大值与最小值之间的差距，使得所有指标都在 0~1。

其次，将所有指标分为正向指标（值越大越好，比如人均 GDP）和负向指标（值越小越好，比如创建新企业所需时间）两大类进行处理，使得处理后的指标都成为拥有相同范围的正向指标，且最小值为 1，最大值为 7。标准化公式如下：

$$x = 6 \times \frac{(\alpha - \min)}{(\max - \min)} + 1 \tag{4-1}$$

$$x = -6 \times \frac{(\alpha - \min)}{(\max - \min)} + 7 \tag{4-2}$$

其中，式（4-1）是对正向指标的处理公式，式（4-2）是对负向指标的处理公式。x 是指各指标标准化后的数据，α 是指各指标的原始数据，min 是指一组指标中的最小值，max 是指一组指标中的最大值。

再次，对每个指标组（知识的获取、稳固、扩散、创造和应用）的平均值进行加总，就得到了一个国家或地区的创新能力总分和创新绩效总分。公式如下：

$$T_i = \sum \bar{x}_i \tag{4-3}$$

其中，T_i 是创新能力或创新绩效的总分，$\bar{x}_i$ 是每个指标组的平均值。简而言之，创新能力总分和创新绩效总分是对五大系统功能的累加分。由于在每个分组中，平均值并没有进行加权，可能会达到最大值 7，因此，作为所有分组的总和，创新能力总分和创新绩效总分都有可能达到最大值 35（Mahroum & Al-Saleh，2013）。

最后，如前文中提到的，用创新绩效与创新能力的比率再加上创新体系的相对绩效，便能够得到创新效率。通过创新效率指数的构建，可以定量地对一国的创新效率进行判断，从而在各个国家之间进行比较分析。

四、结论及借鉴意义

通过对 Mahroum 等的 AC/DC 功能模型与 Mahroum 和 Al-Saleh 的创新效率指数的简要介绍，我们发现这样一种度量国家创新效率的功能框架对我国创新驱动发展的效率评价和政策制定具有重要的借鉴意义。

一方面，IEI 框架值得我们在评价我国的创新效率时加以借鉴。根据 Porter（1990）的发展阶段理论，我国大多数学者认为，目前我国正处于投资驱动向创新驱动发展过渡的关键时期。党的十八大明确提出要我国实施创新驱动发展战略，要走创新驱动发展之路，要建设创新型国家。然而，对我国创新驱动发展阶段科学判断还是一个有待深入研究的重大理论和实践问题，其中创新效率问题是对此做出科学判断的一个非常重要的问题。在 Mahroum 等的 AC/DC 功能模型基础上，Mahroum 和 Al-Saleh 构建的 IEI 功能框架则为我国创新效率的科学评价提供了一种全新的度量方法。在 IEI 功能框架基础上，结合我国的国情所形成的 IEI 功能框架，将科学评估我国创新驱动发展效率，为我国创新驱动发展阶段判断和政策制定提供依据。

另一方面，这种功能框架对我国的政策制定有重要的参考价值。IEI 功能框架主要是从功能层面来检验一国的创新能力、绩效与效率，当五个系统功能中任何一个功能的能力和绩效之间存在缺口，政府都需要考虑进行适当的干预来改善该方面的低效率情况。因此，这种度量国家创新效率的新方法为我国创新政策的制定提供了一个全新的维度，我们可以借鉴这一做法对我国的创新能力和创新绩效进行考察，从而更加有效地制定各种创新政策。此外，Mahroum 和 Al-Saleh 依据累加的创新能力与绩效总分将世界上 133 个国家分成了四类：高能力、高绩效的国家，高能力、低绩效的国家，低能力、高绩效的国家以及低能力、低绩效的国家。借鉴这种分类，我们可以据此将我国划分为四类地区：高能力、高绩效的地区，高能力、低绩效的地区，低能力、高绩效的地区以及低能力、低绩效的地区。针对不同的地区类型，政府应当从经济制度、产业结构、政策支持等方面入手，采取不同的创新驱动发展政策，而不是一味地强调对创新要素的投入。

第三节 创新驱动发展的公共政策研究[①]
——韩国的经验及其对我国的借鉴

一、引言

韩国在工业化时期取得了显著的经济增长,其经济成功在很大程度上归功于其特有的国家创新系统的有效运作,这种国家创新系统基于追赶模型,使得韩国通过模仿和吸收迅速掌握先进国家的技术知识和工业技能(OECD,2000)。在工业化时代,韩国家族企业的企业集团系统是其竞争优势和技术创新的主要来源(Amsden,1989)。在亚洲金融危机之前,韩国的创新系统很大程度上依赖大型企业集团的技术赶超。亚洲金融危机之后,在急剧变化的经济环境下,家族企业多样化经营的中央集权式的治理模式存在关键缺陷(Oh and Park,2001)。根据经济危机中显著的家族企业驱动型经济模式的关键弱点,韩国政府在鼓励家族企业调整其治理结构的同时,强调"从模仿创新模式到原始创新模式"转变的公共政策,这种政策是政府发起的、目标导向或基于计划的、侧重于投入的政策(Lee & Kwun,2003)。这种公共政策实际上是韩国向创新驱动型经济转型中的公共政策的重要内涵,涵盖了科技创新战略规划、增加 R&D 投资、制度重构、产业结构调整、人力资源开发等各种不同的公共政策。其中,国家 R&D 计划的政府行动和投资、科技人力资源(HRST)的培育与利用、作为私人创新发电机的风险投资企业的促进政策,是韩国努力构建创新驱动型经济的关键公共政策。

二、韩国创新驱动发展的公共政策

1. 科技创新规划与投资政策

韩国的管理部门强调全球化和知识经济背景下作为国家竞争力的核心来源的科技创新的重要性,并通过制定科技创新发展规划、促进基础研究以及制定

[①] 本节借鉴了朱英明等(2014)的研究成果。

R&D 计划等不同方式促进创新驱动型经济的发展（Lee & Kwun，2003）。

自 20 世纪 90 年代末期以来，韩国政府制定了国家科技创新发展规划，以此促进全国的科技创新。1998 年韩国政府推出了科技创新五年规划（1998~2002）(FPIST)，其目标是将韩国的 R&D 能力提高到七国集团国家的水平。该规划特别强调扩大公共 R&D 投资和促进基础 R&D。1999 年韩国政府颁布 2025 年科技发展远景规划，该规划包括三个时间框架：第一个时间框架及其目标在 2001 年韩国政府制定的国家科技主题规划（2002~2006）(NSTPP) 中做了详细阐述，该规划是 FPIST 的后续规划。2025 年科技发展远景规划的第二个时间框架（2007~2015）的目标是，作为亚太地区主要的 R&D 促进国脱颖而出，积极参与科学研究并创造有利于促进 R&D 的新氛围。第三个时间框架（2016~2025）的目标是，在亚太地区确保与七国集团国家媲美的科技竞争力。

来自学术界和工业界 1400 多位专家参与制定的 NSTPP 的主要任务是，国家战略性科技发展（即未来技术、传统工业部门的新技术、公共福利技术）以及国家 R&D 能力的加强。在该规划中，政府选定未来技术的六个领域 77 个任务导向的 R&D 项目。其中国家战略性技术领域（6Ts）是：信息技术（IT）、生物技术（BT）、纳米技术（NT）、空间技术（ST）、环境技术（ET）和文化技术（CT）。该计划通过绘制技术路线图加强对 77 个 R&D 项目的有效管理，以便促进这些项目之间的协同效应。

为了促进基础研究，韩国政府从 1998 年开始大幅度增加基础研究基金，随着越来越多的预算投向基础研究，政府进一步扩大对开发通用或上游技术的任务导向的研究计划的资金支持政策，尤其是大学任务导向的研究项目，据此培育重要的卓越中心（COEs），比如科学研究中心（SRCs）、工程研究中心（ERCs）和区域研究中心（RRCs）等。2000 年韩国颁布基础科学研究促进法（The Basic Science Research Promotion Act），进一步加强了政府对基础研究活动的支持。

根据技术开发促进法（The Technology Development Promotion Act），韩国科技部发起的国家 R&D 计划于 1982 年开始。1992 年，韩国开始设计并发起政府和行业提供资金的大规模 R&D 计划即高度发达国家计划（HANP），这是韩国政府的部间计划，直到 2001 年该计划才完成，其目标是韩国在科技（S&T）方面自力更生。该计划包括产品技术开发（农业化学品、综合业务数字网、高清电视、专用集成电路、生物医药、微电机、下一代车辆和高速铁路）和基本技术开发（半导体、制造系统、生物材料、环境和能源、超导体和人类工程学）。1997年，韩国政府开始创造性研究行动（The Creative Research Initiative，CRI），这标志着韩国科技发展"从模仿到创新"的政策转变。根据该行动方案，政府对基于创造性和原创性的科学研究领域提供各种资助。1999年，韩国政府推出了21世纪前沿R&D计划（The 21st Century Frontier R&D Program），其战略美景是发展和保证在信息技术、生物工程、纳米技术和新材料这些战略性领域的尖端科学技术。这个计划的突出特征是，科技部在可见的、清晰的、量化的评价标准基础上，每三年评估各个项目，同时给予项目经理更多的自主权管理这些项目和分配资源。1999年，韩国科技部推出国家研究实验室计划（NRL program），旨在培育核心科学技术领域的卓越研究中心。2001年，韩国政府实施五年综合区域科技推广计划（Comprehensive Regional Science & Technology Promotion Plan）。该计划包括各种计划以开发战略性技术，在本地创建区域创新标杆，建立区域科技信息网络，扩大科学导向的文化以及提高地方政府的R&D预算。在某些战略性技术领域，比如BT、NT和航天航空，政府发起并支持特殊的研究发展计划。此外，韩国科技部已开发国家R&D计划管理系统，以避免重复国家R&D项目，提高R&D投资效果，促进R&D成果的商业化。

2. 科技人力资源（HRST）发展政策

韩国政府通过有关HRST的各种计划加强HRST发展以及有效利用HRST。韩国政府一直努力发展对国家创新起着至关重要作用的高素质人力资源。例如，第一，韩国政府制定21世纪前沿计划（The 21st Century Frontier Project），通过其R&D计划来培养一大批科技人员。第二，韩国政府通过教育改革来培养适合向知识经济转型的HRST。例如，1999年，韩国教育部实施了韩国大脑21计划（The Brain Korea 21 Project）来提高大学的教育质量。1998年，韩国教育部出台海外博士后计划以便将新的博士研究人员派遣到外国高等学校。第三，韩国政府以强化方式给天才儿童提供早期科学教育。例如，1998年，韩国在全国15所大学成立了被称为天才儿童科学教育中心（SECTCs）的特殊教育计划。根据2002年3月生效的天才儿童教育促进法（The Education Promotion of Gifted Children Act），SECTCs将要成为那些大学的常规教育计划。第四，韩国政府成立部际委员会来讨论HRST发展的战略政策。例如，2000年，国家人力资源发展委员会（The National Human Resource Development Board）成立，其战略计划被称为国家人力资源开发原则计划（NHRDPP），其主要政策任务是国家战略技术领域的 HRST 的发展，以及对天才儿童早期科学教育的强化。

韩国政府出台各种措施促进来自高等教育计划的 HRST 毕业生的就业和利用。这些措施包括：第一，政府对接受实习生的研究机构提供补贴的研究实习生计划（Research Internship Program）。第二，政府对介绍研究实习生的工业企业进行资助的工业技术援助计划（The Industry Technology Assistance Program）。第三，政府为年轻男性研究者提供机会以利用他们在风险投资企业或研究机构中的科学知识，从而不用服兵役的军事服务豁免计划（The Military Service Exemption Program）。此外，韩国政府也采取措施扩大利用适合国家 R&D 计划的高素质外国 HRST。例如，1994 年，韩国政府推出促进外国科学家新科学知识和技术转让的脑池计划（The Brain Pool Program）。1999 年，韩国政府推出海外 HRST 有效参与和利用的海外科学家工程师网络（KOSEN）和海外科技信息网络（OSTIN）。2001 年，政府实施方便外国科学家进入韩国并促进其参与国家 R&D 计划的科学卡片计划（The Science Card Program）（Lee & Kwun, 2003）。

3. 风投企业发展政策

近年来，韩国政府设计和实施各种政策推动风险投资企业发展，建立金融基础设施并对它们加以激励，试图将风险投资企业培育成为技术商业化的新私人创新发电机（Lee & Kwun, 2003）。韩国政府针对国家创新系统过度依赖大型企业集团的弊端，采取政策措施培育能够开发和商业化高附加值技术的风投企业。这些措施包括：第一，1997 年，韩国政府颁布促进风投企业特殊措施法（The Act on Special Measures for the Promotion of Venture Businesses），目标是促进风险初创企业发展并将现有的中小企业转变为高技术企业。之后，中小企业技术支持计划（The Technology-Support Program for SMEs）鼓励公共 R&D 机构和政府资助的研究机构（GRIs）制定和实施对风投企业的技术支持计划。第二，2000 年，韩国成立韩国技术转移中心（KTTC），以便于技术的商业化和转让。为了促进风投企业的产生和技术的商业化，韩国政府也鼓励受过高等教育的 HRST 流入到高科技风投企业，促进学院和公共机构内部风投企业孵化器中心的建立（Rothwell & Zegveld, 1981）。

韩国政府采取措施促进风险资本的增长。1998 年，韩国政府修改金融信贷法（The Credit Financing Law），以扩大对高技术风投企业的技术贷款服务。2000

年，韩国风险投资基金（The Korea Venture Fund）成立，作为中小企业管理局的公共基金主要招揽外国投资者。为了使风投企业更容易获得资本金，韩国政府加强韩国技术信用担保基金（KOTEC）的作用，为预期的高技术风投企业提供技术贷款的信贷担保。此外，通过将新技术引入技术市场并促进技术的商业化，KOTEC技术评估中心（the Technology Assessment Centre of the KOTEC）充当中间人，以促进研究机构和风投企业间的技术转移。1996年，韩国SME和风投企业股票市场改名为韩国证券经纪人自动报价（KOSDAQ）。1999年，韩国财政经济部（MFE）宣布KOSDAQ的特殊复兴计划（Special Revitalisation Program），其主要政策行动包括：减弱IPO在KOSDAQ市场上的刚性要求、加强在KOSDAQ注册的企业的税收激励、劝说高技术SME和风投企业在KOSDAQ注册、改进IPOs直接融资的程序（Lee & Kwun，2003）。

三、结论与政策含义

"在未来，表现最好的经济体将是那些政府最有效地帮助开发和管理创新知识资产的经济体"（Vonortas & Tolnay，2001）。政府参与开发和管理这些知识资产应当到什么程度？当认识到创新的重要性后，许多政府重新修订其创新驱动发展政策。美国政府已经修订了其创新驱动发展政策，从大量科技供应导向的创新驱动发展政策转向需求导向或技术用户导向的创新驱动发展政策。换句话说，政府不再将基础研究和创新看作是公共物品，将商业创新的技术选择和时间选择留给市场的力量，政府正在充当更积极的角色。为了加速创新活动，加拿大、以色列、新加坡和韩国的政府，为使政府更直接地参与R&D，都重新设计了它们的创新驱动发展政策（Lee & Wang，2003）。

韩国政府促进创新驱动发展的政策努力取得了引人注目的成就。尽管韩国政府在促进韩国创新驱动发展中的作用是重要的，但是其过度参与可能削弱市场机制激发的私人主体的创新主动性，加深它们对政府政策的依赖。政府促进创新的公共政策主要集中在投入要素，忽视公共政策的流程管理改进，忽视了如何解决限制国家创新系统的"过程"方面的问题，比如创新主体间系统性联系和相互作用较为薄弱的问题。在提高现有HRST的利用方面，韩国的公共政策没有解决HRST流动性低的问题。政府主导的创业促进政策不仅导致风投企业和有关机构的扩散（如孵化器、资本金和技术市场中介），而且还产生意想不到的问题。政府的优惠补贴和 KOSDAQ 的急剧增长,引起道德风险和风投企业中创业精神的损失,因为许多风投企业对股票价值的投机策略比技术的商业化更感兴趣。韩国创新驱动发展的公共政策中存在的这些问题,是中国创新驱动发展公共政策制定时需要加以解决的重要问题(Lee & Kwun,2003)。

第五章　创新驱动发展与管理研究

　　本章对创新驱动发展与管理问题进行研究，研究内容包括：中国科技创新发展方向研究、技术创新投入、产出对经济增长的影响研究、创新驱动发展管理研究。本章首先定性分析全球科技创新热点领域，并与中国的科技创新热点领域进行比较，研究结果表明中国战略性新兴产业已经考虑到全球科技创新热点领域，但在战略性新兴产业的发展过程中，应逐年检讨、调整发展重点，规划短、中、长期的资源配置，以使得战略性新兴产业得以高效发展。其次，利用中国1995~2012年相关数据，基于VAR模型，通过变量平稳性检验、协整分析、格兰杰因果检验、误差修正和方差分解分析，对中国经济增长与技术创新投入、产出的长期均衡关系及其动态性进行实证分析。研究结果表明：技术创新投入、产出与经济增长存在长期稳定的均衡关系；技术创新投入对经济增长的影响，在短期内发挥的作用不明显，长期内的贡献比较显著；技术创新产出对经济增长也有明显的影响，短期内就能体现出来。方差分解结果显示，技术创新投入对经济增长的影响程度小于技术创新产出对经济增长的影响程度。最后，基于创新架构理念，图解式地介绍创新架构的构建程序和创新经营路线图的制定程序，试图为我国创新驱动发展管理提供决策依据。

第一节 中国科技创新发展方向研究[①]

一、引言

科技创新是指创造和应用新知识和新技术、新工艺,采用新的生产方式和经营管理模式,开发生产新产品,提高产品质量,提供新的服务的过程。按钱学森的复杂巨系统理论的分类,科技创新包括三类:知识创新、技术创新以及现代科技引领的管理创新(宋刚,2009)。从微观上讲,科技创新有助于企业占据市场并实现市场价值,从而提升企业核心竞争力乃至区域竞争力;从宏观上讲,能推动技术的创新发展,促进整个社会生产力的提高,同时减少环境污染,满足社会需求,解决社会问题。

作为知识创新核心的科学研究,是新的思想观念和公理体系的产生,其直接结果是新的概念范畴和理论学说的产生,为人类认识世界和改造世界提供新的世界观和方法论;技术创新的核心内容是科学技术的发明创造价值实现,其直接结果是推动技术进步与应用创新的创新双螺旋互动,提高社会生产力的发展水平,进而促进社会经济的增长;管理创新既包括宏观管理层面上的创新——社会政治、经济和管理等方面的制度创新,也包括微观管理层面上的创新,其核心内容是科技引领的管理变革,其直接结果是激发人们的创造性和积极性,促使所有社会资源的合理配置,最终推动社会的进步(Mowery 等,1998)。

科技创新不但能解决困境,带来商业利益,也能驱动经济成长与发展,实现更好的生活质量。然而过去几年来,全球经济持续在低迷与危机间徘徊,未来前景也不甚乐观。目前全球处于世纪结构剧变的开端,在整体成长与发展上遭遇了"瓶颈"。诸多重大挑战,如经济迟缓、人口老化、气候变迁、能源资源匮乏正冲击世界各国经济与产业发展,也将引发一连串全球社会问题。中国自然也不例外,严峻的形势正考验着中国产官学研的智慧,如何以科技创新克服逆境,凸显

[①] 本部分借鉴了胡修武(2014)的研究成果。

了科技创新的重要性及必要性。

科技创新效率、科技创新能力等评价体系建构及实证分析，已有众多的学者进行研究（刘凤朝等，2007；王章豹等，2005），另外，从区域经济的角度，把科技创新作为一种战略，进一步与战略性新兴产业的发展进行连接，也是重要的研究方向（吴伟，2008；欧阳峣，2010）。前述研究并未对如何选择科技创新重点领域进行着墨，然而这个议题却是政府与企业在面对科技创新的浪潮时，首先要处理的，因此本研究重点会摆在提出一个依据自身状况选择科技创新重点领域的实务方法上。

本节从全球的观点，研析国际知名研究机构在2013年发布的顶尖创新技术项目及创新企业。这些综合排名的结果，代表了该机构专业人士及专业意见的综合评价，在一定程度上代表全球科技创新的亮点领域，具有重要的参考价值（中国台湾财团法人资讯工业策进会资料中心，2013）。在综合整理分析之后，再对比国内在科技创新方面实际发展的状况，试图为政府及企业在选择科技研发项目、应用领域及发展新兴产业方面提供参考。

二、国际顶尖科技创新介绍

《技术评论》（Technology Review）每年评选出当年的十大重要的新兴科技（TR10），这份由技术评论编辑群所选出的清单，列出了可能对人类未来生活、工作产生重大影响的科技创新发明。于2013年5/6月出版的合刊登出了2013年度十大新兴科技，美国麻省理工学院（MIT）表示今年的预测评定准则是：能带给人们运用于生活中的各种可能的强大先进技术。

兹将2013 MIT评选出的十大突破性技术（10 Breakthrough Technologies）介绍如下：

（1）深度学习（Deep Learning）：随着计算机运算不断进步，机器现在可以感知、识别、记忆，仿真人脑的思维并做出回应。人工智能的未来发展趋势，将进入拥有自我深度学习和判断的能力。此技术研发主力在Google、Microsoft、IBM、Geoffrey Hinton、University of Toronto。

（2）暂时性社群媒体（Temporary Social Media）：为了顺应不想在社群网站留下任何个人记录的需求与考虑，暂时性社群活动媒体在用户与朋友对话、传送讯息或图片数秒后会自动消除之前信息（quickly self-destruct）。此技术研发主力在

Snapchat、Gryphn、Burn Note、Wickr。

（3）产前 DNA 排序（Prenatal DNA Sequencing）：以往筛检胎儿是否罹患唐氏症等先天不良疾病多采用羊膜穿刺法等侵入式检验法，但此检测方式有导致胎儿流产风险；最新胎儿产前基因检测机则是一种非侵入母体的胎儿 DNA 检验法，此机器能迅速将胎儿 DNA 排序情况以画面呈现出来，以判读腹中胎儿是否有先天 DNA 缺陷和疾病。此技术研发主力在 Illumina、Verinata、Stanford University、Jay Shendure、University of Washington。

（4）三维印制的制造业（3-D printing: Additive Manufacturing）：目前许多产业在制作各种高客制化零件、新设计模型组件时，皆会先在计算机辅助设计程序中设计好三维蓝图，然后再把可用的原料放进三维打印机内，在几个小时后机器就会把新设计的模型或产品"吐"出来，这个制程能节省以往传统量产制造技术、设计成本漫长的前置时间，以及克服成形、铸造和压印等传统的量产制造技术所遇到的设计限制。此技术研发主力在 GE Aviation、EADS、United Technologies、Pratt & Whitney。

（5）蓝领机器人（Baxter: The Blue-Collar Robot）：不需要休息与食物、能 24 小时工作且没有情绪且会绝对服从指令的机器人，将可能是未来在制造业中取代蓝领工人的重要生产力。此技术研发主力在 Rethink Robotics。

（6）记忆植入（Memory Implants）：推展记忆植入研究构想来自于想要协助患有严重失忆症的患者；设想一名阿兹海默症病人，或因脑中风而记忆严重受损的失忆症患者，病后不认识自己亲人，此时若能将他先前储存在电子内存内的记忆，重新植入脑部，就能重拾往日生活步调，重返正常人际关系。此技术研发主力在 Theodore Berger、USC、Sam Deadwyler、Wake Forest、Greg Gerhardt、University of Kentucky、DARPA。

（7）智能型手表（Smart Watches）：随着苹果、微软、谷歌、索尼和三星等电子科技大厂有意投入智能型手表的开发生产行列，市场调查机构 ABI Research 预估，全球智能型手表的出货量，在 2013 年有可能超过 120 万支。此技术研发主力在 Pebble、Sony、Motorola、MetaWatch。

（8）超高效太阳能（Ultra-Efficient Solar Power）：传统的太阳能面板，可储存太阳 20%~25%的能源，若是使用多层混合半导体的太阳能板，也只能达到 39%的效率；不久前加州理工学院的材料科学及应用物理系教授 Harry Atwater 表示,他的研究实验室已成功研发出能产生高于目前的太阳能板两倍电力的装置。让太阳能电池效能翻倍将彻底改变这项可再生能源的经济价值,纳米技术使之成为可能。此技术研发主力在 Harry Atwater、Caltech、Albert Polman、AMOLF、Eli Yablonovitch、University of California、Berkeley、Dow Chemical。

(9) 来自廉价手机的大数据(Big Data from Cheap Phones):透过对移动通信据点的分析可找出当地的高通信率地点,从人们聚集在某个特定点上找到流行病疫区的高传染危险地,如此防疫专家可划分出疾病传染层级与区域,进行不同防疫和治疗工作,如果人类想完全根除像疟疾这类疾病,人们须运用并分析手机移动数据背后所隐含讯息。此技术研发主力在 Caroline Buckee、Harvard University、William Hoffman、World Economic Forum、Alex Pentland、MIT、Andy Tatem、University of Southampton。

(10) 超级电网(Supergrids):欧洲研究超级电网技术已有数年,ABB 表示企业研发成功的断路器,可在 5 毫秒内切断相当于整个核电厂输出功率的巨大电流,通常在整个直流电网中如果任何地方出现问题,须切断所有电力;但 ABB 发明的断路器,可在瞬间改变直流电网中流动的输出功率,绕开出问题的直流电网,从而保持其他可用的电网继续运行,此技术突破对推动新一代的电网建设具有重大历史意义,它代表未来高压直流电可在国家或洲际间相互连接成一片超级电网,对现有交流输电网起了平衡负荷与强化的作用。此技术研发主力在 ABB、Siemens、EPRI、General Atomics。

从以上的突破性技术可以看出,许多技术都还在国外高校刚刚形成的阶段,这代表国外一流高校在科技创新方面扮演重要的技术突破的角色,同时也为国内各界提供了一个清晰的技术合作对象指引。

其中四项突破性技术(深度学习、暂时社群、巨量资料及智慧手表)与广义的软件及信息服务产业有关,另外是新能源(电网、太阳能)、机电整合自动化(机器人及 3D 打印)以及生物医药(记忆植入及产前 DNA 排序)各两项,这对全球科技创新的热点领域,提供了明确的参考标杆。

三、国际顶尖创新企业介绍

由财经权威杂志《福布斯》(Forbes)评选的最具创意企业全球前 100 名排行榜 2013 年迈入第三年,2013 年仍由 Salesforce.com 登上冠军宝座;前十名企业美国企业占了六位,本节介绍前十名企业。

企业保持创新力关键因素主要有三点:人才、管理与企业哲学。Forbes研究近三年上榜企业CEO,发现保持创新力的企业领导人,往往十分重视员工创新能力;名列前茅的企业都具有经营多元化的理念,不断提升企业层次,为其所处行业开创新标准。

评选方式为计算每家企业的创新溢价指数(The Innovation Premium),以现有营收和预期未来成长(包括新产品/服务和市场),加上现有净现值和市值比对而得出创新溢价指数。入围企业须具备几个基本要素:市值达到100亿美元、投入2.5%销售额用于产品研发、超过七年上市企业;最后再由专家进行投票,选出创新企业。介绍如下:

(1) Salesforce.com 云端及CRM服务:拥有明确创新策略,过去两年耗资10亿美元买下两家企业Radian6和Buddy Media,执行长Marc Benioff表示,并购的两家企业将成立营销云(Marketing Cloud)部门,协助品牌业者打造社群网络与消费者沟通平台。企业基本资料:软件与程序设计,成立时间:1999年;国家:美国;CEO:Marc Benioff;员工人数:9800人;销售额:30.5亿美元。

(2) Alexion制药与新药品开发:Alexion企业专注研发重症与罕见疾病药物,其中Soliris药物使该企业2013年营收达相当亮眼的成绩,过去两年收购了Taligen等四家企业,替企业创造更多研发动能。企业基本资料:生物制药;成立时间:1992年;国家:美国;CEO:Leonard Bell;员工人数:1373人;销售额:11.3亿美元。

(3) VMware 云端及CRM服务:VMware是家提供云端技术服务的企业,主要产品为:云端基础建设与管理、应用平台及终端客户运算,企业收入总额85%来自软件维护,15%来自专业服务收入。企业基本资料:软件与程序设计;成立时间:1998年;国家:美国;CEO:Patrick Gelsinger;员工人数:13800人;销售额:46亿美元。

(4) Regeneron Pharmaceuticals 生物制药:Regeneron是家综合性制药企业,企业主要销售产品有两个:EYLEA眼疾用药与ARCALYST痛风用药,目前有13个药品处于临床开发阶段。企业基本资料:生物制药;成立时间:1988年;国家:美国;CEO:Leonard Schleifer;员工人数:1950人;销售额:13.8亿美元。

(5) ARM Holdings 半导体企业:ARM为半导体IP设计企业,主要业务为

AISC微处理器与相关技术软件设计，现行手机和平板计算机的芯片大多出自于ARM；于行动市场中，ARM推出整体系统解决方案，满足消费者对在线实时链接和随时就绪的行动体验；其次在企业和云导向型技术领域，借由全新节能64位执行状态，满足高阶行动、企业和服务器应用程序的性能需求。企业基本资料：半导体；成立时间：1990年；国家：英国；CEO：Warren East；员工人数：2261人；销售额：9.38亿美元。

（6）Baidu百度搜寻网站：百度是目前中国搜寻网站龙头，尽管许多企业都在控制预算，但越来越多的中小企业甚至大企业客户都意识到，透过搜索引擎销售的投资报酬率高于其他销售管道。截至目前，有超过48万名透过网络营销的企业客户，收购PPS在线影音软件，提供更多元的服务。企业基本资料：计算机网络服务；成立时间：2000年；国家：中国大陆；CEO：Robin Li；员工人数：20877人；销售额：35亿美元。

（7）Amazon网络零售与云端计算服务：最初以卖书取得成功，但不断开展业务，现在亚马逊商品零售超过2000万件，且为成千上万创业企业提供云计算服务，并生产与销售Kindle设备，囊括美国22%平板电脑市场，亚马逊也提供作家、音乐家、电影工作者与程序开发人员，一个推销商品的平台。企业基本资料：网络及型录零售业；成立时间：1994年；国家：美国；CEO：Jeffrey Bezos；员工人数：88400人；销售额：610.9亿美元。

（8）Intuitive Surgical机器人微创手术系统：以机器人微创手术领先全球，在全球不同医院安装两千余套达文西机器人手术系统（da Vinci® Surgical System），让医生能透过高清晰图像立即查看病人身体内部，然后透过1~2厘米宽伤口实施手术，2012年收购其韩国代理商，拓展其亚洲业务。企业基本资料：医疗器材服务供货商；成立时间：1995年；国家：美国；CEO：Gary Guthart；员工人数：2362人；销售额：21.8亿美元。

（9）Rakuten电子商务：乐天为全球第三大电子商务企业，同时也是日本最大的网络购物商城，在日本除了电子商务平台外，也拥有各式围绕于外围的服务，包含通信服务与经营乐天金鹰职业棒球队，在日本乐天的信用卡发卡量仅次于西武。其执行长三木谷浩史的野心是要打败Amazon，目前在海外布局EC服务遍布多达13个市场，2012年收购了位于东京的企业，从事寿险业务。企业基本资料：网络及型录零售业；成立时间：1997年；国家：日本；CEO：Hiroshi

Mikitani；员工人数：7615 人；销售额：55.6 亿美元。

（10）Natura Cosmeticos 护理保养品：Natura 是家化妆品制造企业，产品有乳液、面霜、唇膏、香水等，在智利、秘鲁、阿根廷、墨西哥、哥伦比亚、西班牙和荷兰皆有分企业，并于 2013 年收购 Emeis 企业，拓展其品牌经营业务。企业基本资料：家用/个人护理保养品；成立时间：1969 年；国家：巴西；CEO：Alessandro Giuseppe Carlucci；员工人数：6700 人；销售额：31 亿美元。

从广义的软件及信息服务业（软件产品、云计算服务、网络服务及电子商务等）来看，十家中占了六家，而广义的生物医疗产业（制药、医材及保健等），十家中占了四家，由此可推测全球科技创新的热点领域是环绕在软件及信息服务业与生物医疗为核心的相关产业。

从区域来看，美国企业在十家中占了六家，显示其在科技创新领域的领先地位仍然无可撼动，其余国家并无明显的领先群。值得注意的是，前十名中有四家与云计算应用相关的企业（Salesforce、VMware、Amazon 及百度），显示云计算应用近年来在科技创新领域的独特重要性。

四、中国科技创新热点领域分析

根据英国经济学人信息部（Economist Intelligence Unit，EIU）发表的《全球最具创新力国家排名》报告，大陆创新指数排名为全球第 46 名（前三名为日本、瑞士、芬兰）。2004~2009 年，中国的创新绩效指数上升了 11%，名次从第 54 位跃升至第 46 位，上升情形比经济学人 2007 年预估的进度，提前了 5 年。

在世界知识产权组织（World Intellectual Property Organization，WIPO）发布的《2012 年全球创新指数报告》中，在全球创新整体指数中，中国排名 34 名（前三名为瑞士、瑞典、新加坡）。在创新效率评比中，中国跃居榜首（第二名及第三名为印度、摩尔多瓦），成为最擅于将创新投入转化为创新产出的国家。

2006 年 2 月《国家中长期科学和技术发展规划纲要（2006~2020）》，提出 11 个亟待科技提供支撑的产业和行业，作为重点发展领域；提出未来新兴产业发展所需要的 27 项前沿技术。2011 年 7 月，科技部发布实施《国家"十二五"科学和技术发展规划》，明确提出提升中国创新能力世界排名、科技进步贡献率力争达到 55%、重点培育和发展战略性新兴产业、全面推进国家创新体系建设的目标。

2012 年 9 月国务院印发《关于深化科技体制改革 加快国家创新体系建设的

意见》着力建构以企业为主体、市场为导向、产学研相结合的技术创新体系。十八大报告强调实施创新发展战略，认为科技创新是提高社会生产力与综合国力的战略支撑关键，必须摆在国家发展全局的核心位置。

2010年10月国务院发布《国务院关于加快培育和发展战略性新兴产业的决定》指出，现阶段中国大陆重点培育和发展节能环保、新一代信息技术、生物、高端装备制造、新能源、新材料、新能源汽车等产业。目标是在2015年战略性新兴产业增加值占中国国内生产总值的比重力争达到8%左右，到2020年达到15%左右。

以下将从四个层面分析中国科技创新的热点领域：第一个层面是战略性新兴产业，战略性新兴产业是国家层面战略上规划发展的科技创新方向。第二个层面是实际研发经费投入的分布，该层面侧重于哪些产业在科技创新上的投入力度较大。第三个层面是申请专利的分布，该层面侧重于哪些学科领域创新技术成果比较多。第四个层面是与国际科研合作的领域分布，该层面侧重于中国希望从国外获取的技术项目如何分布。

第一层面：2012年5月国务院通过《"十二五"国家战略性新兴产业发展规划》，提出了七大战略性新兴产业（节能环保、新一代信息技术、生物、高端装备制造、新材料、新能源、新能源汽车）的重点发展方向和主要任务。战略性新兴产业的选择，也代表了国家科技创新的主轴方向。

第二层面：从2013年科技部所公布的数据来看，传统产业研发投入以ICT（通信信息产业）最高，总投入金额为941亿元，投入强度为1.48%，远高出第二名交通运输设备制造业的785亿元，投入强度为1.25%。

第三层面：从国家知识产权局公布的2012年专利申请数据来分析，以电学相关专利占17%最高，而电学中，又以电信技术占39%最高。

第四层面：从科技部公布的2011~2013年国际合作项目中，前两名为新能源及新材料。

从第二层面及第三层面的分析可以看出，ICT是中国传统的科技创新主要热点领域，然而对比战略性新兴产业可以发现，传统以硬件为核心的ICT产业将逐渐转向新一代信息技术为主的科技创新领域，以便创造更大的附加价值。

从第四层面及第一层面可以发现，新能源及新材料是目前中国着力促进发展的科技创新热点领域。

从国际知名机构所公布的 2013 年全球前十名创新科技及创新企业的分析来看，全球科技创新的热点领域依次为软件及信息服务、生物医疗、新能源及机电整合自动化四大领域。比较中国科技创新领域的热点，可以发现中国传统产业目前科技创新的热点领域为通信及信息产业，但是中国的通信及信息产业是以硬件为主，ICT 硬件产品是属于高单价、生命周期短、快速跌价、竞争激烈、利润低的产品；充分利用软件及服务的附加值，转向发展新一代信息技术，应该是政府及企业所高度共同关注的。另外，新能源是中国与世界共同关注的科技创新热点领域，目前中国发展策略是从国际合作获取相关技术能力，建议应积极与世界一流高校及研究机构合作，从研发的源头获得相关技术能力，再结合国内广大的能源市场，将新能源产业发展成为世界领先的产业。若从顺应全球科技创新趋势的角度，新一代信息技术及新能源应该是我国优先考虑推动发展的战略性新兴产业。

生物医疗及机电整合自动化是全球关注的科技创新领域，在中国目前发展并不显著，属于萌芽阶段的战略性新兴产业。机电整合自动化应结合中国通信信息产业、航天航空产业发展的资源及技术成果积累，逐步发展成为支撑其他产业效率化运作的推手。生物医药在生物技术及新药开发领域，投入回收时间长、成本高，可先从医疗器械领域切入，较容易获得成果。

五、简要结论

科技创新战略是重要的国家发展战略，科技创新的热点领域直接影响到政府及企业如何选择研发项目及政策的制定，影响深远。本节从定性方式进行全球科技创新热点领域分析，并比较中国的科技创新热点领域，研究结果显示中国战略性新兴产业已经考虑到全球科技创新热点领域，但在战略性新兴产业的发展过程中，应依照其实际发展状况并对比全球相关产业发展，逐年检讨、调整发展重点，规划短、中、长期的资源配置，以使得战略性新兴产业得以高效发展。

现有传统产业的科技创新投入产出状况与全球科技创新接轨程度不高，政府应思考优先次序及资源配置，逐步引导传统产业朝向战略性新兴产业发展，或是鼓励传统产业与战略性新兴产业融合创新，以增加传统产业的附加价值。

未来发展方向应朝向收集更多国外知名机构在创新技术及创新企业的排名数据，做出综合研判，这样可以导引出更具公信力的全球科技创新热点；在考量中国科技创新领域选择的时候，需要更充分考虑中国自身优劣势等因素，建立一套系统化的科技创新热点领域选择方法，提供给政府或企业作为实务规划的参考。

第二节　创新投入、产出对经济增长的影响研究[①]

一、引言

经济发展的历史表明，技术创新能够源源不断地提供经济增长所必需的新知识、新产品、新工艺、新服务或新技术，技术创新不仅是经济增长的重要发动机，而且也是经济增长方式转变的重要转换器。为此国内外学者对此进行了较多的研究。

创新的经济学概念，最先由美籍奥地利经济学家熊彼特在他的《经济发展理论》一书中提出，他认为创新是将生产要素和生产条件的新组合引入生产体系，即建立一种新的生产函数。经济学家在发展创新理论的过程中又将创新分为技术创新和制度创新，其中技术创新是一个经济学概念，是指发明创新的第一次商业化。Freeman（2004）在工业创新经济学中则指出，技术创新就是新产品、新工序系统和新装备的首次商业性转化。经济合作与发展组织在科技发展概要中，把技术创新定义为"发明首次被商业应用"。

熊彼特还将创新作为经济发展的主要动力，强调技术创新与经济增长的互促关系，认为创新实现的过程就是经济增长的过程。他认为技术创新不是一个孤立的现象，而是可以解释经济周期的关键因素，并且通常是经济增长的动力。Roel Rutten（2007）指出技术创新是区域经济发展的一个必要不充分的条件。区域创新网络将技术创新转化为企业的竞争力，从而促进经济发展；Sefer Sener（2011）认为在高度全球化和竞争的世界经济条件下，科学技术创新是加强国家全球竞争力最重要的因素，能够实现经济可持续的长期增长，国家应实施科学技术创新型经济的战略和政策；Padilla-Pérez（2014）通过对政府高层访谈问卷收集调查以及实证研究比较后发现，技术创新是生产率增长的源泉，技术创新能够促进经济

[①] 本部分借鉴了汪晨和朱英明的工作论文（2014）。

实现包容性的可持续的增长。张利群（2010）从宏观、产业和微观三个层面分析技术创新对经济增长的作用机理，结合吉林省技术创新能力测度模型，运用多种计量分析方法分析吉林省技术创新能力与经济增长之间的相关关系；王灵芝（2011）运用格兰杰因果检验对我国1978~2008年的技术创新与经济增长之间的关系进行了分析，认为我国的技术创新投入、产出会促进经济增长，但我国科技经费投入不足以支撑技术创新发展，只有加大科技投入才能够形成良性循环，促进经济持续发展；陈永清（2011）采用灰色关联度方法对广西壮族自治区技术创新投入变量和经济增长的关系进行分析，研究表明创新投入与经济增长之间有着一定的关联关系，且创新投入不同导致经济增长的程度不同。

国内外的学者尝试运用各种研究方法探讨技术创新和经济增长之间的关系，已有的研究大多使用C-D生产函数和DEA效率评价方法，而从VAR向量自回归的视角研究较少。VAR模型对相互联系的时间序列变量系统而言是有效的预测模型，能用于分析不同类型的随机误差项对系数变量的动态影响。基于此，本节拟采用VAR模型，运用协整分析、Johansen检验、误差修正模型、方差分解等技术分析技术创新投入、产出与经济增长之间长期稳定的均衡关系以及动态相关性，并探讨模型和数据所蕴涵的经济意义和政策启示。

二、变量说明、数据来源与模型设定

经济增长：国内生产总值能够充分反映一个国家、地区的综合实力，而在进行地区之间比较时，需要消除人口规模和通货膨胀的影响，因此，通常选择实际人均国内生产总值作为经济增长指标（刘文丽，2014）。本节以1985年作为基期，以人均实际GDP代表经济增长变量来衡量各年份的经济增长水平。

技术创新投入：技术创新投入是创新的物质基础，是技术创新持续发展的基本前提和重要保障。R&D费用和R&D人员是衡量技术创新投入的重要指标，因为R&D人员这一指标不易获取，大多数研究对技术创新投入指标的选取侧重于研究与开发经费的投入，主要包括国家或企业用于R&D的经费支出。本节选用R&D经费支出作为技术创新的度量指标。

技术创新产出：技术创新产出包括知识和技术的生产，是技术创新的显示成果。专利产出是衡量一个国家或地区技术创新产出水平的重要指标之一。专利申请量和专利授权量是反映技术创新产出水平最常用的两个指标，考虑专利授权量受政府专利机构等人为因素影响较大（赵树宽，2012），并且专利申请量与专利授权量之间存在较强的线性关系，专利授权量相比专利申请量具有滞后性、更易引起信息失真等原因（张云春、史伟，2013）。本节选取专利申请量（PAT）作为技术创新产出的衡量指标。

为消除时间序列异方差，并使其趋势线性化，对变量进行自然对数变换，分别以 LNGDP、LNPAT、LNRD 表示自然对数的 GDP、专利申请量、研发投入。本节采用的数据为年度数据，样本期为 1995~2012 年，数据来自 1996~2013 年《中国统计年鉴》、《中国科技统计年鉴》。其中，GDP 已折算为以 1985 年为基期的不变价格。本节使用 EViews6.0 软件进行实证分析。

1980 年 Sims 将向量自回归模型（Vector Autoregressive Model）引入经济学，推动经济系统动态性的广泛应用。VAR 模型不以经济理论为基础，采用多方程联立的形式，在模型的每一个方程中，内生变量对模型的全部内生变量的滞后值进行回归，进而估计全部内生变量的动态关系。VAR 模型的表达式为：

$$Y_t = \sum_{i=1}^{p} \prod_i Y_{t-i} + U_t = \prod_1 Y_{t-1} + \prod_2 Y_{t-2} + \cdots + \prod_p Y_{t-p} + U_t \tag{5-1}$$

$$U_t \sim \prod D(0, \Omega) \tag{5-2}$$

其中，Y_t 为 $LNGDP_t$、$LNRD_t$、$LNPAT_t$ 构成的列向量，$\prod_i$ 是第 i 个待估系数的矩阵，U_t 是随机误差列向量，Ω 为协方差矩阵，t 表示时期，p 为模型最大滞后阶数。

若变量间存在协整关系，可以由 ADL 模型推导出 ECM，而在 VAR 模型中的每个方程都是一个 ADL 模型，因此可以认为 VEC 模型是含有协整约束的 VAR 模型，应用于具有协整关系的非平稳时序建模。当 VAR 模型中的非平稳变量是协整的，则可在 VAR 模型的基础上建立 VEC 模型，其表达式为：

$$\Delta Y_t = A_1 \Delta Y_{t-1} + A_2 \Delta Y_{t-2} + \cdots + A_{p-1} \Delta Y_{t-p+1} + \prod Y_{t-p} + U_t \tag{5-3}$$

其中，$\prod$ 为修正矩阵，$\prod Y_{t-p}$ 为修正项矩阵。由于已假定 $Y_t \sim I(1)$，所以 $\Delta Y_t \sim I(0)$。

本节的实证研究包括五个方面：第一，利用单位根检验方法确定时间序列 LNGDP、LNRD 和 LNPAT 的平稳性；第二，VAR 模型的建立；第三，检验 LNGDP、LNRD 和 LNPAT 之间是否具有协整关系，即变量之间是否具有长期均衡关系；第四，如果变量之间存在协整关系，在 VAR 的基础上给出向量误差修正（VEC）模型，检验是否具有误差修正机制；第五，利用方差分解来研究各变量的动态特征。

三、实证分析

1. 平稳性检验

鉴于 Johansen 协整检验仅对已知的非平稳序列有效，同时为了避免对非平稳时间序列进行回归时，造成"伪回归"等问题，需要首先对 VAR 模型中的每一个序列进行平稳性检验。实践中，一般通过观察时间序列的时序图、自相关图（ACF）和偏自相关图（PACF）来检验其平稳性。但是图检验法带有很强的主观色彩，比较粗略；而单位根检验相对比较客观，是检验时序平稳性的一种正式的方法（赵云霞，2011）。本节采用 Dickey 和 Fuller（1981）提出的运用较为广泛且消除了高阶滞后相关影响的 ADF 检验来考察所选时间序列数据的平稳性。检验结果如表 5-1 所示。

表 5-1 单位根检验结果

变量	水平检验结果			一阶差分检验结果		
	ADF 值	(C, T, P)	临界值	ADF 值	(C, T, P)	临界值
LNGDP	-1.677643	(C, T, 0)	-3.297799	-3.40843***	(C, T, 0)	-3.310349
LNPAT	-1.880366	(C, T, 0)	-3.297799	-4.015815***	(C, T, 1)	-3.324976
LNRD	-3.210149	(C, T, 0)	-3.297799	-3.468359***	(C, T, 1)	-3.324976

注：检验形式 (C, T, P) 中的 C, T, P 分别表示模型中的常数项、时间趋势和滞后阶数。*** 表示在 10% 显著性水平上拒绝原假设。

从表 5-1 可以看出，LNGDP、LNPAT 和 LNRD 的原序列均未通过单位根检验，而其一阶差分序列均在 10%水平通过稳定性检验，因而各变量均是非平稳的一阶单整序列，符合对变量进行协整检验的前提条件。技术创新投入、产出与经济增长之间可能存在长期稳定的均衡关系。

VAR 模型需明确模型共含有哪些变量及最大滞后期。该 VAR 模型中的变量已经确定，为了保持合理的自由度使模型参数具有较强的解释能力，同时综合参照残差的自相关性、异方差性和正态性（邵建春，2008），本节采用 LR 统计量、赤地信息准则（AIC）以及施瓦兹准则（SC），综合考虑选取最优滞后期为 2。

2. 协整检验

如果 Y_{1t}，Y_{2t}，…，Y_{kt} 都是 d 阶单整序列，那么存在一个向量 $\alpha = (\alpha_1, \alpha_2, …, \alpha_k)$，使得 $Z_t = \alpha Y_t' \sim I(d-b)$，其中，$b>0$，$Y_t' = (Y_{1t}, Y_{2t}, …, Y_{kt})$，则认为时间序列 Y_{1t}，Y_{2t}，…，Y_{kt} 是 (d, b) 阶协整，记为 $Y_t \sim CI(d, b)$。

协整关系的检验有很多方法，如 EG 两步法和 Johansen 极大似然法。由于 EG 两步法易于计算，因而在早期被广泛采用，但其缺点是，小样本下参数估计的误差较大，而且分析结果不易解释。经模型分析表明，Johansen 极大似然法优于 EG 两步法。本节采用 Johansen 极大似然估计法对协整关系进行检验。检验结果如表 5-2 所示。

表 5-2 协整检验

迹检验			最大特征值检验			
特征值	迹统计量	5%临界值	特征值	最大特征值	5%临界值	协整方程个数
0.831405	43.54681	29.79707	0.831405	25.19513	21.13162	None**
0.603844	15.96272	15.49471	0.603844	18.09446	14.26460	At most 1
0.015355	0.247588	3.841466	0.015355	0.274529	3.841466	At most 2

注：** 表示在 5% 的显著性水平下拒绝原假设。

本节以表 5-2 的结果为基础，采用 Johansen（1988）提出的用极大似然估计来检验多变量间协整关系的方法，即 Johansen 检验。结果显示（见表 5-2），在 5% 的显著性水平下，LNGDP 和 LNPAT、LNRD 之间存在两个协整关系，但第一个协整向量具有较强的经济解释能力，迹统计量、最大特征值均大于临界值，拒绝没有协整方程的原假设，即变量之间存在协整关系，说明技术创新投入、产出与经济增长存在稳定的长期均衡关系。

对协整向量进行标准化处理，三个变量之间的协整关系表达式（括号内为 t 值）为：

$$LNGDP = 0.101405 LNPAT + 0.099867 LNRD$$
$$\quad\quad\quad (0.01163) \quad\quad (0.01080)$$

由上式可知，在长期关系中，研发投入每增长 1%，经济增长平均约提高 0.0999%；专利申请数每增加 1%，经济增长平均提高 0.1%。这从数量上说明了样本区间内，技术创新的投入和产出的增加与经济增长的变化方向是相同的，技术创新投入、产出的快速增长直接带动经济发展水平的增长，技术创新投入促进经济增长的速度缓于技术创新产出，但因系数较小，所以技术创新的投入与产出的提高还没有成为经济增长的重要推动因素。

3. 格兰杰因果关系检验

协整检验表明，变量之间存在长期稳定的均衡关系，但彼此间是否存在因果关系，以及因果关系的方向并不明确，因此需要进一步对变量进行格兰杰因果关系检验，从而探讨经济增长与技术创新投入、产出之间的相互作用机制。格兰杰因果关系检验对滞后期长度的选择比较敏感，其原因可能是被检验变量的平稳性的影响，或者样本容量长度的影响。所以，本节在检验过程中选取了1、2、3不同的滞后期进行综合考虑。检验结果如表5-3所示。

表5-3 格兰杰因果关系检验

原假设	F值	P值	滞后期
LNRD 不是引起 LNGDP 变化的 granger 原因	4.89424	0.0541	1
LNPAT 不是引起 LNGDP 变化的 granger 原因	7.57542	0.0156**	
LNGDP 不是引起 LNPAT 变化的 granger 原因	0.49734	0.4922	
LNGDP 不是引起 LNRD 变化的 granger 原因	2.58315	0.1303**	
LNRD 不是引起 LNGDP 变化的 granger 原因	5.91496	0.0180**	2
LNPAT 不是引起 LNGDP 变化的 granger 原因	4.40782	0.0393**	
LNGDP 不是引起 LNPAT 变化的 granger 原因	4.02023	0.0489**	
LNGDP 不是引起 LNRD 变化的 granger 原因	5.16232	0.0262**	
LNRD 不是引起 LNGDP 变化的 granger 原因	3.91260	0.0445**	3
LNPAT 不是引起 LNGDP 变化的 granger 原因	1.95093	0.0200**	
LNGDP 不是引起 LNPAT 变化的 granger 原因	7.33077	0.0110**	
LNGDP 不是引起 LNRD 变化的 granger 原因	6.25811	0.0171**	

注：** 表示在5%水平下拒绝原假设。

从表5-3中可以看出，技术创新产出是经济增长的格兰杰原因；在滞后期为两年和三年时，技术创新投入是经济增长的格兰杰原因，但滞后期等于一年时，技术创新投入却不是经济增长的格兰杰原因，这说明由于时滞效应的存在，技术创新投入从第二年开始才会对经济增长起到显著的推动作用，这与经济中的现实情况比较一致，技术创新投入在短期内无法有效转化为科技生产力，带来明显经济效益。此外，经济增长除了在第一年不是技术创新产出的格兰杰原因外，以后各期均是技术创新产出增加的格兰杰原因，这说明经济增长短期内并没有带来技术创新产出的相应大幅增加，长期内能够为技术创新产出提供良好的经济环境，以及先进的技术设施和高速、便利的信息支撑。这与技术创新产出在整个经济发展进程中所呈现的反应滞后性的事实相吻合。

4. 误差修正模型（VEC）

协整关系只能反映变量之间的长期关系和趋势，无法说明变量的短期动态关系。根据格兰杰定理，一组具有协整关系的变量一定具有误差修正模型（VEC）的表达形式存在。建立在协整理论基础上的 VEC 模型既能反映不同经济序列间的长期有关信息，又能反映短期偏离长期均衡的修正机制，是长短期结合具有高度稳定性和可靠性的一种经验模型（王兵，2006）。因此，可以在协整检验的基础上进一步建立误差修正模型，模型估计结果如表 5-4 所示。

表 5-4　VEC 模型的估计结果

解释变量	被解释变量		
	LNGDP	lnRD	lnPAT
LNGDP（t-1）	0.556437（-1.04273）	0.763481（0.46727）	0.264173（1.32460）
LNGDP（t-2）	-0.385608（-0.93881）	1.140520（0.97191）	0.167525（0.97263）
LNRD（t-1）	-0.183800（0.99126）	-0.349119（-0.65904）	-1.651682（-1.84173）
LNRD（t-2）	-0.109119（-0.75361）	-0.104177（-0.25183）	-0.724372（-1.03435）
LNPAT（t-1）	-0.017241（-0.24699）	0.264173（1.32460）	0.475344（1.40789）
LNPAT（t-2）	0.039365（0.65296）	0.265001（0.90883）	0.167525（0.97263）
C	0.054555（0.96820）	0.548099（2.01117）	0.206683（1.28390）
R-squared	0.326467	0.425181	0.739744
EC（误差修正项）	-0.653464	-7.989452	-0.946197

注：不带括号的数字表示回归系数估计值；带括号的数字表示回归系数估计量的 t 统计量的值。

误差修正项系数的大小反映了对偏离长期均衡的调整力度。从表 5-4 可以看出，三个误差修正项均为负值，符合反向修正机制，表明长期均衡趋势偏离的收敛机制在起作用，短期的非均衡状态会逐渐向长期均衡状态趋近。技术创新投入的调整力度较小，产出的调整力度偏大，说明技术创新产出的增加对经济增长的促进作用短期内比较明显，以短期波动为主。

5. 方差分解

方差分解是通过分析每一个结构冲击对内生变量变化（通常用方差来度量）的贡献度，进一步评价不同结构冲击的重要性。其基本思路如下：预测前 s 期向量自回归的误差为：

$$\hat{y}_{t+s} - \hat{y}_{t+s|t} = \varepsilon_{t+s} + \Psi_1 \varepsilon_{t+s-1} + \cdots + \Psi_{s-1} \varepsilon_{s-1} \qquad (5-4)$$

因此，前 s 期预测的均方误差（MSE）为：

$$\text{MSE}(\hat{y}_{t+s|t}) = E\left[(y_{t+s} - \hat{y}_{t+s|t})(y_{t+s} - \hat{y}_{t+s|t})'\right] = \Sigma + \Psi_1 \Sigma \Psi_1' + \cdots + \Psi_{s-1} \Sigma \Psi_{s-1}' \quad (5-5)$$

我们可以利用乔利斯基分解将方差矩阵 Σ 进行正交分解，然后利用式（5-5）给出每个正交化信息对前 s 期预测 MSE 的贡献。根据不同冲击对各变量前 s 期预测 MSE 的贡献率，就可以分析不同冲击对各变量的重要程度（贾俊雪，2008）。LNGDP、LNPAT、LNRD 的方差分解参见表 5-5。

表 5-5　方差分解表

Period	LNGDP 的方差分解			LNPAT 的方差分解			LNRD 的方差分解		
	LNGDP	LNPAT	LNRD	LNGDP	LNPAT	LNRD	LNGDP	LNPAT	LNRD
1	100.000	0.000	0.000	18.048	81.951	0.000	63.968	9.272	26.760
2	88.170	11.009	0.821	60.333	39.665	0.001	66.778	7.862	25.360
3	79.832	19.309	1.859	64.813	34.297	0.890	67.898	6.266	25.836
4	79.709	18.456	1.835	61.165	37.784	1.051	67.159	5.724	27.116
5	79.648	18.509	1.842	61.208	37.224	1.568	68.720	4.695	26.585
6	79.551	18.605	1.844	60.672	35.857	3.471	70.593	3.872	25.535
7	79.593	18.565	1.842	62.346	32.822	4.832	71.234	3.538	25.227
8	79.279	18.856	1.866	64.364	30.203	5.433	71.637	3.349	25.014
9	79.277	18.855	1.870	64.990	28.681	6.329	72.388	3.100	24.602
10	79.238	18.889	1.873	65.177	27.491	7.333	72.876	2.768	24.357

从表 5-5 可以看出，GDP、技术创新投入和技术创新产出的冲击对经济增长均有影响。经济增长在第一期只受到自身影响，技术创新投入、产出对经济增长的影响在第二期才显示出来，并且从第二期开始，技术创新产出对经济增长的影响程度大于技术创新投入对经济增长的影响。此外，技术创新产出对经济增长的影响在第三期达到最大值，为 19.31%，但从第四期开始又逐年递增；技术创新投入对经济增长的影响程度也从第四期开始逐年增强。这个结果与前面的协整分析与误差修正模型分析结果是一致的。对技术创新产出的影响，短期内主要包括经济增长和创新产出自身的影响，分别为 18.048% 和 81.951%；长期内，自身影响逐渐减弱，主要由经济增长主导，影响程度在十期达到 65.177%。对技术创新投入的影响，技术创新产出的影响程度明显小于经济增长与自身的影响，并且经济增长的冲击影响逐年平稳地增加。

四、结论与建议

本节运用基于 VAR 模型的动态经济计量分析方法,对技术创新投入、产出与经济增长之间的关系进行实证研究。研究结果表明,尽管经济增长与技术创新投入、产出都不具有平稳性,但从长期来看,技术创新投入、产出和经济增长之间存在着稳定的协同均衡关系。从经济发展的不同阶段来看,技术创新投入短期内无法有效提高经济增长率,而长期内的贡献比较显著;技术创新产出则短期内能够明显地提高经济增长速度。方差分解结果表明,我国技术创新投入对经济增长的影响程度小于技术创新产出对经济增长的影响程度。

基于上述结论,提出相关政策建议:为了保持技术创新投入和经济增长二者之间长期稳定的均衡关系,政府、企业需要加大研发经费投入力度,优化研发经费配置,为有效开展科技创新活动提供重要物质保障;建立和完善以技术创新产出、科技成果转化为重点的技术创新服务体系,加快发展面向企业的生产力促进中心、技术创新服务中心、大学科技园及多种类型的孵化器,促进技术创新产出、科技成果向现实生产力转化,缩短技术创新转化为经济内在竞争力的有效时间;人才是技术创新的实践基础,为此需要加强技术创新人才队伍建设,注重培养一线创新技术人才和科技领军人才,推进高等教育体制改革,实现基础教育与职业技术教育并举;企业是承载技术创新、应用科技成果最活跃的载体,政府需要强化企业的创新主体地位,引导企业加大创新投入,加快创新要素向企业集聚,使企业真正成为研发投入主体、创新活动主体和创新成果应用主体。

第三节 创新驱动发展管理研究[①]

一、引言

胡锦涛同志在中国共产党第十八次全国代表大会上的报告中明确指出,我国

[①] 本部分借鉴了朱英明(2013)的研究成果。

未来要"实施创新驱动战略"。要实施这一战略,不仅需要"深化科技体制改革,推动科技和经济紧密结合,加快建设国家创新体系",而且也需要"着力构建以企业为主体、市场为导向、产学研相结合的技术创新体系"。而实施这一战略的目的,不仅要"着力增强创新驱动发展新动力",而且更重要的是"加快形成新的经济发展方式"。为了实现这一目的,不仅需要"使经济发展更多依靠内需特别是消费需求拉动,更多依靠现代服务业和战略性新兴产业带动",而且需要"更多依靠科技进步、劳动者素质提高、管理创新驱动"。由此看出,管理创新驱动,已经成为我国实施创新驱动发展战略,增强我国创新驱动发展动力的重要保障。然而,如何管理创新驱动,却是一个非常复杂的系统工程,不仅关系到我国实施创新驱动战略的成败,而且也关系到我国能否顺利地进行产业转型升级。本节认为,我国创新驱动发展管理应针对创新驱动发展的微观主体即创新驱动型企业,创新驱动发展管理的基础在于创新架构的构建,创新驱动发展管理的着力点在于创新经营路线图的制定。为此本节首先介绍创新架构理念及其构建程序,其次介绍创新经营路线图的制定程序。

二、创新驱动发展管理的创新架构

1. 创新架构的理念

创新是组织中产生新的增长或财富来源的过程。架构(Architecture)是通过整合、配置、转换和调整,将不同要素创造、设计或建成有用的和持久的某些东西的学科。因此,创新架构(Innovation Architecture,IA)是整合、配置、转换和调整不同要素,导致组织的增长或财富新来源的创造、设计或建立的系统性学科(Lynch,2006)。

按照 Tschirky 和 Trauffler(2011)的观点,IA 代表系统性的知识地图。一方面,根据客户需求的趋势和可利用的科学知识,IA 涵盖了支撑现有业务和产品以及新业务和新产品的所有主要知识(见图 5-1)。另一方面,IA 展示了作为现有业务和产品以及新业务和新产品基础的这类知识的可能的组合。IA 包含六个结构层:(新)创新趋势、(新)业务、(新)产品—系统—服务、(新)产品功能、(新)技术平台、(新)科学知识领域。

"(新)创新趋势"层包含所有相关的社会、经济和市场趋势,比如老龄化社会、全球化、知识社会、技术市场、风险资本等。在"(新)业务"层上,补充

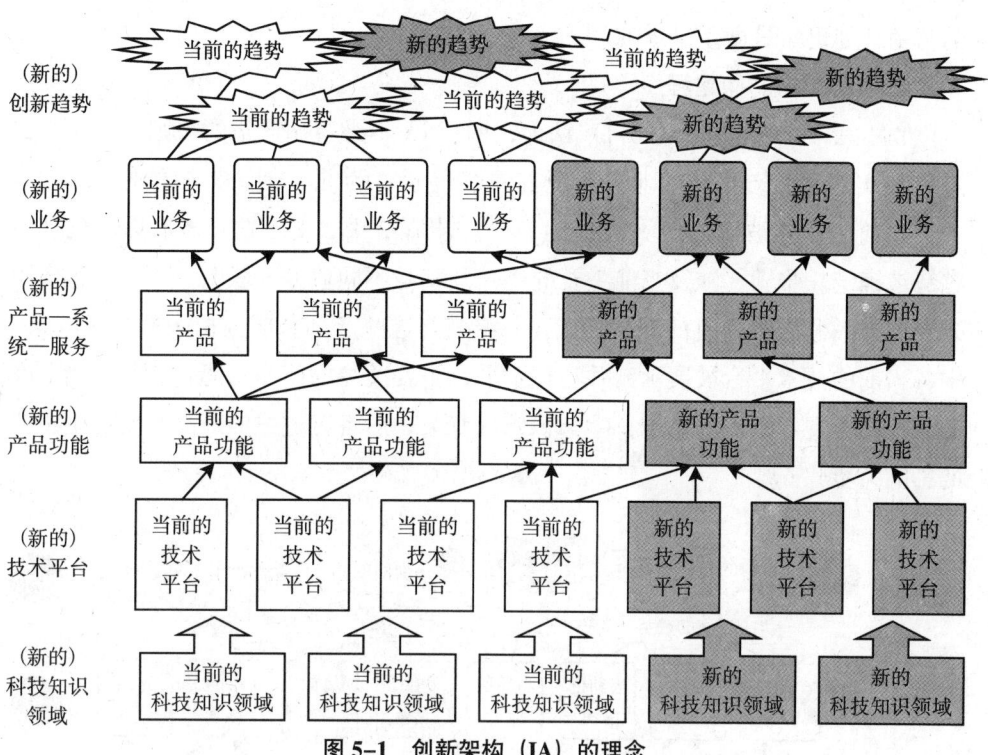

图 5-1 创新架构（IA）的理念

或替代当前业务的未来业务的想法被详细列举。"（新）产品—系统—服务"层包含可能是当前或新业务一部分的现有的和未来的产品。在"（新）产品功能"层上，我们发现被一个以上产品共有的条目或产品特征。产品功能描述产品和服务的基本效果，在没有获得技术解决方案的情况下，产品功能成为客户需求的"翻译"。找到最合适的技术解决方案是在识别当前和新的主要产品功能之后，并将其分配给特定的"技术平台"。技术平台列举将要被掌握的一组产品和加工技术，以便为被确定的产品功能提供具有竞争力的解决方案。技术平台的概念有战略意义，在创新驱动型和技术驱动型企业中，将要被 R&D、生产和供应链管理掌握的技术数量达数百甚至数千个。尽管每项技术代表相当大的财务价值，但是为这些技术中的每一项都带来商业价值实际上是不可能的。因此，根据技术平台创造一批有意义的技术，使得管理人员能够估计战略性技术的价值。IA 最后一层是"（新）科学知识领域"，该层实际上表明企业技术基础的起源。这一层次具有重要的战略意义，因为它表明"战略能力规划"是现代战略规划一个不可或缺的规划。在相应的基本知识基础被规划和确立之前，基于技术密集型产品的雄心勃勃的营销计划仍然是微不足道的。

2. 创新架构的构建程序

Tschirky 和 Trauffler（2011）认为，构建 IA 不必遵循严格的规则。然而，经过多次实践之后，当前的业务状况首先被展示。为此，创新架构的构建步骤 1 中，当前的业务被捕捉到（见图 5-2）。在步骤 2 中，对当前业务有影响的那些趋势被确定。步骤 3 涉及当前主要的产品及其与不同业务的联系。步骤 4 包含引入当前产品和服务共有的产品功能，并将其与这些产品和服务相联系。在步骤 5 中，当前的技术平台被展示，并与技术平台主要关注的产品功能相联系。当前业务状况的表现与引入的基本科学知识领域有关，后者对过去的产品开发产生主要的影响（步骤 6）。

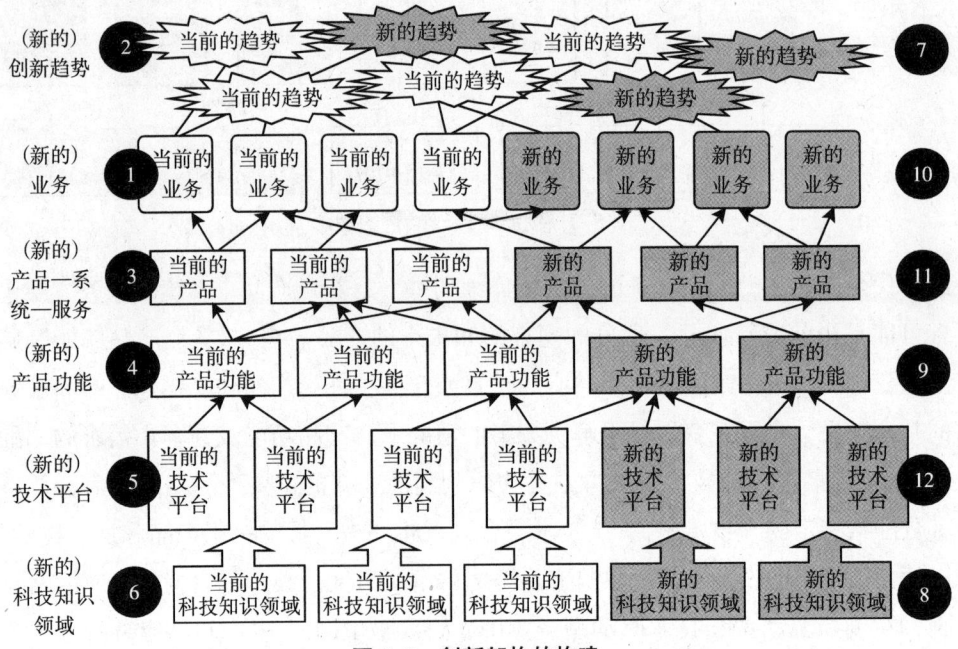

图 5-2 创新架构的构建

利用 IA 的创造性部分始于步骤 7 和步骤 8。由于源于早期的研究或专题研讨会，所以可能影响未来的客户行为和产生新的客户需求的新的重要趋势被引入。相应地，必须带来新的知识领域，以便促进新思想的形成。在下一步中，不一定要仿效传统的 IA 结构和对未来业务或产品进行头脑风暴。相反，可以形成步骤 9，深入讨论新趋势和新需求的可能结果，并将这些假设的新趋势和新需求

"转化"成新的产品功能。由于不是对未来产品和业务下结论，所以说明拥有可能新的产品功能的未来具有更少的不确定性。只有在现在，召开新产品或新业务的创意会议是有意义的，然而步骤 10 和步骤 11 可能反复进行。当决定包括新功能后，讨论必需的技术支持是步骤 12。这一步可能会提出一个新的技术平台，或新功能与现有平台一起联合发展。在步骤 12 中，新的知识领域的问题重新被讨论。

三、创新驱动发展管理的创新经营路线图

1. 创新经营路线图的理念

创新驱动战略管理中利用的路线图反映的理念的灵感来自于地理路线图。当旅行者外出旅行时，地理路线图充当旅行者的工具。与此类似，创新驱动战略管理中的路线图作为一种规划工具，能够指引创新驱动型企业不断创新，增强其创新驱动的发展动力。作为一个规划工具，路线图本质上是图形化的示意图，展示规划目标、目标间的关系以及目标间关系随时间的变化状况。

创新经营路线图（IBR）可以采取各种特定的形式，取决于类型（机会、能力、产品、技术等）、特定环境（产业、科学、企业）和时间范围（短期、中期、长期）。本节侧重于技术路线图，对给定企业而言，创新经营路线图突出中长期的三个目标层：创新驱动器、业务和技术（见图 5-3）。

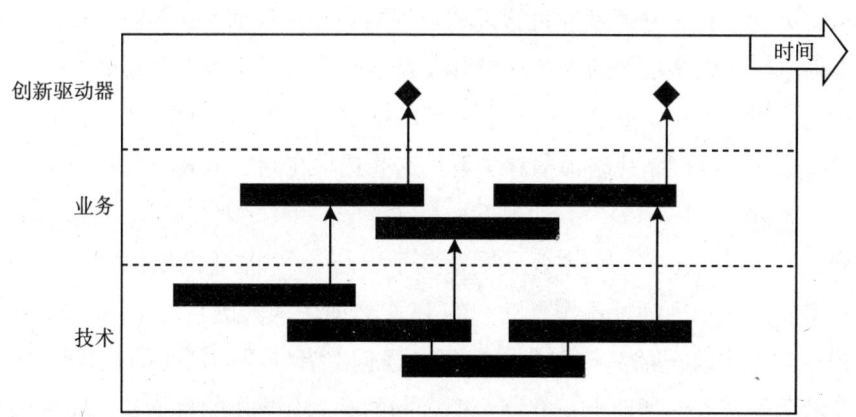

图 5-3　创新驱动发展管理工具：创新经营路线图（IBR）

创新驱动器层包括企业外部和内部驱动器。外部创新驱动器是来源于企业外部环境的因素，可以表述为市场或客户要求（需求）。那些要求和需求由法律法

规的变化、技术变化、竞争、社会趋势等引起。内部驱动器常常产生于企业的战略目标或者企业的内部约束因素，比如产品发布策略、企业的优势或劣势、成本降低目标、利润目标、重组计划等。

业务层包括企业的战略业务及其子层中那些交付的业务相应的产品和服务。除了产品和服务外，该层可能也包括别的子层实际规划的产品或服务的特征。第三层致力于技术。这一层进一步分为技术平台和实际技术子层。

创新经营路线图所有的层次及其相应的子层，比如实际创新驱动器、技术、产品、产品特征以及那些层次的内容和层次本身，不能被认为是孤立的，只有当它们的配置代表一个整体性的、相容的战略规划时才是有意义的。这种配置是通过对所有三个层次及其相应的内容以某种方式进行时序安排和相互关联产生的，以满足设定时限内的创新战略目标。

需要强调的是，IBR 不能取代创新战略分析和创新战略目标设定。在开始制定创新经营路线图之前，创新战略目标必须是清晰的，否则就会出现创新经营路线图与创新战略规划无关的问题。事实上，创新战略目标需要包含在 IBR 中，作为企业内部的创新驱动器。

此外，需要对创新项目和创新经营路线图加以区别。创新项目是高度具体化的活动，在时间上是界定好的，通常在一个较短的时期，具有低水平的不确定性。当与其他创新项目分开考虑时，某个创新项目的内容可能是有意义的。项目规划具有可操作性，并遵循项目管理和控制的规则。然而，IBR 被当作是向复杂性和不确定性的战略层次的进步。当 IBR 符合自身及整个战略环境时，它的内容才有意义。因此，IBR 不仅仅是一个纯粹的创新时序安排工具；相反，它根据大量的战略选择支持创新战略评估和决策。这些选项在制定 IBR 过程中可能是组合式的。

如上所述，IBR 的三个主要层次及其子层与 IA 中描述的层次具有较大的相似性。事实上，IBR 可以看作是动态的 IA。然而，两者的目的不同。IA 主要集中在现在和未来状况的简单印象，以便增强创造者搜寻创新时的创造性。IA 提高企业的创新资产的透明度，并展示两者间的关系。IBR 的目标是，通过展示其目标随着时间变化的动态关系，提高创造者的规划和决策能力。这种展示目标的动态方式使得规划目标如何能实现以及需要做出什么决策的战略选择形象化（Tschirky & Trauffler，2011；Malone et al.，2006）。

2. 创新经营路线图的制定

IBR 的制定实际上需要以 IA 为基础。下面以旨在获得具有个体机动性的经济适用型飞行器的企业的 IA（见图 5-4）为例，说明制定 IBR 的具体程序。

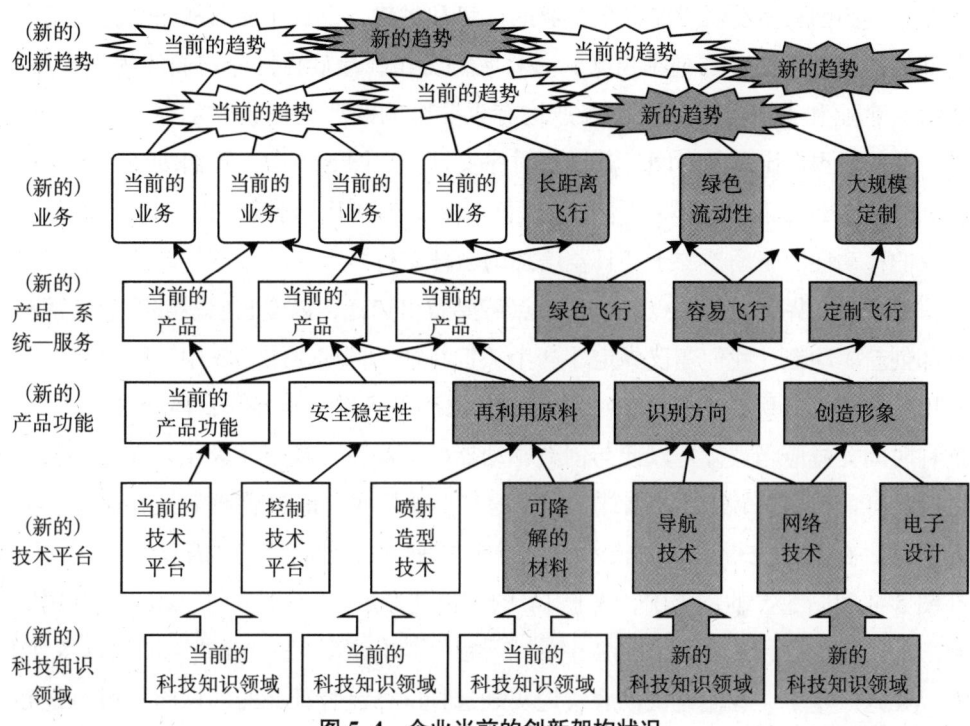

图 5-4　企业当前的创新架构状况

第一步：决定 IBR 的时间范围。该时间范围通常是指有效的技术和创新战略必需的时间范围。一个有意义的战略性 IBR 的规划周期是中到长期，而不是短期。由于依赖产业，所以这种规划周期的年数变化相当大。

第二步：客户细分和创新驱动器。这里需要界定企业所希望拟定的 IBR 的客户群。清楚界定客户群是重要的，因为这为搜寻创新驱动器提供基础。讨论谁是这种客户群的关键客户以及为什么也至关重要。如果某个 IA 包括选定的市场客户群，那么来自"创新趋势"水平的数据可以作为外部创新驱动器的来源。一般来说，当我们搜寻外部创新驱动器时，还要包括以下方面：市场变化、技术变化、竞争对手的行动、产业合作和联盟、能力和财务、法律法规、行业规范或环境要求。竞争对手通常代表非常强大的外部创新驱动器。因此，请识别竞争对手并讨论他们的竞争状况。当这样做时，集中在最重要的竞争对手和选定的细分市场是重要的。请考虑那些竞争对手的优势和劣势，并讨论细分市场的竞争对手的行动的战略含义是什么。

进行 SWOT 分析或者短的头脑风暴会议，能够进一步识别外部和内部创新驱动器。内部创新驱动器可能源于企业的优势和劣势，以及企业的战略目标。请将全部的那些创新驱动器列举出来，并将它们分组，最后再区分它们的优先次序。请将对企业和客户群中的关键客户均有重要影响的那些创新驱动器包含在 IBR 中，并按照预期出现的时间对其进行时序安排。在图 5-5 中，我们改变图 5-4 中 IA 的两个外部创新驱动器："零排放倡议"驱动器源于"环境保护"趋势，"不受约束的移动性"驱动器源于"日益增加的全球旅行"。

第三步：界定产品特点。产品特点需要做出选择，以便它们能够响应内部和外部创新驱动器，我们建议界定 3~4 个关键特征。例如，图 5-5 中选择导航、再利用和样式，然后在那些类型中沿着 IBR 的时间表进一步寻找具体的规范要求。这种时间安排应当被设定以便与创新驱动器的产品特征规范要求相匹配。对那些关键特征的界定来说，寻找来自于 IA 的"功能层次"的灵感通常是有益的。如前所述，在没有先行采取的技术解决方案之前，功能成为客户需求的"翻译"。在图 5-4 和图 5-5 的例子中，来自 IA 的"创造形象"、"识别方向"和"再利用原料"的功能，已经被转化为 IBR 中的"导航"、"再利用"和"样式"的关键特性。

在这一步中，我们建议彻底讨论实现选择的产品特征必需的风险、可行性和成本。这需要评价各个驱动器相应的规范要求的每个产品特征的增加值和效果，以及驱动器背后最初的客户需求。成本—收益分析可能是这种评价的正确工具，因为这种分析能够识别哪些关键特征对驱动器有最大影响，以及对多个驱动器有哪些影响。在 IBR 业务级别的产品特征层需要包括哪些关键特征。

第四步：根据时间表将业务添加到 IBR 中。在进行第四步之前，集中讨论企业业务的战略目标以及怎样/何时实现这些目标必须已经得出结论。当将业务包含到 IBR 中时，它们应当以某种方式选择业务并将其列入计划，以同时响应之前讨论的战略业务目标和创新驱动器。在这里，IA 再次作为提供未来业务的灵感的来源。例如，三种业务"长途飞行"、"绿色流动性"和"大规模定制"已经照原来的样子从 IA 被改编到 IBR。

第五步：对产品战略排队。这一步包括讨论所有可能的产品战略，它们同时满足之前确定的产品特点和业务。讨论的其他方面可能包括：基本的产品战略决策的选择，比如"高端"或"低端"产品类型、产品族的概念、平台战略、样品的截止日期、市场推广和新一代产品发布的时间表等。例如，三个产品"绿色飞行"、"轻松飞行"和"定制飞行"按照现状从 IA 改编到 IBR。

第六步：对技术解决方案制定时间表。这一步包含两个主要的任务：第一，识别技术解决方案；第二，根据它们对实现第三步决定的所有的产品特点的贡献，评估这些解决方案。这一步的最终目标是，对 IBR 中做出的决定有关的潜在的技术发展或收购活动增加透明度。因此，潜在的技术解决方案的确认与对它们的评估密切相关。在评估中要澄清的最重要的问题是：潜在的技术如何适合给定产品特点的实现，企业自身对产品特征的知识水平怎样，有关产品特征的一般知识水平如何。

第七步：形成技术平台。技术平台的形成表明，再次分析前一步选择的技术，以便将这些技术划分成有意义的战略实体。技术平台的指定应当符合前一步的战略讨论。从根本上讲，根据企业在一个特定的技术领域发展独特能力的雄心，以及能够利用平台在多个业务单位的协同效应，技术平台应当集群发展。在 IBR 中的技术平台形成过程中，需要对 IA 中的平台进行细化。经验表明，在这一步中可能的技术平台的内容应当包括想要建立的新技术（前一步中已经讨论的），以及现有和已掌握的技术。这一步会给出有关可能的平台及其影响的最完整的图像。然而，这一步仍不建议在 IBR 中包括现有技术。一般而言，第六步进行的技术的识别和评估，以及这一步中有关技术平台的决策，是一个耗费时间的反复进行的过程。

第八步：资源的规划含义。IBR 中长期规划活动在执行时需要付出较多的努力。因此，我们也建议在 IBR 中包括企业的单位资源的含义。要讨论的主题通常是：增加资本或更高的预算、R&D 或物流的战略联盟、建立新的项目结构和组织结构的必要性等。

第九步：只有在 IBR 的所有层次被正确地精心设计后，我们才建议通过连接器开始每个层次的条目的联系，并用箭头表示它们随着时间推移的直接关系。这样做意味着明确地设置和排列与时间表相关的转折点和发展。链接项目的最后一步突出给 IBR 的规划活动的总体准确性带来巨大的价值，因为所有条目在整体规划环境比如所有目标、活动、时间表和层次间的交接方面通常被严密地审查和考虑。

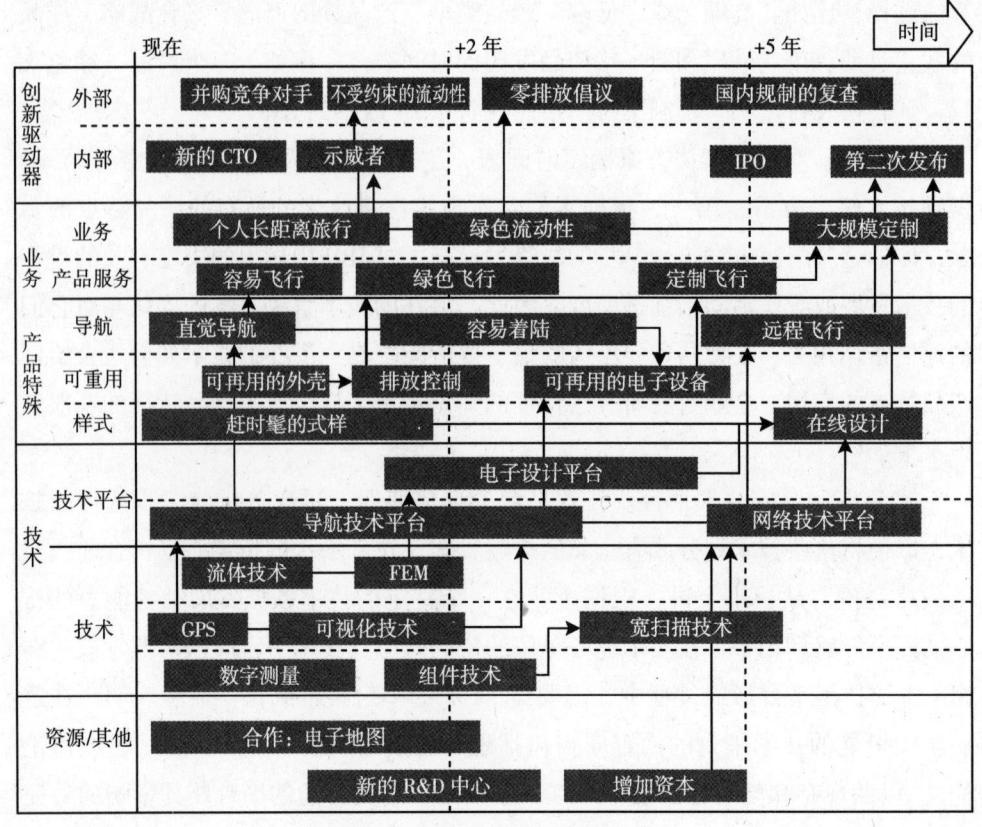

图 5-5 创新经营路线图的形成

四、简要结论与启示

在技术变化迅猛发展和竞争性创新日益加强的今天，技术和创新不再是特定个人或部门的问题，而是整个企业关心的问题。在这样的背景下，对新技术和创新表现出良好的开放心态，企业管理者和员工需要有天生的好奇心和承担风险的意愿，企业内部和外部均具有较低的沟通障碍，就成为企业文化的新特征。沟通障碍是企业普遍存在的一种事实，这主要源于企业各个部门"说"不同"语言"。例如，在 R&D 部门中，以自然规律、工程原理、数学规则进行的思考和演讲居于支配地位，其语言可以称为"研发语言"。生产部门则是由具体的生产技术、生产量计量标准和质量观念构成的"生产语言"。在市场营销中，人们说"客户语"，被客户利益、销售价格和独特的销售主张之类的表达所支配。企业的财务部门的思想和行动以盈利能力、流动性和利润率等"财务语"为基本语言。这种

"巴比伦"式的语言混乱已经成为企业达成共识以及适时做出决策的主要障碍，企业的创新驱动发展管理也因此受到挑战。

创新驱动发展管理过程一方面需要考虑可能影响主要决策的大量所有因素；另一方面需要不同专业岗位的相互了解，接受这些岗位的变化，并根据做出的恰当的单个决策最终达成共识。多样性和单一性间的这种相互作用，实际上反映出处理复杂性的一种方法：当开始某个决策过程时，故意地考虑到所有基本的决策因素，反映出有意增加复杂性。相比之下，随后对要做出的最适合的决策达成一致的过程，相当于有意降低复杂性。成功地管理复杂性是对创新驱动型企业一个特有的挑战。个人或企业创新的雄心本身意味着征服客户需求的新领域，以及能够满足这种需求的技术。因此，创新性特别依赖收集想法阶段最初增加的复杂性的能力，以及随后再将复杂性降低到合理数量的、有前途的创新项目的能力。

对创新驱动发展管理日益重要的、更大的挑战是更加开阔的创新意识。目前，普遍被接受的创新主要集中在新产品、新技术或新服务方面。然而，"卓越创新"已经远远超出普遍被接受的创新范畴，还包括组织创新和业务创新，这表明创新需要具有整个行业或全球视角的管理创造性。创新的另一个主要趋势是"开放式创新"和"分布式创新"，这种结构模式创新的特征是，跨越并超出组织边界或区域边界共享 R&D 资源，这表明创新需要具有结构化或系统化视角的管理创造性。

第六章 创新与区域发展研究

第六章对创新与区域发展问题进行研究，研究内容包括：GVC、GPN 和 GIN 下区域经济发展研究、技术创新与就业增长研究、产业集聚对区域创新能力的影响研究、基于 DEA 的区域技术创新效率研究。本章首先对全球价值链（GVC）、全球生产网络（GPN）和全球创新网络（GIN）下区域经济发展研究进行评述，分析和比较这三个框架各自的研究特点，并指出其对区域经济发展研究的借鉴意义。其次，从创新行为与结构变化、竞争形式以及需求间的关系入手，分析创新活动对就业增长的影响机理。从行业和地区两个层面研究创新活动对就业增长的影响。研究结果表明，总需求增长显著促进行业和地区就业增长，总创新强度增长显著抑制行业和地区就业增长，市场导向的产品创新只对行业就业增长产生显著正向影响，兼有市场导向的产品创新与调整导向的工艺创新只对地区就业增长产生显著正向影响。再次，从理论上分析了产业集聚对区域创新能力的影响机制，分别从全国和东中西三大地区的角度，实证研究产业集聚对区域创新能力的影响。研究结果表明，产业集聚水平的提高对我国区域创新能力有明显促进作用，其中多样化集聚对创新能力提升作用显著，专业化集聚则不显著。最后，利用数据包络分析的 CCR 和 BCC 模型测算了 2006~2010 年东部沿海十省市的综合效率、纯技术效率、规模效率和规模收益趋势。结果表明：东部沿海十省市的技术创新效率总体较高，综合效率、纯技术效率、规模效率和规模收益趋势存在差异，且技术创新效率并没有表现出随时间变化的趋势。在非 DEA 有效的省市中，产出不足远远大于投入冗余。

第一节 GVC、GPN 和 GIN 下区域经济发展研究[①]

一、引言

传统的对区域经济发展的研究视角集中于对区域内生产系统、企业集群和工业区进行分析。而全球经济一体化的发展为区域经济发展带来了复杂而深刻的影响。随着全球经济一体化的拓展和深入，区域经济中企业的投资、研发、生产和贸易等经济活动也随之发生根本性变化。因此对区域经济发展的分析需要上升到一个新的层次。而全球价值链（GVC）、全球生产网络（GPN）和全球创新网络（GIN）是研究全球经济和区域经济间联系的三个重要的分析视角和框架。本节对 Parrilli（2013）等人的研究做简要介绍，对前述三个框架下区域经济研究的最新成果进行评述，分析和比较这三个框架各自的研究特点，并在此基础上指出其对区域经济发展研究的借鉴意义。

二、全球经济一体化研究回顾

早期对全球经济一体化研究始于对市场国际化、国家间的贸易不平衡的研究（Hess & Yeung，2006；Bair，2009）。国家与国家间工业发展的不平等以及国家间的贸易将导致全球经济出现中心国、半边缘国和边缘国家的产生（Prebisch，1950；Singer，1950；Hopkins & Wallerstein，1950；Frank，1978），这种不平衡的经济关系将会随着新的经济支配权的出现而发生变化（Henderson & Nadvi，2011）。Held（2002）、Henderson（2002）、Schmitz（2004）研究了区域间基于全球价值链和全球生产网络下的治理关系与区域经济发展和产业升级间的联系。

全球价值链的理论前身是全球贸易链（GCC）。在 20 世纪 90 年代，Gereffi 和 Korzeniewicz（1994）首次使用全球贸易链的视角来分析区域经济的发展，关

[①] 本部分借鉴了张鑫（2014）的研究成果。

注区域间经济联系的治理结构，通过生产者驱动和买方驱动的价值链体系模式分析区域经济发展中的产业升级。进入 2000 年后，GCC 分析的理论框架进一步发展成为 GVC 框架。全球价值链的框架不仅将 GCC 的价值创造链条扩展到了制造领域和服务领域，同时也揭示了跨国企业生产体系的脑体纵向分离和国际产业转移的本质。在全球价值链框架下，链条中每一个阶段的产品和服务价值创造是与该链条中的企业间治理关系分不开的。全球价值链治理关系的内在力量不仅决定着价值在各个链条中的增值与分配，而且影响着区域经济的发展和升级以及由此带来的全球价值链治理关系的转变（Gereffi et al., 2005）。在全球价值链体系下，通过引进外资，建立与全球产业链生产相配套的企业和网络，许多国家和地区实现了经济的高速增长和初步的工业化。所以，Humphrey 和 Schmitz（2002）、Nadvi 和 Halder（2005）、Pietrobelli 和 Rabellotti（2007）等学者将价值链的概念应用到包括本地产业集群在内的区域生产系统之中，研究发达国家及发展中国家区域经济增长潜力。

Coe 等（2008）以经济地理学的视角通过全球生产网络的框架分析了全球经济一体化对区域经济发展的影响。研究发现：跨区域、跨国生产网络和以全球价值链为基础的国际产业转移业已成为发达国家和发展中国家和区域在开放市场条件下实现本地区经济发展的重要内生/外生创新方法。而全球化的生产网络在空间范围的展开与区域内的产业集群发展有着内在联系。全球化的生产网络一方面是生产在地理空间范围不断地扩散；另一方面是由分散化生产所带来的某一生产环节在区域上的集聚。全球生产网络以资源配置和要素报酬的最优化为原则进行区位选择，而集群则将全球化的生产活动"本地化"。全球生产网络的发展前提必然是国际分工能够带来跨区域的贸易利得。对产业集群的产生和发展而言，集群内在因素和与集群有着密切联系的外生因素同样非常重要。集群内在的因素包括集群内的服务性机构、人力资源以及各种形式的资本。而外生因素则是指集群与外部环境间的人员、知识和资本的流动。这种流动为集群引进了新的知识、技术和新的市场。

Ernst（2009）提出全球创新网络（GIN），研究区域生产与全球化生产的内在关系。在该框架下，研究所关注的重点是与高附加值生产活动有关的关键因素：例如工程分包、产品开发和研发活动在地理前沿上的扩展，而正是这些因素决定着国际生产和市场上力量的平衡。随着生产转包这种跨区域生产方式的发展,研发网络和研发活动开始成为价值链上主导企业的核心竞争力。在对跨国企业进行研究的相关文献中,新兴的经济力量,如古巴、俄罗斯、印度、墨西哥和中国(BRIMCs)通过从外部引进专业人才,建立专业化的研究部门等方式越来越多地参与到研发活动中,而在接下来的十年,创新和研发能力将主导全球经济力量的改变。

目前对区域经济增长及差异的研究则基于以上三个框架。Schmitz(2004)、Pietrobelli 和 Rabellotti(2007)在此基础上进行区域竞争优势比较,Foray 和 Van Ark(2007)甚至提出了"智能专业化"(smart specialization)的概念。以上三个框架除了用于分析发展中国家和新兴经济体的本地/区域经济发展,近些年来也多用于研究企业及其全球网络的发展。Dunning(1988)、Cowling 和 Sugden(1997)、Dunning 和 Lundan(2008)的研究对象都为跨国企业和大型企业集团。通过对研发和创新过程以及相关生产网络的控制,这些企业集团控制着相关产业的发展。

以上研究通常是以产业链中主导企业为研究对象,分析其在全球价值链和全球生产网络中的成功战略。而研发、创新、产品和市场是决定着全球化背景下区域间竞争地位的关键因素。因此以经济地理学的视角研究区域经济发展时,要基于以上关键因素对区域进行灵活的划分。在诸如美国、中国、巴西这样的大经济体环境下,我们所划分的每个区域可能包含多个行政省份和州,比如南部巴西、美国东北部或是珠江三角洲都可以构成一个完整的经济区域。而在欧洲和其他小的联邦国家,区域的范围在地理上就会变得非常小。因为每个区域都有着特定的历史、文化、社会和政治特征,正是这些特征对以上关键因素有着重要的影响,因而这些区域能够构成经济地理学意义上的独立研究个体。

三、全球经济一体化与区域经济发展研究

1. 全球价值链下的区域经济研究

全球价值链方面的研究属于国际商业领域。该方面的研究较多关注价值链治理以及新兴经济体中中小供应商企业的发展(Gereffi & Korzeniewicz, 1994; Boomgard et al., 1992; Gereffi et al., 2001)。全球价值链框架分析区域间的价值创造及分布,研究处在价值链的生产和商业阶段的企业所创造的与价值链中的其他企业——例如供应商、服务商、客户等(非竞争性企业)——的区别。同时全

球价值链的关注领域也包括价值链中垂直关系企业间的治理关系类型。不过，对全球价值链的分析在区域角度以及生产系统角度的影响却很少。全球产业链中的企业是一对一或者一对多（主导企业对供应商和分包商）的线性联系，而非网络化的联系，并以这种方式将其他区域的企业纳入其中。Boomgard 等（1992）认为全球价值链在不同地区或者复制其某阶段的链条，或者向下延伸其链条，因此全球价值链对各个区域的经济发展影响不尽相同。Humphrey 和 Schmitz（2002）将全球价值链框架与集群分析结合起来从理论方面研究了全球价值链对不同区域经济的影响并做了理论分析。Knorringa（1999）、Nadvi 和 Halder（2005）、Pietrobelli 和 Rabellotti（2007）延续 Humphrey 和 Schmitz（2002）的研究，做了相应的实证分析。

研究对象方面，全球价值链的分析主体是企业。价值链涵盖了与原材料供应、生产分包、服务支持和产品销售等相关的所有企业。尽管也是对区域和国家产业升级以及国际市场竞争力进行分析，全球价值链只是以包含在价值链中的企业为样本，这些样本企业通常是依靠价值链的存在而存在。（Gereffi & Korzeniewicz, 1994; Bair, 2005）。

价值链下的区域经济研究思路是基于主导企业的直线关系研究。行业的主导企业位于全球价值链的顶端，而在供应商、分包商和服务商层面价值链又分散为多个相互竞争、平行的次级价值链体系。按照垂直层级以及对主导企业的影响力，价值链中的企业形成了一级供应商、二级供应商、三级供应商和四级供应商。对价值链中上下游企业间产出和投入的测量和评价就是通过这样的线性视角进行。Pietrobelli 和 Rabellotti（2011）的研究发现，价值链体系中企业之间的治理关系与区域创新系统中个体之间的治理关系有着很大的不同，前者的关系为线性，而后者是非线性、共同演化的。尽管产业集群、企业联合、政府机构、大学、科研机构等个体都对区域经济发展产生重大影响，而全球价值链体系采用的是线性框架而非系统框架，因此并没有将这些因素代入进行定量分析。

全球价值链体系将企业间治理关系融入到区域经济发展研究框架之中。价值链中企业间治理关系的识别及分析是全球价值链研究的重要内容。这其中包含了对价值创造、价值分布区、产业升级和产业政策的分析。Gereffi 等（2005）根据交易的复杂程度、交易编码的能力和供应商能力，将全球价值链治理模式划分为五种：市场型、模块型、关系型、俘获型和层级型。价值链中的治理控制力来自于对供应商的质量标准、劳动力和环境的要求。同一个价值链中,供应商之间的治理关系也千差万别。一级供应商与主导企业之间的治理关系多属于关系型和模块型,而第三级和第四级供应商之间的关系通常为层级型和俘获型甚至是市场型(Cooke,2005)。

全球价值链体系下定义了在产业升级的四种方式:产品升级、工艺流程升级、功能升级和跨产业升级 (Humphrey & Schmitz,2002)。Pietrobelli 和 Rabellotti (2007) 研究了拉丁美洲跨部门的产业升级。Knorringa (1999)、Artola 和 Parrilli (2007) 通过同一区域中不同市场和生产系统间的关联度来研究产业升级。

2. 全球生产网络下的区域经济发展

全球生产网络研究的视角超越了主导企业和供应商企业的层面,而是以不同功能和不同区位划分企业群落,并与弹性生产和创新网络相结合。因此全球生产网络关注的是跨边界生产网络,汽车产业、ICT产业和电子产业正是全球生产网络研究的对象。全球生产网络的分析更适用于具有网络性生产的产业,而不是诸如食品行业的线性产业,这是由于线性产业大多本地化严重。全球生产网络适于识别、分析区域和国家间的产业地位及特点。例如,Yeung (2009) 定义了东亚各个经济区域战略耦合的不同模式:韩国、中国台湾和新加坡大城市间的汽车和运输产业的"内部创新"合作,新加坡和中国台湾在金融、化工、电子和物流网络中的"国际伙伴关系",马来西亚、泰国和中国出口区域的生产平台。

全球生产网络的分析是在行业和产业层次。虽然全球生产网络也像全球价值链框架一样对主导企业进行了识别,但不是仅仅停留在对主导企业的层次上进行分析,而是将分析扩展到企业所在生产网络、产业集群和国家。从这个意义上说,全球生产网络框架将对区域的分析方法与产业/行业的分析方法结合了起来。目前许多基于全球生产网络的区域经济研究将经济的内在联系作为划分区域的第一原则,该方法在分析多个国家所组成的经济联合体,如欧洲,或分析大国内部区域经济增长与差异方面应用广泛。因此全球生产网络框架中的全球生产网络和区域包含多个国家,正如 Yang (2012) 对全球生产网络的分析跨越了东亚和东南亚,这是一种跨越国家的区域分析视角。在该视角下,区域既可以是一国内部诸多行政单位的集合,也可以是具有相同经济特征的国家集合。

因此在这方面,全球生产网络采用了网络框架,对不同产业和市场,企业层面和国家层面的关系进行多角度分析和识别。全球生产网络方法更广泛,对企业间关系、公共部门和民间组织的联系、产业/集群与政府间联系的分析都有涉及。另外，全球生产网络框架可在包括社会、文化和机构等更多的层面上展开分析。这种包容性也有可测性等问题存在，但对全球价值链而言，在分析区域经济方面，这种网络框架比全球价值链线性框架更有优势。然而全球生产网络方法仍然是一种网络框架而不是系统框架。系统从概念上说是多种个体在相互博弈与水平协调下的所达到的稳定状态的整体。在这个意义上，全球生产网络中的"网络"就区别于"系统"，因此不能完全用作区域经济发展的分析视角。

Ernst 和 Kim（2002）发现了全球生产网络下产业升级的学习机制，但是这方面的研究在理论领域未能进一步发展。Yeung（2007）对全球生产网络的研究发现，韩国的产业升级很大程度上是由于其国内前瞻性的创新政策造就了企业的竞争和学习能力。并且通过跨国伙伴战略耦合模式，中国台湾在某些专业特殊领域例如物流、金融、石油化工等，实现了产业的升级与专业化。

3. 全球创新网络与区域经济发展

全球创新网络分析框架属于商业和经济领域，较多关注创新和产业发展与创新相关关系研究。全球创新网络的研究途径是通过搜寻影响高科技生产活动的关键因素，分析区域间/企业间各种正式和非正式的关系。该框架关注与创新过程（渐进性创新、根本性创新）和网络中不同主体在创新中的作用及地位（Ernst, 2009）。在过去的20年中，创新在促进经济发展中起到了极其重要的作用，所以全球创新网络越来越成为分析当下和未来全球化经济趋势的重要框架。全球创新网络为区域中的经济体提供了升级的机会，尤其是在可能出现跨产品品种的创新时。

研究对象方面，全球创新网络方法分析的个体既有企业（包括企业的研发部门）亦有以产业为对象的定性、定量分析。这种用以分析产业中企业间的关系的方法，也可以跨越企业的层面分析同一生产网络中具有不同技术和竞争能力的区域所形成的相对稳定的系统。

以系统的角度观察，全球创新网络框架与全球生产网络框架类似，为包含复杂关系的网络框架。全球创新网络框架能够为区域经济发展提供更加全局性的、定性的分析，对全球范围的产业发展和创新活动的发展提供预测。以全球创新网络中知识和创新在网络中的主导作用为依据，Ernst（2009）提出了以基于中心的创新网络四种类型：领先区域、先进区域、追赶区域和前沿区域。这四种类型定义了不同企业在知识链中的地位，代表了知识经济的企业均以上述四种方式参与到知识经济及其高附加值生产活动中去。

在全球创新网络框架下，创新的过程是通过对个体创新的分析和分类来进行分析识别的。在 Henderson 和 Clark（1990）研究的基础上，Ernst 将创新分为四类：渐进式、激进式、模块式和架构式。这四种创新取决于相关企业不同类型的创新能力。渐进式创新是管理能力的突破（例如戴尔的直销模式）。激进式和模块式创新更多的是由于不同知识组合所带来的核心能力的提升（例如显示器集成技术，新药开发）。架构式创新更多地依赖产品的上层设计，其特点是封装性、完整性（如 IPAD 等产品）。

四、比较与总结

通过以上几个维度，我们可以比较以上三个框架各自的特点，研究其对区域经济发展所提供的重要借鉴因素和视角。由于全球化为区域经济发展带来了新的机遇和挑战，在全球经济一体化条件下对区域经济发展的分析应该包括以下重要分析因素：①治理关系及价值分布；②复杂生产网络和战略，机构、文化和政治环境；③创新网络和战略。

治理关系既促进着区域经济的发展，另外也制约着区域经济的升级。层级型治理关系为区域内的企业提供了不同的发展选择，在研究时应对此种治理关系加以识别和分析；例如全球价值链下企业间治理关系对区域经济发展的驱动作用，主导企业对下游供应商之间竞争的影响以及价值链体系下技术规范化的确立和知识交流的复杂性（Gereffi et al., 2005）。治理关系的变化也将影响投资，例如对研发的投入正是为了避免生产的全球一体化、网络化下个体企业利润的递减（Ernst, 2009）。Elola（2012）认为，治理关系不可混同于产业链和价值链关系，治理关系是由不同层级的供应商战略地位和相互间的竞争博弈形成的。治理关系决定了价值的分布，即不同地区在参与到全球价值链体系中的利得，以及所带来的经济增长和产业升级。从这个意义上说，全球价值链分析关注与价值链在不同生产阶段和不同个体间的分解。

全球生产网络框架中，跨国生产网络间不同的合作形态影响着区域经济发展。有些地区强调知识内生和创新能力，强调其独立性；而有些地区与跨国企业建立了密切的国际合作，而另外一些地区则关注于经济的增长，放弃了治理关系中的主导地位。随着治理关系的改变，商业模式也将随之发生改变（例如投入、人力资本条件、管理方式等）(Coe et al., 2008)。

全球创新网络框架下的创新网络和战略为区域经济发展研究提供了第三个重要视角。与创新系统不同，创新网络通过主导企业面向市场变化的调整研究创新活动的演化。这种适应市场的创新活动对国家和地区经济有着重要影响，能够把握市场变化甚至引领市场进行创新，将实现区域产业升级，同时改变区域经济在全球价值链体系和生产网络中的地位。全球创新网络研究区域间的合作、专利和产品创新、创新成果对产业和市场的影响等。

在全球一体化条件下，我们可以将影响区域经济发展的关键主体联系起来，构建包含全球和区域网络生产以及最终消费者的模型。在世界空间范围，全球价值链以线性维度将跨国企业、区域生产系统、最终消费市场联系起来；全球生产网络应用复杂网络将跨国企业、区域生产系统和最终消费市场联系起来，而其中的个体基于学习和创新能力在价格和资源方面相互竞争；全球创新网络将区域体系和价值链/产业链中各个层级的供应商与生产网络和价值链中的跨国企业相联系，以研究网络中的知识和创新交流。

定量分析方面，三个框架中全球价值链方法更易进行定量模型分析，因此更易于进行政策分析。Sturgeon (2009) 与 Gereffi (2011) 在定性分析的基础上设计了全球价值链研究的定量测量模型，对产品在产业链不同阶段的价值创造进行分解。使用全球价值链框架的定性分析需要使用企业年数据，而基础数据的可获得性仍是最大的问题。另外，两个框架的定量分析尺度多元化、跨学科。经济流量本身易于简化和测量，因此全球生产网络框架则要求多层次的分析，将文化、社会、非营利性的私人和公共机构因素纳入到经济演变过程之中，然而对这种计量的指标和标准（例如使用人类发展指数衡量人类发展水平）是否合理仍需进一步探讨。全球创新网络框架在模型构建和定量分析方面虽较全球生产网络框架更为容易，却也少有该方面的研究成果。全球创新网络更关注创新的演变、创新驱动因素和创新产出，结合社会创新调查方法（奥斯陆手册），将以往的传统/标准化的创新指标（例如研发支出和结构、人力投入、专利技术发表）与创新驱动因素（例如干中学、用中学和互动中学（DUI）、组织学习过程）、创新产出（例如经济效益、产品产出、过程创新、组织模式、市场渠道创新等）相结合，拓展了创新过程的研究视角。

总的来说，对产业集群在区域经济发展中的动态演化需要动态分析框架。我们可以将全球价值链、全球生产网络和全球创新网络看作按照各自逻辑将不同区域的集群组织起来，因此全球化的另一面即为产业集群和产业集聚。集群的产生和发展既有集群内部因素也有外部因素。内部因素是与集聚的经济效应相联系的：例如专业化人力资源的集聚、完善的基础设施、政策扶持和本地市场准入等非贸易型的支持。然而内部因素不能够完全解释集群的发展。在全球经济一体化条件下，不论一个国家和地区的发展轨迹和政策框架如何，区域外部因素对区域内集群的发展有着不可忽视的重要影响，失去对外部因素的分析，其结果的有效性和可靠性也将大打折扣。

第二节　技术创新与就业增长研究[①]

一、引言

改革开放后，我国从生产要素驱动的发展模式起步。20世纪90年代，我国进入了投资驱动的发展阶段。进入21世纪后，我国开始从投资驱动发展阶段向创新驱动发展阶段转型。我国创新驱动型经济呈现出技术变化、结构变化和需求变化同时进行的特征，而这些变化的差异性、互补性和匹配性特点，深刻影响到我国的绩效增长和就业动态。

在信息和通信技术基础上形成的新技术范式，不仅导致创新的类型和路径发生根本性的变化，而且也带来了经济社会的根本性变革。新技术范式已经成为研究技术进步与经济增长间关系的方法论（鄢显俊，2004）。但是，创新是否导致就业增长，则取决于新技术、组织变化、学习过程、新产业和市场的出现、规则的设定和需求扩张的成功匹配。而在一定时期内，缓慢的就业增长则是这种匹配性较差的必然结果。结构变化是现代经济增长的主要特征之一，结构变化的程度和范围与现代经济增长的速度密切相关，经济快速增长的同时往往伴随着结构的

---

① 本部分借鉴了朱英明（2014）的研究成果。

急剧变化（王展祥，2009）。一般而言，供给结构更接近新的需求结构的地区具有明显的优势，这些地区能够获得更大的市场份额，增长的利益只集中在少数地区，其他地区为了分享增长的利益不得不进行更深层次的结构性变化。因此，经济的部门结构是解释区域经济和就业绩效差异的重要因素。只有当供给的潜力与需求的扩大相匹配时，经济增长和新的就业机会才会出现。一种不匹配是ICT提供的新产品和消费模式的高潜力与拥有强劲需求的新市场的缺乏。这种不匹配一方面与"微观"因素有关，包括消费中缓慢的学习过程以及"匹配"技术创新的机会所需要的对社会创新的需求；另一方面与宏观经济政策有关，限制性宏观经济政策对需求产生直接的经济约束。这两个方面都降低总需求效应，阻碍对（特别是基于ICT的）新商品和服务大量需求的出现（Pasinetti, 1981；Antonucci & Pianta, 2002）。

与传统的解释就业变化主要集中在劳动力供应、劳动力技能以及劳动力市场刚性不同，本节试图从技术变化、结构变化和需求变动等因素对就业变化提供一种新的解释。

二、工业企业技术创新对就业增长的影响机制

为了研究工业企业的创新活动对就业增长的影响，需要考虑创新行为与结构变化、竞争形式以及需求间的关系。为此，本节借鉴Pianta（2001）的研究思路，简要分析工业企业创新活动对就业增长的影响机理（见图6-1）。

企业的创新活动和投资模式引起的供给变化，消费、投资和出口的总变动引致的需求变动以及部门特有的变化模式以及特定的市场结构等共同推动着技术变化。除此以外，地区特有的制度环境、社会安排和社会关系的广泛互动也对技术变化起着重要的推动作用。不同行业技术轨道变化频率不同，技术生命周期更迭的频率也就存在差异，这就会导致创新机会分布的差异，技术变化为企业创造了行业特有的创新机会（夏若江等，2010）。创新是指一个创新设想从产生到实现的过程，创新活动包括研究开发、获取机器设备和软件、从企业外部获取相关技术、培训、市场推介及其他活动等。在上述几类活动中，除研究开发活动外，其他活动是否是创新活动要看它与产品创新或工艺创新是否直接相关（国家统计局

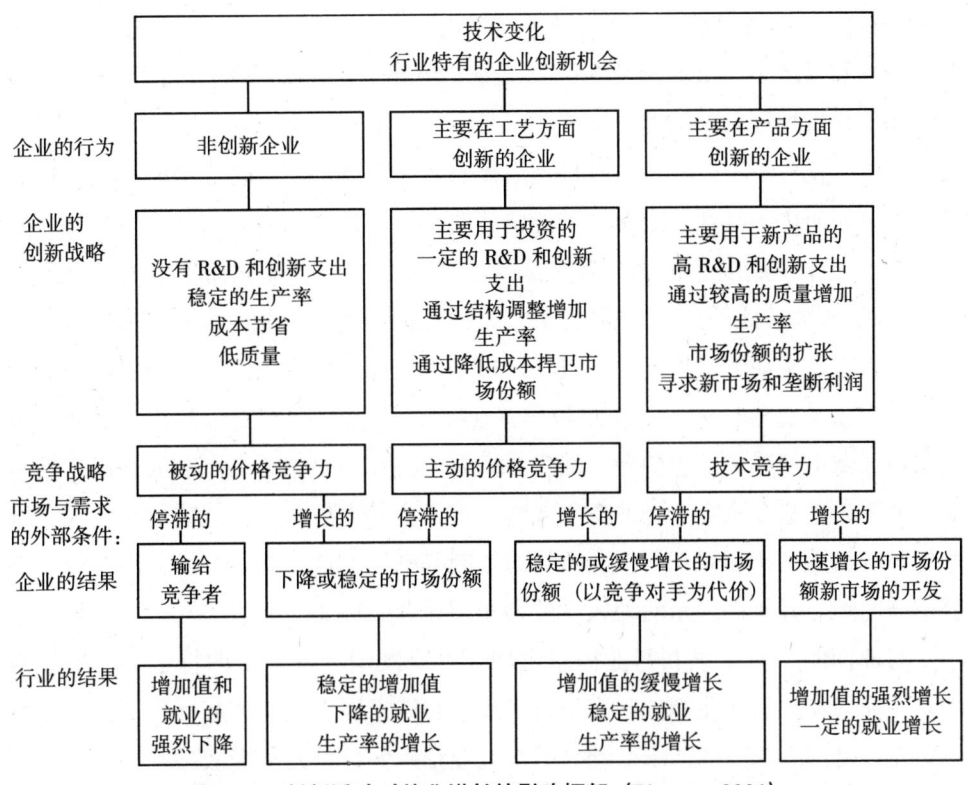

图 6-1　创新活动对就业增长的影响框架（Pianta，2001）

社会和科技统计司，2008）。①

在日益激烈的竞争环境中，有些企业将努力追求技术变化带来的创新机会，而有些企业则错失或忽视技术变化带来的这些创新机会。技术变化在为企业带来不同的创新机会的同时，也导致企业形成不同的创新驱动战略取向。对非创新型企业而言，由于其没有 R&D 和创新支出，所以其创新驱动战略取向是稳定的生产率增长、成本节约与低质量的产品。对主要在工艺方面进行创新的企业而言，其创新驱动战略取向是对新的（重大改进的）技术投资的一定 R&D 和创新支出，通过调整工艺设备或生产方法增加生产率，通过降低成本保持现有的市场份额，因而工艺创新战略实际上是调整导向的战略。对主要在产品方面进行创新的企业

---

① 因此，本节所指的创新活动主要是指产品创新和工艺创新。产品创新是指企业将新的产品或者有重大改进的产品成功推向市场，工艺创新是指企业为生产新的（有重大改进的）产品或提高生产效率，采用在技术上是新的（有重大改进的）工艺设备或生产方法。

而言，其创新驱动战略取向是对新产品推出的高 R&D 和创新支出，通过提高产品质量增加生产率、市场份额的扩张、寻求新市场和垄断利润，因而产品创新战略实际上是市场导向的战略。

技术变化背景下企业的各种创新战略与既定市场的特殊竞争战略有关。对非创新型企业而言，其在既定市场的竞争战略是被动的价格竞争力战略，这是非创新型企业迫于不断变化的竞争环境或对竞争对手的价格变化而做出的被动反应（被动降价或被动提价）。对主要在工艺方面进行创新的企业而言，其在既定市场的竞争战略是主动的价格竞争力战略，这是工艺创新企业为实现其创新战略目标而采取的主动进取行为（主动降价或主动提价），这是具有更激烈竞争的成熟市场的特征，也是采用"追随者"战略的企业的特征。对主要在产品方面进行创新的企业而言，其在既定市场的竞争战略是技术竞争力战略，该战略建立在源于质量优势的高生产率和对新的活跃市场的控制基础上，这是处于技术前沿企业、细分市场的领导者或进入新活动领域的那些领导者的特征。

与此同时，总需求和行业需求出现在具有既定竞争形式的特定的市场结构中。企业的经济和就业绩效起因于技术因素和需求因素之间的相互作用，行业绩效更直接受制于部门的需求变动，影响就业结果的关键是创新战略的类型以及需求变动状况。对非创新企业而言，企业的结果是输给竞争者以及下降或稳定的市场份额，行业的结果是增加值和就业的强烈下降，或者稳定的增加值、就业的下降以及生产率的增长。对主要在工艺方面进行创新的企业而言，由于工艺创新导致特定商品和服务生产效率的提高，所以企业的结果是下降或稳定的市场份额，或者（以竞争对手为代价的）稳定或缓慢增长的市场份额，行业的结果是稳定（或缓慢增长）的增加值、下降（或稳定）的就业以及生产率的增长。对主要在产品方面进行创新的企业而言，由于产品创新增加商品的质量和品种，并可能开辟新的市场，所以企业的结果是稳定或缓慢增长的市场份额、快速增长的市场份额以及新市场的开发，行业的结果是增加值的缓慢增长（或强烈增长）、稳定的（一定的）就业或生产率的增长。

三、我国工业企业技术创新与就业状况的描述分析

1. 我国工业企业创新状况分析

（1）工业企业创新活动的行业分布状况分析。不同行业的工业企业有不同的

创新模式，表现在有创新活动、兼有产品创新和工艺创新、仅有产品创新以及仅有工艺创新的企业数量和比重明显不同（见表 6-1）。就有创新活动的工业企业而言，在 38 个工业行业中，有创新活动企业占全部企业比重的平均值为 27.1%。其中高于该平均值的行业有 15 个：医药制造业，仪器仪表及文化、办公用机械制造业，烟草制品业，通信设备、计算机及其他电子设备制造业，专用设备制造业，饮料制造业，交通运输设备制造业，电气机械及器材制造业，化学原料及化学制品制造业，化学纤维制造业，有色金属冶炼及压延加工业，食品制造业，石油加工、炼焦及核燃料加工业，通用设备制造业，石油和天然气开采业。

表 6-1 中国有创新活动的规模以上工业企业的行业分布情况（2004~2006 年）

行　业	有创新活动企业数（个）	有创新活动企业占全部企业的比重（%）	兼有产品和工艺创新企业所占比重（%）	仅有产品创新企业所占比重（%）	仅有工艺创新企业所占比重（%）
煤炭开采和洗选业	1013	15.2	1.9	0.1	13.2
石油和天然气开采业	47	27.4	13.7	0.6	13.1
黑色金属矿采选业	126	5.2	1.6	0.5	3.1
有色金属矿采选业	252	13.5	3.4	0.7	9.4
非金属矿采选业	260	10.1	6.7	2.0	1.4
农副食品加工业	4220	25.6	19.0	1.8	4.8
食品制造业	1784	29.4	20.9	3.9	4.7
饮料制造业	1582	40.3	31.1	5.7	3.4
烟草制品业	96	53.5	41.4	2.9	9.2
纺织业	6079	22.6	14.6	2.0	5.9
纺织服装、鞋、帽制造业	1407	10.8	5.9	1.0	3.9
皮革、毛皮、羽毛（绒）及其制品业	1280	18.7	12.1	3.2	3.4
木材加工及木、竹、藤、棕、草制品业	1430	21.0	15.5	4.3	1.2
家具制造业	808	22.8	19.1	2.7	0.9
造纸及纸制品业	1773	20.7	15.8	1.8	3.1
印刷业和记录媒介的复制	844	17.1	9.3	0.6	7.2
文教体育用品制造业	822	22.5	16.2	3.6	2.7
石油加工、炼焦及核燃料加工业	643	29.3	14.5	2.8	12.0
化学原料及化学制品制造业	7846	36.1	28.0	4.0	4.0
医药制造业	3411	59.8	46.3	8.1	5.4
化学纤维制造业	441	30.9	25.0	3.0	2.9
橡胶制品业	956	26.9	21.7	3.6	1.6
塑料制品业	3238	23.2	17.1	3.5	2.6
非金属矿物制品业	5417	24.2	15.6	2.9	5.6

续表

行　业	有创新活动企业数（个）	有创新活动企业占全部企业的比重（%）	兼有产品和工艺创新企业所占比重（%）	仅有产品创新企业所占比重（%）	仅有工艺创新企业所占比重（%）
黑色金属冶炼及压延加工业	1634	23.0	13.6	1.9	7.4
有色金属冶炼及压延加工业	1761	30.0	18.1	4.2	7.8
金属制品业	3784	23.5	17.5	3.4	2.7
通用设备制造业	6706	28.5	22.1	4.0	2.4
专用设备制造业	5380	46.1	38.6	5.3	2.2
交通运输设备制造业	4985	37.8	29.0	6.5	2.3
电气机械及器材制造业	6493	37.8	28.3	5.4	4.1
通信设备、计算机及其他电子设备制造业	4513	46.1	34.4	8.9	2.9
仪器仪表及文化、办公用机械制造业	2440	59.1	48.0	10.1	1.0
工艺品及其他制造业	1366	23.7	15.6	4.4	3.7
废弃资源和废旧材料回收加工业	130	24.8	15.7	3.6	5.5
电力、热力的生产和供应业	997	17.0	2.3	0.4	14.3
燃气生产和供应业	77	14.6	5.2	0.2	9.2
水的生产和供应业	303	12.2	0.8	0.2	11.2

就兼有产品创新和工艺创新活动的工业企业来说，在38个工业行业中，兼有产品创新和工艺创新活动的企业占全部企业比重的平均值为18.6%。其中高于该平均值的行业有15个（由高到低的顺序）：仪器仪表及文化、办公用机械制造业，医药制造业，烟草制品业，专用设备制造业，通信设备、计算机及其他电子设备制造业，饮料制造业，交通运输设备制造业，电气机械及器材制造业，化学原料及化学制品制造业，化学纤维制造业，通用设备制造业，橡胶制品业，食品制造业，家具制造业，农副食品加工业。

就仅有产品创新活动的工业企业来说，在38个工业行业中，仅有产品创新活动的企业占全部企业比重的平均值为3.3%。其中高于该平均值的行业有18个（由高到低的顺序）：仪器仪表及文化、办公用机械制造业，通信设备、计算机及其他电子设备制造业，医药制造业，交通运输设备制造业，饮料制造业，电气机械及器材制造业，专用设备制造业，工艺品及其他制造业，木材加工及木、竹、藤、棕、草制品业，有色金属冶炼及压延加工业，化学原料及化学制品制造业，通用设备制造业，食品制造业，橡胶制品业，文教体育用品制造业，废弃资源和废旧材料回收加工业，塑料制品业，金属制品业。

就仅有工艺创新活动的工业企业来说，在 38 个工业行业中，仅有工艺创新活动的企业占全部企业的比重的平均值为 5.3%。其中高于该平均值的行业有 15 个（由高到低的顺序）：电力、热力的生产和供应业，煤炭开采和洗选业，石油和天然气开采业，石油加工、炼焦及核燃料加工业，水的生产和供应业，有色金属矿采选业，烟草制品业，燃气生产和供应业，有色金属冶炼及压延加工业，黑色金属冶炼及压延加工业，印刷业和记录媒介的复制，纺织业、非金属矿物制品业，废弃资源和废旧材料回收加工业，医药制造业。

如果将上述行业按照高技术行业和低技术行业进行分类，则不同行业的创新模式具有一定的分布规律（见表 6-2）。① 由表 6-2 看出，就有创新活动、兼有产品和工艺创新活动以及仅有产品创新活动企业占全部企业的比重而言，它们在前 8 位行业中，高技术行业占据 5 席。但是，就仅有工艺创新活动企业所占比重来说，在前 8 位行业中，没有一个高技术行业。就排名后 8 位的行业而言，其在高、低技术行业中的分布情况则恰好相反。这表明，中国工业企业的创新活动，尤其是兼有产品和工艺创新活动以及仅有产品创新活动更容易发生在高技术行业，而仅有工艺创新活动更容易发生在低技术行业中。

表 6-2　中国有创新活动的规模以上工业企业在高低技术行业中的分布

有创新活动企业	兼有产品和工艺创新企业	仅有产品创新企业	仅有工艺创新企业
排名前 8 位的行业			
医药制造业	仪器仪表及文化、办公用机械制造业	仪器仪表及文化、办公用机械制造业	电力、热力的生产和供应业
仪器仪表及文化、办公用机械制造业	医药制造业	通信设备、计算机及其他电子设备制造业	煤炭开采和洗选业
烟草制品业	烟草制品业	医药制造业	石油和天然气开采业
通信设备、计算机及其他电子设备制造业	专用设备制造业	交通运输设备制造业	石油加工、炼焦及核燃料加工业
专用设备制造业	通信设备、计算机及其他电子设备制造业	饮料制造业	水的生产和供应业

---

① 根据中国国家统计局颁布的《高技术产业统计分类目录》（国统字〔2002〕33 号文件），医药制造业，医疗仪器设备及器械制造业，航空航天器制造业，通信设备、计算机及其他电子设备制造业，通用仪器仪表制造业和专用仪器仪表制造业为高技术行业。考虑到中国工业经济统计中关于制造业的细分行业没有具体到航空航天器制造业，借鉴江剑与官建成（2008）的划分方法，我们将中国工业经济统计中的医药制造业，电气机械及器材制造业，专用设备制造业，通用设备制造业，交通运输设备制造业和通信设备、计算机及其他电子设备制造业界定为高技术行业，而其他行业则为低技术行业。

续表

有创新活动企业	兼有产品和工艺创新企业	仅有产品创新企业	仅有工艺创新企业
饮料制造业	饮料制造业	**电气机械及器材制造业**	有色金属矿采选业
交通运输设备制造业	**交通运输设备制造业**	专用设备制造业	烟草制品业
电气机械及器材制造业	**电气机械及器材制造业**	工艺品及其他制造业	燃气生产和供应业
排名后 8 位的行业			
电力、热力的生产和供应业	非金属矿采选业	有色金属矿采选业	**通用设备制造业**
煤炭开采和洗选业	纺织服装、鞋、帽制造业	石油和天然气开采业	**交通运输设备制造业**
燃气生产和供应业	燃气生产和供应业	印刷业和记录媒介的复制	**专用设备制造业**
有色金属矿采选业	有色金属矿采选业	黑色金属矿采选业	橡胶制品业
水的生产和供应业	电力、热力的生产和供应业	电力、热力的生产和供应业	非金属矿采选业
纺织服装、鞋、帽制造业	煤炭开采和洗选业	燃气生产和供应业	木材加工及木、竹、藤、棕、草制品业
非金属矿采选业	黑色金属矿采选业	水的生产和供应业	仪器仪表及文化、办公用机械制造业
黑色金属矿采选业	水的生产和供应业	煤炭开采和洗选业	家具制造业

注：表中黑色字体为高技术行业，其他行业为低技术行业。

（2）工业企业创新活动的地区分布状况分析。不同地区的工业企业有不同的创新模式，表现在有创新活动、兼有产品创新和工艺创新、仅有产品创新以及仅有工艺创新的企业数量和比重明显不同（见表6-3）。就有创新活动的企业而言，在31个省级行政区中，有创新活动企业占全部企业的比重的平均值为28.5%。其中高于该平均值的省级行政区有15个（由高到低的顺序）：重庆、湖南、北京、新疆、江苏、云南、湖北、黑龙江、青海、海南、四川、河南、浙江、安徽、江西。

就兼有产品创新和工艺创新活动的工业企业来说，在31个省级行政区中，兼有产品创新和工艺创新活动的企业占全部企业的比重的平均值为18.4%。其中高于该平均值的省级行政区有15个（由高到低的顺序）：重庆、北京、湖南、江苏、湖北、黑龙江、四川、浙江、安徽、陕西、新疆、青海、广东、上海、福建。

就仅有产品创新活动的工业企业来说，在31个省级行政区中，仅有产品创新活动的企业占全部企业的比重的平均值为3.6%。其中高于该平均值的省级行政区有12个（由高到低的顺序）：北京、新疆、海南、江西、云南、吉林、西藏、湖北、重庆、浙江、江苏、河南。

表 6-3 中国有创新活动的规模以上工业企业的地区分布情况（2004~2006 年）

地区	有创新活动企业数（个）	有创新活动企业占全部企业的比重（%）	兼有产品和工艺创新企业所占比重（%）	仅有产品创新企业所占比重（%）	仅有工艺创新企业所占比重（%）
北京	2443	38.3	28.1	8.5	1.1
天津	1353	21.6	14.7	3.5	2.9
河北	2783	26.2	10.0	3.2	3.0
山西	1149	24.6	14.6	1.9	7.9
内蒙古	672	22.1	12.0	1.9	8.2
辽宁	3301	22.9	18.1	2.0	2.6
吉林	602	18.5	11.1	5.9	1.3
黑龙江	1041	35.2	25.2	1.7	8.0
上海	3553	25.0	18.6	3.5	2.7
江苏	13282	36.6	26.2	4.0	6.1
浙江	13570	30.0	22.4	4.3	2.4
安徽	1930	29.6	21.1	1.7	5.8
福建	3349	24.4	18.4	2.6	2.4
江西	1563	29.3	18.0	6.2	5.1
山东	7159	22.4	14.8	3.0	4.1
河南	3666	31.4	15.0	3.9	12.1
湖北	2681	35.5	25.2	5.1	2.8
湖南	3463	38.4	27.8	3.5	5.8
广东	9767	26.1	18.7	3.2	4.0
广西	828	21.3	12.8	2.3	5.0
海南	192	32.3	14.9	6.3	10.2
重庆	1439	44.9	30.0	4.3	10.4
四川	2822	31.8	25.2	2.1	4.3
贵州	609	23.4	14.1	1.1	6.6
云南	924	36.3	18.0	6.1	10.8
西藏	24	11.8	6.5	5.3	0.0
陕西	877	26.0	20.2	3.1	2.3
甘肃	433	25.4	17.4	1.4	6.1
青海	141	32.5	18.9	2.3	9.8
宁夏	160	22.7	11.3	1.1	10.2
新疆	564	38.2	20.2	7.3	10.6

就仅有工艺创新活动的工业企业来说，在 31 个省级行政区中，仅有工艺创新活动的企业占全部企业的比重的平均值为 5.6%。其中高于该平均值的省级行政区有 15 个（由高到低的顺序）：河南、云南、新疆、重庆、海南、宁夏、青海、内蒙古、黑龙江、山西、贵州、甘肃、江苏、湖南、安徽。

由上述分析可以看出，中国工业企业的创新活动并没有表现出与地区经济发展水平相对应的地区分布特征。换言之，经济发展水平较高的东部沿海省份并没有表现出有更多比例的工业企业进行创新活动，经济发展水平较低的中西部地区省份也没有表现出更低比例的工业企业进行创新活动。相对而言，中国工业企业的创新活动在地区分布上较为均衡。

2. 我国工业企业的就业状况分析

（1）工业企业就业的行业分布状况分析。不同行业的工业企业有不同的就业分布及其变化特征（见表6-4）。由表6-4看出，在2006~2008年，除了水的生产和供应业外，其他37个行业的就业人数年变化率均为正值，全国工业行业的就业人数的年变化率为9.59%。其中，就业人数年变化率超过全国工业行业的就业人数年变化率的行业有19个（由高到低的顺序）：废弃资源和废旧材料回收加工业，木材加工及木、竹、藤、棕、草制品业，黑色金属矿采选业，有色金属冶炼及压延加工业，通信设备、计算机及其他电子设备制造业，农副食品加工业，金属制品业，专用设备制造业，电气机械及器材制造业，通用设备制造业，塑料制品业，交通运输设备制造业，燃气生产和供应业，家具制造业，非金属矿采选业，饮料制造业，纺织服装、鞋、帽制造业，石油和天然气开采业，食品制造业。需要注意的是，在工业企业就业高增长率的行业中，既有高技术行业，也有低技术行业，并没有表现出特定的行业指向。

表6-4 2006~2008年就业人数的行业分布及其变化情况

工业行业	2006年就业人数（万人）	2008年就业人数（万人）	就业人数年变化率（%）
煤炭开采和洗选业	463.66	502.38	4.09
石油和天然气开采业	93.33	112.76	9.92
黑色金属矿采选业	45.27	61.52	16.57
有色金属矿采选业	45.31	53.53	8.69
非金属矿采选业	44.2	54.23	10.77
农副食品加工业	238.6	315.07	14.91
食品制造业	128.13	154.57	9.83
饮料制造业	92.26	113.04	10.69
烟草制品业	18.99	19.77	2.03
纺织业	615.43	652.06	2.93
纺织服装、鞋、帽制造业	377.57	458.7	10.22
皮革、毛皮、羽毛（绒）及其制品业	245.63	273.3	5.48

续表

工业行业	2006年就业人数（万人）	2008年就业人数（万人）	就业人数年变化率（%）
木材加工及木、竹、藤、棕、草制品业	91.62	131.3	19.71
家具制造业	83.8	104.41	11.62
造纸及纸制品业	134.77	151.92	6.17
印刷业和记录媒介的复制	68.97	82.03	9.06
文教体育用品制造业	114.38	132.72	7.72
石油加工、炼焦及核燃料加工业	76.79	86.02	5.84
化学原料及化学制品制造业	357.78	429.64	9.58
医药制造业	130.28	150.75	7.57
化学纤维制造业	43.4	45.06	1.89
橡胶制品业	82.14	97.29	8.83
塑料制品业	201.41	255.42	12.61
非金属矿物制品业	426.39	498.73	8.15
黑色金属冶炼及压延加工业	296.13	313.5	2.89
有色金属冶炼及压延加工业	136.82	185.18	16.34
金属制品业	248.26	327.17	14.80
通用设备制造业	378.74	493.21	14.12
专用设备制造业	234.65	308.43	14.65
交通运输设备制造业	374.58	473.14	12.39
电气机械及器材制造业	403.98	527.79	14.30
通信设备、计算机及其他电子设备制造业	505.07	677.31	15.80
仪器仪表及文化、办公用机械制造业	98.8	116.48	8.58
工艺品及其他制造业	136.01	143.35	2.66
废弃资源和废旧材料回收加工业	5.51	14.2	60.53
电力、热力的生产和供应业	259.11	259.41	0.06
燃气生产和供应业	14.54	18.17	11.79
水的生产和供应业	46.06	43.78	-2.51
全国	7358.43	8837.63	9.59

（2）工业企业就业的地区分布状况分析。不同地区的工业企业有不同的就业分布及其变化特征（见表6-5）。由表6-5看出，2006~2008年，除了山西和西藏外，其他29个省级行政区的就业人数年变化率均为正值。其中，就业人数年变化率超过全国工业行业的就业人数年变化率的地区有12个（由高到低的顺序）：江苏、江西、重庆、安徽、四川、湖南、广西、广东、湖北、辽宁、吉林、新疆。需要注意的是，在工业企业就业高增长率的地区中，既有经济发达的沿海地

区,也有经济欠发达的中西部地区,并没有表现出特定的地区指向规律性。

表 6-5 2006~2008 年就业人数的地区分布及其变化情况

省级行政区	2006年就业人数(万人)	2008年就业人数(万人)	就业人数年变化率(%)
北京	117.36	123.38	2.53
天津	116.33	133.12	6.97
河北	303.35	316.85	2.20
山西	220.59	214.93	-1.29
内蒙古	90.72	104.57	7.36
辽宁	302.02	366.23	10.12
吉林	105.21	126.99	9.86
黑龙江	140.31	155.99	5.44
上海	266.84	304.01	6.74
江苏	774.5	1104.06	19.39
浙江	726.94	814.55	5.85
安徽	164.81	210.8	13.10
福建	324.89	380.06	8.16
江西	125.8	178.56	19.14
山东	788.11	912.7	7.61
河南	365.28	417.36	6.89
湖北	190.85	235.9	11.18
湖南	178.15	225.55	12.52
广东	1203.58	1493.38	11.39
广西	91.37	114.6	11.99
海南	12.2	12.61	1.67
重庆	96.1	132.13	17.26
四川	233.53	297.54	12.88
贵州	67.23	73.53	4.58
云南	71.55	84.34	8.57
西藏	2.16	1.79	-8.97
陕西	122.53	131.83	3.73
甘肃	68.93	69.13	0.14
青海	14.64	17.42	9.08
宁夏	24.64	25.89	2.51
新疆	47.93	57.84	9.85
全国	7358.43	8837.63	9.59

3. 我国工业企业创新状况与就业增长间的关系描述

(1)创新与行业就业增长间的关系描述。从工业行业视角看,行业创新模式不同，工业企业创新状况与就业增长间的关系也明显不同（见图6-2）。在兼有工艺与产品创新的模式中（见图6-2A），工业行业的就业增长随着兼有工艺与产品创新的企业的比重的提高而缓慢提高。在仅有产品创新的模式中（见图6-2B），工业行业的就业增长随着仅有产品创新的企业的比重的提高而较快提高。在仅有工艺创新的模式中（见图6-2C），工业行业的就业增长随着仅有工艺创新的企业的比重的提高而较快降低。

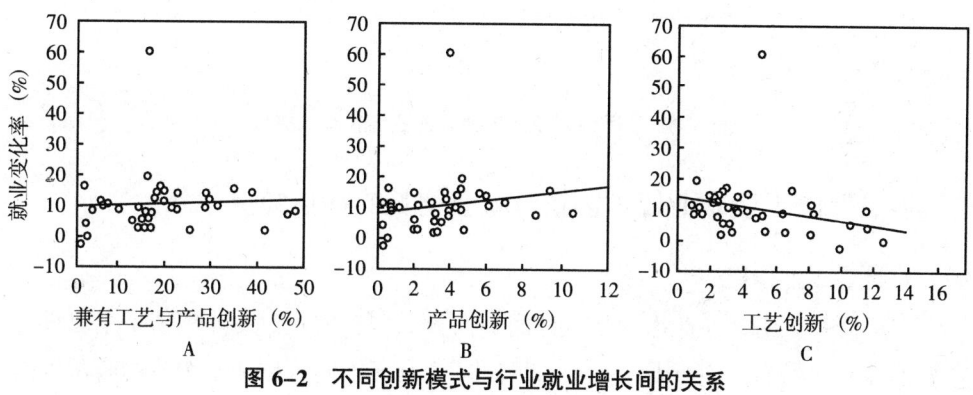

图6-2 不同创新模式与行业就业增长间的关系

因此，从工业行业视角看，在不考虑其他因素的影响下，工业企业的创新活动能否促进就业增长，取决于其创新模式的类型。

（2）创新与地区就业增长间的关系描述。从地区视角看，地区创新模式不同，工业企业创新状况与就业增长间的关系也明显不同（见图6-3）。在兼有工艺与产品创新的模式中（见图6-3A），工业行业的就业增长随着兼有工艺与产品创新的企业的比重的提高而快速提高。在仅有产品创新的模式中（见图6-3B），工业行业的就业增长随着仅有产品创新的企业的比重的提高而缓慢提高。在仅有工艺创新的模式中（见图6-3C），工业行业的就业增长随着仅有工艺创新的企业的比重的提高而较快提高。

从地区视角看，在不考虑其他因素的影响下，无论各地区的创新模式如何，工业企业的创新活动能够促进就业增长。

综上所述，假如不考虑其他因素的影响，仅仅考虑工业企业的创新模式与就业增长两个因素的情况下，我国工业企业创新状况对就业增长的影响作用就颇为复杂，更不用说现实情况下工业企业创新状况对就业增长的影响作用了。为此，我们需要对此做进一步分析。

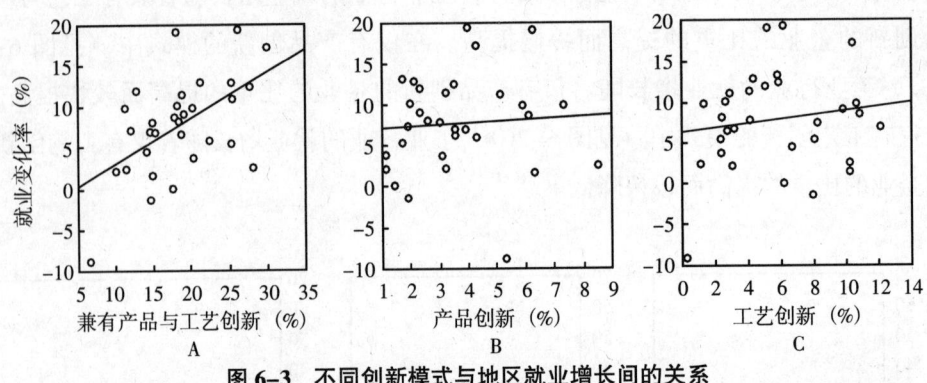

图 6-3 不同创新模式与地区就业增长间的关系

四、我国工业企业技术创新对就业增长的计量经济学分析

1. 计量模型构建

实证研究表明，在产出和就业方面，大多数创新型企业比非创新型企业具有更好的绩效。然而，在行业水平上，情况可能有所不同，创新型企业的收益可能比非创新型企业的损失更大或更小。尽管单个企业面临着巨大的潜在需求，且其绩效主要取决于其在竞争中获得的成功，但是行业面临其增长的需求约束，即使存在有强劲的出口导向。当地区需求快速增长时，各种企业战略是可行的，竞争压力降低，净就业增长更可能出现在创新过程以及企业间的竞争中。相反，在地区需求疲软的背景下，净就业损失更容易出现，因为竞争变得更加激烈，企业的创新战略主要针对扩大市场份额，即通过削减成本、工艺创新等，这是以国内竞争者尤其是以非创新型企业的市场份额为代价的。

专注于产品创新的技术上具有竞争力的企业（行业），往往扩大（或维持）其市场份额，无论需求变动如何。主要依靠降低成本的工艺创新的企业（和行业）只能在不断增长的市场扩大生产，尽管在需求停滞的情况下，它们很可能会输给拥有新的更高质量产品的竞争对手。同样，地区非创新者很可能只能在具有持续需求和缺乏竞争的市场中生存，当需求下降和价格与非价格竞争加剧时将消失。

为了研究创新活动对就业增长的影响，我们必须将创新战略、竞争状况和需求模式结合在一起。将分析水平定位在行业和地区水平，则是将创新战略、竞争状况和需求模式相结合的最好做法，以便在现有的市场结构中能够将供给变化与需求变化相联系。尽管地区需求在特定的创新出现方面具有重要作用，但是当创新的影响在所有行业较短的增长期被研究时，更难以厘清地区需求因素和供给因素的相互作用。因此，地区劳动的供给、劳动力技能构成以及劳动力市场刚性等因素，也是研究创新的就业影响需要考虑的因素。地区或行业的需求结构、价格弹性和收入弹性等对特定地区或行业的就业增长的影响是重要的。地区或行业需求增长的速度越快，地区或行业的就业增长就越快。然而，地区或行业的正需求效应可能被生产率增长所抵消。因此，地区或行业的需求增长，不一定导致地区或行业的就业增长。

由创新活动对就业增长的影响机制可知，不同地区或行业的创新、竞争战略以及需求模式之间的相互作用具有很大的差异，因而创新、竞争战略以及需求模式之间的相互作用能够解释地区与行业的就业绩效。据此，我们借鉴 Antonucci 和 Pianta（2002）对八个欧盟国家的十个制造业的计量研究模型，将地区或行业的就业变化的主要决定因素模拟为总需求的变化、创新强度与类型以及劳动力供给变化的结果：

$$Emp_i = \alpha + \beta Dem_i + \gamma Int_i + \delta Lab_i + \mu Prcd_i + \rho Prd_i + \sigma Prc_i + \varepsilon_i \tag{6-1}$$

$$Emp_j = \alpha + \beta Dem_j + \gamma Int_j + \delta Lab_j + \mu Prcd_j + \rho Prd_j + \sigma Prc_j + \varepsilon_j \tag{6-2}$$

其中，i 和 j 分别表示行业和地区，α 表示常数，Emp 表示就业年变化率，Dem 表示总需求的年变化率，Int 表示创新强度，Lab 表示人均劳动报酬的年变化率，Prcd 表示兼有产品与工艺创新企业所占比重，Prd 表示仅有产品创新企业所占比重，Prc 表示仅有工艺创新企业所占比重。

2. 数据来源与变量的描述性统计

本节中的工业行业共有 38 个，地区是省级行政区的 31 个省、市和自治区。本节中的创新强度与创新类型数据来自于《2007 年全国工业企业创新调查统计资料》，就业人数及其变化、总需求及其变化数据来自于 2007~2009 年《中国工业经济统计年鉴》和《中国统计年鉴》，就业人员的平均劳动报酬及其变化数据来自于 2007~2009 年的《中国劳动统计年鉴》和《中国统计年鉴》。估计模型中变量的定义及描述性统计说明参见表 6-6。我们预期需求增长和产品创新对就业增长产生正向影响，工艺创新和劳动成本变化对就业增长的影响是负向的，兼有产品与工艺创新的变化对就业增长影响或者是正向的，或者是负向的。

表 6-6　估计模型中变量的定义及描述性统计说明

变量名	变量定义	数据来源	均值	标准差
就业年变化率（Emp）	2006~2008年就业人数的年变化率	2007~2009年《中国工业经济统计年鉴》	行业：10.56% 地区：7.69%	行业：0.10 地区：0.06
总需求的年变化率（Dem）	2006~2008年工业总产值（行业）和增加值（地区）的年变化率	2007~2009年《中国工业经济统计年鉴》和《中国统计年鉴》	行业：14.56% 地区：8.22%	行业：0.10 地区：0.05
创新强度（Int）	2006年创新费用占主营业务收入比重	《2007年全国工业企业创新调查统计资料》	行业：1.52% 地区：2.18%	行业：0.10 地区：0.09
人均劳动报酬的年变化率（Lab）	2006~2008年就业人员平均劳动报酬的年变化率	2006~2009年《中国劳动统计年鉴》	行业：10.39% 地区：11.37%	行业：0.05 地区：0.04
兼有产品与工艺创新（Prcd）	2004~2006年兼有产品与工艺创新企业占全部企业比重	《2007年全国工业企业创新调查统计资料》	行业：18.57% 地区：18.38%	行业：0.12 地区：0.06
仅有产品创新（Prd）	2004~2006年仅有产品创新企业占全部企业比重	《2007年全国工业企业创新调查统计资料》	行业：3.25% 地区：3.62%	行业：0.02 地区：0.02
仅有工艺创新（Prc）	2004~2006年仅有工艺创新企业占全部企业比重	《2007年全国工业企业创新调查统计资料》	行业：5.30% 地区：5.64%	行业：0.05 地区：0.03

3. 估计结果与稳健性检验

（1）行业创新对就业增长的计量分析。利用计量模型（6-1），我们得到行业创新对就业增长的计量分析结果（见表6-7）。

表 6-7　行业创新对就业增长的 OLS 回归分析

解释变量	被解释变量 Emp_i				
	模型Ⅰ	模型Ⅱ	模型Ⅲ	模型Ⅳ	模型Ⅴ
C_i	1.790 (3.881)	−0.450 (3.499)	0.395 (3.288)	5.984 (4.988)	−2.661 (4.954)
i	0.625*** (0.117)	0.694*** (0.106)	0.668*** (0.099)	0.601*** (0.118)	0.699*** (0.107)
Int_i	−1.700 (1.433)	−4.158*** (1.476)	−3.947*** (1.339)	−1.783 (1.419)	−4.427*** (1.471)
i	0.217 (0.246)	0.061 (0.223)	0.018 (0.213)	0.092 (0.261)	0.063 (0.227)
i		0.354*** (0.109)			0.089 (0.177)
i			1.915*** (0.495)		1.838*** (0.910)

续表

解释变量	被解释变量 Empᵢ				
	模型Ⅰ	模型Ⅱ	模型Ⅲ	模型Ⅳ	模型Ⅴ
i				−0.455 (0.345)	0.276 (0.363)
计量方法	OLS	OLS	OLS	OLS	OLS
样本数	38	38	38	38	38
R^2	0.489	0.612	0.648	0.514	0.657

注：***、**、*分别表示1%、5%和10%的统计水平上显著，括号内数字为标准误差。

在多元线性回归模型的横截面数据分析中，OLS估计量只有在高斯—马尔科夫（Gauss-Marcov）假定成立的条件下，才是最佳线性无偏估计量。因此，我们对表6-7所报告的OLS估计结果分别进行异方差性检验、多重共线性检验以及内生性检验。

通常认为，截面数据较时间序列数据更容易产生异方差，这是因为同一时点不同对象的差异，一般来说会大于同一对象不同时间的差异。为此，本节利用White检验，这种检验方法可以直接对异方差进行检验，不需假设事先知道异方差的存在。对表6-7的模型Ⅰ、模型Ⅱ、模型Ⅲ、模型Ⅳ和模型Ⅴ的异方差检验的结果如表6-8所示。

表6-8 行业OLS模型估计的异方差检验

模型	样本数n	辅助回归函数R^2	nR^2	显著性水平	自由度f	卡方值 ($x^2_{1-\alpha}(f)$)	nR^2>或<$x^2_{1-\alpha}(f)$	拒绝或接受原假设H_0	是否存在异方差
模型Ⅰ	38	0.618	23.465	0.05	3	7.815	>	拒绝	存在
模型Ⅱ	38	0.655	24.873	0.05	4	9.488	>	拒绝	存在
模型Ⅲ	38	0.656	24.947	0.05	4	9.488	>	拒绝	存在
模型Ⅳ	38	0.623	23.678	0.05	4	9.488	>	拒绝	存在
模型Ⅴ	38	0.663	25.190	0.05	6	12.592	>	拒绝	存在

利用截面数据建模时，许多变量的变化与发展规模相关，会呈现出共同增长的趋势，这时容易呈现多重共线性。由于多重共线性表现为解释变量之间具有相关关系，所以用于多重共线性的检验方法主要是采用统计方法。其中相关系数检验法是利用解释变量之间的线性相关程度来判断是否存在严重多重共线性的一种简便方法。但是，较高的简单相关系数只是多重共线性存在的充分条件，而不是必要条件。因此，为了准确判断表6-7中可能存在的多重共线性，本节在相关系

数检验法（见表6-9）基础上，再借助于方差膨胀因子进行判断。

表6-9 解释变量间的相关系数

	Dem_i	Int_i	Lab_i	$Prcd_i$	Prd_i	Prc_i
Dem_i	1	−0.160	−0.064	−0.257	−0.179	−0.117
Int_i	−0.160	1	0.183	0.551	0.475	−0.086
Lab_i	−0.064	0.183	1	0.280	0.297	−0.365
$Prcd_i$	−0.257	0.551	0.280	1	0.858	−0.419
Prd_i	−0.179	0.475	0.297	0.858	1	−0.544
Prc_i	−0.117	−0.086	−0.365	−0.419	−0.544	1

由表6-9看到，除了Prd_i与$Prcd_i$间的相关系数大于0.8外，其他每两个解释变量间的相关系数均小于0.6，这表明解释变量间不存在严重的多重共线性。在方差膨胀因子检验法中，我们分别以Dem_i、Int_i、Lab_i、$Prcd_i$、Prd_i和Prc_i为被解释变量，分别得到它们与其他所有解释变量的方差膨胀因子（VIF）分别为1.153、1.519、1.197、4.364、4.526和1.740。由于Max（VIF）<5，所以解释变量间存在轻微的多重共线性。这种轻微的多重共线性不会对OLS估计产生较大的影响。

在多元线性回归模型中，当解释变量X和被解释变量Y相互作用、相互影响、互为因果时，就会导致X与扰动项相关的情况出现，X就成为内生的解释变量。在本节的模型（6-1）中，我们怀疑Lab_i为内生变量，因为就业变化率Emp_i与人均劳动报酬的年变化率Lab_i间互为因果关系，因此Emp_i和Lab_i均受到扰动项的影响，Lab_i与扰动项相关，Lab_i可能为内生的解释变量。我们用Hausman检验来判断Lab_i是否为内生解释变量。

在模型（6-1）中，用内生变量Lab_i对所有外生变量做回归，估计其诱导性，并获得残差序列Resid，再用Emp_i为被解释变量，做内生变量Lab_i和残差Resid的回归，估计结果中残差Resid的t统计量不显著，则没有充分理由拒绝原假设，即说明解释变量Lab_i为外生变量。

综上所述，表6-7的OLS只存在轻微的多重共线性，不存在内生性，存在异方差性，因而我们只需要对表6-7中的OLS估计进行异方差性修正。对存在异方差性的模型进行修正，最常用的方法是加权最小二乘法（WLS）。本节利用WLS的估计结果如表6-10所示。

表 6–10　行业创新对就业增长的 WLS 回归分析

解释变量	被解释变量 Emp_i				
	模型 I	模型 II	模型 III	模型 IV	模型 V
C_i	1.900*** (0.466)	−0.457 (0.351)	0.082 (0.374)	6.194*** (0.498)	−1.776 (1.085)
i	0.636*** (0.035)	0.712*** (0.022)	0.696*** (0.027)	0.609*** (0.007)	0.711*** (0.032)
Int_i	−1.532*** (0.127)	−4.222*** (0.094)	−4.011*** (0.065)	−1.514*** (0.145)	−3.848*** (0.399)
i	0.199*** (0.019)	0.347*** (0.022)	0.008 (0.021)	0.036 (0.028)	0.028 (0.033)
i		0.056*** (0.017)			0.059 (0.049)
i			1.970*** (0.098)		1.709*** (0.274)
i				−0.518*** (0.067)	0.143 (0.119)
计量方法	WLS	WLS	WLS	WLS	WLS
样本数	38	38	38	38	38
R^2	0.919	0.997	0.995	0.996	0.971

注：***、**、* 分别表示 1%、5% 和 10% 的统计水平上显著，括号内数字为标准误差。

经过异方差修正后，回归方程的拟合优度测量指标 R^2 由表 6-7 的 0.489~0.657，提高到表 6-10 的 0.919~0.997，表明模型的解释力有了大幅度的提高。在表 6-10 中，模型 I 只包含基本的结构性因素，其中，行业就业变化由需求变化（正向显著）、劳动力成本的变化（正向显著）以及创新支出强度（负向显著）解释。这表明，需求增长更快和劳动成本增加更快的行业就业损失更低（就业产生更高），而创新支出强度增长更快的行业就业损失更高（就业产生更低）。

模型 II、模型 III 和模型 IV 分别引入兼有调整导向的工艺创新和市场导向的产品创新、仅有市场导向的产品创新、仅有调整导向的工艺创新解释变量。正如预期的那样，市场导向的产品创新显著促进行业就业增长，调整导向的工艺创新显著抑制行业就业增长。而兼有调整导向的工艺创新和市场导向的产品创新则显著促进行业就业增长，尽管其促进程度（由系数的大小表示）相对较小。

当所有创新解释变量同时引入到模型中后（模型 V），回归结果总体上是稳定的。在所有模型中，总需求的变化都显著地促进就业增长，而且促进程度（系数 0.609~0.712）相似。总创新支出的负面影响是显著的，表明当工业行业实施破坏就业的调整战略（目标是工艺创新）与创造就业的市场扩张战略（目标是产品创新）时，我国工业行业的创新活动对就业增长产生负向影响。推出更多创新（以创新费用占主营业务收入比重度量）的行业，就业损失就更大，这表明，在研究期内（2004~2006年），这种创新努力的主要内容与行业工艺设备或生产方法调整有关，而与行业新产品的市场拓展效果不大。新的或改进的产品创新对就业产生显著的正向影响，这表明，在研究期内（2004~2006年），基于技术竞争力战略的产品创新导致市场扩张，促进产出和就业的增长，因而图6-1中描述的主要在产品方面创新的企业的技术竞争力战略（创造就业的市场扩张战略）已经成为我国工业行业发展所依赖的重要战略之一。

（2）地区创新对就业增长的计量分析。利用计量模型（6-2），我们得到地区创新对就业增长的计量分析结果（见表6-11）。

表6-11 地区创新对就业增长的回归分析

解释变量	被解释变量 Emp_j				
	模型Ⅰ	模型Ⅱ	模型Ⅲ	模型Ⅳ	模型Ⅴ
C_j	12.406** (4.509)	−2.947 (3.994)	10.371** (4.644)	12.298* (6.233)	−2.801 (5.110)
j	0.166 (0.211)	0.398** (0.162)	0.238 (0.209)	0.163 (0.229)	0.511*** (0.182)
Int_j	−2.392* (1.133)	−1.668* (0.837)	−2.378* (1.222)	−2.390** (1.139)	−1.680* (0.857)
j	−0.075 (0.338)	0.017 (0.347)	−0.099 (0.326)	−0.070 (0.435)	−0.085 (0.409)
j		0.589*** (0.110)			0.595*** (0.118)
j			0.467 (0.500)		0.342 (0.614)
j				0.013 (0.369)	−0.221 (0.314)
计量方法	OLS	OLS	OLS	OLS	OLS
样本数	31	31	31	31	31
R^2	0.158	0.445	0.177	0.158	0.462

注：***、**、*分别表示1%、5%和10%的统计水平上显著，括号内数字为标准误差。

本节利用White检验法，对表6-11的模型Ⅰ、模型Ⅱ、模型Ⅲ、模型Ⅳ和模型Ⅴ的异方差检验的结果如表6-12所示。

为了准确判断表6-11中可能存在的多重共线性，本节在相关系数检验法（见表6-13）基础上，借助方差膨胀因子进行准确判断。由表6-13看到，除了

Lab_j 和 Prc_j 间的相关系数的绝对值大于 0.518 外，其他每两个解释变量间的相关系数均小于 0.5，这表明解释变量间不存在严重的多重共线性。在方差膨胀因子检验法中，我们分别以 Dem_j、Int_j、Lab_j、$Prcd_j$、Prd_j 和 Prc_j 为被解释变量，得到它们与其他所有解释变量的方差膨胀因子（VIF）分别为 1.646、1.149、1.510、1.184、1.227 和 1.707。由于 Max（VIF）<5，所以解释变量间存在轻微的多重共线性。这种轻微的多重共线性不会对 OLS 估计产生较大的影响。

表 6-12　地区 OLS 模型估计的异方差检验

模　型	样本数 n	辅助回归函数 R^2	nR^2	显著性水平	自由度 f	卡方值 $(x^2_{1-\alpha}(f))$	nR^2 或 $<x^2_{1-\alpha}(f)$	拒绝或接受原假设 H_0	是否存在异方差
模型Ⅰ	31	0.158	4.904	0.05	3	7.815	<	接受	不存在
模型Ⅱ	31	0.445	13.806	0.05	4	9.488	>	拒绝	存在
模型Ⅲ	31	0.177	5.489	0.05	4	9.488	<	接受	不存在
模型Ⅳ	31	0.158	4.905	0.05	4	9.488	<	接受	不存在
模型Ⅴ	31	0.462	14.314	0.05	6	12.592	>	拒绝	存在

表 6-13　解释变量间的相关系数

	Dem_j	Int_j	Lab_j	$Prcd_j$	Prd_j	Prc_j
Dem_j	1	−0.036	−0.269	−0.272	−0.386	0.465
Int_j	−0.036	1	0.310	−0.205	0.029	−0.176
Lab_j	−0.269	0.310	1	−0.073	0.189	−0.518
$Prcd_j$	−0.272	−0.205	−0.073	1	0.178	0.059
Prd_j	−0.386	0.029	0.189	0.178	1	−0.093
Prc_j	0.465	−0.176	−0.518	0.059	−0.093	1

在计量模型（6-2）中，我们同样用 Hausman 检验来判断怀疑有内生性的 Lab_j 是否为内生解释变量。检验结果表明解释变量 Lab_j 为外生变量。

综上所述，表 6-11 的回归分析模型只存在轻微的多重共线性，不存在内生性，部分模型存在异方差性，因而我们只需要对表 6-11 中存在异方差性的模型Ⅱ和模型Ⅴ进行修正，估计结果如表 6-14 所示。

表 6-14　地区创新对就业增长的回归分析

解释变量	被解释变量 Emp_j				
	模型Ⅰ	模型Ⅱ	模型Ⅲ	模型Ⅳ	模型Ⅴ
C_j	12.406** (4.509)	−2.164*** (0.550)	10.371** (4.644)	12.298* (6.233)	−0.797 (1.475)

续表

解释变量	被解释变量 Emp_j				
	模型 I	模型 II	模型 III	模型 IV	模型 V
j	0.166 (0.211)	0.339*** (0.015)	0.238 (0.209)	0.163 (0.229)	0.406*** (0.090)
Int_j	−2.392* (1.133)	−2.165*** (0.297)	−2.378* (1.222)	−2.390** (1.139)	−2.104*** (0.411)
j	−0.075 (0.338)	0.114 (0.068)	−0.099 (0.326)	−0.070 (0.435)	−0.024 (0.115)
j		0.599*** (0.009)			0.588*** (0.014)
j			0.467 (0.500)		0.108 (0.172)
j				0.013 (0.369)	−0.155 (0.123)
计量方法	OLS	WLS	OLS	OLS	WLS
样本数	31	31	31	31	31
R^2	0.158	0.963	0.177	0.158	0.965

注：***、**、*分别表示1％、5％和10％的统计水平上显著，括号内数字为标准误差。

表6-14中的模型Ⅱ和模型Ⅴ经过异方差修正后，回归方程的拟合优度测量指标R^2分别由表6-11的0.445和0.462提高到表6-14的0.963和0.965，表明模型的解释力有了大幅度的提高。在表6-14中，模型Ⅰ只包含基本的结构性因素，其中，地区就业变化由需求变化（正向不显著），劳动力成本的变化（负向不显著）以及创新支出强度（负向显著）解释。这表明，创新支出强度增长更快的地区就业损失更高（就业产生更低）。需求变动和劳动成本变动对地区就业变化的影响，尽管分别为正向和负向，但是统计上不显著。

表6-14中的模型Ⅱ、模型Ⅲ和模型Ⅳ分别引入兼有调整导向的工艺创新和市场导向的产品创新、仅有市场导向的产品创新、仅有调整导向的工艺创新解释变量。正如预期的那样，市场导向的产品创新促进地区就业增长，但统计上不显著。但是，与我们的预期不同，调整导向的工艺创新却促进地区就业增长，尽管统计上不显著。兼有调整导向的工艺创新和市场导向的产品创新则显著促进地区就业增长。

当所有创新解释变量同时引入到模型中后（模型Ⅴ），回归结果总体上是稳定的。在所有模型中，总需求的变化都促进就业增长，这种正向影响在模型Ⅱ和模型V是显著的。总创新支出的负向影响都是显著的,且影响程度(回归系数)差异不大,表明当企业同时实施破坏就业的调整战略(目标是工艺创新)与创造就业的市场扩张战略(目标是产品创新)时,我国地区工业的创新活动对就业增长产生负向影响。推出更多创新(以创新费用占主营业务收入比重度量)的地区,就业损失就更大,这表明,这种创新努力的主要内容与地区结构调整有关,而与地区新产品的市场拓展效果不大。兼有产品与工艺创新都显著促进地区的就业增长,尽管有些行业兼有产品与工艺创新不能显著促进地区的就业增长,但是地区范围内的所有行业对就业增长的总效应则是显著地促进地区的就业增长,这表明促进企业兼有产品与工艺创新行为应当成为地区就业增长的重要战略。新的或改进的产品创新对就业产生正向影响,但是这种影响不显著。因此,与行业基于技术竞争力战略的产品创新导致市场扩张以及产出和就业增长不同,图6-1中描述的主要在产品方面创新的企业的技术竞争力战略还没有成为我国地区工业赖以发展的重要战略之一。

在所有模型中,劳动力成本的增长在影响地区就业变动方面总体上是负向的,且不显著,表明我国地区工业的确存在依赖图6-1中描述的主动的价格竞争力战略的倾向,但不明显。可能的原因在于,当地区劳动力成本很高时,这些地区可能会失去市场份额和工作,当劳动力成本超过既定的阈值时,可能会出现地区产业向其他地区转移。在模型V中,工艺创新对地区就业变动具有负向影响,这与我们的预期相同,但是这种影响在地区层面上不显著。

五、简要结论与政策建议

我国创新驱动型经济呈现出技术变化、结构变化和需求变化同时进行的特征,因而本节从创新行为与结构变化、竞争形式以及需求间的关系入手,分析创新活动对就业增长的影响机理。本节利用中国工业企业创新调查统计资料,从行业和地区两个层面,分析技术变化引致的创新活动对就业增长的影响。从行业层面看,总需求增长显著地促进行业就业增长,总创新支出增长的行业负面影响是显著的,市场导向的产品创新对行业就业增长产生显著的正向影响。从地区层面看,总需求增长显著地促进地区就业增长,总创新支出的地区负面影响是显著的,兼有市场导向的产品与调整导向的工艺创新对地区就业增长产生显著的正向影响。

上述结论具有重要的政策含意：第一，无论从行业角度还是从地区角度，鉴于总需求增长都显著促进就业增长，因而促进总需求的政策应当成为促进行业和地区发展的重要政策。第二，从行业角度看，市场导向的产品创新对就业增长产生显著的正向影响，这表明追求技术竞争力战略的产品创新导致市场扩张，促进产出和就业的增长，因而目标是产品创新的技术竞争力战略应当成为工业行业发展的重要战略。第三，从地区层面看，由于兼有市场导向的产品创新与调整导向的工艺创新能够显著促进地区的就业增长，因此促进企业同时实施主动的价格竞争力战略与技术竞争力战略应当成为地区工业发展的重要战略。

第三节　产业集聚对区域创新能力的影响研究[1]

一、引言

自 21 世纪以来，全球各个地区在科学技术方面进步加速，世界进入了大发展、大变革和大调整的时期。科技进步大大改变了人类的生产，让人类的生活日新月异。大家都意识到：一个地区如果能在创新上占据一定优势，就能够掌握发展的主动权。所以各国政府、地区及企业越来越重视创新，意识到创新对企业、地区甚至国家经济发展有重要推动作用。如果一个地区在创新方面取得领先，往往意味着该地区在与其他地区的竞争中占据了极为有利的位置。而随着生产的发展，在各国家和地区追逐创新的过程中，产业集聚这一产业组织形式逐步形成并得到发展，在推动区域创新能力提升方面起到了重要作用。同时，创新也为区域内产业集聚的发展提供了强大的驱动力，产业集聚也成为提升区域创新能力最为关键的前提条件之一。产业集聚与区域创新之间相互作用、相互促进，产业集聚与区域创新战略已经成为区域经济发展的重要战略。

预计到创新对国家和民族复兴的重要作用，我国近年来对发展创新的重视程度日益加强。党的十七大中也明确指出了要把我国建设成创新型国家，并将其作

---

[1] 本部分借鉴了陈鹏恺（2014）的研究成果。

为现代化建设的战略目标的一部分。而发展区域创新能力不仅能为建设创新型国家打好坚实基础,也能够为加速我国综合国力、竞争力以及国民经济进一步提升做出重要贡献。目前,我国的科学基础研究和技术创新系统建设已经初具规模,以企业为主的产、学、研相结合的创新体系逐步形成。但同时,我国还存在着很多问题,如创新缺乏效率,能投入到实际应用中的科技创新成果还不多。

如今,产业集聚已经成为经济发展的重要特征,综观国内外,都有很多成功的产业集聚形成,如美国的硅谷、意大利的服装产业集聚、中国的中关村,这些产业集聚地区同时也是区域创新能力很强的地区。正如波特所言,当你打开最新的世界经济地图时,到处可见块状的板块——产业集聚所形成的区域。而如今,这一现象在我国的东南沿海地区越发显现出来,出现大量的制造业集聚。而且根据《中国区域创新能力报告》研究显示,我国东南沿海地区也是区域创新能力最为突出的地区。为此,本节将就产业集聚对区域创新能力影响的问题进行理论上的探讨和实证方面的研究,寻求产业集聚提升区域创新的能力的内部机制,通过对我国31个省、市、区制造业的面板数据进行实证分析,在此基础上提出相关的对策和建议。

二、我国产业集聚状况分析

1. 产业集聚的各种测度指标和计算方法

(1) 产业集中度指数。赫希曼—赫芬达尔指数是用来测量产业集聚程度的重要指标,是一种测量市场产业集中度的综合指数。它是指一个行业中各市场竞争主体所占行业总收入或总资产百分比的平方和,用来计量市场份额的变化,即市场中厂商规模的离散度。近年来,很多经济地理学家也将此用来研究产业地理集聚上的问题,比如 Davies 和 Lyon(1996)用赫希曼—赫芬达尔指数来分析欧盟地区产业的空间分布;Karl 和 Michael(2004)也用此来分析欧共体成立前后欧洲制造业地理集中动态变化。该指数逐渐成为经济学界和政府管制部门使用较多的指标。在本节中,我们需要测算以省区为研究单位的赫芬达尔指数,所以我们参考 Fan 和 Scott(2003)所采用的方法,我们把赫芬达尔指数作为衡量各省区制造业产业集中度总体状况的指标。我们用企业数量作为计算 HHI 指数的基本单元。令 x_{ij} 表示 j 区域 i 行业的企业数量,x_j 则是区域 j 的企业总数量,$x_j = \sum_{i=1}^{k} x_{ij}$,则区域 j 的 HHI 计算公式为:

$$HHI_j = \sum_{i=1}^{k}(x_{ij}/x_j)^2 \tag{6-3}$$

赫希曼—赫芬达尔指数选取的是某地区某行业一定规模以上的企业。(根据《中国工业经济统计年鉴》所制定的标准, 不同年份的标准不尽相同) 显然, HHI 越大, 表示市场集中程度越高, 垄断程度越高。赫芬达尔指数是产业市场集中度测量指标中较好的一个, 具有如下特点: ①当该地区是独家企业垄断时, 该指数等于1, 当所有企业规模相同时, 该指数等于1/n, 故而这一指标在 1/n~1 变动, 数值越大, 表明企业规模分布的不均匀度越高。②兼有绝对集中度和相对集中度指标的优点, 并避免了它们的缺点。因为该值对规模较大的上位企业的市场份额反应比较敏感, 而对众多小企业的市场份额小幅度的变化反应很小。③可以不受企业数量和规模分布的影响, 较好地测量产业的集中度变化情况。因此, 只要厂商合并, 指数值就会上升, 只要厂商分解, 该指数值就会降低。

(2) 地区专业化指数。专业化指数又称作区位商, 用于表示某行业在某地区的产业专业化程度。区位商 LQ 的值越大, 则专门化率也越大。按照 Batisse 的说法, 同一产业的不同企业在一个地区的集聚形成了产业专门化的环境, 进而促进该地区产业经济的发展, 产生地方化效应。

本章参照 Henderson 等 (1995)、Fan 和 Scott (2003) 所采用的方法, 利用集聚变量区位商 (LQ) 表征地方化经济, 称为地方化系数。用 i 表示第 i 产业, j 表示第 j 个地区, 区位商的计算公式为:

$$LQ_{ij} = \left(x_{ij} / \sum_i x_{ij}\right) / \left(\sum_j x_{ij} / \sum_i \sum_j x_{ij}\right) \tag{6-4}$$

一般地, 如果 LQ>1.5, 则说明某产业在所处地区具有专业化优势。

学术界有相当多的学者认为, 集聚专业化能够有助于促进在相同的产业内部、各企业之间知识的溢出, 进而促进区域创新能力和经济发展。Glaeser et al. (1992) 将其命名为 "MAR 外部性"。

本节我们需要得到我国每个省级地区的区位商数据, 所以参考朱英明 (2009) 的计算方法, 令 x_j 表示 j 区域的企业总数, x_i 表示在全国范围内 i 行业的企业总数, 区域 j 的地方化系数计算公式为:

$$LQ_j = \sum_{i=1}^{k}\left[\left(x_{ij} / \sum_{i=1}^{k} x_{ij}\right) / \left(x_i / \sum_{i=1}^{k} x_i\right)\right] \tag{6-5}$$

LQ_j 的值越大, 表明在区域 j 的专业化水平就越高, 有较高的 "MAR 外部性", 产业的比较优势也越明显。

(3) 产业多样化指数。和 "MAR 外部性" 相对立，有些学者秉持另一种观点，那就是不同产业之间的知识溢出才是促进区域创新能力提升的主要因素，不同行业的企业之间多样性和互补性的知识交流能为创新提供更多的源泉，所以不同行业的企业集聚起来更有利于区域创新。该观点是由 Jacobs 于 1969 年提出来的，所以被称为 "Jacobs 外部性"。

这里采用产业多样化指数（diversity index）来衡量 "Jacobs 外部性"。其计算方法有很多，本节借鉴 Glaeser 等（1992）、Henderson 等（1995）的测定方法，采用赫希曼—赫芬达尔指数 HHI 的倒数来计算集聚多样性，则 j 区域产业多样化的计算公式为：

$$DI_j = \left[\sum_{i=1}^{k}(x_{ij}/x_j)^2\right]^{-1} / \left[\sum_{i=1}^{k}(x_i/X)^2\right]^{-1} \quad (6-6)$$

X 为全国企业总数，$X = \sum_i \sum_j x_{ij}$，DI 的值越大，说明所在地区产业种类越丰富，越加多样化。

2. 我国产业集聚总体状况分析

因为本节最终的考察目标是我国区域创新能力，在行业的选取上，倾向于科学和技术含量相对较高的行业，剔除了对地理资源较为依赖的制造业产业，比如煤炭采矿业、黑色金属采矿业、石油和天然气开采业；也剔除了垄断程度较高的行业，如烟草制造业。结合数据的可采集性，笔者选取了我国制造业 40 个二位数行业中的 20 个行业作为考察对象。[①] 采集 31 个省、市、区的各行业企业数作为原始计算数据，分别计算每个地区 2005~2011 年的产业集中度指数 HHI、产业专业化指数 LQ、产业多样化指数 DI。并计算各指数在 2005~2011 年的平均值，加上近两年的数据统计结果如表 6-15 所示。

分析 HHI 指数数据可以看到，2010~2011 年中各地区产业集中状况变化相对稳定。排名没有太多变化。其中西藏的 HHI 值却一直处于绝对领先地位，但仔细观察各地方详细数据，笔者发现西藏地区产业的结构单一，2011 年年鉴数据，

[①] 所选制造业行业分别是 C13 农副食品加工业，C14 食品制造业，C15 饮料制造业，C17 纺织业，C18 纺织服装、鞋、帽制造业，C22 造纸及纸制品业，C25 石油加工、炼焦及核燃料加工业，C26 化学原料及化学制品制造业，C27 医药制造业，C28 化学纤维制造业，C31 非金属矿物制品业，C32 黑色金属冶炼及压延加工业，C33 有色金属冶炼及压延加工业，C34 金属制品业，C35 通用设备制造业，C36 专用设备制造业，C37 交通运输设备制造业，C39 电气机械及器材制造业，C40 通信设备计算机及其他电子设备制造业，C41 仪器仪表及文化办公用机械制造业。数据来源于 2006~2012 年的《中国工业经济统计年鉴》。

表 6–15 我国各地区产业集聚指数 HHI、LQ、DI 的描述性统计表

地区	HHI 2010年	HHI 2011年	HHI 平均值	LQ 2010年	LQ 2011年	LQ 平均值	DI 2010年	DI 2011年	DI 平均值
北京	0.071	0.071	0.070	22.510	22.510	22.540	1.006	0.979	1.000
天津	0.079	0.076	0.075	20.881	21.261	20.933	0.900	0.921	0.937
河北	0.078	0.076	0.077	20.363	20.016	20.164	0.913	0.913	0.910
山西	0.095	0.093	0.091	30.705	29.793	31.754	0.751	0.751	0.770
内蒙古	0.099	0.102	0.101	23.099	21.835	23.205	0.721	0.686	0.696
辽宁	0.091	0.092	0.087	20.191	19.828	20.269	0.780	0.760	0.811
吉林	0.099	0.104	0.095	22.117	20.983	22.628	0.722	0.674	0.743
黑龙江	0.106	0.133	0.100	23.282	21.354	23.619	0.671	0.524	0.714
上海	0.086	0.084	0.083	18.716	19.153	18.842	0.831	0.833	0.843
江苏	0.085	0.079	0.085	19.910	20.550	19.678	0.836	0.881	0.824
浙江	0.097	0.094	0.097	18.594	19.760	18.712	0.731	0.744	0.722
安徽	0.080	0.081	0.078	18.306	17.784	18.635	0.890	0.861	0.894
福建	0.079	0.078	0.083	20.709	20.573	20.395	0.905	0.895	0.851
江西	0.084	0.081	0.084	21.216	20.615	20.778	0.851	0.857	0.836
山东	0.086	0.087	0.086	18.215	17.889	18.213	0.828	0.803	0.819
河南	0.097	0.094	0.093	19.714	19.162	19.886	0.737	0.745	0.753
湖北	0.082	0.082	0.081	19.058	18.474	19.173	0.867	0.848	0.869
湖南	0.089	0.087	0.089	21.228	20.282	20.774	0.797	0.806	0.788
广东	0.085	0.086	0.085	19.374	19.507	19.287	0.835	0.814	0.825
广西	0.089	0.085	0.085	21.546	20.635	21.583	0.803	0.819	0.827
海南	0.126	0.125	0.116	26.034	25.372	25.706	0.563	0.558	0.608
重庆	0.119	0.123	0.129	20.291	19.831	19.977	0.598	0.569	0.547
四川	0.080	0.079	0.077	21.655	20.825	21.697	0.885	0.883	0.905
贵州	0.100	0.102	0.099	27.441	26.757	27.893	0.710	0.684	0.711
云南	0.091	0.098	0.093	27.069	25.231	26.251	0.782	0.716	0.755
西藏	0.173	0.191	0.211	26.660	24.250	25.555	0.412	0.365	0.371
陕西	0.072	0.071	0.069	26.153	25.415	27.443	0.994	0.980	1.016
甘肃	0.096	0.097	0.092	24.807	23.607	24.787	0.740	0.722	0.767
青海	0.114	0.121	0.115	24.225	24.070	23.073	0.624	0.579	0.612
宁夏	0.105	0.103	0.099	26.413	24.540	25.297	0.681	0.676	0.707
新疆	0.107	0.113	0.103	29.744	28.794	27.555	0.666	0.618	0.683

仅有 36 家制造业企业，无法形成所谓的集聚，所以西藏的高 HHI 值不能说明问题，也无法考察其产业集聚的程度，在我们后面的回归分析中也无法将其纳入研究。除此以外，海南、重庆、青海、黑龙江等几个地区 HHI 值位居前列。虽然这些地区的产业规模、企业总量与东部沿海地区相比，有一定的差距，但是因为

这些地区一方面产业结构相对较为单一，特别是制造业产业种类比较少。如青海大部分制造业企业都集中在化学原料及化学制品制造业，宁夏情况类似，大部分企业集中在非金属矿物制品业，重庆则集中在交通运输设备制造业。这些情况使得这些地区产业集中度较高。从这里我们也可以看出，HHI 指数只能考察区域内的产业相对集中度，描述一个区域内部的产业结构；该指数衡量产业集聚程度有一定局限性。

分析区位商指数 LQ 可发现，近七年来，山西的集聚专业化程度一直具有明显的优势，该省的石油加工、炼焦及核燃料加工业具有很高区位商。说明该地区产业集聚所带来的地方化经济比较明显，产业具有一定的专业化优势，具有相对较强的"MAR 外部性"，有利于产业内部的知识溢出。相应地，山西省在石油加工、炼焦及核燃料行业也相应具有较强的比较优势。除此之外，贵州、云南、甘肃、宁夏、新疆等西部省份集聚专业化也排名靠前。其中专业化集聚较高的产业分别是贵州和甘肃的黑色金属冶炼加工、云南的有色金属工业，宁夏与新疆同样在石油加工方面具备专业化优势。在一个地区具有明显专业化优势的行业往往能够体现该地区的比较优势，因而对该地区经济发展有着比较重要的作用。北京各行业分布相对平均，2011 年数据显示，北京的仪器仪表业以 3.96 的 LQ_{ij} 值位居全市第一；北京在医药行业、通信电子业这两方面也有一定优势，LQ_{ij} 值均在1.5 以上，具有一定的专业化优势。而我国经济较为发达的长三角和珠三角地区，其地方化经济水平均位于我国中下游，比较优势不明显。说明长三角和珠三角地区各制造行业发展较为平均，实力均比较强，但没有优势特别突出的行业。具体分析数据，江苏、浙江在化学纤维制造业、广东在通信电子业的专业化程度较高，进一步提高地区专业化程度较高的行业，对提高区域竞争力和创新能力有着较为重要的作用。

分析多样化产业集聚指数 DI 的数据，我们可以看到，北京在产业多样化程度上占据明显优势，说明北京产业结构丰富，各产业也相对较为发达，具有较强的"Jacobs 外部性"，能够促进不同行业间的知识溢出。值得注意的是，北京在专业化指数上，排名也比较靠前，说明北京同时具有产业专业化和多样化的优势。陕西的专业化指数和多样化指数排名也均靠前。而我国西部大多省份多样化指数排名均比较靠后，这也说明了我国西部大部分省区产业结构单一，缺乏"Jacobs 外部性"，造成行业间缺乏知识交流与分享。

在我国实际情况中，产业集聚的"MAR 外部性"和"Jacobs 外部性"二者对区域创新能力的影响方向、影响程度大小具体如何，这些问题笔者将在本节后续内容中构建计量模型对此进行详细的实证分析。

三、我国区域创新能力状况分析

本部分我们主要研究分析的是我国 2005~2011 年区域创新活动的走向和地区分布。随着我国总体创新系统的发展，不同区域间的创新活动水平差异也变得十分显著。为了系统比较和考察各个地区的科学、技术水平与创新能力，本部分对全国除港澳台以外的所有 31 个省、直辖市和自治区进行系统性的研究。

1. 关于创新的分析单位

因为不同区域有着各自不同的制度结构、文化传统、政治经济状况，因而赋予了各地区不同规模的区域创新系统各自不同的特点。从总体上来说，诸如省、直辖市和自治区这些行政区域其各自的创新活动具有独特性和一致性，能够方便加以考察。同时，结合中国国情，行政区域被认为是研究区域创新系统所能选择的最合适的尺度规模，这个看法主要基于以下考虑：

首先，因为中国曾经经历过中央计划经济体制，长久以来，其政策的实施、项目的计划和执行，社会、经济或技术发展的评估等都是基于地区行政的管理。在某些区域，随着时间的推移，区域创新系统处在了有经济发展活力的地区，如渤海湾、长三角和珠三角地区。而其他大多数地区，科技政策与规划政策都是由各自的行政机构设计、实施和评估。可见，中国的区域创新系统倾向于被行政区划所限制。

其次，虽然都受到国家政府政策系统的管制和相同法律的规范，省级政府也有一定的对自己经济和社会发展的决策权，地区级的科技政策和创新计划在一定程度上影响了区域创新的特点。

此外，经济改革后，出现的一定程度的地区保护主义也以行政区域划分的方式约束了我国区域创新系统。地方政府所拥有的一定的财政决策权激励他们实现税收的最大化，促使地方政府去保护地方工业免于区域间的竞争。

最后，我国的行政区域几乎都能够通过自己独特的历史、文化和地理特征加以区别。住在同一地区的人们使用当地方言，共享当地文化习俗，也更体现了各地区与众不同的区域特色。隐性知识和社会资本局部内嵌在区域中，并且影响着区域创新的进化过程。同时，因为劳动力被户口系统限制在行政区域内，社会资本倾向于在区域内部积累。尽管近年来这种情况有所减缓，但地区知识和社会网络的发展依然与区域紧密相连。

基于以上的考虑，本节采用了我国省级行政区域划分的 31 个省、市、自治区来作为研究单位。并且鉴于地区差异，可以合理地认为各省区之间的创新相互影响和干扰较小。然后，每个省级地区作为国家创新系统的一个部分，将被加以仔细考察分析，辨析创新能力的不同之处。省级区域的创新活动也将显示我国创新方面的很多特点。

考虑到我国东、中、西三大区域经济、社会、文化等各方面都存在较大的差异，本节在必要时也将三大区域分别作为整体加以研究，以便对我国创新状况有更好的认识。[①]

2. 我国创新活动总体状况

伴随近些年来我国整体经济的持续增长，区域创新活动也有显著进步，具体体现在各种形式的创新活动的发展上。其中比较引人注意的，包括高科技工业园区产业集聚的大量涌现、中小型企业的兴起、技术市场的发展等。这些为建设区域创新系统和发展区域创新能力提供了良好平台。

高科技工业园区产业集聚已经成为重要的创新载体，它在推进区域创新能力提升的同时也刺激区域经济发展。20 世纪 80 年代以来，随着改革开放，科技工业园、大学科技园和技术企业孵化器在火炬计划的发起下纷纷建立起来，成为了促进科技化工业发展的新的基础设施。以科技园区产业集聚形式为标准模型的国家高新技术工业开发区也纷纷被各省级政府建立起来，用以发展高技术产业集群。他们大多数都建立在靠近大学和公共研究机构的附近，以加强大学或研究机构与工业部门的联系。

其中，我国目前在这方面较为成功的案例是中关村科技园产业集聚，它毗邻我国清华、北大等众多名校以及很多研究机构。其中产生了联想、百度等我国知名 IT 企业。这为我国产学交互合作打下了很好的基础，对工业创新也起到了正

[①] 我国三大区域划分如下：东部地区包括：北京、天津、河北、辽宁、上海、江苏、浙江、福建、山东、广东、海南 11 个省、直辖市；中部地区包括：山西、吉林、黑龙江、安徽、江西、河南、湖北、湖南 8 省；西部地区包括：内蒙古、广西、重庆、四川、贵州、云南、西藏、陕西、甘肃、宁夏、青海、新疆 12 个省、自治区、直辖市。

面促进作用。然而，通过资料发现，并非所有科技园区产业集聚的企业都取得了成功。在西方学术界看来，制度支持和风险资本的缺乏，产权界定的不清晰和地方上过度干预等因素成为阻碍科技园产业集聚发展的重要因素。

在创新需求增长的驱动下，我国技术市场也迅速发展。自20世纪80年代我国科技系统改革以来，技术市场就已经被认为是促进各自组织之间、技术生产和使用者之间的技术转移的传播扩散机制。2003~2012年，我国技术市场成交额增长了六倍左右。迅速增加的成交额反映了全国范围内科技成果转化得到了加强。国内技术市场迅猛发展也相应致使我国各省级区域生产力的增强。对企业来说，迅速增长的大型技术市场不仅刺激了国内企业从事于发展新技术以迎合国内需求，也为他们接近国外先进技术和产品创造了机会。

科技是创新的重要源泉，考察我国科技活动基本情况，我们重点关注研究与试验发展（R&D）活动情况。我国R&D经费支出在十年间已经从2003年的1540亿元增加到2012年的10298亿元，增长率为568.89%。此外，R&D人员全时当量也从2003年的109万人增加到2012年的325万人，人力投入增长率为196.58%。我国在R&D活动人力和财力方面的投入增加显著，这体现了在创新投入上的增加。但大力对R&D活动投入是否能相应带来更高的创新回报，如新专利的授权和企业新产品的推出。这些将在很大程度上反映R&D投入的效率和区域创新的能力，下文将对此进行详细分析。

3. 我国各地区区域创新能力指标分析

衡量区域创新能力有多项指标可供选择，其中能体现最终创新活动所起到的作用和效果的是创新产出方面的指标。其中专利授权量和工业企业新产品的推出是体现区域创新产出能力的重要指标，加上数据的可得性，本节将对这两个指标进行详细考察。

同时，在我国区域创新系统中，还有一个最值得引起注意的问题是各区域在科技水平和创新能力上的差距十分明显，并且还在不断扩大。特别是在科技和经济水平相关数据方面可以看出不同区域存在显著的水平不均等现象。自从改革开放以来，在过去三十多年的时间里，制造和利用科学技术知识的能力不均衡地分布并且高度集中在少部分发达区域。东部沿海地区将先进的科技知识与经济生产与消费紧密结合起来，而我国其他地区，传统的技术、生产模式还占有很大比例。这逐渐造成了我国不同地区间的知识隔离。知识的进步激励了区域的经济增长，而通过知识与技术创新所收获的成果主要使得少数发达地区受益。这些地区在改革开放后建立了较为先进的区域创新体系，而在其他地方则往往缺乏制度、财务和基础设施方面的条件用以发展区域创新能力。结果，区域间知识方面的差异加深了我国地区间的差距。所以对各区域创新能力的考察显得非常有必要。

（1）我国工业企业新产品产值发展趋势和分布状况。工业企业的新产品产值是测度企业在创新产出上的能力的重要指标，创新产出主要有中间产出（如专利）和最终产出，最终产出即以投入到商业销售中的新产品产值来度量。所以，我们很有必要通过分析我国工业企业的新产品产值来研究我国区域创新能力。

首先从我国三大区域的角度进行工业企业新产品产值的考察。东部地区的工业企业新产品产值远远领先于中、西部地区，而且增加速度也非常快（除了2008~2009年受国际经济危机影响略有下跌外），反映了东部地区较强的区域创新能力和强劲的发展动力。中部和西部新产品产值水平总体偏低，增长率也较为平缓，反映了中、西部区域创新能力的不足和增长动力的相对匮乏。区域之间的差距也有继续扩大的趋势。

进一步考察具体每个省区的工业企业新产值状况。广东、江苏、浙江、山东、上海这五个东部沿海省市在企业新产品生产上具有非常显著的优势，并且近年来增长显著。反映了这几个地区的工业企业有着相对十分强大的企业创新能力和创新发展能力，而企业创新能力又是区域创新能力的核心要素，所以新产品产值的分布也大致映射了我国区域创新能力。上述五个地区的新产品产值与我国其他地区，特别是西部地区相比，差异非常大，这反映了我国区域创新能力在不同的地区存在着较大的差距。

（2）我国专利活动发展趋势和分布状况。专利是知识产权重要的组成部分，我国制定了相关的专利法案，保障专利授权者占有、使用、处分自己专利创新成果的权利。专利在我国分为发明专利、实用新型专利和外观设计专利。其实，发明专利一般指新产品的设计与制造，新的使用方法等，创新技术含量最高；实用新型专利一般指的是对产品结构或外观的改进；外观设计专利一般是对产品外观、颜色图案等进行加工。后两者的创新含量较低。因此本节将采用发明专利授权量来反映区域的创新能力水平。

思路与前文一样，我们先考察三大区域2005~2011年发明专利授权量的发展趋势。我国三大区域发明专利授权量的走势与新产品产值走势大致相似，三大地区均呈现一直上升的趋势，同时也存在着较大的地区差距格局。东部地区一直遥遥领先，占有十分明显的优势，并且在 2010 年以后增长更加明显提高。中部和西部地区发展趋势一直较为缓慢，虽然 2010 年以来增长率也有所提高，但无论是授权总数和增长率，与东部地区都存在较大差距，而且差距也存在着继续增大的趋势。我国各区域发明专利授权量呈阶梯状分布格局。广东省一直具有非常明显的优势，在 2011 年的发明专利授权量高达 18000 件以上，在全国范围独占鳌头。同时，上一节中可以看到广东省的新产品产值一样保持领先。与新产品产值格局不同的是，北京在创新方面也一直处于全国领先的地位，略微落后于广东。笔者认为这是因为北京拥有大量高水平的研究型大学与研究机构的缘故。这也反映了这两个地区创新产出能力存在着巨大的优势。可以将二者归类为专利水平第一阶梯。上海、江苏、浙江、山东发明专利授权量也都在 5000 件以上，形成专利水平第二阶梯。而我国其他大部分地区发明专利数量都低于 5000 件的水平，有些西部地区甚至寥寥无几。这也反映了经济欠发达地区，专利水平也相对落后，区域创新能力状况较为堪忧。发明专利阶梯状的分布格局也一定程度地决定了各区域创新能力的分布格局。

四、产业集聚对区域创新能力作用机理的理论分析

1. 区域创新能力的影响因素

在不同的地区，区域的创新往往都有着各自不同的特点，各地的区域创新能力也有着十分显著的差异，究其原因，是存在着许多不同的因素决定了区域创新能力。如地区的文化习俗、地理资源、政治制度等都是比较重要的影响因素。然而，近年来，随着人类工业文明的进步和科学技术的突飞猛进，先进的科技、管理知识，高技能的人力资本、先进的基础设施建设等，对创新起到了越来越重要的作用，而产业集聚对上述因素有非常显著的影响。结合各国家和地区的实际情况，由此可以推知，在现代经济背景下，产业集聚对区域创新能力起到了极为重要，甚至是决定性的作用。下面将对此进行详细的理论层面的分析。

2. 产业集聚对区域创新的影响机制

（1）产业集聚对区域创新能力的影响：交易成本视角。交易成本（Transaction Cost）又称为交易费用，作为一个经济学概念，它指的是在进行交易时，交易双方为完成交易所付出的各种相关成本。包括货币成本、时间成本等各种机会

成本。此概念是由新制度经济学创始人 Ronald H. Coase 于 1937 年在其论文《The Nature of the Firm》（企业的本质）中提出的。科斯在文中提道："通过价格机制组织生产的，最明显的成本，就是所有发现相对价格的成本，市场上发生的每一笔交易的谈判和签约的费用及利用价格机制存在的其他方面的成本。"可以说，在经济与社会活动中，所有的交换活动，必然伴随着产生交易费用，它与人类社会的一切活动形影不离。正如张五常所言："交易费用是指在鲁滨孙一人世界里没有的费用。"

科斯的交易成本理论解释了企业出现的原因与企业的本质。分析人们在市场中依靠价格机制进行交易，会耗费较大的成本。如市场上招聘雇员的成本，员工去市场应聘的成本，经营者寻找产业链上下游合作方所耗费的成本，交易双方各种商业成本等。据此，为了提高经济效率，人类自发形成企业这样的组织体，即通过建立一种无限期的、半永久性的层级性关系，或者说通过将资源结合起来形成像企业那样的组织，依靠体制组织、契约以及其中相关政策等制度，采纳和利用标准化的度量衡，从而达到降低交易成本的目的。企业的形成又进一步促进了人类的专业化分工合作，使得企业或劳动力专门从事具有比较优势的经济活动，进一步提高了生产效率与创新能力。

科斯提出交易成本理论之后，Oliver E. Williamson 对该理论又加以系统化的工作。在其 1985 年所著的学术著作《The Economic Institutions of Capitalism》中，Williamson 将交易成本加以整理并区分为事前成本与事后成本两大类。事前成本包括：搜寻信息的成本、协商与决策的成本、契约成本；事后成本包括：监督成本、执行成本、转换成本。相比于自由市场而言，具有一定组织性、制度性和封闭性的企业的出现能够一定程度地降低上述各项成本。图 6-4 是 Williamson 交易成本系统结构图：

产业集聚对降低各种交易成本的作用一直是研究者长期关注的问题。早在 19 世纪，马歇尔就提到了产业集聚的企业能通过共享各种资源而达到降低各种生产活动成本的目的。韦伯在《工业区位论》的论述说明了，位于集聚区中的企业，得益于区位因素，如靠近需求或靠近原材料市场，将获得相比于单个企业较小的运输成本。克鲁格曼的"中心—外围"模型说明工业的集聚将促使制造业中心的形成，该中心具有系统化的交通、通信、金融等各类基础设施与服务，企业共用这些设施与服务极大限度地提升了资源的利用效率，节约了各项开支。除此

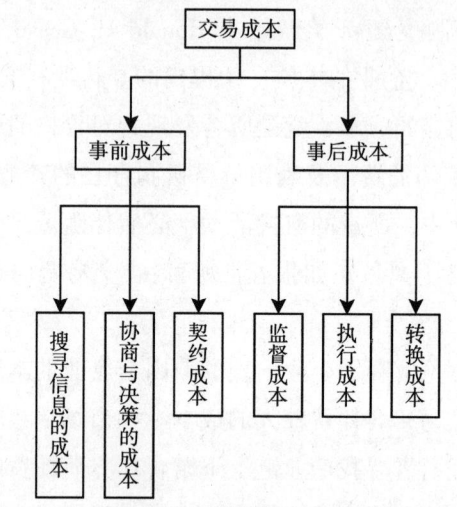

图 6-4 Williamson 的交易成本理论系统化结构图

以外，国内外还有很多学者对该问题也从各个角度提出了不同看法。本节中，笔者主要以 Williamson 的系统化交易成本理论为框架分析产业集聚如何降低成本，提高生产效率，进而促进创新。

首先，产业集聚有助于减低事前交易成本，即搜寻信息的成本、协商与决策的成本和契约成本。搜寻信息的成本指交易者寻找交易对象、查询相关交易信息所需要的成本；协商与决策的成本是交易双方为交易达成所做的谈判、协商、议价的成本，该项成本的高低取决于交易双方对彼此的信任程度；契约成本是交易双方为了签订契约而进行磋商的成本。

在产业集聚区内，一方面，企业的供应方与需求方以及提供各种产业相关的配套设置与服务提供商在空间距离上都十分接近，交流沟通便利，信息高度公开透明。另一方面，在人力资源市场上，企业空间上的集中也方便了求职者搜集企业招聘信息和企业搜集求职者的信息。这两方面都降低了搜寻信息的成本，这也为之后的协商与决策打下了良好基础。在信息高度公开化、透明的基础上，交易双方彼此能够充分了解各自的特点与需求，增加彼此的信任度，从而降低了谈判、协商和议价成本以及签订契约的成本。

其次，产业集聚有助于降低事后交易成本，即监督成本、执行成本和转换成本。监督成本是交易双方在签订契约后，为了预防对方因为投机主义违背契约，而进行互相监督所产生的成本。执行成本是指在签订契约后，如果一方违背契约，另一方强制对方履行契约所产生的成本。转换成本是交易完成后，一方改变交易对象所产生的成本。

产业集聚区内，各产业彼此关联，相互依存，形成共同的产业文化、产业制度。在共同的文化、制度对行为的约束与指导下，集聚区内的企业遵守共同的游戏规则，有较强的彼此认同感和信任感，加上较低的信息获取成本，交易双方都倾向于投入较少的监督成本和执行成本。而且集聚区内交流频繁，使得企业高度重视自己的信誉，所以也大大提高了企业的违约成本，进一步降低了事后交易成本。交易完成后，新的合作伙伴也便于寻找，减少了转化成本。

综上所述，产业集聚增加了信息透明度，促进了企业沟通交流，提高了交易双方彼此信任程度，增加了违约成本，形成了共同的文化与制度。这几个特点使得产业集聚能够有效降低每一种类型、阶段的交易成本，提高工作效率，推动集聚区内企业的创新能力。

（2）产业集聚对区域创新的影响：专业化分工视角。在产业集聚区内，大量专业化生产的企业集聚，一方面实现了规模化生产，促进了同行业内的知识信息交流。另一方面，集聚的存在吸引了很多专业化的供应商、服务机构，这也进一步促进起初在集聚中的企业更细致地分工，专注做自己的核心业务，将其他工作外包给集聚中其他企业。如此集聚中的企业将投入集中到自己所擅长的核心业务，大大提高了资源利用效率，也发挥了各自的比较优势，激发了创新活力，促进了整个集聚区的创新能力。

从人力资源的角度，集聚内企业高度专业化，分工高度细致，也增加了对专业性人才的需求。这对专业化、具有一技之长的劳动力来说，能够更准确、快速地寻找和定位自己想要的工作，并在工作中能够更专注地从事自己擅长的领域，如此，不仅促进了个人与企业专业技能的提高，更能够激发个人的工作热情与创新活力。

从资本获取的角度，因为我们前面提到，产业集聚内信息相对透明，有较低的信息搜寻成本，投资者能够较为充分地了解企业的状况、判断企业的前景，降低了投资风险，使得资本能得到更高效的利用。特别是在高科技领域，良好的融资环境使得新的项目以及创业者能及时得到资金的支持，对创新能力的提升影响显著。

（3）产业集聚对区域创新的影响：竞争的视角。波特提出了新竞争经济学理论，从竞争的角度研究产业集聚。在他提出的钻石模型中，提出了提升竞争力的四个因素，分别是：生产要素，需求条件，相关产业和支持产业的表现，企业的战略、结构、竞争对手的表现。四个要素双向作用，形成钻石模型体系，有助于区域竞争优势的形成。波特认为，四个因素如果能做到地理上相对集中，如在集聚中形成钻石体系，则会促进集聚中企业的微观竞争力，创造良好的竞争环境，进而提升创新能力。

波特还提出了产业集聚的追赶效应和拉动效应。企业彼此的接近增加了彼此的影响，加剧了企业间的竞争。落后的企业会模仿领先的企业，领先的企业为了保持竞争优势会努力进行创新，即所谓的追赶效应；同时，如果集聚中存在竞争力较强的企业，不仅起到模范带头的作用，也会通过合作交流带动集聚区内其他相关企业的发展，会对相关企业产生拉动效应，提高整个集聚的竞争力与创新能力。

(4) 产业集聚对区域创新的影响：区域创新系统的视角。集聚中的企业，通过频繁的合作，逐渐形成集聚网络，加速信息交流。与此同时，企业还会与自己临近的大学、研究所、金融机构、各种中介、服务机构合作，当地政府也会参与其各项事务，进而形成了区域创新系统，带动该地区企业、大学、研究机构、政府等各个部门全面提高自己的创新能力。

大学、研究机构与企业之间通过信息交流与合作，形成产学研密切合作网络。一方面，大学与研究机构的研究成果可以迅速加以商业化应用，同时，通过商业化的反馈与导向，使得学术研究方面也相对更加明确，提升了研究效率。另一方面，企业也能方便有效地获得最新的研究成果从而提高自己的创新能力。

在拥有产业集聚的地区，政府更加需要且更有动力为区域创新发展有所作为。如加强道路交通、通信设施等基础设施建设；完善法律法规，保护创新活动，尤其是加强知识产权保护；出台一系列奖励制度，激发企业或个人的创新动力等各项措施，目的都是为区域创新提供优良的环境，进一步推动该地区的区域创新能力。在此过程中，政府也从中受益，得到发展区域创新的宝贵经验。

各种金融机构和中介服务机构在创新活动中能够加速资金、技术与知识的流转。为地区发展完善各项配套服务，组织与协调区域各项活动，使得创新活动更加畅通、便捷。产业集聚诱导所形成区域创新系统在各部门协调运作配合下，全面提升区域创新能力。

(5) 产业集聚对区域创新的影响：动态外部性视角。查看国内外创新型产业集聚成功的案例，可以发现先进的科学知识和技术是创新的核心必备条件。而大量的研究揭示了，产业集聚的存在能够促进知识生产、传播与扩散，进而推动技术进步。

知识溢出有一个显著特点就是存在着明显的空间邻近的局限性，特别是在长期实践中积累而形成的非编码的隐性知识，他们与人们的经验紧密相关且不易用语言表达和传播。隐性知识需要人们通过面对面的交流进行扩散。所以知识溢出在空间上受到限制。而产业集聚的空间临近效应增加了人们面对面接触的机会，不论是集聚区中人们以正式的还是非正式的方式来往，都会在无形中对传播和扩散隐性知识起到促进作用，从而大大提高了知识获取与扩散的机会，进而促进技术进步与区域创新能力的提升。

产业集聚的研究中，知识溢出现象一直以来备受重视，学者对此有持续的关注和研究，发展形成了三种关于知识溢出外部性的主流理论，从不同的角度研究产业集聚的知识溢出效应。他们分别是："MAR 外部性"、"Jacobs 外部性"和"Porter 外部性"。因为以上外部性包括动态的技术外部性、干中学效应、市场规模与企业间的循环因果效应等，所以又叫作动态外部性。

综上所述，在空间上邻近的，彼此间互相沟通、交流与合作的多个企业形成了产业集聚的主体，加上与当地大学与研究机构、金融与中介机构以及政府部门的合作构建了集聚的区域创新体系。该集聚体系能够降低各项交易成本、促进专业化分工、增强地区内企业的竞争和形成动态外部性，这些集聚效用最终共同促进了区域创新能力的提升。

五、产业集聚对区域创新能力影响的实证研究

1. 变量指标的选取、理论依据及数据来源

（1）区域创新能力指标的选取、依据及数据来源。区域创新能力有多种衡量方法，很多研究者采用专利授权量或者发明专利授权量来测量创新水平，但这个方法在学术界也一直存在着争议。质疑的观点主要有两个方面，一是因为不一定所有的创新都会申请专利，二是每个专利对经济的贡献也不是相同的。鉴于此，Feldman 和 Audretscht 在 1999 年选择了能比较全面体现创新的新产品开发项目数来表征区域创新能力，但这种方法依然不能体现各项目的异质性。所以，本节参

考了彭向和蒋传海（2011）所采用的方法，再考虑到我国实际情况，笔者在本节中选择工业企业的新产品产值 INP 来衡量区域创新能力，这个指标能够综合体现创新的数量与质量，更好地表现出创新的价值。指标数据由 2006~2012 年《中国科技统计年鉴》收集整理而来。

（2）集聚变量及控制变量的指标选取、依据及数据来源。为了较为全面地探究产业集聚对区域创新能力的影响，我们不仅需要恰当地选择代表区域集聚程度的集聚变量，还需要恰当地选择可能会影响到区域创新能力的非集聚变量作为控制变量。我们选择赫希曼—赫芬达尔指数、专业化指数即区位商以及多样化指数来表示产业集聚所引致的集聚经济，另外选择外商直接投资额、金融业增加值、地区开放度和城镇化率来表示影响区域创新能力的非集聚（控制）变量。下面将对各变量的含义及其选择的理论依据加以详细说明。

集聚变量 HHI，用于测量行业的集中度。采用此变量是为了从产业集中的角度研究产业集聚对区域创新能力的影响。数据来自于 2008~2012 年《中国工业经济统计年鉴》，根据 30 个省、自治区、直辖市（西藏因为数据不全未能包括在内），和前文选取的 20 个行业的企业数进行计算整理而得。

集聚变量 LQ，即专业化指数，用于表示某区域专业化产业集聚水平。产业专业化产生"MAR 外部性"，造成产业内部的知识溢出效应，进而促进区域创新能力提升。数据来源同上。

集聚变量 DI，即多样化指数，用于表示某地区产业多样性水平。多样化的产业产生了"Jacobs 外部性"，造成不同产业之间的知识溢出效应，进而促进区域创新能力提升。数据来源同上。

控制变量 FDI，即外商直接投资。以采集的各省级区域所接受的外商直接投资金额来表示。外商资本的流入不仅能填补国内资本的缺口，也引入了国外企业先进的科学技术和管理方法，促使自己技术进步和产业升级，进而提高该区域创新能力。然而，也有学者认为，我国经济如果对外资和外资技术过度依赖，会影响到地区自主研发、创新能力，进而不利于区域创新能力提升。数据来自 2008~2012 年《中国统计年鉴》。

控制变量 FNC，用于表征区域金融产业发达程度的变量，本节用各区域金融业增加值来表示。金融业的发达使得资源能够得到合理有效的配置，将资金转移到最优质、最有效率的企业进行生产，提升了各行业的生产效率，我们可以预见金融业的发展对创新能力有正面的促进作用。数据来源同上。

控制变量OPEN，即地区的开放度。本节采用经营单位所在地货物进出口总额来表示。地区在创新发展中，与外界的交流、学习与合作能够加速地区各方面发展，特别是在创新方面，开放度较高的地区更容易获得先进的技术和管理模式。不同地区科技、文化的交流也能互相影响，并激发本地区的创新。数据来源同上。

控制变量UB，即城镇化率。本节采用各区域城镇人口占总人口的比例来表示。在城镇化的进程中伴随着要素的集聚、经济的发展、专业人才的聚集，这些都是促进创新能力的重要因素。近年来，特别是步入新型城镇化道路使得我国城镇化发展迅速。有些学者认为，我国城镇化较多依赖物质、资源条件，人均资本和技术水平都还比较低下，所以其对创新能力的影响或许比较微弱。数据来源同上。

2. 模型设定

（1）关于面板数据的计量经济学模型介绍。因为本部分所需要的数据涉及了时间、地点和解释变量指标三个维度，所以我们采用面板数据的计量经济模型，对问题进行深入分析。由于面板数据在时间序列上存在多个横截面观察值，存在截面和时间两个维度，所以在模型的设定上，一般使用i表示截面数据（i=1，2，…，N），用t代表时间。设定线性模型如下：

$$y_{it} = \alpha_{it} + \beta X_{it} + \varepsilon_{it} \tag{6-7}$$

其中，β_{it}是指i个体在t时间，X_{it}对y_{it}的边际影响。X_{it}为$K \times 1$列向量，K为解释变量个数。ε_{it}是误差项。α_{it}为随个体变化的截距项，代表个体效应，在固定效应模型中指的是那些不随时间改变的因素，如文化、习俗、制度等，因此不随时间改变。同样，解释变量对因变量的边际影响在固定效应模型中也不随时间地点而改变。所以通过对上式修改，固定效应模型设定如下：

$$y_{it} = \alpha_i + \beta X_{it} + \varepsilon_{it} \tag{6-8}$$

此外还需要以下假设：

假设1：$E(\varepsilon_{it}|X_{it}, \alpha_i) = 0$ (6-9)

假设2：$Var(\varepsilon_{it}|X_{it}, \alpha_i) = \sigma^2$ (6-10)

假设1说明干扰项与解释变量不相关。假设2即同方差假设在此假设下模型的OLS估计是BLUE（Best Linear Unbiased Estimator）的。如果以上假设不满足，则需要处理异方差或序列相关。

当 N 很大时，时间跨度较长时，截距不固定，个体间的差异也是随机的，此时随机效应模型更加适用，其模型基本设定如下：

$$y_{it}=\beta X_{it}+u_{it} \tag{6-11}$$

$$u_{it}=\alpha_i+\varepsilon_{it} \tag{6-12}$$

随机效应模型可看作固定效应模型的一个扩展，除了式（6-9）、式（6-10）的假设外，我们还需要以下几个假设：

$$假设 3：\alpha_i \sim i.i.d(0,\ \sigma_\alpha^2) \tag{6-13}$$

$$假设 4：Cov(\alpha_i,\ X_{it})=0 \tag{6-14}$$

$$假设 5：(u_i|X_i)\sim i.i.d(0,\ \sigma_\varepsilon^2 I_T+\sigma_\alpha^2 I_T I_T') \tag{6-15}$$

假设 3 将个体效应 α_i 设定为服从均值为 0，方差为 σ_α^2 的随机变量；假设 4 说明 α_i 为随机干扰项的一部分，与解释变量不相关；假设 5 表明 α_i 与 ε_{it} 相互独立。

（2）假设检验。对面板数据模型，我们有三种方法可以对其进行估计，它们分别是：混合 OLS、固定效应模型和随机效应模型。在系数估计中具体选择哪种模型就需要进行假设检验。如果个体效应显著不为零，就需采用固定效应模型或随机效应模型。随机效应模型要求 $Cov(\alpha_i,\ X_{it})=0$，若不满足，则只能采用固定效应模型或采用工具变量法进行估计。

固定效应模型的本质是通过个体间截距项的差异来捕捉不可观测的个体效果。如果个体间不存在统计学意义上的显著差异，我们只需要对混合数据执行 OLS 估计。虚无假设设定如下：

$$H_0:\ \alpha_1=\alpha_2=\cdots=\alpha_n;$$

与其相对应的备择假设为：

H_1：个体间截距至少有一项不和其他的相等；

我们采用 F 统计量检验上述假设是否成立：

$$F=\frac{(R_u^2-R_r^2)/(n-1)}{(1-R_u^2)/(nT-n-K)}\sim F(n-1,\ nT-n-K) \tag{6-16}$$

其中，u 表示不受约束的模型，即我们的固定效应模型；r 表示受约束的模型，即混合数据模型。

对随机效应模型，基于 OLS 估计的残差构造 LM 统计量，假设如下：

H_0: $\sigma_\alpha^2 = 0$

H_1: $\sigma_\alpha^2 \neq 0$

相应的检验统计量为:

$$LM = \frac{nT}{2(T-1)} \left[\frac{\sum_{i=1}^{n}(\sum_{i=1}^{n} e_{it})^2}{\sum_{i=1}^{n}\sum_{i=1}^{T} e_{it}^2} - 1 \right]^2 \quad (6-17)$$

在原假设下,LM 统计量服从自由度为 1 的卡方分布。如果拒绝原假设,则表面存在随机效应。采用矩阵形式,LM 统计量可以表示为:

$$LM = \frac{nT}{2(T-1)} \left[\frac{e'DD'e}{e'e} - 1 \right]^2 \quad (6-18)$$

固定效应还是随机效应的检验:

本节采用 Hausman 检验。其思路是:在 α_i 与其他解释变量不相关的原假设下,我们采用 OLS 估计固定效应模型和采用 GLS 估计随机效应模型得到的参数估计都是无偏且一致的,只是前者不具有有效性。若原假设不成立,则固定效应模型的参数仍然是一致的,但随机效应模型却不是。所以,在原假设下,二者的参数估计应该不会有显著的差异,我们可以基于二者参数估计的差异构造统计检验量。

假设 b 和 $\hat{\beta}$ 分别是固定效应模型的 OLS 估计和随机效应模型的 GLS 估计,则

$$Var(b-\hat{\beta}) = Var(b) + Var(\hat{\beta}) - Cov(b, \hat{\beta}) - Cov(b, \hat{\beta})' \quad (6-19)$$

基于上述 Hausman 检验的思想,有效估计量与它和非有效估计量之差的协方差应当等于零,即:

$$Cov\left[(b-\hat{\beta}), \hat{\beta}\right] = Cov(b, \hat{\beta}) - Var(\hat{\beta}) = 0 \quad (6-20)$$

由此我们可以得到:

$$Cov(b, \hat{\beta}) = Var(\hat{\beta}) \quad (6-21)$$

将式 (6-15) 代入式 (6-13) 得到:

$$Var(b-\hat{\beta}) = Var(b) - Var(\hat{\beta}) = \psi \quad (6-22)$$

Hausman 检验基于以下 wald 统计量:

$$W = [b-\hat{\beta}]'\hat{\Psi}^{-1}[b-\hat{\beta}] \sim x^2(K-1) \tag{6-23}$$

其中，$\hat{\Psi}^{-1}$ 采用固定效应和随机效应模型的协方差矩阵进行计算。如果拒绝了原假设，就表明个体效应 α_i 和解释变量 X_{it} 是相关的，此时我们可以采用固定效应模型，或者用工具变量法来处理内生问题。

（3）模型构建。根据上述模型，笔者采用面板数据中最常用的变截距模型，该模型允许个体成员上存在个体影响，并用截距项加以说明。建立回归方程基本模型如下：

$$y = \beta_0 + x_1\beta_1 + x_2\beta_2 + \cdots + x_i\beta_i + \cdots + x_k\beta_k + u \tag{6-24}$$

y 是因变量，在本节中具有地区和时间的不同。β_0 是截距项，β_i 是变量的斜率，也是我们要估计的变量系数。u 是误差项，代表没有被考虑的变量所带来的影响。此假设也说明 u 与 x_i 不相关。

根据上述基本模型，结合本节内容，本节以工业企业新产品产值所表征的区域创新能力作为因变量。建立回归方程模型：

$$\log = (NPV_{it}) = \beta_0 + \beta_1\log(HHI_{it}) + \beta_2\log(LQ_{it}) + \beta_3\log(DI_{it}) + \beta_4\log(FDI_{it})$$
$$+ \beta_5\log(FNC_{it}) + \beta_6\log(OPEN_{it}) + \beta_7\log(UB_{it}) + u_{it} \tag{6-25}$$

3. 实证分析与结论

（1）全国 20 个制造业样本数据回归。在全国样本数据中，对回归方程模型进行个体效应检验，检验固定效应是否显著的 F 统计量所对应的 P 值均小于 0.01，说明固定效应模型优于混合 OLS 模型；进行随机效应检验，采用 LM 统计量，得到的 P 值也小于 0.01，表面随机效应非常显著，可见随机效应模型也优于混合 OLS 模型。为了区分 FE 与 RE 的优劣，进行 Hausman 检验，确立均可以采用固定效应模型。固定效应模型的回归分析结果如表 6-16 所示。

表 6-16 全国产业集聚对区域创新能力影响回归结果

解释变量	FE1	FE2	FE3	FE4	FE5
log（HHI）	25.224*** (2.858)	11.724*** (2.901)	0.734 (3.279)	5.986** (2.591)	7.076** (2.761)
log（LQ）	−1.166 (1.107)	0.574 (0.960)	0.582 (0.893)	0.386 (0.818)	0.472 (0.869)
log（DI）	25.093*** (3.071)	11.780*** (3.042)	2.197 (3.291)	7.257*** (2.656)	7.200** (2.881)

续表

解释变量	FE1	FE2	FE3	FE4	FE5
log（FDI）		0.532*** (−0.063)			
log（FNC）			0.808*** (0.078)		
log（OPEN）				0.959*** (0.077)	
log（UB）					5.792*** (0.528)
常数	86.532** (9.180)	38.779*** (9.617)	11.817 (10.259)	16.971 (8.705)	10.909 (9.897)
adj-R-sq	0.314	0.511	0.573	0.637	0.592
OBS	210	210	210	210	210

注：*** 表示在1%的水平上显著，** 表示在5%的水平上显著，* 表示在10%的水平上显著；括号内为标准误差。根据 White 检验排除了异方差性，利用方差膨胀因子排除多重共线性。

从表6-16的分析结果来看，五个模型中都引入了产业集中度指数、集聚专业化指数和集聚多样化指数三个集聚指数。发现 HHI 指数与集聚多样化指数对被解释变量呈正相关，系数非常显著。而区域专业化集聚水平与新产品产值则不具有显著的相关性。这样的结果显示了全国范围内的产业集聚与区域创新能力有显著的正面促进作用，但具体来说，其正面的促进效应主要源自集聚多样化，即 Jacobs 知识外部性所起到的作用。而集聚专业化对创新能力则没有明显的贡献。这个结论有些违背常理，这可能是因为我国的专业化产业集聚结构存在一些不合理的地方，如集聚内缺乏有效的交流，未能发挥规模生产优势，知识产权保护机制不完善等，这些因素影响了集聚内部知识传播扩散和发挥创新能力。

模型2在模型1的基础上加入了一个控制变量 FDI。回归结果显示，FDI 与被解释变量显著正相关，模型2中 HHI 与多样化指数依然和被解释变量显著正相关，不过相比于模型1，对被解释变量的系数绝对值都变小了，说明 FDI 在促进发明专利生产的同时，也削弱了产业集聚对区域创新的正面影响。而集聚专业化指数的相关性依然不显著。

模型3在模型1的基础上加入了控制变量 FNC，即金融业增加值。回归结果显示，金融业增加值与被解释变量呈显著正相关关系，但是集聚变量对被解释变量的相关性都变得不显著了，系数也大大减小。说明金融业增加值能有效地促进创新，但却大大减弱了产业集聚对区域创新的促进作用。笔者认为其原因是金融业的发达提高了资金的流通率，使得地理上集聚的企业互相依赖度降低。

模型4在模型1的基础上加入了控制变量OPEN，即地区开放度。该变量与被解释变量呈显著正相关。HHI与集聚多样化指数也与被解释变量呈现显著正相关。

模型5在模型1的基础上加入了控制变量UB，即城镇化率。该变量与被解释变量显著正相关，且系数值明显大于前面几个控制变量，说明该变量对新产品产值影响较为突出，集聚变量HHI与集聚多样化指数对被解释变量也是显著的正相关。

（2）分地区20个行业实证结果及其分析。1978年改革开放至今，我国的东部地区，特别是沿海地区经济发展十分迅速，各方面指标都远远走在全国前列，而中西部则相对发展缓慢，三大区域差距不断拉大，并呈现出各自不同的集聚与创新特点。因此笔者认为十分有必要分别从东中西三大区域考察产业集聚对区域创新能力的影响。我们采用与上一小节相同的模型与方法，对三大地区的面板数据分别进行回归（表6-17、表6-18、表6-19）

表6-17　东部地区产业集聚对区域创新能力影响回归结果

解释变量	(1) FE	(2) FE	(3) FE	(4) FE	(5) FE
log (HHI)	17.322*** (4.292)	2.508919 (4.246)	−1.410 (5.059)	2.030 (3.718)	6.893* (4.474)
log (LQ)	11.391*** (3.785)	3.093 (3.342)	3.923 (3.475)	5.015* (2.878)	6.123* (3.548)
log (DI)	17.856*** (4.908)	7.565* (4.301)	1.722 (5.129)	5.194 (3.941)	7.402 (4.944)
log (FDI)		1.106*** (0.185)			
log (FNC)			0.691*** (0.131)		
log (OPEN)				1.044*** (0.138)	
log (UB)					5.656*** (1.295)
常数项	28.730 (17.827)	0.271 (15.087)	−2.519 (16.075)	−9.100 (13.892)	−6.297 (17.642)
adj.R-sq	0.345	0.584	0.547	0.659	0.499
OBS	77	77	77	77	77

表 6-18　中部地区产业集聚对区域创新能力影响回归结果

解释变量	(1) FE	(2) FE	(3) FE	(4) FE	(5) FE
log (HHI)	28.109*** (4.209)	9.869** (4.908)	3.272 (5.461)	10.885*** (3.971)	9.448** (3.838)
log (LQ)	−11.269*** (2.735)	−2.932 (2.731)	−3.352 (2.529)	−5.695*** (2.127)	−3.426 (2.148)
log (DI)	31.848*** (4.627)	11.018* (5.507)	6.545 (5.722)	14.265*** (4.236)	10.386** (4.306)
log (FDI)		0.690*** (0.135)			
log (FNC)			0.804*** (0.142)		
log (OPEN)				0.784*** (0.118)	
log (UB)					5.675*** (0.777)
常数项	126.381*** (14.641)	43.037* (20.078)	31.440 (20.232)	52.250*** (15.297)	30.419* (16.490)
adj.R-sq	0.578	0.735	0.755	0.789	0.8090
OBS	56	56	56	56	56

表 6-19　西部地区产业集聚对区域创新能力影响回归结果

解释变量	(1) FE	(2) FE	(3) FE	(4) FE	(5) FE
log (HHI)	31.872*** (5.261)	18.482*** (5.434)	7.735 (6.326)	12.227** (5.148)	8.654* (6.248)
log (LQ)	−1.784 (1.396)	−0.210 (1.263)	−0.075 (1.210)	−0.257 (1.120)	0.521 (1.250)
log (DI)	30.009*** (5.377)	16.626*** (5.518)	7.267 (6.210)	11.619** (5.107)	8.433* (6.101)
log (FDI)		0.380*** (0.083)			
log (FNC)			0.782*** (0.147)		
log (OPEN)				0.848*** (0.133)	
log (UB)					4.997*** (0.952)
常数项	104.652*** (16.422)	59.908*** (17.316)	31.496 (19.454)	36.703** (16.712)	17.692 (21.544)
adj.R-sq	0.393	0.547	0.582	0.633	0.580
OBS	77	77	77	77	77

东部地区的回归结果见表 6-17，对比全国样本回归，集聚变量的系数明显小于全国样本回归结果，约是全国回归系数的一半。在加入控制变量后，集聚变量的显著性明显降低，大多集聚变量在模型中变得不显著，而加入的控制变量则都呈现 1% 水平的显著性。这个现象说明诸如对外开放、外商投资、发达的融资环境及高度城镇化对区域创新能力的贡献非常显著，以致东部产业集聚相对我国其他地区来说，其重要性并不是那么大。而且东部地区的交通便利、通信设施发达，这些因素都降低了对产业集聚的依赖性。东部地区的外商投资和对外开放度回归系数均大于中西部地区，说明近年来，东部在对外贸易和吸引外商投资方面具有得天独厚的优势，并对地区创新做出了巨大的贡献。

东部与全国回归结果最大的不同处在于集聚专业化指数出现了显著的正相关。且在加入了对外开放度和城镇化率两个控制变量后，该指数依然分别呈现出与创新显著的正相关。说明东部地区产业集聚具有较明显的"MAR 外部性"，而全国范围则缺乏此外部性。主要原因有以下几点：首先，东部产业集聚较为成熟，信息交流畅通，知识与技术都能得到迅速有效的传播；其次，东部地区相关制度法规健全，特别是知识产权能得到较好的保护，同行业产业集聚内的企业都有足够动力进行创新和交流。此外，东部地区良好的创新环境也能促进同行业良性的竞争。如此，东部专业化集聚对区域创新起到了显著的促进作用。

中部地区的回归结果见表 6-18，模型（1）依然是三个集聚变量的回归结果，其中产业集中度和集聚多样化系数与区域创新能力呈现显著正相关，且系数大于在东部和全国的回归结果。和东部明显不同的是，集聚专业化系数与创新能力却呈现出显著的负相关。这样的结果说明了，中部地区产业集聚对该区域的创新有显著的促进作用。但这个作用主要归功于集聚的多样化，即受益于"Jacobs 外部性"所造成的知识与技术的溢出。而集聚的专业化却没有发挥正面的作用，甚至起了负面的作用。说明中部地区无法形成有效的"MAR 外部性"。查看中部各省区集聚专业化指数也可以发现，中部地区专业化指数较高的行业主要集中在非金属工业、有色金属工业、化学制品、化学纤维、医药、造纸等部门，缺乏高科技制造业的专业化集聚，相反，这些行业创新产值较低，对当地环境污染也较大，一定程度上降低了对高技术人才和优质外商资本的吸引力。

模型（2）到模型（5）逐次加入控制变量，这四个控制变量与中部的区域创新能力均呈现显著正相关，集聚变量的估计系数相对降低。横向对比，外商直接投资与对外开放度的估计系数都小于东部地区，这一方面是因为中部地区相对于外界联系较少，另一方面也说明中部地区在外资引进上还有待加强。

西部地区的回归结果见表6-19。首先模型（1）对三个集聚变量进行回归，产业集聚与区域创新能力显著正相关，且基本上都来自集聚多样化指数的贡献，集聚专业化对西部的区域创新能力不具有显著性。说明西部的集聚具有明显的"Jacobs外部性"，但缺乏"MAR外部性"对创新的促进。与中部情况类似，西部的产业专业化集聚也多集中在石油、化学、非金属矿物、金属加工等传统的工业行业，且较依赖于地方资源，创新含量较低。相对东部，西部地区创新环境也相对不足，缺乏高技术人才、基础设施落后、执法力度相对不足，也影响了同行业企业间的知识交流与竞争。

之后在回归中逐次加入控制变量，它们也都与西部的区域创新能力呈现1%水平的显著性正相关。其中，西部外商直接投资项的系数与对外开放度的系数低于中东部地区与全国平均水平，这也是因为西部深处偏远地区。城镇化率的系数也低于其他地区，且西部的城镇化率也不到50%，对区域创新能力的影响相对有限。

综合上述回归结果，总结出以下几点：首先，从总体上看，无论是从全国范围，还是东、中、西三大区域，产业集聚对工业企业新产品产值所表征的区域创新能力有显著的正面作用。这个结果也与本章上一部分中的理论分析相一致。但是用区位商所表征的集聚专业化程度仅仅在东部地区与区域创新能力呈现显著的正相关，而在全国范围和西部地区却不具有显著的相关性，在中部地区甚至呈现出显著的负相关。而集聚多样化指数则在全国与三大区域中均呈现显著正相关，即使在东部，其系数也大于专业化指数的系数。说明在我国，集聚多样化或"Jacobs外部性"对创新发挥的促进作用远远大于集聚专业化或"MAR外部性"的作用。其次，所选取的四个控制变量在全国和地区的回归中均显示出1%水平的显著正相关。说明外商直接投资、金融业的发达、地区开放度的提高和城镇化的提高在我国各区域都能对区域创新能力起到明显的促进作用。

六、相关对策和建议

上一节我们对研究问题进行的实证研究结果表明，全国范围及三大区域的产业集聚总体上对区域创新能力都呈现出显著的正相关，这与第五章中产业集聚对区域能力影响机制的理论分析大体一致。从中我们至少可以肯定，在我国，产业集聚能够对区域创新能力的提升起到明显的促进作用。具体从产业集聚的动态外部性角度考虑，在实证中详细考察了"MAR外部性"与"Jacobs外部性"的作用情况，发现多样化集聚不论在全国范围内还是在东、中、西三大区域范围内都与区域创新能力呈现显著的正相关，而专业化集聚则在全国范围内对创新不具有显著性，三大区域中，专业化集聚仅在东部地区与区域创新能力具有显著正相关，而中部甚至出现显著负相关的结果，西部地区的实证结果也显示专业化集聚与该区域的创新能力不具有显著的相关性。本节着力探讨如何优化我国的产业集聚状况，进而更好地促进区域创新能力提升，在上文实证研究的基础上，针对分析结果提出以下几点对策建议：

1. 优化产业集聚结构，打造优质高效的产业集群，促进创新

我国产业集聚发展相对还不够成熟，特别是高科技产业集聚起步较晚，缺乏先进的科学技术和先进的管理体制，发展方向也有一定的盲目性。据此建议如下：首先大力引进国外先进生产技术与管理方法，购入高精尖的仪器设备，同时加大自主研发投入力度；其次，在人才方面，企业应该大力引进高技术人才，创造条件吸引优质人才，同时改进员工培养方式，引导员工在工作中提高自己的技能；再次，加强产学研合作机制，使企业能够及时获得各种研究成果，大学、科研机构的研究成果也能及时投入实际生产，同时引导高校的人才培养符合实际的需求；最后，加强各种金融、服务机构及配套设施的建设，全面激活集聚地区各部门参与创新活动，进而全面提升区域创新能力。

2. 增强产业集聚的动态外部性

按照产业集聚动态外部性的分类，结合上述实证分析结果，提出以下对策：

（1）优化产业专业化集聚，增强"MAR动态外部性"。从全国范围及中西部地区的实证回归分析中我们看到，"MAR动态外部性"对创新的影响不是很显著甚至呈现负的显著性，说明我国大部分地区专业化集聚中知识与技术的传播与扩散并不是很流畅，不能够起到支持创新能力提升的作用。针对这个问题，笔者认为可以从以下几个方面入手加以改善：

第一，加强地区基础设施建设，包括加强道路交通建设，开辟新的交通运输路线，提高各种交通运输服务质量；加强物流建设，规范物流行业，提高物流运输效率；加强网络通信设施的建设，如增加无线网络覆盖率，提高移动通信技术水平等以提升信息交换速度与效率,为各部门、各企业以及个人之间的物质、信息交流与交换提供可靠的硬件基础,进而促进知识的传播与扩散。

第二,完善相关法律法规,加大执法力度,为各类社会经济活动参与者提供全面保护。其中特别是要完善知识产权相关法律法规,保护法人代表对自己所拥有的专利不受非法侵害,从而激发整个社会的自主创新活力。然而我国当前在知识产权保护的法规上存在着很多不完善的地方,执法力度也非常有限。特别在我国的文化产业、IT 产业,知识产权保护状况十分堪忧,各种抄袭、盗版现象十分猖獗,屡禁不止。这种情况在很大程度上影响了社会生产及分享新知识、新技术的积极性,而在产业集聚内部则直接影响到知识溢出效应,阻碍了创新的发展。所以对我国而言完善知识产权相关法规和加大执法力度就显得十分必要和紧迫。

第三,学习和借鉴先进地区的专业化集聚经验。我国东部地区的专业化集聚较为成功,是中西部地区学习和借鉴的良好目标。中西部除了在宏观上向东部靠拢外,还应在微观层面考察探究东部产业集聚的内部情况,吸收先进的建设经验,同时总结失败教训。同时,国外很多优秀的产业集聚案例也是我们学习借鉴的好榜样。

(2)优化产业多样化集聚,继续发挥"Jacobs 动态外部性"优势。根据实证研究结果,我国各区域的"Jacobs 动态外部性"与区域创新能力都呈现显著正相关,说明在我国多样化的集聚对创新的贡献十分显著,应当继续保持并扩大这方面的优势,进一步做好多样化产业集聚建设。相关对策建议主要有以下几个方面:

第一,加强基础学科和领域的研发投入,打造雄厚的科技实力,为多学科交叉合作打下坚实的基础。

第二,与此同时,要同步增强跨领域的交流与合作。在产业集聚区建设过程中有意识地让不同行业的企业进行有机结合,协调、协助企业之间各种交流活动。

第三,打造科学的产业集聚环境。深入调查研究本地区已有的产业结构与布局,分析上下游及相关配套产业,寻找潜在的产业开发项目,在此基础上合理引进相关产业进入该区域,营造集聚区有机的、多样化的产业环境。

第四,着重提高各行业科学技术含量,着力发展可持续的高科技产业。同时提升科技人才比例,进行人才结构多样化调整。

3. 制定与各地区相适应的产业政策,缩小区域间的创新能力差异

我国幅员辽阔,各地区地理、文化、习俗、经济状况都存在着巨大差异。同时，在本节实证分析中，也发现我国各区域回归结果差别较大。因此，很有必要针对各地区不同情况和特色，具体构建一套适合不同地区的产业集聚发展策略，提升该地区的区域创新能力，缩小地方差异，同时能够体现出各地区的创新特色。笔者认为可以从以下几个方面入手：

第一，发现地区优势产业，加以重点扶持。在现代工业社会，优势产业不一定是依赖地区自然资源而建的产业，更多的是从比较优势的角度看能否最大效率提升地方经济全面发展的产业。它能全面带动地方社会与经济进步，同时又能体现地方特色。这些产业能够成为代表该地区形象的品牌。如广东省的通信电子及互联网行业、重庆市的交通运输业、江苏省与浙江省的纺织业等制造业行业。各地区将资源集中在自己优势产业的发展上，能够更有效地提高该地区的创新水平，进而提高区域创新能力，同时缩小和先进地区的经济与创新水平差距。

第二，产业集聚的建设要适合各地方的外在环境，符合经济发展规律。我国各地区经济状况差异较大，基础设施水平参差不齐，所以，在产业集聚规划上，务必根据各地区的具体条件，进行合理规划建设，切勿好高骛远，揠苗助长，盲目模仿发达地区，造成不必要的浪费。

第三，优化各地区产业结构。鉴于中西部地区，专业化集聚程度较高的行业多属于传统制造业，创新含量低，污染较大且较依赖于地区自然资源，所以笔者认为中西部地区应该加强高科技、新能源产业的发展，减少对当地自然资源的依赖，提高产业的科技附加值。

第四，学习和借鉴国外产业集聚发展经验。国外产业集聚发展起步早，有不少成功的案例，相关制度和管理也较为成熟，有很多值得学习、借鉴甚至模仿的地方，可以对自身起到良好的导向模范作用，并减少不必要的弯路。因此，各地区可以根据自身情况，选择与自己情况相类似的国外产业集聚加以考察学习和借鉴。如北京中关村可以学习美国硅谷的产业集聚发展经验，浙江的纺织服装产业集聚可以借鉴意大利北部中小企业的服装产业集聚成功经验。

结合三大地区分析结果，我们分别对东、中、西地区产业集聚发展的建议如下：

东部地区经济发达，国际联系密切，可进一步提高开放度，加强国际间的交流与合作，特别是加强国际间的贸易往来、技术交流，吸引更多外商直接外资。进一步增强金融业的发展，提高资金的利用率和周转速度。在产业集聚结构上大力发展高新技术产业，着重提高产业集聚科学技术含量，加强对高精尖科技人才的培养。

中部地区需减少传统产业所占的比重，加强高科技产业集聚建设。完善法律法规，为集聚和创新创造良好环境，疏通知识传播路径。提高金融业服务效率，适当提高对外开放程度。同时向东部及国外学习先进理念和技术，提高人口综合素质，加强基础科技人才的培养。

西部地区人口稀少，地质情况复杂，资源丰富，现有产业结构单一。应当充分利用各地特有的地理、环境、文化等方面的优势，在保护好当地自然、人文环境的基础上发展符合当地特色的产业集聚，打造当地优势产业，建立区域比较优势，同时加强西部道路交通、网络通信等基础设施建设，提高西部人口的城镇化水平。

第四节　基于 DEA 的区域技术创新效率研究[①]

一、引言

随着经济全球化和一体化的发展，知识经济时代已然来临。在知识经济时代，技术创新对经济增长的推动作用越来越强，技术创新驱动的产业规模扩大、产业结构调整对区域经济增长及增长方式的转变有着重要的推动作用（郭磊等，2011）。中共十八届三中全会指出，要深化科技体制改革，加快建设创新型国家，推动经济更有效率、更加公平、更可持续发展。所以在发挥创新技术作用的同时，更应该注重技术创新的效率。

长江三角洲、珠江三角洲、京津唐、辽中南等城市群区，是我国经济最发达、最具经济活力、城市化水平最高的地区。改革开放以来，这些群区经济呈现出持续高速发展的态势（朱英明，2006）。特别是东部沿海十省市的经济发展水平远高于全国平均水平，一路领跑中国经济，成为我国经济发展的"标杆"省

[①] 本部分借鉴了王奇珍和朱英明（2014）的研究成果。

市。2011年，东部沿海十省市GDP占全国的62.77%，研发经费占全国的71.05%。全国研发强度1.84%，东部沿海十省市超过全国水平的有北京、上海、天津、江苏、浙江、山东和广东七个省市。尽管东部沿海十省市具有技术创新的优势，但技术创新效率如何，目前针对东部沿海十省市的技术创新效率的研究却很少。本节采用数据包络分析方法对东部沿海十省市的技术创新效率进行研究，并在此基础上提出提高东部沿海十省市技术创新效率的对策建议。

技术创新效率是指技术创新活动中的要素投入相对于产出的转化效率，反映技术创新投入对产出的贡献比重，即研究如何在技术创新中合理地配置相关资源。目前学术界关于技术创新效率的测量与评价方法最常用的有两种：一是单一指标的投入产出评价，一般用比较简单的算术比例法；二是对多投入和多产出指标采用的评价方法，包括参数方法和非参数方法。参数方法以随机前沿分析（SFA）为代表，非参数方法以数据包络分析（DEA）为代表。数据包络分析方法是评价具有多投入和多产出决策单元的一种较好的方法。本节以中国最发达的东部沿海十省市为例，对其技术创新效率进行研究。

二、评价方法与指标选取

1. 评价方法

数据包络分析是线性规划模型的应用之一，常被用来衡量拥有相同目标的运营单位的相对效率，本节采用CCR模型和BCC模型来评价技术创新效率。1978年由著名的运筹学家查恩斯（A.Charnes）、库伯（W.W.Cooper）和罗兹（E.Rhodes）首先提出了一个被称为数据包络分析（Data Envelopment Analysis，DEA）的方法，用于评价相同部门间的相对有效性（因此被称为DEA有效）。他们的第一个模型被命名为CCR模型。这一模型是用来研究具有多个输入，特别是具有多个输出的"生产部门"，同时为"规模有效"与"技术有效"的十分理想且卓有成效的方法。1984年查恩斯（A.Charnes）、库伯（W.W.Cooper）、格拉尼（B.Golany）、赛福德（L.Seiford）和斯图茨（J.Stutz）给出另一个模型BCC模型（也称为C2GS2模型），这一模型用来研究生产部门间的技术有效性。

设有n个DMU_j（$1 \leq j \leq n$），每个DMU都有m种输入和s种输出，x_{ij}（i=1, 2, …, m, j=1, 2, …, n）表示第j个决策单元对第i种输入的投入量，并且满足$x_{ij} > 0$；y_{rj}（r=1, 2, …, s, j=1, 2, ..., n）表示第j个决策单元对第r

种输出的产出量,并且满足 $y_{rj}>0$;v_i ($i=1,2,\cdots,m$) 表示第 i 种输入的一种度量(或称为权);u_r ($r=1,2,\cdots,s$) 表示第 r 种输出的一种度量(或称为权)。评价 DMU_j 的 DEA 模型(C^2R)为分式规划:

$$\max\ h_{j0}=\frac{\sum_{r=1}^{p}u_r y_{rj0}}{\sum_{i=1}^{m}v_i x_{ij0}}$$

$$s.t.\begin{cases}\dfrac{\sum_{r=1}^{p}u_r y_{rj}}{\sum_{i=1}^{m}v_i x_{ij}}\leq 1,\ j=1,2,\cdots,n\\ v_i,\ u_r\geq 0,\quad i=1,2,\cdots,m;\quad r=1,2,\cdots,p\end{cases} \quad (6-26)$$

用 1962 年 Charnes 和 Cooper 对分式规划进行 Charnes-Cooper 变换(称为 C2 变换):

$$\max\ h_{j0}=\sum_{r=1}^{p}\mu_r y_{rj0}$$

$$s.t.\begin{cases}\sum_{r=1}^{p}\mu_r y_{rj}-\sum_{i=1}^{m}W_i x_{ij}\leq 0,\ j=1,2,\cdots,n\\ \sum_{i=1}^{m}W_i x_{ij0}=1\\ \mu_r,\ W_i\geq 0,\ i=1,2,\cdots m;\ r=1,2,\cdots,p\end{cases} \quad (6-27)$$

上式写成向量形式:

$$\max h_{j0}=\mu^T Y_0$$

$$s.t.\begin{cases}\mu^T Y_j-\omega^T Y_j\leq 0\\ \omega^T X_0=1\quad j=1,2,\cdots,n\\ \omega\geq 0,\ \mu\geq 0\end{cases} \quad (6-28)$$

对上式做对偶规划:

$$\min\ \theta$$

$$\begin{cases}\sum_{j=1}^{n}X_j Y_j\leq\theta x_0\\ \sum_{j=1}^{n}Y_j\lambda_j\leq Y_0\\ \lambda_j\geq 0,\ j=1,2,\cdots,n,\ \theta\in E^1\end{cases} \quad (6-29)$$

DEA 有效性的判断：

第一，若线性规划最优目标值 $h_{j_0}=1$，则 DMU_0 为 CCR 模型下弱 DEA 有效。

第二，若线性规划的向量形式存在最优解 w^0，u^0，满足 $\omega^0>0$，$\mu^0>0$，$h^0=\mu^0 y_0=1$，则 DMU_0 为 CCR 模型下 DEA 有效。

第三，若对偶规划的任意最优解 θ^0，λ_j^0，$j=1$，2，$\cdots$，n，都满足

$$\theta^0=1,\quad \sum_{j=1}^{n} x_j \lambda_j^0 = \theta^0 x_0,\quad \sum_{j=1}^{n} y_j \lambda_j^0 = y_0,$$

则 DMU_0 为 CCR 模型下 DEA 有效。

针对 DMU_0 的 BCC 模型如下：

$$\min \theta$$
$$\text{s.t.} \sum_{j=1}^{n} X_j \lambda_j \leq \theta x_0,$$
$$\sum_{j=1}^{n} Y_j \lambda_j \geq Y_0,$$
$$\sum_{j=1}^{n} \lambda_j = 1,$$
$$\lambda_j \geq 0,\ j=1,\ \cdots,\ n \tag{6-30}$$

解得最优解为 θ_0，λ_0，若 $\theta^0=1$，则 DMU_0 为 CCR 模型下弱 DEA 有效。若线性规划的向量形式存在最优解 w_0，u_0，满足 $\omega_0>0$，$\mu_0>0$，$h_0=\mu^0 y_0=1$，则 DMU_0 为 CCR 模型下 DEA 有效。

2. 指标选取

根据 Golany 和 Roll（1989）的研究结果，决策单元个数为投入指标和产出指标之和的 2 倍较优。本节综合考虑数据包络分析对数据的要求以及数据的可获得性，选取了 2006~2010 年东部沿海十省市技术创新效率的评价指标。投入指标包括研发经费、研发人员全时当量，产出指标包括新产品产值、新产品销售收入和申请专利数（见表 6-20）。

表 6-20 区域创新技术效率评价指标体系

	评价指标	数据代码
投入指标	研发经费	X1
	研发人员全时当量	X2

续表

评价指标		数据代码
产出指标	新产品产值	Y1
	新产品销售收入	Y2
	申请专利数	Y3

三、实证研究

根据上述模型和选取的指标,我们选取东部沿海北京、天津、河北、辽宁、上海、江苏、浙江、福建、山东、广东十省市作为评价单元(DMU$_j$(1≤j≤10))。各个指标数据以十省市大中型企业为基准,数据来源于《中国统计年鉴》和《中国科技统计年鉴》。利用 LINDO 软件求解,解得结果如表 6-21 所示。

表 6-21 2006~2010 年东部沿海十省市技术创新效率

年份	2006 年				2007 年			
区域效率	综合效率	纯技术效率	规模效率	规模收益趋势	综合效率	纯技术效率	规模效率	规模收益趋势
北京	0.6071	0.8136	0.7462	递减	1.0000	1.0000	1.0000	不变
天津	1.0000	1.0000	1.0000	不变	1.0000	1.0000	1.0000	不变
河北	0.3955	0.9473	0.4174	递减	0.4082	0.9612	0.4247	递减
辽宁	0.3729	0.5251	0.7102	递减	0.3463	0.5169	0.6700	递减
上海	1.0000	1.0000	1.0000	不变	1.0000	1.0000	1.0000	不变
江苏	0.4610	0.5136	0.8976	递减	0.5228	1.0000	0.5228	递减
浙江	0.9965	1.0000	0.9965	递减	1.0000	1.0000	1.0000	不变
福建	0.7294	1.0000	0.7294	递增	0.6887	1.0000	0.6887	递增
山东	0.5755	0.6058	0.9500	递减	0.6259	0.6347	0.9862	递减
广东	1.0000	1.0000	1.0000	不变	1.0000	1.0000	1.0000	不变
年份	2008 年				2009 年			
区域效率	综合效率	纯技术效率	规模效率	规模收益趋势	综合效率	纯技术效率	规模效率	规模收益趋势
北京	1.0000	1.0000	1.0000	不变	0.9965	1.0000	0.9965	递增
天津	1.0000	1.0000	1.0000	不变	1.0000	1.0000	1.0000	不变
河北	0.4866	1.0000	0.4866	递增	0.5778	1.0000	0.5778	递增
辽宁	0.5089	0.6476	0.7858	递减	0.6998	0.7174	0.9755	递减
上海	1.0000	1.0000	1.0000	不变	1.0000	1.0000	1.0000	不变
江苏	0.6298	1.0000	0.6298	递减	0.7327	0.9838	0.7447	递减
浙江	1.0000	1.0000	1.0000	不变	1.0000	1.0000	1.0000	不变
福建	0.7061	1.0000	0.7061	递增	0.8270	1.0000	0.8270	递增
山东	0.5613	0.7224	0.7769	递减	0.7482	1.0000	0.7482	递减
广东	1.0000	1.0000	1.0000	不变	0.9761	1.0000	0.9761	递减

续表

年份	2010年			
区域效率	综合效率	纯技术效率	规模效率	规模收益趋势
北京	0.9910	1.0000	0.9910	递增
天津	1.0000	1.0000	1.0000	不变
河北	0.5116	1.0000	0.5116	递增
辽宁	0.4948	0.6506	0.7605	递减
上海	1.0000	1.0000	1.0000	不变
江苏	0.7845	0.9361	0.8381	递减
浙江	1.0000	1.0000	1.0000	不变
福建	0.7767	0.9787	0.7936	递增
山东	0.7348	1.0000	0.7348	递减
广东	0.8650	1.0000	0.8650	递减

由 DEA 有效性的判断可知，当 $\theta=1$，且松弛变量和剩余变量为 0，则表示评价单元（DMU_0）的技术创新效率达到了相对最优。由表 6-21 可知，2006~2010 年 DEA 综合效率都相对最优的省市是天津和上海，DEA 纯技术效率都相对最优的省市是天津、上海、浙江和广东，DEA 规模效率都相对最优的省市是天津和上海；所有效率值都偏低的是江苏和辽宁。2006~2010 年规模都有效的省市有天津和上海，都无效的省市是福建。虽然十省市的技术创新效率相对较高，但从单个年份来看，综合效率、纯技术效率、规模效率和规模收益仍存在差异。

1. 综合效率分析

从上述计算结果可知，投入多的省市，其相对效率不一定高，产出少的省市，其相对效率不一定低，因为这涉及投入产出的比例。由图 6-5 可以看出，2006~2010 年，效率值等于 1 的省市有天津和上海；效率值介于 0.8~1 的省份有浙江和广东；效率值介于 0.6~1 的省份是北京、福建；效率值介于 0.2~0.8 的是山东、江苏和辽宁；效率值小于 0.6 的是河北。天津、上海的综合效率一直最优；广东的综合效率值由 1 下降到 0.8650，呈下降趋势；江苏则正好相反，由 0.4610 增长到 0.7845，呈上升趋势。

2. 纯技术效率分析

在生产函数理论中，企业能够在其最大可能生产曲线上进行生产。但实际经济环境中，由于管理的漏洞、技术人员的缺乏或者其他原因，使得现有的技术不能得到充分的利用。技术有效性表示在一定的技术条件和管理模式下，产出相对投入而言已达到最优,即决策单元的投入产出活动已经充分发挥了现有技术条件的潜能,使资源达到了最优配置。

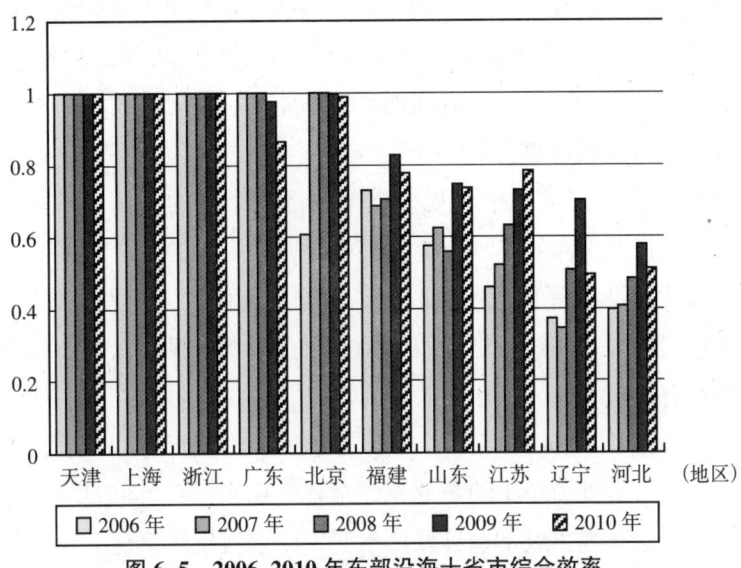

图 6-5　2006~2010 年东部沿海十省市综合效率

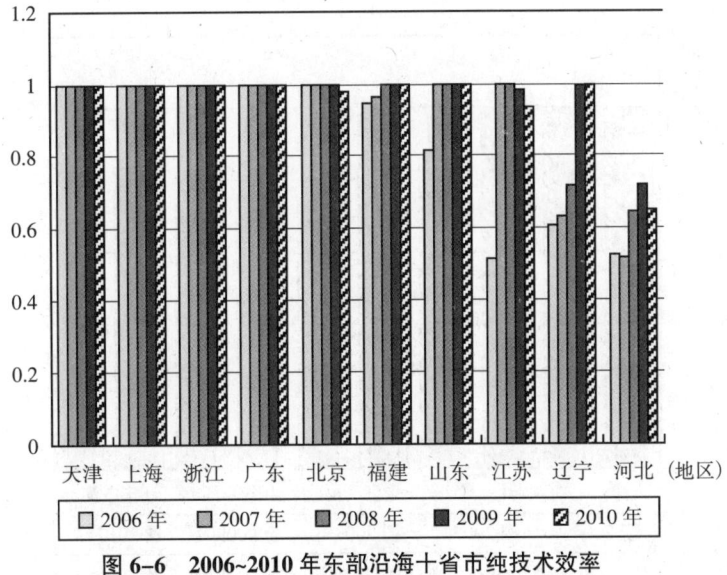

图 6-6　2006~2010 年东部沿海十省市纯技术效率

由图 6-6 可知,2006~2010 年纯技术效率值为 1 的省市有天津、上海、浙江和广东;纯技术效率值介于 0.8~1 的省市有北京、福建和山东;纯技术效率值介于0.4~1的省市有江苏、辽宁，纯技术效率值介于0.4~0.8的是河北。天津、上海、浙江和广东纯技术效率保持不变，福建和辽宁有增长趋势，其他省市趋势不明显。与图6-5相比，纯技术效率和综合效率的变化趋势不尽相同，如2009年，北京和山东的综合效率值分别为0.996476和0.976062，可纯技术效率值都为1。原因是影响综合效率的因素除了有纯技术效率外，还有规模效率。

3. 规模效率和规模收益分析

综合效率是由纯技术效率和规模效率两部分组成的，综合效率=纯技术效率×规模效率，其中规模效率是受企业规模等因素影响的生产效率。规模效益指的是，企业将生产要素等比例增加时，产出增加价值大于投入增加价值的情况。只有当经营规模扩大，其产量增加的比例大于全部要素投入量增加比例时，这种经营规模才具有规模效益。

由图6-7可知，2006~2010年，规模效率值为1的是天津和上海；介于0.8~1的是浙江和广东；介于0.6~1的是北京、福建、山东、江苏和辽宁；小于0.6的是河北。天津和上海规模效率趋势保持不变，广东规模效率呈下降趋势，其他省市趋势不明显。

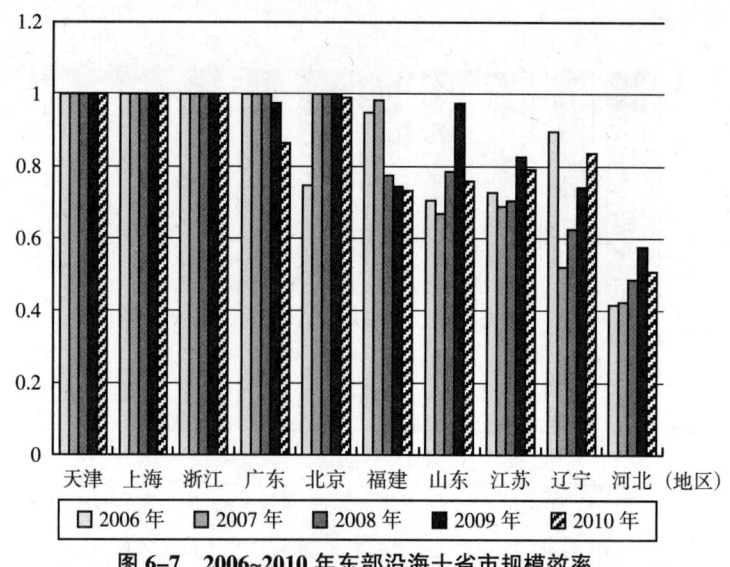

图6-7　2006~2010年东部沿海十省市规模效率

2006~2010年规模收益趋势保持不变的是天津和上海，说明这两个省市已达到最佳规模状态。规模收益递减的是山东、江苏和辽宁。规模收益递增的是福建，北京和河北在个别年份也出现了规模收益递增，这会导致规模无效，这些省市应加大投入，扩大规模，但需注意投入的适量性，防止出现"投入冗余"，导致投入产出比例下降。

接下来综合比较 2006~2010 年十省市综合效率、纯技术效率和规模效率情况，我们选取五年均值。由图 6-8 可知，2006~2010 年技术创新综合效率均值排名第一的是天津和上海，接下来由高到低依次是浙江、广东、北京、福建、山东、江苏、辽宁和河北。纯技术效率均值排名第一的是天津、上海、浙江和广东，接下来由高到低的顺序跟技术效率一样。规模效率均值排名第一的是天津和上海，接下来由高到低的顺序跟综合效率一样。从图中可以看出三种效率均值变化趋势不尽相同，说明在不同省市的无效率状况的原因不尽相同。浙江和广东的综合效率均值为 0.9993 和 0.9682，它们的无效不是因为技术原因，而是规模原因。北京和福建的综合效率为 0.9189 和 0.7456，它们的无效是由技术和规模的综合原因导致的。

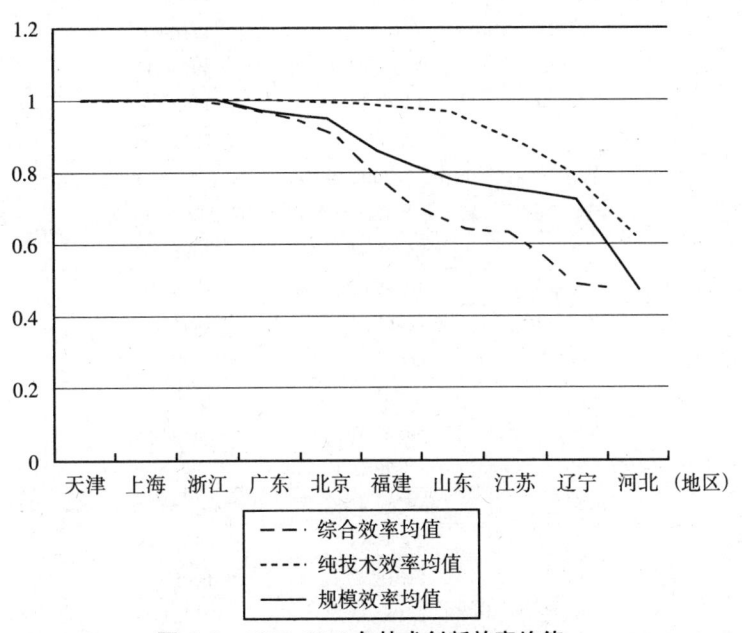

图 6-8　2006~2010 年技术创新效率均值

除了探究非 DEA 有效的原因以外，我们也可以改变投入或者产出，通过投影分析将非有效的 DMU 转变成有效的 DMU。从上面的分析可知，个别年份个别省市的非 DEA 有效或是存在着投入冗余，或是存在着产出不足，或是两者兼有之。我们可以利用其在有效前沿面上的投影进行调整，可以在现有的投入的基础上，扩大产出，也可以在现有的产出上，减少投入，以使投入产出比例达到最优（见表6-22）。

表6-22 2006~2010年非DEA有效省份的投影改进

2006年				
地区	全时当量	新产品产值（千万元）	新产品收入（千万元）	专利（个）
北京	17803	18055.72	17246.29	1811
河北	6703	11800.1	11295.66	1411
辽宁	33929	14226.04	13603.14	1566
江苏	34831	33907.17	33785.21	6267
福建	19924	11799.73	11296.26	1411
山东	57801	31259.54	30998.73	5927
2007年				
地区	全时当量	新产品产值（千万元）	新产品收入（千万元）	专利（个）
北京	23798	24287.92	23458.79	2462
河北	24636	14922.8	14352.37	1518
辽宁	41322	17740.13	17169.01	1759
江苏	102461	51601.01	49953.13	8860
福建	24384	14067.2	13495.73	1445
山东	43201	42035.95	42127.05	7907
2008年				
地区	全时当量	新产品产值（千万元）	新产品收入（千万元）	专利（个）
北京	28034	24710.71	24967.08	4622
河北	21425	10049.69	10205.69	1458
辽宁	35198	18466.35	18416.27	2903
江苏	94467	66038.7	65893.53	13281
福建	29092	15901.56	15707.99	2260
山东	101816	54125.31	53800.16	14929
2009年				
地区	全时当量	新产品产值（千万元）	新产品收入（千万元）	专利（个）
北京	27168	20996.83	19829.17	4379
河北	32847	11018.77	10952.2	2421
辽宁	41293	24153.35	23723.46	5038
江苏	163032	73563.99	72939.42	31315
福建	33849	15594.33	15279.62	4935
山东	111340	68490.92	68376.26	13661

续表

	2010年			
	全时当量	新产品产值（千万元）	新产品收入（千万元）	专利（个）
北京	29225	25389.06	24955.31	5846
河北	37814	12864.55	13062.23	2827
辽宁	44424	27472.84	27007.19	5878
江苏	201161	96085.21	96741.28	31435
福建	20525	25098.2	24679.69	5776
山东	119921	87972.65	89056.73	16391

由表6-22可知，2006年，河北研发人员全时当量为23955，应减少72%，即达到6703人，才能使河北的技术创新有效；江苏研发人员全时当量为82321，应减少58%，即达到34831，才能使江苏的技术创新有效。2010年，辽宁的新产品产值为21229.83千万元，应增加到27472.84千万元，才能使辽宁的技术创新有效；福建的新产品收入为19853.442千万元，应增加到24679.69千万元，才能使福建的技术创新有效；江苏申请专利数量为31132个，应增加到31435个，才能使江苏的技术创新有效。所以，在非DEA有效的北京、河北、辽宁、江苏、福建和山东6个省市，可以通过减少投入量（如全时当量），也可以通过增加产出量（如新产品产值、新产品收入和专利）来改进其非DEA有效，达到DEA有效的状态。

四、结论与政策建议

经过改革开放30多年的发展，东部沿海十省市集聚了大量的技术和人才，这些地区的经济发展水平也居我国前列。通过对十省市综合效率、纯技术效率、规模效率和规模收益趋势的测算，发现东部沿海十省市的技术创新效率总体较高，但我国经济最发达的北上广地区，技术创新效率并不是最高。其中天津、上海、浙江、北京和广东无论纯技术效率还是规模效率都较高；福建和山东的纯技术效率较高，但规模效率偏低；江苏、辽宁和河北的纯技术效率和规模效率都不高；天津和上海达到最佳规模状态，福建五年来一直处于规模无效状态，北京和河北个别年份规模无效。广东的综合效率和规模效率呈下降趋势，江苏的综合效率呈上升趋势，福建和辽宁的纯技术效率呈上升趋势，总体来说，各省市的技术创新效率随时间变化的趋势不明显。在对非有效DEA的省市的研究中，由产出不足导致的无效远远大于投入冗余导致的无效。

上述结论在政策上具有非常重要的意义：

第一，打破行政垄断，充分发挥市场配置资源的作用。在东部沿海十省市中，研发经费和研发人员投入在全国都处于领先地位，但技术的投入产出比例相对于发达国家却偏低，究其原因是在很多行业都存在研发经费使用效率低和智力资源浪费的现象。要想发挥技术人员的积极主动性，应大力发挥市场这只"看不见的手"的作用，打破行政垄断，加强人员流动，加快产业升级，加速经济的自由发展。

第二，充分发挥技术的作用，处理好规模与效率的关系。宏观层面上，国家应鼓励先进技术的开发，重视科技人才的作用，鼓励产品或技术的创新。微观层面上，企业在技术和管理方面，应做到人尽其才，物尽其用。对东部沿海十省市来说，不同地区应针对自身情况处理好规模与效率的关系，对福建和山东地区应该提高其规模效率，江苏、辽宁和河北地区既要提高其纯技术效率，也要提高其规模效率。对规模无效的福建等地区，应扩大生产规模，但要注意防止出现投入冗余。

第三，从投入产出角度来看，在防止投入冗余的同时，更应该增加产出。首先，各地区应利用先进技术加快产业升级，提高新产品销售收入和新产品产值。其次，完善知识产权保护的相关法律，鼓励申请专利，形成良好的知识产权保护氛围。最后，各省市应建立良好的企业发展绩效考核机制，在考核企业盈利情况时，应结合资源消耗、环境损害、生态效益、产能过剩、科技创新等指标。

第七章 创新网络与创新效率研究

本章对创新网络与创新效率进行研究,研究内容包括:企业间合作创新对创新绩效影响研究综述、基于高校的协同创新研究动态、企业间协同创新网络与产业创新效率、创新网络集聚、网络联结对技术创新效率影响研究。本章首先梳理了国内外近年来的相关文献,总结了合作创新对创新绩效影响的主要因素及影响机理,并指出现有研究的不足,展望未来研究方向。其次,梳理了国内基于高校的协同创新的最新研究成果,简要介绍了协同创新理念的形成和协同创新困境的表现形式,协同创新的路径选择和实践探索,提出了协同创新的政策建议以及未来研究展望。再次,利用2005~2010年中国微观专利数据以及省级层面数据,从企业合作的比例分布与空间特性分析企业协同创新网络,引入双寡头两阶段博弈理论模型,综合运用面板门槛模型与随机前沿面分析方法探讨企业协同创新网络与产业创新效率的关系。最后,借鉴复杂加权网络理论,测度区域创新网络加权集聚系数;利用随机前沿分析法(SFA)实证分析了网络集聚、网络联结对创新主体创新效率影响。

第一节 企业间合作创新对创新绩效影响研究综述[①]

一、引言

随着社会科学技术的日益复杂、技术创新成果不确定性的增加以及创新技术

[①] 本部分内容借鉴了杨连盛和朱英明(2014)的研究成果。

融合的加剧，单个企业所具备的创新能力受到了前所未有的挑战，企业间合作创新成为提高创新绩效的途径之一。特别是在中国当前的时代背景下，土地、人口红利的逐渐消失，刘易斯拐点的到来之际，大量企业面临转型升级的压力，而转型升级的核心问题正是如何提高企业的创新绩效。因此，合作创新作为创新活动的一种类型，其创新绩效受哪些因素影响，影响程度多大等一系列问题亟待解答。

通过阅读大量国内外文文献发现，国内一直以来对创新合作的研究重点在于产学研合作，而对企业间合作创新关注较少。其主要原因可能在于改革开放以来，很多企业在利用廉价土地和劳动力成本迅速发展的过程中，对提升科研能力不够重视，高校科研院所成为科技创新的核心。但是高校科研院所自身机构性质的限制及相关科技成果转化机制的不成熟等原因，使其科技成果转化率远低于企业。对国家重点高校来说，承担的课题性质主要为国家级重点科研课题，科研成果主要应用于基础性研究领域，很难走向市场化；而对地方工科类院校，无法得到重点高校雄厚的研发支持，成果转化难度也很大（郭强等，2012）。2004年的数据显示，高校申请专利12997项，占全国申请量的4.7%，授权专利5505项，占全国授权量的3.6%，发明专利授权约为1.8%，而且专利许可实施率不及10%（刘细发，2009）。现如今，很多企业遇到发展的"瓶颈"，在转型升级的浪潮中，不断涌现出具有较强科技创新能力的企业。本章顺应当前社会经济形势变化，将研究视角从产学研合作转移到对企业间合作创新具有重要的现实意义。

二、合作创新的内涵研究

合作创新的实践起源于20世纪早期，英国为了解决第一次世界大战期间的技术问题而成立了以行业为单位的技术联盟。1959年，日本政府制定了积极支持企业成立行业研究协会的产业政策，使日本经济在20世纪60年代和70年代得到了飞速发展。受日本成功经验的启示，20世纪80年代初美国和欧盟也出台了一系列重要的法律法规和政策措施来鼓励企业合作创新。近年来，我国也大力鼓励企业科技创新，大中型企业的科技机构数量经历了1999~2003年连续四年的递减之后稳步上升，但是对合作创新方面鼓励的重点还是在于校企合作，而对企业间合作的鼓励政策相比国外要少得多。

企业间合作创新的现代理论源于20世纪80年代，Fusfeld和Haklisch（1985）从研发的目的和组织形式视角提出，合作创新是两个或两个以上的企业为了实现共同的研发目标，分别投入创新资源而形成的"合作契约安排"，是创新活动的一种有效组织形式。这种合作形式有利于取得具有特定用途、市场前景不确定、难以转移的资源。D'Aspremont（1988）等从博弈论和经济模型角度，认为合作创新是一种节约技术研发成本，提高创新产出，同时还降低了创新的技术"溢出效应"，并将这种"外部性"内部化的企业行为方式。Kogut（1988）从知识获取的角度认为，企业合作创新是为了学习、吸收彼此的具有隐性特征的专有技术知识，合作创新形成的联盟关系是取得这种知识的有效途径。Brown（1991）和 Drucker（1993）等从知识管理理论角度指出，合作创新是企业利用自身已有的知识，吸收合作伙伴的知识去产生更多的新知识，从而形成知识积累的一种方式。Badaracco（1991）认为合作创新是企业降低创新风险，缩减创新成本，获取外部知识和提升创新能力的重要途径。Teece（1992）认为，科技的不断融合是创造出新技术的有效途径，企业的合作创新是为了科技融合、提升自身创新能力的市场行为。Williamson（1993）认为合作创新关系通过增加企业间的信息交流，克服企业因信息不对称造成的有限理性，建立起来的企业之间的信任，形成了一种介于市场和层级组织之间的经济形态。Freeman（1994）等从社会资本理论角度定义了合作创新，认为企业通过与其他企业的合作创新参与到一个创新网络整体之中，通过增加在创新网络中的社会资本，学习外部技术，吸收外部知识、信息资源提升企业自身创新能力。Inkpen（1998）和 Sivadas（2000）等认为企业间的合作创新是指企业之间具有明确合作目的、规则期限的共同参与、共享成果和共担风险的联合创新行为，主要以合作研发为主要内容，是企业面对复杂技术、高研发成本、环境高不确定性时提高创新绩效和降低创新成本的一种有效方式。Das（2000）和 Hagedoorn（2002）从战略管理理论角度出发，认为合作创新是一种通过企业互补关系，有效整合各参与企业资源，以使各企业价值最大化的机制。

国内最早的研究源于20世纪末，傅家骥（1998）指出，合作创新是指企业间或企业、研究机构、高等院校之间的联合创新行为。郭晓川（1998）提出网络合作技术创新是指由多个企业（在很多情况下也吸收部分研究机构和大学加入）形成的技术合作契约关系，由多个企业共同投入资源，参与到一个创新过程中，然后基于共同的创新成果，再进行后续的差异化创新，是一种反复交易行为。罗炜和唐元虎（2001）指出合作创新是企业为了共同的研究开发目标投入各自的优势资源而形成的合作契约安排，它是创新活动的一种组织形式，合作创新为企业的技术学习、知识和能力的创造提供了一条有效途径。任荣（2010）认为，合作创新是一种介于市场交易和层级组织间的新型组织活动模式，会使得价值链中不同企业联合起来实现资源互补，实现知识要素的重组，克服专利制度不完善，增加企业社会资源，提高企业创新的积极性。程璐等（2012）认为知识资源已经成为企业间进行合作创新活动的重要基础之一，企业间的合作创新与知识资源的转移是相互耦合的，通过知识资源的交流与共享贯穿于合作创新的整体过程中，除合作收益之外，企业还将获得知识资源数量、质量上的增加。杨齐（2011）认为合作创新的实质内涵在于主体间的知识交流、学习，隐性知识的传递是合作创新的本质，从这个角度来看，无论开放式创新，还是网络化创新，都属于合作创新。

三、企业间合作创新对创新绩效的影响因素研究

1. 合作对象类型研究

企业合作创新的对象众多，主要的合作创新企业为具有横向关系的竞争者以及具有垂直关系的客户与供应商。与不同性质的对象进行合作创新时，企业间信任程度、知识吸收传递效果等都会有很大的不同，因而产生的创新绩效也不同。各学者对这些合作对象的影响作用持不同观点。例如：Ahuja（2000）在研究美国化学产业时发现基于专利数量计算的创新产出与建立的企业间的正式合作关联的数目具有正相关性，并且还发现，垂直关系的合作创新对创新绩效有显著影响，而横向关系只产生次要的影响。Miotti 和 Sachwald（2003）通过实证发现，与供应商、顾客的垂直合作创新对创新绩效有正向影响，而与竞争者的合作创新则较少发生且与产品创新绩效之间存在不显著的负相关，但行业竞争性越强，与竞争者的合作越频繁。Nieto 和 Santamaria（2007）发现与供应商、顾客合作对改良现有产品有积极作用，但对突破性创新没有显著影响，与竞争者合作对渐进性技术创新没有影响，对突破性创新有消极影响。Un（2010）等通过进行合作创新的 871 家制造企业 1998~2002 年样本的实证分析以及理论分析认为，和供应商的合作创新对产品的影响最大且是长期的，和客户的合作基本没有影响，而和竞争对手的合作的作用是短期负向，长期正向。Kang 和 Kang（2010）运用韩国的创新调查数据得出与客户的科研合作对产品的创新有正向效应，和供应商以及竞争者呈倒"U"形状。

有些学者仅选择其中的横向关系来研究。Inkpen 和 Pien（2006）等通过对苏州工业园区合作与知识转移的测试，发现与竞争者的合作取得了较好的创新绩效。Jensen 等（2007）认为和竞争者的频繁交往与较低的创新水平相关。Huang 和 Yu（2011）通过 165 家台湾地区信息和通信科技产业企业的数据研究有竞争和无竞争的合作创新对企业创新绩效的影响发现，有竞争和无竞争合作创新对企业内部科研努力和企业创新绩效都有正向的调节作用且无竞争合作创新高于有竞争合作创新。Gnyawali 和 Park（2011）以三星和索尼的合作与竞争为案例讨论了巨头间的竞争性合作创新认为，竞争性合作创新是具有挑战性的，但同时对企业应对重大技术调整、对从合作企业创造好处、对提升技术创新等方面也是非常有益的。巨头间的合作创新产生了随后与其他企业的竞争性合作创新，导致了先进技术的发展。

有些学者从垂直关系来研究。例如，Soosay 等（2008）从 10 个案例与 23 位经理人的半结构化面谈中发现，企业和客户供应商在供应链上集成方法是多样的，垂直关系的供应链合作能够提供持续的创新能力。Nieto 和 Santamaria（2010）等用来自西班牙制造业企业的纵向数据样本，得出与供应商、客户的垂直合作对企业创新有较大的影响，且该影响中型企业比小企业明显。肖敏和谢富纪（2007）认为基于供应链的企业技术合作创新网络可以有效整合技术创新的源泉、模式、过程等因素，从而准确地把握供应链节点企业复杂的技术创新活动，提升网络节点企业乃至整个供应链的竞争力。丁斌、李伟和吕世平（2009）建模证明了在需求不确定的情况下，进行合作创新能够提高整个供应链的生产数量和利润水平。

有的学者仅从与供应商合作创新角度分析。Zsidisin 和 Smith（2005）通过案例研究发现，让供应商在早期就参与新产品开发有助于降低供应风险。Mishra 和 Shah（2009）对 189 家企业的实证研究表明，供应商参与可以提高新产品开发项目绩效，进而提高企业的市场绩效。Singh 和 Power（2009）对 418 家澳大利亚制造企业的实证研究显示，供应商参与可以显著提升企业绩效。王洋和刘志迎（2010）构造了一个由供应商和制造商组成的产业链合作创新系统，证明了合作模型下供应商的技术创新投入程度是最大的，这有效地提升制造商的创新绩效。付启敏和刘伟（2011）认为与供应商的合作创新不仅提高了供应商的技术创新投资水平，同时也扩展了供应商创新技术的可行性区间，进一步提升了制造商的创新能力。蒋键（2012）认为我国制造企业与供应商合作创新的创新绩效受到供应商参与程度、供应商参与技术创新的时机、供应商与制造商的特定关系资产投入、利益共享和风险共担机制、合作双方的沟通和相互信任等因素的共同影响。艾兴政、朱中国和唐小我（2012）建立的理论模型表明强势制造商和供应商选择合作创新是占优策略。刘志迎和李芹芹（2012）建立了单个制造商与单个供应商合作创新的博弈模型发现，合作创新是一种双赢的策略，制造商与供应商都能获得比非合作情况下更多的利润，且整个产业链也达到了有效帕累托最优。

有的学者仅从与客户合作创新角度分析。例如，Greer 和 Lei（2012）从驱动因素和限制因素分析、可行性分析、合作的落实、深度发展、测量和反馈，较完整地阐释了与客户合作创新理念与实践，表明了与客户的合作创新，有利于企业的产品创新，有效地提升了合作创新绩效。Fitjar 和 Rodriguez-Pose（2013）对五个挪威最大的城市地区的 1604 家企业进行了问卷调查，通过对数回归分析研究发现，与客户的合作创新状况与企业的创新绩效有显著相关性。

总的来说，垂直关系的合作要比横向关系的合作创新绩效高，与客户企业的合作更易于产品创新，而与供应商企业和竞争性企业的合作更易于过程创新。学者们从两个角度提供了解释。

一是从知识吸收和传递的角度。Tsai（2009）运用来自于台湾地区创新调查（TTIS）数据库的样本表明，吸收能力越强，垂直关系的合作创新越是可以提高技术新颖性和改进产品的绩效。Un（2010）等通过进行合作创新的 871 家制造企业 1998~2002 年样本的实证分析以及理论分析认为，每种合作对象都为企业提供了不同的知识宽度，这些知识具有不同的可访问性，创新合作的成功关键在于合作对象知识的可访问性的难易，而不在于所提供的不同的知识宽度。王辉、张慧颖和吴红翠（2012）基于供应链构建企业间关系质量对知识吸收能力和合作创新绩效影响的概念模型认为，关系质量对潜在吸收能力具有积极影响，企业与供应商间关系质量仅对创新绩效具有积极影响，企业与客户间关系质量对创新绩效和合作绩效均具有积极影响。

二是从企业之间的信任水平角度。Käser 和 Miles（2001）的案例研究表明，信任水平越高，对知识分享的激励水平越高；信任水平越低，对知识分享的激励水平则越低。Dhanaraj 等（2004）指出，信任有助于合作伙伴间显性知识和隐性知识的转移。在信任的基础之上，合作创新伙伴之间进行知识分享和转移，将这些分享的知识与自身的组织特点相融合,由此提高合作创新的独特性和速度。Fawcett(2012)认为信任是合作创新能力的核心,没有信任的基础,合作联盟就不能够建立或持续;提出了一个动态系统模型阐释了建立信任的过程来提高合作、创新以及创新绩效。何丽君(2011)认为信任是有效合作创新的纽带与保证,合作创新主体可以通过谨慎选择合作创新伙伴、加强合作创新伙伴间沟通、培育关怀型合作文化等方式来创设合作创新伙伴之间的良好信任关系,进而加强组织间的知识分享转移,提升组织间的知识整合价值,促进组织间的合作创新绩效。

2. 企业规模研究

一般认为企业的规模对合作创新的创新绩效是有影响的。企业规模可以体现企业的多样性,企业内部的多样化可以拓宽与其他企业合作创新的基础,并且通常合作创新需要更多的行政、组织和监控方面的支持,而一般只有达到一定规模的大企业才可以提供这些支持。因此,企业规模对合作创新的绩效是有一定影响的。持同样观点的还有 Shrader(2001),他推测企业规模与进入外国市场为导向的合作呈正相关关系。陈丹(2010)认为一家企业要有一定的资源能力并且能对合作做出有效的贡献才能与伙伴企业合作。企业规模在很大程度上决定了企业的资源能力,因此企业规模对合作创新的效率有很大程度上的影响。

但是,企业规模因素只是众多影响创新绩效因素的一种。规模角度的研究有一个重要方面是中小企业的合作创新研究。这是由于中小企业在创新过程中的特殊地位引起的,据美国全国基金会估计,小企业 R&D 单位投入的产出是大企业的 2.5 倍。据欧盟的统计,中小企业 R&D 的单位投入所产生的新产品是大企业的 3.5 倍。美国 80% 以上新开发的技术产业化在中小企业得到实现。我国 65% 的发明专利来自中小企业,80% 的新产品是由中小企业创造的。

多数学者认为,合作创新是中小企业提升科技竞争力的重要手段。例如,Okamuro(2007)通过对日本小企业进行调研,发现在合作中,中小企业可利用的优质外部资源越多,合作中交易和协调成本越低,合作创新会更成功。Nieto 和 Santamaria(2010)等通过分析技术合作作为创新过程的输入使得中小企业缩短和大的合作者之间的差距的机理,基于一个来自西班牙制造业企业大的纵向数据样本,认为虽然技术合作对所有大小的企业是有用的机制来提升创新,但对小企业来说技术合作却是提升自生创新能力的一个关键因素。并指出这些合作创新效率的影响变化依赖于创新输出和合作类型,对中小企业来说,产品创新比过程创新的创新绩效更显著。Clauss(2012)基于德国机器制造领域 250 家中小企业的样本,将买卖关系分为四类,研究对应相关的创新结果;结果显示,关系环境可以促进中小企业合作创新绩效的产生。即使是一个高程度的形式化的正式创新关系也可以产生创新,但零星的表面互动和关系紧张的互动会阻碍合作创新绩效的产生。王玉钏(2003)认为在中小企业合作创新机制总体模式中,企业内部合作创新机制是核心,同一产业链上企业间的合作创新机制和横向合作创新机制具有选择性和动态性,它们的运行必须以内部合作创新机制的有效运行为基础。刘旻、胡晓军和王宏达(2003)认为我国科技型中小企业要根据自身特征和实施技术创新的优劣势,从自身实际出发,扬长避短,选择合作技术创新模式。苏景军、梁涛和胡宝民(2008)从国外科技型中小企业发展模式入手,分析了我国科技型中小企业的现状及技术创新劣势,论证了科技型中小企业要更好地发展必须走合作创新的道路。曾辉、陈志雄和李昌栋(2010)指出,对经济程度欠发达的山区中小企业而言,合作创新是其技术进步的较佳途径。张洪潮和何任(2010)通过构造两家非对称企业合作创新的进化博弈模型,发现两家非对称企业合作创新的绩效很大程度上取决于企业的违约收益与合作创新所获得的超额收益之间的关系。如果违约获得的额外净收益大于继续合作创新获得的超额收益,合作创新终将因一方企业违约而终止;如违约获得的额外净收益小于继续合作创新获得的超额收益,那么企业策略选择将不受对方策略选择影响,合作创新终会因双方企业遵守合作契约而得到维持。

3. 吸收能力研究

吸收能力是企业能识别外部新知识的价值,并能将其消化最终应用于商业目的的能力。大量研究显示,吸收能力与企业合作创新的创新绩效之间具有密切关系。例如,Lichtenthaler(2009)认为持续投资于开发转化和利用知识能力的企业更易于通过产品创新适应市场的变化,因此吸收能力越强的企业,其合作创新产生更高创新绩效的能力越强。Tsai(2009)认为企业所具备的吸收能力水平与其创新活动呈正相关的关系,吸收能力越大,代表企业越能有效管理外来的新知识,提升本身的技术能力,加速产品创新,创造竞争优势与顾客价值,并具体体现在新产品的开发等方面。Nonaka 和 Takeuchi(1995)认为通过新获得的外部知识与现存知识的交流和整合,新颖的想法和观念将转化为创新产出(新产品和服务），企业的吸收能力越强，尤其是将知识转化为商业应用的能力越强，就越吸引拥有互补资源和能力的企业与之合作，共同开展创新活动，以便获得最大利润，实现双赢。王辉、张慧颖和吴红翠（2012）认为关系质量对潜在吸收能力具有积极影响，吸收能力对创新绩效具有积极影响，实现吸收能力对合作绩效的影响显著。王雎和罗珉（2008）认为吸收能力是创新最关键的因素，也是研究合作创新的切入点。他们通过建模与仿真展示了合作创新的机理与过程，揭示了关系性吸收能力对合作创新的关键作用。任爱莲（2010）通过109家中小电子和信息科技企业的数据的实证分析得出结论，吸收能力可以显著提升与供应商合作和与科研院所合作的创新绩效，但对和顾客合作及和竞争者合作的创新绩效影响并不显著。

4. 区位因素研究

在新经济地理学和空间经济学中，强调集聚的重要性，认为地理接近形成的集聚有利于企业的合作，合作创新是产业集群创新的重要形式，可以提升企业的创新绩效（周旻，2012）。其原因主要有两个方面：一是产业集群促进合作企业隐性知识的流通和交换。合作双方的互动过程越有效，越紧密，就越容易将知识和信息等要素进行共享和转移，合作方如果经常能够通过培训交流、面对面研讨、现场指导和共同实验等方式进行互动合作，那么它们的互动强度就比较高；如果合作方仅仅偶尔通过电话、邮件和传真、在线咨询等方式进行互动合作，那么互动强度就比较低（Fiocca & Gianola, 2003），而产业集群带来的地理接近使人们聚集到一起，有利于信息的交流，有助于隐性知识的交换（Boschma, 2005）。可以预见的是，当某企业位于一个拥有丰富互补知识资源的地区往往比其他知识资源缺乏地区更有可能获得知识外溢的好处。为了实现这些好处，企业需要用相应的知识资源相互作用。这些相互作用可能采取各种形式，例如劳动力转移，社会接触，设施的分享，非正式、正式的合作，通过参与R&D项目等。因此，即使拥有相似的知识资源禀赋，集群合作强度的不同也会使得集群内企业的合作创新绩效不同（Fritsch, 2004）。二是产业集群降低了企业合作创新的交易成本（赵骅等，2010）。企业的集聚降低了信息的不对称性，在长期的合作中，某企业一旦发生机会主义行为，集群内其他与其有合作创新的企业就会及时了解到情况，通过停止合作等手段进行惩罚，这样便使得企业机会主义成本较高（李新安，2007）。集群相当于起到了监督和治理的功能。此外，产业集群根植于地方性的社会网络，有利于形成共同的价值观和统一的产业文化，进一步促进企业间信任与合作（朱涛，2007）。很多学者通过各自的研究肯定了产业集群对合作创新绩效的积极作用。例如潘忠志和高闯（2006）利用博弈论原理证明了产业集群内企业在创新活动趋向于以战略联盟的形式展开合作创新。并在随后的研究中，证明了集群内的企业在研发阶段趋于合作，并分析了一系列集群中可以促进企业合作创新的制度安排。刘媛华（2012）通过构建集群合作创新的动力模型，识别了集群涌现合作创新的时期，即集群处在秩序与混沌之间的复杂阶段。许箫迪、王子龙和徐浩然（2005）通过建立集群合作创新博弈模型证明了合作创新是集群企业良性发展的有效模式。李琳等（2012）理论分析并细分了合作创新阶段和地理邻近之间的关系。在研发前期阶段以及研发阶段中的开发探索阶段与试验阶段发挥主导作用的地理邻近是永久性地理邻近；在研发阶段的应用阶段以及研发后期阶段发挥主导作用的地理邻近是临时地理邻近。刘华容和曹休宁（2009）发现了产业集群内企业合作创新的正反馈循环，即合作行为促进了企业的反复学习，企业利用聚集形成的创新条件，加快了集群的创新活动，形成了集群的创新优势，集群创新活动反过来又促进企业之间的合作。

然而，地理的邻近也可能产生负面的影响，其原因在于封闭团体中成员过密或者"过度的"合作有时可能导致密集的网络，由于个体（和附近的组织）有自我强化的趋势去专心于本地的知识交换，所以这类密集的网络往往出现在地区层面（Broekel & Binder，2007）。但网络变得太密集，它们之中必然包含不恰当的或者冗余的关系（Uzzi，1996）。由于成立和持续跨组织关系不是免费，所以这些关系就会产生了浪费；由于知识（非故意的对企业未来竞争力关键知识）分享的泄露，这些冗余的关系很可能是对企业有害的（De Bondt 等，1992）。

近年来国外学者对地理邻近作用的观点是多样化的。例如，Broekel（2012）理论分析和实证研究了区域创新绩效和区域合作强度的关系，以德国电子产业270个人力市场地区的联合申请专利数据为样本研究发现区域创新绩效和区域内、区域间的合作强度都呈倒"U"型。那些具有平均区域内部和区域外部合作强度地区的创新绩效要高于合作强度极低或极高强度以及内外部区域合作强度不平衡的地区。Fitjar 和 Rodriguez-Pose（2013）等考察了挪威产品和过程创新的来源，对五个挪威最大的城市地区的1604家企业进行了问卷调查，通过对数回归分析研究得出了与外部地区代理合作比本地合作伙伴更有利于创新。Moodysson

等以八个瑞典的生物科技企业所管理的创新项目为样本进行研究，发现本地合作方便性永远替代不了对专业知识的需求，这迫使企业克服阻碍，在全球框架下寻找合作伙伴；建议提升生物技术企业所在地区的政策向导最好是加强本地资源利用和提供生物企业联系全球知识的资源相结合，而非推进次优选择的本地网络。相类似地，Rees（2005）以远离高科技中心地区为研究对象，一般而言，这些落后地区常常被建议提升集聚和本地合作来变得更有创造性，但是通过对当地的医药生物科技和电子通信硬件产业的研究发现，跨地区、跨国的合作创新提供了关键的要素。Alnuaimi 等（2012）发现跨国的合作不仅导致想法的产生而且还在产生更多更好的观点方面对参与的发明者产生了长期的利益。He 和 Wong（2012）以新加坡143家制造企业的数据为样本，构建了非本地知识流动的理论发现，在新加坡，本地和非本地联系合作对创新绩效的相对重要性在统计上是无差别的，它们表现为创新的互补激励因素。Doloreux（2012）等在研究创新的空间变化是否具有连续性时，发现创新的变化包含连续的空间与跨分割的地区，创新的地理性并不由企业的信息集中和创新合作行为所影响，这意味着企业层面创新的地理变化解释的失效，地理特性在合作创新对创新绩效的影响中的具体作用机制需要进一步研究。

四、结论与展望

企业间合作创新绩效的影响因素有很多，以上的几点只是研究的重点，此外还有些其他因素，例如，市场技术环境特点，市场竞争越激烈技术越复杂，企业合作创新的绩效越高（Wu，2012）；企业个人层面的联系，企业家、重要科学家的个人层面与外界的联系也是创新合作绩效大小的重要因素（Almeida et al.，2011）。

目前的研究还存在一定的局限性与提升空间。首先是实证调研结果存在着较大的差异。由于企业间合作创新对创新绩效的影响因素众多，大部分研究的样本是一个特定区域，只考虑了少数因素，建立模型时，对可能的调节中介因素控制不足。已有的理论实践研究都还缺乏系统性，未来的研究可以考虑建立考虑多个因素的模型，进一步定量分析。其次是变量的度量。很多影响因素是虚拟的，不可直接度量，用替代性指标会出现一些问题。例如创新产出，很多创新产出的衡量往往是以专利数据为基础的，但是专利的保护是有期限的，很多核心的技术是没有申请专利的,这导致了创新绩效衡量的不准确。未来的研究需要建立一系列更有效的与创新相关的指标。最后是对中国的研究,理论分析较多,实证较少,未来需要多一些以中国为对象的实证研究,以使得研究结论更具有因地制宜的特点。

总之,企业间合作创新对创新绩效影响因素有很多,找出这些影响因素并明白其影响机理,无论是对企业微观层面的转型升级决策,还是对国家宏观层面的创新驱动系列政策的制定都具有一定的参考意义。

第二节 基于高校的协同创新研究动态[①]

一、协同创新理念的形成

胡锦涛同志(2011)在清华大学建校 100 周年的讲话中强调,高等学校特别是研究型大学,既是高层次创新人才培养的重要基地,又是基础研究和高新技术领域创新成果的重要源泉,要积极推动协同创新,通过体制机制创新和政策项目引导,鼓励高校同科研机构、企业开展深度合作,建立协同创新的战略联盟,促进资源共享,联合开展重大科研项目攻关,在关键领域取得实质性成果,努力为建设创新型国家做出积极贡献。协同创新(Collaborative Innovation)是美国麻省理工学院斯隆中心的研究员彼得·葛洛(Peter Gloor)最早提出的概念,他认为协同创新是由自我激励的人员所组成的网络小组形成集体愿景,借助网络交流思路、信息及工作状况,合作实现共同的目标。国内学者对协同创新理念也进行了阐述,林涛(2013)从协同学角度分析,高校协同创新系统是由系统内的子系统(高校、科研机构、企业等)和各要素(人才、知识、技术、信息、资金、设备等)以及它们之间的关系流所构成,它依赖于创新系统中不同创新主体的相互共生共享,植根于要素维、时间维和空间维的协同增效过程。高校协同创新系统的实质是以知识增值为核心,以知识生产机构(高校、科研机构)、企业、政府、中介机构和用户等为主体,为实现重大科技创新而开展的大跨度整合的创新组织

[①] 本部分借鉴了张珩和朱英明(2014)的研究成果。

模式，其关键是形成以大学、企业、研究机构为核心要素，以政府、金融机构、中介组织、创新平台、非营利性组织等为辅助要素的多元主体协同互动的网络创新模式。李忠云（2011）认为，高校主导的协同创新是指高校内部各学科之间、高校与高校之间以及高校师生与科研院所和企业的研究者、生产者、管理者之间，围绕国家重大战略需求、重大科技项目，为解决行业关键和共性技术以及生产实际中的重大问题，投入各自优势资源和能力，在政府、科技服务中介机构、金融机构等相关主体的协同支持下，合作攻关，从而力求在科学研究、技术开发上取得重大进展和突破的创新活动。当协同创新放大到宏观层面，主要运作形式即是产学研协同创新，严雄（2007）据此提出，产学研协同创新是指企业、大学、科研院所（研究机构）三个基本主体投入各自的优势资源和能力，在政府、科技服务中介机构、金融机构等相关主体的协同支持下，共同进行技术开发的协同创新活动。

国外早期虽然提出协同学、协同创新的概念，但更多的是基于理论分析和学术研究层面，美国科学技术中心（STC）计划的实施也主要面向新兴前沿学科领域的合作研究，在产学研协同方面涉及较少。近年来，国内将协同创新提升至国家战略，丰富和拓展了协同创新的内涵，目前启动建设的"2011协同创新中心"分为四种类型即：以自然科学为主体面向科学前沿的协同创新中心；以哲学社会科学为主体面向文化传承创新的协同创新中心；以工程技术学科为主体面向行业产业的协同创新中心；以地方政府为主导面向区域发展的协同创新中心。鉴于协同创新不同于原始创新过程的协调合作，也有别于集成创新、引进消化吸收再创新过程的产品技术要素整合，其本质属性是一种重要的管理创新，正是我国促进经济发展方式向主要依靠科技进步、劳动者素质提高、管理创新转变的重要环节，所以从国家战略全局出发对协同创新开展学术研究对我国协同创新实践具有重要的现实意义和深远的历史意义。本节的目标是对国内已有的协同创新研究进行系统梳理，相关内容包括协同创新困境的表现形式、协同创新的路径选择、协同创新的实践探索、协同创新的政策建议以及未来研究展望。

二、协同创新困境的表现形式

1. 协同创新的政策环境不够完善

协同创新是国内近年来新兴的科研管理模式，并以高校牵头申报"2011"计划为具体实施方式，由于开展协同创新是一个"摸着石头过河"的过程，且需要高校在协同创新中占据主导地位，因此在目前国内相关政策环境不够完善的情况下，开展实质性的协同创新存在一定难度。为此，李祖超（2012）指出，适于协同创新的政策环境还有待完善，一是相关法规的缺失，我国目前尚未制定产学研协同创新的专项法规及其实施细则，具体可操作的实施细则还有待制定；二是相关制度不完善，我国的知识产权制度在制度和管理体制方面还不够完善，产学研协同创新中遇到的问题无法依法行事和按章解决；三是政策导向不明确，政府在人事、信贷、税收、奖惩、考核等方面的政策导向不够有力，不利于调动合作双方的积极性；四是促进产学研协同创新的公共技术平台和中介服务体系有待健全。何海燕（2012）认为，当前我国高校科研组织模式仍主要为学校内部的封闭科研合作，在校校、校所、校企之间缺乏协同创新的动力和长效机制。首先，各高校之间、高校与科研院所之间缺少长期、全面、深度的科研合作，缺乏科学研究和资源共享的协同创新平台；其次，高校和企业之间缺乏利益协同机制，相关资产管理政策制定与落实不到位。

2. 协同创新过程中的协同较为困难

协同创新的成员分别来自高校、科研院所、政府（行业）部门、地方（行业）企业，在主体确认、领导角色定位、任务分工等方面的协同工作有很大的提升空间。李忠云（2011）认为，从组织层面上看，参与协同创新的各个单位追求的目标不尽一致，有时候存在高校需要产出科研成果，企业需要追求经济效益，地方政府需要 GDP 增长的现象；从个体层面上看，参与协同创新的各路人员在思维方式、价值观念、人生追求方面也存在较大差异。这都导致了协同创新过程中较为严重的协同困难。马志强（2012）提出，校企协同创新是双方资源互补以实现更大创新效益的真诚合作过程，然而由于信息不对称以及机会主义行为等道德风险因素的影响，校企协同创新具备动态博弈的典型特征，可以考虑通过校企之间协同创新的演化博弈分析，探寻实现双方最优博弈状态的条件，构建基于校企协同创新背景的高校服务价值模型。

3. 协同创新组织管理协调难度较大

区域协同创新中，政府是创新环境的主导者、企业是技术创新的主体、高校和科研院所是技术转移的源泉、用户是技术需求的导向，但政府在促进企业与高校、科研院所之间资源整合、集成、共享的组织管理协调难度较大。李忠云

(2011)认为，参与协同创新的各个单位属于不同的体系、不同的部门甚至归属于不同的地方政府，而且各单位工作人员的工作关系、工资关系、人事关系等都在各自为政的藩篱之内，这使得协同创新中的协调组织工作艰难。殷翔文（2012）认为，高校固然是实施计划重要的责任主体，但却不一定是协同创新各类活动主要的或者唯一的责任主体和实施主体。在形式多样的协同创新活动中，应针对不同的协同创新内容，由参与合作的各有关创新主体按照国家创新体系的定位分工和合作契约明确的任务约定开展协同创新活动，承担相关责任和任务。

4. 协同创新利益分配机制不够完善

同一单位科研团队的利益分配尚且存在影响因子难全括、指标权重难定量、贡献比率难计算等现实问题。因此，在不同单位之间开展协同创新，利益分配机制完善与否是影响协同创新成败的关键因素。李忠云（2011）提出，参与协同创新的人员来自不同的单位，利益诉求存在天然差异，加之有的协同创新缺乏平衡各方利益的有效机制，协同成功后利益分割的标准又比较随意而且经常更改；尤其是协同创新过程中既有"主角"也有"配角"，两者都对创新做出了不可缺少的贡献，但有的利益分配机制只重主角而忽略配角，这些因素极易诱发创新群体内部的矛盾和分歧。部分国内学者运用博弈理论分析了协同创新的合作模式、利益分配及机会主义行为影响等关键问题，如彭本红和周叶（2008）基于演化博弈模型分析了企业协同创新的演化路径，剖析了机会主义行为的形成原因，建议从有效监督、利益分配及风险分摊等机制方面进行防范。

三、协同创新的路径选择

1. 明确各方定位，建立新型柔性组织结构

在协同创新体系中，首先要明确高校定位：在人才培养或者面向科学技术前沿开展基础研究的协同创新中，高校应为主要责任主体；在面向行业产业开展的技术创新的协同创新中，应以行业、企业为主要责任主体；在面向区域发展的协同创新中，则应以地方政府及其相关方面为主要责任主体。为此，要积极开展组织结构创新，需要建立与协同创新相匹配的柔性无边界组织。第一，自我打破校内条块分割，实现校内协同，在学校层面建设跨学科科研平台、建设大型功能平台，实现科研平台和数据共享；第二，主动与校外科研院所沟通，实现行业内协调，具体办法包括共同组建实验室和研发基地，实现实验资源和信息情报网络共享,共同组建大型复合型科研团队、联合申报大型科研项目等;第三,自觉与校外单位建立松散型网络联结,实现行业间协调,建立产学研用论坛联盟、大学与政府共建科技成果孵化园等(李忠云,2011)。同时,加强协同各方人员的沟通,最主要的是要突破高校之间和高校内部的自成体系,使得资源和信息实现无障碍的流动,在高校科技人员协同创新的过程中,涉及不同领域、不同地域的科技人员,应使信息高速公路成为连接他们最佳的方式和枢纽(熊丽敏,2012)。

2. 基础应用并重,促进学科与产业集群对接

学科—专业—产业链是高校协同创新的有效载体,为实现高等教育与经济社会协同发展提供了新的模式和机制。因此,高校应围绕产业集群需求规划配置专业人才和教育资源,发展壮大产业集群急需的学科与学科集群。对此,罗维东(2012)提出,高校推进以学科群和产业集群协同创新为主要特征的产学研结合新模式,是知识经济时代产业发展和学科发展的必然趋势。在产学研合作中,学科集群与产业集群在相互合作中结成联盟,使劳动力、资本、信息、技术等生产要素在企业、大学、科研机构等组织之间合理流动,形成交叉协同和互补优势。学科—专业—产业链知识流动的动力机制就是要形成具有拓展动力的组织体,这种组织体的拓展性具体表现为以下几方面:以需求为导向,强调学科、专业与社会需求相结合进行拓展;以平台化管理为具体的治理方式,通过强化某些功能以发挥平台的中介性作用;以整合社会资源为拓展的基础,通过学科、专业以及资金、生产要素等资源的整合来提升拓展能力(胡赤弟、黄志兵,2012)。唐安宝等(2012)对江苏省学科集群现状及存在问题进行了探析,提出充分利用苏南和南京地区现有学科集聚优势,与产业集群对接,以高校为主体构建学科产业协同发展平台,巩固制造业类学科集群这一江苏省实力最强、规模最大的学科集群,同时加大对农、林、畜牧业和服务业类较为弱势学科集群的培育与投入。

3. 建设创新团队,培养产学研协同型人才

协同创新的核心是团队建设和人才培养,与以往的产学研合作不同,协同创新团队的建设不是应项目而生而散的短期行为,而是重点打造立足长远、跟踪前沿、影响行业、服务经济的国家队和生力军。围绕协同创新中心建设,高校应从顶层设计入手,系统探索机制体制改革,创新人员聘用与考评方式,建立有组织创新、协同管理、资源整合与成果共享等制度体系,把人才作为协同创新的核心要素,通过系统改革,改变"分散、封闭、低效"的现状,释放人才、资源等创

新要素的活力，着力营造有利于协同创新的环境氛围（程桦，2012）。祁艳朝（2012）分析通过协同创新建设，实现师资队伍转型升级：一是加强校际协同创新，推动师资队伍整体转型升级；二是推动校所协同创新，加强师资队伍的科研攻关能力；三是坚持校企协同创新，提高师资队伍的教学指导水平。胡赤弟等（2012）提出要发挥研究生科研生力军作用，以促进学科—专业—产业链的交流融合，以企业研究生工作站为平台，引入高校研究生导师指导下的研究生团队为企业进行技术研发，开展人才培养培训，同时根据市场变化和企业发展实际，及时调整完善研发方向和重点，切实提高研发活动的针对性和有效性。

4. 激励约束并举，建立合理利益分配机制

协同创新本身强调的就是"刚柔并济"的组织管理模式，各单位之间的协同既需要刚性的契约明确责任分工，也需要柔性的利益分配机制明确权利，鼓励参与各方的积极性。李忠云（2011）认为，在协同创新的初期阶段，由于协同各方彼此信任程度不高、协同创新前景不明朗，参与协同创新的各方比较关注眼前的实际利益，在此阶段以现金和物质形式出现的利益分配形式更能为人所接受；在高级阶段，随着团队中信任程度的增加和产业的扩张，股份制成为一种更好的利益分配方式。鲍新中、徐丹和王道平（2009）运用博弈理论分析了产学研合作收益的分配问题，确定了其最优分配系数，并针对既定收益分配方案下合作各方如何选择最优路径进行了非合作博弈分析。胡登峰和程楠（2012）通过构建不完全信息博弈模型，探析了高校与企业之间的利益分配及风险因素，分析了产学研合作中的校企博弈过程。

四、协同创新的实践探索

1. 以自然科学为主体面向科学前沿的协同创新

面向科学前沿的协同创新旨在冲击科研高峰，引领科技发展未来，因此以高校和科研院所为主体的强强联合，以及与国际顶尖科研机构的深入合作是计划实施的必要条件。杨凌春（2013）对2010年中国台湾当局"国科会"启动的"跨国顶尖研究中心计划"进行了分析，该计划开展国际协同创新，特别设计了三方合作的机制，由"国科会"、申请学校及国外合作单位共同投入资源，各自分担总经费的1/3。对国外合作伙伴有较高标准，分为两类：学术类包括世界排名前50的大学（以ARWU最新排名为准）、国外知名国家实验室或世界级重要研究机构；产业类为在世界知名百大企业（以Fortune500最新排名为准），包含企业下设的世界级研发单位或实验室。该计划目标在于吸引国际一流人才进驻，培养本地研究团队，与国际尖端学术研究接轨，取得具有原创性的关键研究或技术突破，进而大幅提高台湾大学的世界排名，跻身全球顶尖研究机构之列。邵云飞等（2012）提到，南开大学与天津大学打破"围墙"，宣布组建"天津化学化工协同创新中心"，成为"2011计划"部署后由高校自己联合建立的首批实质性运行的协同创新中心之一，该中心建立国际化的人员聘用与流动机制，参照欧美现行制度面向全球招聘拔尖人才，设立独立的青年科学家研究部，面向国际公开招聘40周岁以下的杰出青年科研人才。在考核机制上，采用国际学术界普遍实行的"同行评议"制，并形成以原始创新质量和贡献为导向的评价与考核制度。

2. 以工程技术学科为主体面向行业产业的协同创新

行业背景高校的行业特色明显，主要表现在：优势学科相对集中，学科专业主要围绕行业产业链设置；服务面向明确，人才培养和科学研究主要服务于相关行业；社会认同度相对稳定，与对口行业相伴而生、互动发展，其价值与贡献得到社会广泛认同。因此，开展行业产业的协同创新，重在发挥有行业背景高校的引领作用。陈治亚（2012）提到，行业特色型高校要以工程技术学科为主体，以培育战略新兴产业和改造传统产业为重点，通过与大型骨干企业的强强联合，努力成为支撑我国行业产业发展的核心共性技术研发和转移的重要基地。高校在推动行业发展的重大核心技术和关键共性技术上不断突破，成为行业核心共性技术自主创新的主导者，引领行业不断创新发展。王子镐（2011）提出，把行业特色大学联盟作为我国高等学校创新能力提升的重要试点，在国家相关部门和产业部门的支持下，吸收行业领头企业和重点创新企业参与，形成"行业协同创新联盟"。可以仿效法国巴黎高科技工程师学校集团等的做法，按照学校类型、行业领域、地区位置、层次水平等标准，建立起不同类型的行业特色高校联盟。同时，发挥行业特色大学优势明显、学科互补的特点，形成对国家重大需求和世界科学前沿的协同攻关。

3. 以地方政府为主导面向区域发展的协同创新

江苏省政府倡导的"江苏高校协同创新计划"，努力在四个方面彰显江苏高校协同创新的特色。一是以高端引领江苏战略新兴产业发展为主攻方向；二是以培养江苏紧缺的高层次创新创业人才和国际化人才为战略重点；三是以提升江苏文化传承创新能力为重要内容；四是以重点推动高校人才培养模式、科研创新体制机制改革为主要突破口。在面向产业和区域经济发展方面，江苏高校立足抢占新一轮经济和科技发展制高点，把《国务院关于加快培育和发展战略性新兴产业的决定》确定的节能环保、新一代信息技术、生物、高端装备制造、新能源、新材料、新能源汽车七个战略新兴产业和《江苏省"十二五"培育和发展战略性新兴产业规划》确定的新能源、新材料、生物技术和新医药、节能环保、新一代信息技术和软件、物联网和云计算、高端装备制造、新能源汽车、智能电网和海洋工程装备十个战略性新兴产业作为协同创新的主要领域（殷翔文，2012）。同时，政府与高校合作在地方建立研究院，充分发挥人才资源和国际化的优势建设高端公共技术平台，进一步推动高校的政产学研合作工作。南京理工大学目前在江苏省建有无锡研究院、常熟研究院、研究生院常熟分院和连云港研究院、研究生院连云港分院、国家大学科技园连云港分园，并依托这些产学研基地开展了广泛、深入的科技和人才合作，强化与企业的沟通交流，零距离服务地方经济建设，推动地方产业结构转型升级（戚湧等，2012）。

五、协同创新的政策建议

高校协同创新并非一校一院之所为，需要多个部门、多种人员、多样资源的共同努力。推进高校协同创新，亟须政府、地方相关部门在项目、平台、经费、组织、评价等方面予以建立、健全和完善，因此关于协同创新的政策建议集中在以下几个方面：

1. 优化政策环境，加强建设投入

协同创新，政策先行，教育、行业、地方政府主管部门应出台相关优惠政策，为协同创新营造宽松的发展环境。政府首先应建立政产学研协同创新的立法保障，健全完善知识产权制度，就企业参与合作教育、产学双方人员双向流动与仪器设备共享、合作成果的归属与产权保护、联办经济技术实体的管理与考核等一系列问题制定相应的法规和管理办法，以规范、约束合作各方的行为（李祖超，2012）。同时，政府要逐步增加对科学研究及其成果转化的投入和扶持力度，给予产学研协同创新各方在低息贷款、税收减免、财政补贴、立项优先等方面的优惠政策。设立产学研协同创新专项基金或高科技联合开发风险基金，鼓励科技成果的转化，倡导产学研各部门的协同合作。赵立雨（2012）提出，技术创新网络扩张离不开政府的政策指导，尤其是政府的研发公共政策，在技术创新活动及技术创新网络扩张中发挥诱导作用；政府的科技政策、技术指导与研发经费支持等为技术创新网络扩张提供了重要的保障。同时，在技术创新网络扩张过程中，政府还会发挥资源整合、宏观管理和监督的作用。

2. 求同也需存异，创新合作模式

协同创新不是简单地合并各方力量，而是要创新合作模式，充分发挥"1+1>2"的效用。杨凌春（2012）分析指出，前沿协同创新可以考虑参照美国NSF立项实施的STC计划，面向新兴前沿学科领域，采用多轮评审过程、矩阵管理模式、第三方评估，结合大学与研究机构或国家实验室最强的科研力量，横跨数个学科领域，进行机构之间、学科之间的合作，促进新型学科或技术的发展，发挥单个机构、单个学科或单纯组合无法完成的作用。有学者认为，协同单位同质化是现有各类科研任务的设计和组织方将科研组织管理学科化的必然结果，不仅不能真正实现解决国家需求、冲击世界一流能力的根本提升，反而会进一步加深当前我国科技分散、重复、低效的突出问题。要避免协同单位的同质化，避免协同创新成为大拼盘、大联盟，要用"需求引导"的逆向型思维、"二元化"设计，横向按照学科主线将优势的单位和团队进行有机整合，纵向按照行业或产业路径将需要的跨学科、跨领域的单位和团队进行合理组合，二者相互兼顾，形成统一。

3. 加强中介服务，提供条件支撑

政府要为高校与企业协同创新牵线搭桥，促进双方合作，并抓好产学研协同创新的试点示范。加强科技中介服务组织建设，充分发挥技术服务、评估、经纪及信息咨询等方面职能，有效促进企业与高校、科研机构的联合。赵立雨（2012）提出，技术创新网络扩张需要有一个良好的创新环境作为保障，政府、企业、高校、科研机构之间需要缩短从基础创新到产品创新以及用户之间的距离，加强信息交流，促进知识转移与扩散、提高学习能力，中介服务机构为技术创新网络内的各方提供技术咨询、金融支持等服务，在技术创新网络扩张中起着重要的支持作用。何海燕（2012）提出，采用柔性的组织模式，与科研院所、企业建立实体科研机构和虚拟协同创新组织；利用现代网络和信息化技术，构建协同创新的新模式和新机制，最大限度地整合各创新主体的资源和条件，形成多元化的资源投入与共享机制。

4. 健全管理机制，实施评价考核

与传统产学研合作模式的不同在于协同创新的本质是管理创新，这就要求协同创新的组织管理要打破常规，科学合理，适应协同工作的开展。明炬（2012）认为，制度建设是开展协同创新中心培育工作的前提，本质上协同创新中心培育组建就是各项制度建立、完善和实施的过程，其中组织管理制度是基础，人事聘用、考评、分配和人才培养制度是核心，科研组织、资源配置制度是支撑。何海燕（2012）探索高校内部协同创新科研组织模式指出，应实现"直线职能型"向新型"任务矩阵型"的转变、"单向管理"向"双层管理"的转变、"单一学科评价"向"综合性评价"的转变。美国科学基金会报告（2011）中提到，其资助的面向科学前沿的科学技术中心的管理运作模式为多方监管，NSF 高级管理顾问团对整个 STC 项目的竞争、评审、资助、管理进行监督；OIA 对整个 STC 项目的协调、评审、协议签署起着主导作用；学部主要管理承担 STC 项目的机构的绩效监督、合作伙伴选择以及考核评估。杨凌春（2013）认为，前沿协同创新可采用自定义量化或质化的绩效指标，例如考核国际合作指标时可参照双方的共同研究成果数、国外人才长期进驻情况、执行单位及国外合作单位的实际资源投入及配置情况、重点在于能凸显中心在学术研究国际化的具体成果。吴绍芬（2012）提出，技术研究应以专利申请数、授权数以及转让率为基本指标，并严格审核其研究成果应用于生产或实践中的情况；增加诸如社会服务能力的考核指标，推广应用成果应以经济效益与社会效益作为衡量指标，并尽可能量化。

六、协同创新的未来展望

从上述大量国内外研究可以看出，协同创新的理论和实践研究虽然已初具一定体系架构，但由于是近年来新兴的研究领域，其理论体系和实践探索还远不够成熟，发展的空间还非常大。具体来说，有如下几个方面的潜力：

（1）协同创新理论有大量的定性研究，而深入的定量研究还不够。用来识别协同创新的特征要素、机理功能、创新系统都只有定性的描述，定量研究的缺失导致很难形成一个有效的协同创新识别标准。另外，促进协同创新形成的经济性、技术多样性以及知识溢出效应，推动协同创新演化的资源、环境、网络等方面大都只有少数研究是通过定量的深入分析。对协同创新中心的组建培育、人员聘用、运行管理、绩效考核基本停留在理论层面，缺少实际案例的实证研究。

（2）协同创新研究对象有待细化、深入。现有大量研究的对象基本是典型的、成功的协同创新，协同创新理论体系也是基于对它们的分析，而对特殊背景下的协同创新的研究，对失败的协同创新的研究数量有限，这方面的研究还很有潜力。四个类型中，对区域、行业协同创新的研究较多，对前沿协同创新的研究较少，同时，面向文化传承创新的协同创新，是以哲学社会科学为主体，通过高校与高校、科研院所、政府部门、行业产业以及国际学术机构的强强联合，成为提升国家文化软实力、增强中华文化国际影响力的主力阵营，但目前国内对文化传承协同创新的研究很难见到。

（3）对协同创新政策研究的需求非常大。协同创新的理论研究起步晚，而将理论运用到实践中的协同创新政策研究起步更晚，国内在 2011 年才将协同创新提到国家科技发展战略高度。协同创新的发展需要怎样的政府政策支持，高校与地方政府如何通过学科与产业集群协同推动区域创新，协同创新采用何种管理模式提高效力，协同各方的责权利分配机制如何完善等问题都需要通过深入的研究来回答。

第三节 企业间协同创新网络与产业创新效率[①]

一、引言

由企业之间协同创新构成的企业间协同创新网络是多元主体协同创新网络，是国家创新系统的重要组成部分。产业创新效率是产业创新能力的重要衡量指标，是宏观经济可持续增长的重要保障。中国业已实施创新驱动经济发展战略，从战略层面高度重视协同创新与国家创新体系建设，相关的政策重点依然是促进产学研合作，而有关企业间协同创新相关研究及其支持政策比国外要薄弱得多。国外有关企业协同创新的政策可追溯到 20 世纪初第一次世界大战期间，英国为了解决军事技术问题成立了以行业为单位的技术联盟。

[①] 本部分借鉴了杨连盛和朱英明的工作论文（2014）。

第七章 创新网络与创新效率研究

从企业层面来看，随着科学技术发展的日益复杂化，技术创新成果不确定性的增加，单个企业所具备的创新能力受到了前所未有的挑战，与其他企业进行协同创新成为提高企业创新能力的重要途径之一。在我国高端科技人才短缺，金融市场不够完善，创新要素投入存在制约的背景下，构建良好的企业间协同创新网络成为提升我国产业创新效率、提高国家创新能力以及促进经济可持续增长的重要途径之一。

在改革开放后很长一段时间里，我国企业独立研发或申请专利的数量并不多，而企业协作研发或共同申请专利则更少。进入21世纪后，我国企业独立研发或申请专利的数量呈现出爆发式增长，但与之形成鲜明对比的是协作研发或共同申请专利（企业间协同创新）的低水平缓慢增长（见图7-1）。企业间协同创新网络不仅是我国整个创新网络建设中极为薄弱的一环，而且也是我国创新理论和实践中亟待研究的领域。伴随着企业在创新网络中主体地位的不断强化，以及一系列协同创新的促进战略的纷纷出台，企业间协同创新及其网络发展将呈现出加速发展的态势，企业间协同创新网络发展在提升产业创新效率，进而促进宏观经济可持续增长方面将发挥越来越大的作用。为此，顺应我国创新驱动发展趋势，以微观企业间协同创新网络发展为切入点，深入系统研究企业间协同创新网络对产业创新效率的影响，不仅具有重要的理论价值，而且具有深远的现实意义。

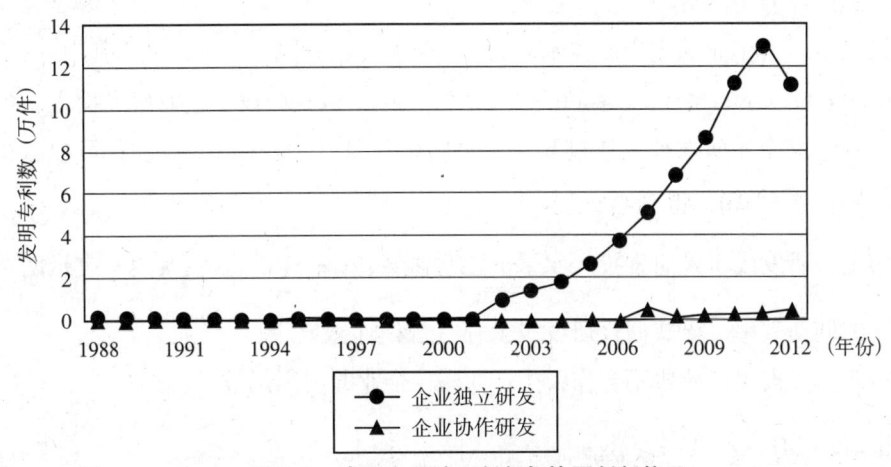

图7-1 我国企业独立创新与协同创新状况

中国企业间协同创新网络的发展是否促进了产业创新效率？二者之间是否存在规律性的联系？若存在，这种联系对我国创新驱动发展又有何借鉴意义？为了回答上述问题，本节从企业合作的比例分布与空间特性分析企业间协同创新网络，引入双寡头两阶段博弈理论模型，综合运用面板门槛模型（panel threshold model）、随机前沿面分析（stochastic frontier analysis）等计量方法定量研究企业间协同创新网络与产业创新效率之间的联系，并在此基础上提出相关的政策建议。本节引入双寡头博弈模型，分析微观企业协同创新决策与创新效率的关系，再据此推导出区域层面企业间协同创新网络与产业创新效率之间的关系，综合利用中国微观专利数据与宏观省级层面数据进行实证分析，试图进一步完善国内外已有研究。

二、理论基础与研究方法

1. 企业协同创新决策与创新效率的关系分析

AJ 模型是经典的双寡头两阶段博弈模型，因其能较好地解释现实情况而被广泛讨论，该模型研究了存在研发溢出时研发阶段、生产阶段在各种合作决策下的研发水平和产量（D'Aspremont & Jacquemin，1988）。根据 AJ 模型的分析框架，本节推导出微观企业协同创新决策与创新效率的理论关系。

模型假设只有两家企业构成的产业（市场），其他假设条件包括：

第一，市场需求曲线形式为反需求函数：$D^{-1}(Q)=a-bQ$，其中 a，b>0，两家企业总产量 $Q=q_1+q_2$。

第二，每家企业的生产成本函数为：$C_i(q_i, x_i, x_j)=[A-x_i-\beta x_j]q_i$，其中 $0<A<a$，$0<\beta<1$；$x_i+\beta x_j\leqslant A$；$Q\leqslant a/b$，$i=1, 2$，$i\neq j$，该式假设本企业研发投入 x_i 的增加，另一家企业研发投入通过知识溢出转化到自己企业的 βx_j 增加都可以减少企业的生产成本。

第三，研发成本是研发投入水平的二次函数：$y_i=\gamma\frac{x_i^2}{2}$，其中系数 γ 表示两企业相同的创新效率，该式假设研发投入存在规模递减效应。

第四，假设生产阶段不合作，生产阶段 i 企业的利润函数：

$$\pi_i=(a-bQ)q_i-(A-x_i-\beta x_j)q_i-\gamma\frac{x_i^2}{2}, \quad j\neq i, \quad i=1, 2 \qquad (7-1)$$

各企业的生产阶段都追求利润最大化，故一阶导数 $\frac{\partial \pi_i}{\partial q_i}=0$，得到纳什均衡产量：

$$q_i = \frac{(a-A)+(2-\beta)x_i+(2\beta-1)x_j}{3b} \tag{7-2}$$

进一步得到单个企业利润公式：

$$\pi_i^* = \frac{1}{9b}[(a-A)+(2-\beta)x_i+(2\beta-1)x_j]^2 - \gamma\frac{x_i^2}{2}, \quad j\neq i, \ i=1, \ 2 \tag{7-3}$$

当企业选择独立创新时，单个企业利润 π_i^* 最大，式（7-3）满足 $\frac{\partial \pi_i^*}{\partial x_i}=0$，由此得出：

$$x_j^* = x_i^* = \frac{(a-A)(2-\beta)}{4.5b\gamma-(a-\beta)(1+\beta)}, \quad i=1, \ 2 \tag{7-4}$$

代入式（7-3），得 i 企业独立创新时的均衡利润为：

$$\pi_i^* = \frac{\gamma(a-A)^2[4.5b\gamma-(2-\beta)^2]}{2[4.5b\gamma-(2-\beta)(1+\beta)]^2}, \quad j\neq i, \ i=1, \ 2 \tag{7-5}$$

当企业选择协同创新时，总利润公式为：

$$\hat{\pi} = \pi_1^* + \pi_2^* = \sum_{i=1}^{2}\left\{\frac{1}{9b}[(a-A)+(2-\beta)x_i+(2\beta-1)x_j]^2 - \gamma\frac{x_i^2}{2}\right\}, \quad j\neq i, \ i=1, \ 2 \tag{7-6}$$

均衡时，总利润 $\hat{\pi}$ 最大化，式（7-6）满足 $x_1=x_2=\hat{x}$，$\frac{\partial \hat{\pi}}{\partial \hat{x}}=0$，解得：

$$\hat{x} = \frac{(\beta+1)(a-A)}{4.5b\gamma-(\beta+1)^2} \tag{7-7}$$

代入利润公式（7-3）得协同创新时 i 企业利润：

$$\pi_{i,c}^* = \frac{\gamma(a-A)^2}{2[4.5b\gamma-(1+\beta)^2]} \tag{7-8}$$

将协同创新与独立创新时单个企业的利润进行对比：

$$\pi_{i,c}^* - \pi_i^* = \frac{4.5b\gamma^2(2\beta-1)^2(a-A)^2}{2[4.5b\gamma-(1+\beta)^2][4.5b\gamma-(2-\beta)(1+\beta)]^2} \tag{7-9}$$

企业选择协同创新还是独立创新的决策依据为两种情形下的个体利润相对大小，具体而言，当协同创新的利润大于零且大于独立创新的利润时（$\pi_{i,c}^* > \pi_i^*$，且 $\pi_{i,c}^* > 0$），企业会选择协同创新；当独立创新利润大于零且大于协同创新利润时（$\pi_{i,c}^* < \pi_i^*$，且 $\pi_i^* > 0$），企业选择独立创新；其他情况企业会选择不进行创新活动。据此得到企业协同创新决策函数为：

当 $0.5 \leq \beta \leq 1$ 时：

$$w_i = \begin{cases} 协作创新； & 当 \gamma \geq \dfrac{(1+\beta)^2}{4.5b} \\ 自主创新； & 当 \dfrac{(2-\beta)^2}{4.5b} \leq \gamma < \dfrac{(1+\beta)^2}{4.5b} \\ 不创新； & 当 \gamma < \dfrac{(2-\beta)^2}{4.5b} \end{cases} \quad (7-10)$$

当 $0 \leq \beta < 0.5$ 时：

$$w_i = \begin{cases} 协作创新； & 当 \gamma \geq \dfrac{(1+\beta)^2}{4.5b} \\ 不创新； & 当 \gamma < \dfrac{(1+\beta)^2}{4.5b} \end{cases} \quad (7-11)$$

其中，w_i 表示企业 i 做出的协同创新决策。

决策函数式（7-10）和式（7-11）反映了企业做出协同创新决策（w_i）是以自身利益最大化为目标，依据相应的企业创新效率（γ）、知识溢出效应（β）、行业需求弹性（b）选择合适的协同创新对象。如果企业以自身利益最大化为目标进行创新，显然难以形成最优的区域协同创新网络，如果企业以协同创新方式构成区域协同创新网络，那么企业协同创新网络是否一定会促进产业创新效率呢？这是本节要研究解决的核心问题。下面就这个问题做进一步分析，并提出相关的理论假设。

2. 企业间协同创新网络与产业创新效率的关系分析[①]

式（7-10）中各变量对应于区域层面的变量为：区域产业创新效率、区域产业知识溢出效应、区域产业需求、区域产业创新决策比例分布。企业协同创新网络的属性很多，本节主要从合作的比例分布与空间特性分析，定义区域整体协同创新强度（CI）为该区域企业间协同创新决策占该区域企业总创新决策的比例；定义区域内协同创新强度（CI_{intra}）为区域内企业间的协同创新决策占该区域企业总创新决策的比例；定义区域间协同创新强度（CI_{inter}）为该区域企业与其他区域企业间协同创新决策占总区域企业总创新决策的比例。

当企业创新效率处于较低的区间 $\left[0, \dfrac{(2-\beta)^2}{4.5b}\right]$ 时，如果企业创新效率边际

[①] 本节利用发明专利数据观测企业的创新决策，拥有发明专利多、溢出效应高的企业被多次作为创新决策个体，这些个体的协同创新决策主导了协同创新强度的变化，因此只需考虑溢出效应 $0.5 \leq \beta \leq 1$ 的情形，分析式（7-10）。

提高，进入区间 $\left[\frac{(2-\beta)^2}{4.5b}, \frac{(1+\beta)^2}{4.5b}\right]$，企业创新决策将会由不创新变为独立创新。故可以预期，当企业创新效率较低时，若企业创新效率的边际提高导致了企业创新决策变化，该变化是由不创新变为独立创新。在区域层面，当产业创新效率较低时，大数定律决定了大部分企业的创新效率处于较低水平，产业创新效率的边际提高意味着大部分企业的创新效率的边际提高，其中一些企业的创新决策由不创新变为独立创新，使得协同创新决策占总创新决策的比例降低，区域整体、区域内及区域间协同创新强度降低。换言之，产业创新效率较低时，产业创新效率与区域、区域内协同及区域间协同创新强度呈反向关系。

同理，当企业创新效率处于较高区间 $\left[\frac{(2-\beta)^2}{4.5b}, \frac{(1+\beta)^2}{4.5b}\right]$ 时，如果企业创新效率边际提高，进入区间 $\left[\frac{(1+\beta)^2}{4.5b}, +\infty\right]$，创新决策将会由独立创新变为合作创新。故可以预期：当企业创新效率较高时，若企业创新效率的边际提高导致了企业创新决策变化，该变化是由独立创新变为协同创新。在区域层面，当整体区域产业创新效率较高时，大部分企业创新效率较高，产业创新效率的边际提高意味着大部分企业的创新效率也随之提高，其中一些企业的创新决策由独立创新变为协同创新，使得协同创新决策占总创新决策的比例提高，进而使区域整体、区域内及区域间协同创新强度都提高。换言之，产业创新效率较高时，产业创新效率与区域、区域内及区域间协同创新强度呈正向关系。

分析结果意味着创新效率与协同创新强度之间可能存在着门槛效应，在已有的研究中 Ebersberger 和 Herstad（2013）等发现了类似的结论，创新绩效高的企业无论是参与全球协同创新还是独立创新都可以提高创新绩效，而创新绩效较差的企业，只能通过独立创新来提高绩效。综合以上分析，本节提出理论假设 H_{11}、H_{12} 和 H_{13}：

H_{11}：产业创新效率较低时，产业创新效率与区域整体协同创新强度呈反向关系；产业创新效率较高时，产业创新效率与区域整体协同创新强度呈正向关系。

H_{12}：产业创新效率较低时，产业创新效率与区域内协同创新强度呈反向关系；产业创新效率较高时，产业创新效率与区域内协同创新强度呈正向关系。

H_{13}：产业创新效率较低时，产业创新效率与区域间协同创新强度呈反向关系；产业创新效率较高时，产业创新效率与区域间协同创新强度呈正向关系。

在比较区域内协同创新与区域间的协同创新时，主流经济地理学一般更强调区域内企业协同创新网络的重要性。分析具体原因，一方面因为产业集聚带来的正外部经济使企业集到一起，使得合作双方的互动过程更有效更紧密，更容易将知识、信息等要素进行共享和转移，有助于隐性知识的流通与交换，提升合作成效（Fritsch，2004）。另一方面因为产业集聚降低了企业间协同创新的交易成本（李新安，2007），降低了信息的不对称性，在长期的合作中，某企业一旦发生机会主义行为，集聚体内其他与之有协同创新关系的企业就会及时了解到情况，通过停止合作等手段进行惩罚，这样便使得企业机会主义成本较高（朱涛，2007），集聚相当于起到了监督和治理的功能。此外，还因为产业集聚根植于地方性的社会网络，有利于形成共同的价值观和统一的产业文化，进一步促进企业间的信任与合作（Broekel & Binder，2007）。但随着理论与实践的发展，很多研究发现区域内密切的合作也可能不利于区域产业创新效率，其原因主要在于封闭团体中成员过密或者"过度的"合作有时可能导致密集的网络。由于个体（和附近的组织）有自我强化的趋势去专心于区域内的知识交换，所以这类密集的网络往往出现在区域内层面（Uzzi，1996）。区域内密集的网络中包含了不恰当或者冗余的关系（De Bondt et al.，1992），一方面成立和持续跨组织关系不是免费的，这些关系产生了浪费（Clausen，2013）；另一方面这种冗余的关系很可能导致知识（非故意的对企业未来竞争力关键知识）分享的泄露，还可能对企业是有害的（Broekel，2012）。大量发达国家区域内与区域间协同创新的比较佐证了区域内过密网络负面性的存在，因此，本节认为在创新达到一定水平的区域，适当的区域内协同创新网络有利于产业创新效率的提高，但过于密集的区域内合作创新网络会降低产业创新效率。区域内协同创新网络包含于区域整体协同创新网络，因而区域整体协同创新网络也可能存在相同的关系，比较区域内、区域间协同创新网络，区域间网络可能比存在负面性的区域内网络更有利于创新效率的提高，由此提出理论假设 H_{21}、H_{22} 和 H_3：

H_{21}：产业创新效率较高时，产业创新效率与区域内协同创新强度呈倒 "U" 型关系。

H_{22}：产业创新效率较高时，产业创新效率与区域整体协同创新强度呈倒 "U" 型关系。

H_3：区域间协同创新网络比区域内协同创新网络相对发达的区域倾向拥有更

高的产业创新效率。

3. 面板门槛分析方法

H_1、H_{21}、H_{22} 猜想中"较高"、"较低"意味着创新效率与协同创新强度之间存在着门槛,在已有的相关研究中,Ebersberger 和 Herstad(2013)运用分位数回归方法确定高低创新绩效的门槛,但是分位数的选取是经验性的。为了避免门槛确定的主观性,提高样本自由度,[①] 本节借鉴由 Hansen(1999)发展的门槛面板模型,将单一门槛模型或多门槛模型中高门槛以上的值视为"较高",将单一门槛模型或多门槛模型中低门槛以下的值视为"较低"。

在单一门槛模型中,设定产业创新效率为门槛变量、因变量,区域整体、区域内、区域间协同创新强度分别为受门槛变量影响的自变量,具体形式如下:

$$eff_{it} = \mu_i + \beta_2 CI_{it} I(eff_{it} \leq \lambda_0) + \beta_1 CI_{it} I(eff_{it} > \lambda_0) + M_{it} + \varepsilon_{it} \quad (7-12)$$

$$eff_{it} = \mu_i + \beta_2 CI_{intra,it} I(eff_{it} \leq \lambda_1) + \beta_1 CI_{intra,it} I(eff_{it} > \lambda_1) + M_{it} + \varepsilon_{it} \quad (7-13)$$

$$eff_{it} = \mu_i + \beta_2 CI_{inter,it} I(eff_{it} \leq \lambda_2) + \beta_1 CI_{inter,it} I(eff_{it} > \lambda_2) + M_{it} + \varepsilon_{it} \quad (7-14)$$

其中,μ_i 反映了各区域的个体效应,$I(\cdot)$ 为指标函数,λ_0、λ_1、λ_2 为门槛值,ε_{it} 为随机干扰项,M 为控制变量组成的向量。

针对 H_{21}、H_{22} 的猜想,为了探究产业创新效率较高时,区域整体、区域内协同创新强度与创新效率是否呈倒"U"型关系,设计二次拟合方程形式,以区域整体协同创新强度为例,单一门槛模型二次形式如下:

$$eff_{it} = \mu_i + \beta_3 CI_{it}^2 + \beta_2 CI_{it} I(eff_{it} \leq \lambda_1) + \beta_1 CI_{it} I(eff_{it} > \lambda_1) + M_{it} + \varepsilon_{it} \quad (7-15)$$

面板门槛分析方法具体的参数估计过程以区域整体协同创新强度的单一门槛模型为例,首先从每一个观察值中减去组内平均值以消除个体效应 μ_i,变换后的 eff 为:$eff_{it}^* = eff_{it} - 1/T \sum_{t=1}^{T} eff_{it}$,变换后的模型为:

$$eff_{it}^* = \beta_3 CI_{it}^{*2} + \beta_2 CI_{it}^* I(eff_{it} \leq \lambda_0) + \beta_1 CI_{it}^* I(eff_{it} > \lambda_0) + \varepsilon_{it}^* \quad (7-16)$$

对所有观察值进行累叠,采用如下矩阵形式表达为:

$$eff^* = \beta R^*(\lambda) + \varepsilon^* \quad (7-17)$$

[①] 分位数回归分析中高低门槛的确定建立在分位数基础上,而分位数的确定是经验性的,没有客观依据,这导致处于中间分位的样本很可能因无法获得显著性而被忽略,使分析丧失一定自由度。而面板门槛分析门槛的确定是内生非经验性的,可充分利用数据,一方面加强了门槛确定的客观性,另一方面避免了自由度的丧失。

对于给定的门槛 λ，采用 OLS 估计式（7-17），得到相应的残差平方和：

$$S_1(\lambda) = \hat{\varepsilon}^*(\lambda)'\hat{\varepsilon}^*(\lambda) = eff^{*'}\{I - R^*(\lambda)'[R^*(\lambda)'R^*(\lambda)]^{-1}R^*(\lambda)'\}eff^* \quad (7-18)$$

通过最小化式（7-18）来获得 λ 的估计值，进而得到 $\hat{\beta}$、残差向量 $\hat{\varepsilon}^*$ 以及残差平方和 $\hat{\sigma}^2$ 的估计值。

参数估计后需检验门槛是否显著以及门槛的估计值是否等于真实值。检验门槛是否显著的假设为：$H_0: \beta_1 = \beta_2$，$H_1: \beta_1 \neq \beta_2$，检验统计量为：$F_1 = [S_0 - S_1(\hat{\lambda})]/\hat{\sigma}^2$，采用"自助法"(bootstrap) 获得非标准性统计量 F_1 的渐进分布，从而获得检验的 P 值。估计值是否等于真实值的假设：$H_0: \hat{\lambda} = \lambda_0$，$H_1: \hat{\lambda} \neq \lambda_0$，检验统计量为：$LR_1(\lambda) = [S_1(\lambda) - S_1(\hat{\lambda})]/\hat{\sigma}^2$，该统计量也是非标准的，令 $c(\alpha) = -2\ln(1-\sqrt{1-\alpha})$，$\alpha$ 表示显著水平。当 $LR_1(\lambda_0) \leq c(\alpha)$ 时，不能拒绝原假设。

多重门槛模型是单一门槛模型的扩展，例如双门槛模型首先固定单一门槛模型中的门槛，进行第二个门槛的估计，再固定第二个门槛重新估计第一个门槛。寻找每一个门槛及假设检验都与单一门槛面板模型的处理基本一致。

三、数据、变量说明及实证分析

1. 数据、变量说明

本节所使用的数据主要来自 1985~2012 年的《中国专利数据库文摘》，2006~2011 年各期《中国科技统计年鉴》、《中国工业经济统计年鉴》、《中国统计年鉴》。由于 2005 年之前中国企业合作申请专利数量非常少且增加缓慢，2005 年之后合作申请专利数量才提升一个数量级并迅速增加（见图 7-1），而 2010 年之后《中国科技统计年鉴》不再统计大中型工业企业分省数据，部分重要变量无法获得数据，故面板数据时间段选取为 2005~2010 年，考察对象为中国 30 个省级行政区域（西藏数据不全，本节不予考虑）。依据门槛分析式（7-12）、式（7-13）、式（7-14）、式（7-15），本节的主要变量包括：产业创新效率（eff）、区域整体协同创新强度（CI）、区域内协同创新强度（CI_{intra}）、区域间协同创新强度（CI_{inter}）以及控制变量向量（M），下面给出各变量相关说明以及数据来源。

（1）企业间协同创新强度变量。参照对产学研协同创新的相关定量研究，本节通过企业间合作申请专利的情况来观测协同创新行为。需要说明的是专利并不能完美衡量创新，专利数据无法体现专利之间的价值差别，有的创新也并不去申请专利。但在具有创新行为的企业中，大部分重要的创新会被申请专利，在联合申请专利的过程中，企业之间自然存在着一种社会关系网络，例如，子母企业关系、产业链关系、战略合作伙伴关系等，拥有这些关系的企业存在知识溢出，协同创新的可能性要远大于无此关系的企业，故即使联合申请专利的动机是多样的，有多少无实质性的协同创新行为无法被准确衡量，但仍可以据此来估计、比较各区域企业的协同创新状况。我国专利法于1984年颁布，1985~2012年《中国专利数据库文摘》提供了1985~2012年在中国注册的所有专利的摘要信息，其中发明专利代表原创性技术，其技术含量最高，故本节仅用发明专利衡量创新。检索结果显示，专利申请人数量为1，申请人地址在大陆地区（不含港澳台），申请人名称以"企业"、"集团"或"厂"结尾的记录共687882条；专利申请人数量为2，各申请人地址都在大陆地区（不含港澳台），[①] 各申请人名称都以"企业"、"集团"或"厂"结尾的记录共22295条，其中，对申请人数大于等于3的专利，参照弓志刚（2012）及Hoekman等（2009）的处理方法，将申请人两两组合，算作申请人数为2的专利。

统计检索结果，对独立申请专利，有统计矩阵：$O_t=(o_{it})_{1\times 30}$，$o_{it}$ 表示在 t 年 i 区域企业单独申请专利的总量。对联合申请的专利，有统计矩阵：$C_t=(c_{ijt})_{1\times 30}$，$i\neq j$ 时，c_{ijt} 表示在 t 年 i 区域与 j 区域间企业联合申请专利的总数；$i=j$ 时，c_{ijt} 表示在 t 年 i 区域内企业联合申请专利的总数。[②]

参照 Broekel（2012）对协同创新强度的计算，区域整体协同创新强度为：

$$CI_{it}=\frac{CP_{inter,\ it}+CP_{intra,\ it}}{P_{it}}=\frac{\sum_{j=1}^{30}c_{ijt}}{\sum_{j=1}^{30}c_{ijt}+o_{it}} \qquad (7-19)$$

---

① 专利数据摘要仅显示第一申请人的国省代码，本节通过三步骤方法确定第二申请人所在区域。第一，利用ACCESS软件建立第一申请人名称与"国省代码"一一对应的数据库，第二申请人作为过第一申请人的，其"国省代码"可从该数据库找出。第二，对没有作为过第一申请人的第二申请人，根据注册名称所含地名来判断，依据为《企业名称登记管理实施办法（国家工商行政管理总局令第10号）》的第11条规定：企业名称中的行政区划是本企业所在地县级以上行政区划的名称或地名。最后，针对通过名称仍无法判断所在地的企业，用人工网络搜索的方法确定其所在省份。

② 初始统计矩阵 $A_t=(a_{ijt})_{30\times 30}$ 是区分申请人顺序的，引入特殊矩阵 $B=(b_{ijt})_{30\times 30}$，$i\neq j$ 时，$b_{ijt}=1$，$i=j$ 时，$b_{ijt}=0.5$，通过矩阵与数组运算得到不区分申请人顺序矩阵：$C_t=(A_t+A_t^T)*B$。

区域内协同创新强度为：

$$\mathrm{CI}_{\mathrm{intra},\,it} = \frac{\mathrm{CP}_{\mathrm{intra},\,it}}{P_{it}} = \frac{c_{ijt}}{\sum_{j=1}^{30} c_{ijt} + o_{it}} \tag{7-20}$$

区域间协同创新强度为：

$$\mathrm{CI}_{\mathrm{inter},\,it} = \frac{\mathrm{CP}_{\mathrm{inter},\,it}}{P_{t}} = \frac{\sum_{i=1,\,j=1}^{30} c_{ijt}}{\sum_{i=1,\,j=1}^{30} c_{ijt} + \sum_{i=1}^{30} o_{it}} \tag{7-21}$$

$\mathrm{CP}_{\mathrm{intra},\,it}$ 表示在 t 年 i 区域内企业间联合申请专利的总数，$\mathrm{CP}_{\mathrm{inter},\,it}$ 表示在 t 年 i 区域企业与其他所有区域企业间联合申请专利的总数；P_{it} 表示在 t 年 i 区域企业申请专利的总数；P_t 表示在 t 年所有区域企业申请专利的总数。

此外，为了比较区域内外部协同创新强度对创新效率的不同影响，首先将区域内、区域间协同创新强度进行相同的无量纲处理：$\mathrm{CI}'_{\mathrm{inter},\,it} = \dfrac{\mathrm{CI}_{\mathrm{inter},\,it} - \overline{\mathrm{CI}}_{\mathrm{inter},\,it}}{\sigma_{\mathrm{inter}}}$，$\mathrm{CI}'_{\mathrm{intra},\,it} = \dfrac{\mathrm{CI}_{\mathrm{intra},\,it} - \overline{\mathrm{CI}}_{\mathrm{intra},\,it}}{\sigma_{\mathrm{intra}}}$，构建虚拟变量内外部均衡指数：

$$\mathrm{balance}_{it} = \begin{cases} 1, & \text{if } \mathrm{CI}'_{\mathrm{inter},\,it} - \mathrm{CI}'_{\mathrm{intra},\,it} \geq 0 \\ 2, & \text{if } \mathrm{CI}'_{\mathrm{inter},\,it} - \mathrm{CI}'_{\mathrm{intra},\,it} < 0 \end{cases} \tag{7-22}$$

当区域间企业协同创新网络的协同创新强度相对高于区域内时，指数取值 1，当区域内企业协同创新强度相对高于区域间协同创新时，指数取值 2。

（2）产业创新效率与控制变量向量。①随机前沿面分析法优点在于将随机误差与无效率项分离并可以运用成熟的计量方法进行参数估计和分析，不仅可以测算出个体的技术效率，同时还可以定量分析效率影响因素，因此本节选用随机前沿面分析方法度量区域产业创新效率（eff），并将对效率有显著影响的因素组成控制变量向量（M）。

本节随机前沿面分析方法借鉴白俊红等（2009）对区域创新效率的度量。文献一般使用专利或新产品产值数据衡量创新产出，本节以企业为研究对象，新产

---

① 产业创新投入、产出指标的统计口径为大中型工业企业，从 2006—2011 年《中国科技统计年鉴》中获得，其中 2008 年部分缺失的数据从《中国经济普查年鉴 2008》中获得。

品是其创新的最终产出，专利只是阶段产出，故选用新产品销售收入来衡量创新产出。创新活动的投入指标使用 R&D 全时当量以及 R&D 经费。R&D 全时当量可直接从统计年鉴获得，而 R&D 经费用永续盘存法计算。依据上文的理论分析，产业创新效率的解释变量主要从区域企业间协同创新比例、区域知识溢出、区域市场需求角度选取（见表 7-1）。

表 7-1 投入产出、效率解释变量描述性统计

选取角度	变量名称	符号	变量定义	均值	标准差
创新的投入与产出	人员投入（万人/年）	L	R&D 全时当量和	1.55E+03	1.97E+03
	资本投入（万亿元）	K	R&D 总资本存量	3.26E+01	4.04E+01
	新产品销售额（万亿元）	NPS	新产品销售总额	2.39E+02	3.29E+02
区域企业间协同创新比例	区域整体协同创新强度	CI	区域整体协同创新占区域总创新比重	2.74E-02	5.27E-02
	区域内协同创新强度	CI_{intra}	区域内协同创新占区域总创新比重	7.89E-03	2.10E-02
	区域间协同创新强度	CI_{inter}	区域间协同创新占所有区域总创新比重	9.22E-04	4.90E-03
区域知识溢出	工业集聚水平	HHI	Hirschman–Herfindahl 指数	7.84E-02	1.25E-01
	交易成本	Tr	区域拥有的城市数占全国的比重	9.91E-02	4.81E-02
	运输成本	Ca	区域公路里数占全国的比重+区域铁路营业里程占全国的比重	6.58E-02	3.17E-02
	规模经济	Sc	工业总产值占全国的份额与工业企业数占全国的份额的比值	1.16E+00	3.26E-01
	人才密度	edu	每十万人口高等学校平均在校生数	2.16E+03	1.16E+03
	技术特征	Tf	大中型工业企业发明专利占比	3.36E-01	1.24E-01
	科技能力	Tc	大中型工业企业总发明专利数量	1.92E+03	4.08E+03
区域市场需求	需求规模	De	区域国内消费总额占全国的比重	1.04E+00	6.70E-01
	市场潜力	Mp	$\sum_{j=1}^{30} \frac{GDP_{it}}{d_{ijt}}$	1.04E+00	6.70E-01
	地方政府竞争	Co	FDI/GDP	6.42E-02	9.23E-02
	地方市场分割	Fr	相对价格方差 $Var(P_i^t/P_j^t)$	9.52E-05	4.54E-05
	政府资金支持	gov	大中型工业企业 R&D 资金来源中政府资金与企业资金的比值	5.20E-02	4.13E-02
其他控制变量	管理成本	Mc	管理费用/工业增加值	1.37E-01	3.70E-02
	地理分类	Gc	东部地区取 1，中西部地区取 0	3.67E-01	4.83E-01
	内外部均衡指数	balance	CI_{inter} 相对大于 CI_{intra} 取 1，相对小于取 2	1.54E+00	4.99E-01

由于知识和技术的传播存在地域性，企业间知识溢出状况与企业所在集聚的情况密切相关（梁琦，2004）。借鉴 Fan 和 Scott（2003）的做法，将地区 HHI 作为评价企业集聚水平的指标。若 x_{ij} 是区域 j 中行业 i 的企业数量（就业人数），x_i 是行业 i 的企业数量（就业人数）（$x_i = \sum_{j=1}^{m} x_{ij}$），则区域 j 的 HHI 的计算公式为：

$HHI_j = \sum_{i=1}^{n} (x_{ij}/x_i)^2$。当所有 n 个行业的经济活动集中在一个区域时，HHI = 1；当所有活动分散在 m 个区域时，HHI = 0。为了更准确地反映地区集聚状况，利用企业数量的 HHI 指数和就业人数来评价集聚的总体状况（朱英明等，2012）。借鉴朱英明等（2012）的做法，依据新经济地理学对区域集聚形成的解释，选取"交易费用"、"运输费用"、"规模经济"来度量各区域集聚之间的差别。城市有相对好的法制、通信、运输网络等基础设施，那么一个拥有更多城市的省份就可能有较低的交易成本，以区域拥有的城市数的份额作为区域交易成本的代理变量，以区域在总公路里程数和铁路营业里程数的份额之和的平均值作为区域运输费用的代理变量。选用工业产值的区域工业总产值（当年价）占全国的份额与工业企业数占全国的份额的比值来度量规模经济。

合作中的知识外溢属于纯知识外溢，是由客观原因而引发的自有知识被其他企业模仿和挪用，与研发人员的流动性、知识本身的流动性等方面密切相关，并且科技含量越高、人才越集中的区域，其知识外溢效用就越明显（罗思平、于永达，2012；陈继勇等，2010）。因此，对知识溢出的比较可以通过技术角度的人才密度、技术特征、科技能力指标来衡量。人才的密度用区域每十万人口高等学校平均在校生数来衡量，技术特征用区域企业发明专利数占实用新型、外观设计与发明专利总数的比重来衡量，科技能力用该区域企业发明专利的总数来衡量。

衡量区域需求的指标为需求规模和市场潜力。需求规模用地区国内消费总额占全国的比重计算，市场潜力运用 $\sum_{j=1}^{30} \frac{GDP_{it}}{d_{ijt}}$ 计算，基于我国正处于经济转型和深化改革阶段的基本国情，行政干预依旧对市场有着较强的影响。选取地方政府竞争、市场分割和政府资金支持来反映各地方政府对经济的不同干预程度。用 FDI/GDP 即开放程度来反映地方政府竞争行为，区域的开放程度越高，地方政府之间的竞争能力越强。用商品零售价格指数构造的各省份与全国所有其他省份的相对价格方差 Var（P_i^t/P_j^t）来代表其市场分割的程度。利用大中型工业企业 R&D 资金来源中政府资金与企业资金的比值衡量政府资金支持。

最后引入管理成本、地理分类以及区域内外部网络的均衡指数作为控制变量，管理成本由规模以上工业企业管理费用与工业增加值之比构成，反映各区域之间企业系统效率的差别。地理分类变量中，1 代表东部地区、0 代表中西部地区，体现东西部之间的差别。内外部均衡指数则反映了区域内、区域间协同创新强度的相对大小。

这些变量组成的相关性矩阵，皮尔森相关系数大于 0.7，高度相关的变量只有运输成本（Ca）与交易成本（Tr）（ρ=0.95），以及需求规模（De）与人才密度（edu）（ρ=0.86），剔除变量 Tr 与 edu 后，所有变量方差膨胀因子都得到控制，最终建立 BC95 随机前沿面模型如下：

$$\ln NPS_{it} = b_0 + b_1 \ln L_{it} + b_2 \ln K_{it} + b_3 (\ln L_{it})^2 + b_4 (\ln K_{it})^2 + b_5 \ln K_{it} \times \ln L_{it} + \nu_{it} - u_{it} \quad (7-23)$$

$$u_{it} = \delta_0 + \delta_1 CI_{it} + \delta_2 CI_{intra,\,it} + \delta_3 CI_{inter,\,it} + \delta_4 hhi_{it} + \delta_5 Ca_{it} + \delta_6 Sc_{it} + \delta_7 Tf_{it} + \delta_8 Tc_{it} + \delta_9 De_{it} + \delta_{10} Mp_{it} + \delta_{11} Co_{it} + \delta_{12} Fr_{it} + \delta_{13} gov_{it} + \delta_{14} Mc_{it} + \delta_{15} Gc_{it} + \delta_{16} balance_{it} + \omega_{it} \quad (7-24)$$

其中，b、δ 为待估计系数，i 代表省份，t 代表年份，区域产业创新效率为：

$$eff_{it} = TE_{it} = \frac{E[f(x_{it})\exp(\nu_{it}-u_{it})]}{E[f(x_{it})\exp(\nu_{it})|u_{it}=0]} = \exp(-u_{it}) \quad (7-25)$$

2. 实证分析

（1）产业创新效率分析。首先进行随机前沿面分析，计算区域产业创新效率（eff）与控制变量向量（M）。创新的产出相对投入具有一定的滞后性，学术界对具体滞后期数的设定还没形成共识，考虑到本节数据为短面板数据，滞后期多数会引起较多自由度的丧失，降低估计的有效性，因此设定无滞后期数进行研究。

不考虑效率影响因素的 BC92 随机前沿面分析参数估计结果参见表 7-2。运用广义似然比检验柯布—道格拉斯知识生产函数是否有更好的拟合效果，计算得柯布—道格拉斯知识生产函数的 Log likelihood = -127.72，得出广义似然比 LR chi2（3）= 69.69 大于临界值为 7.82，拒绝使用柯布—道格拉斯知识生产函数形式，依然使用式（7-23）的超越对数生产函数形式。为了使区域产业创新效率的估计更有效并选出控制变量，建立考虑效率影响因素的 BC95 随机前沿面分析模型，结果显示模型中的信噪比（λ）显著，表明技术非效率是未达到前沿面产出的主要原因，证实了使用随机前沿面分析方法的必要性。影响因素参数估计结果，效率影响因素中获得10%以上显著性的变量有：balance、Co、Fr、Sc、HHI、Mc、De、gov、Tf（见表7-3），选取以上变量构成控制变量向量（M）。

表7-2 投入产出函数参数估计结果

变量	不考虑效率影响因素（BC92）系数	考虑效率影响因素（BC95）系数
lnL	−6.388*** (0.881)	−4.840*** (0.765)
lnK	7.221*** (1.017)	5.705*** (1.265)
lnL2	−0.443*** (0.048)	−0.490*** (0.049)
lnK2	−0.595*** (0.078)	−0.522*** (0.067)
lnk × lnL	1.069*** (0.127)	1.006*** (0.097)
常数项 β_0	−8.920** (4.08)	−4.614 (5.946)
μ	1.103** (0.527)	
η	−0.052** (0.023)	
λ		1.048*** (0.134)
γ	0.744	0.522
σ_u^2	0.312	0.104
σ_v^2	0.108	0.095
σ^2	0.420	0.200
Log likelihood	−92.874	−73.72
Observations	180	159

表7-3 考虑效率影响因素函数参数估计结果

变量	系数	变量	系数
CI	3.442 (3.412)	HHI	−5.999* (3.289)
CI_{intra_tr}	13.477 (12.528)	Mc	−6.868** (2.699)
CI_{inter_tr}	−301.731 (517.904)	Gc	0.154 (0.312)
balance	−0.240* (0.131)	De	−1.571*** (0.359)
Co	−1.807** (0.863)	gov	2.092* (1.179)
Tr	−3.854 (2.453)	base	2.996 (2.654)
Mp	−0.002 (0.003)	Tf	1.501*** (0.486)
Fr	−2630.966* (1468.111)	Tc_tr	−0.000 (0.000)
Sc	1.070*** (0.222)	Constant	1.854*** (0.536)

注：①***、**、*分别表示1%、5%和10%的统计水平上显著，括号内数字为标准误差。
②末尾有"_tr"的变量是经过（1,96%）截尾处理过的变量，处理的目的是使随机前沿估计不受离群值影响，极大似然函数连续。

值得注意的是，内外部均衡指数 balance 的系数为负，表明区域内协同创新网络比区域间协同创新网络相对发达的区域倾向拥有更高的产业创新效率。该结

论显著拒绝了猜想 H_3，与大部分发达国家的实证结果不同，但是却与 Temel（2013）通过土耳其的实证研究发现区域内协同创新与创新的正向关系显著而区域间协同创新却与创新产出关系不显著的结论相近，都强调了区域内协同创新网络的相对重要性。依据上文的理论分析，区域内协同创新网络的负面作用是建立在区域创新水平较高、创新网络密集的基础上的，而区域间协同创新网络对创新效率的提升作用来源于产业对关键专业知识突破地域的需求，同样也是建立在创新水平较高的基础上，所以可能的解释是发展中国家普遍较低的产业创新水平导致了区域内协同创新网络的相对优势。此外，还有可能是发展中国家相对较高的区域间协同创新成本抑制了区域间协同创新网络对创新效率的促进作用，以我国为例，区域间相对较高的交通运输费用推高了区域间协同创新的显性成本，而区域间的市场分割、行政分割、知识产权保护不力等问题又推高了区域间协同创新的隐性成本，使得我国区域间协同创新的综合成本相对较高。

（2）协同创新强度与区域产业创新效率的门槛分析。首先确定各模型门槛的数量，单一、双重、三重门槛模型检验结果如表7-4所示都很显著。为了拥有更高的自由度，选择单一门槛。由于双门槛模型的第二门槛是单一门槛模型中的进一步搜索，置信度得到提升，故选取双重门槛模型中第二门槛作为槛值，门槛值以及95%置信区间参见表7-5，似然比（LR）的变化如图7-2、图7-3、图7-4所示。

表7-4 协同创新强度门槛效果自抽样检验

	模型	F值	P值	BS次数	临界值		
					1%	5%	10%
区域整体协同创新	单一门槛	47.347***	0.000	200	21.691	11.556	4.896
	双重门槛	4.652*	0.075	200	7.716	5.477	3.996
	三重门槛	12.754***	0.005	200	9.049	5.933	3.873
区域内协同创新	单一门槛	15.439***	0.000	200	11.433	8.844	6.007
	双重门槛	14.598**	0.025	200	18.116	7.758	5.223
	三重门槛	6.441**	0.035	200	10.702	5.499	3.264
区域间协同创新	单一门槛	33.070***	0.000	200	27.239	14.845	6.079
	双重门槛	6.247*	0.060	200	9.032	7.362	4.837
	三重门槛	5.726*	0.080	200	11.252	6.568	5.033

注：***、**、*分别表示1%、5%和10%的统计水平上显著。

表 7-5 各门槛估计值与置信区间

	区域整体协同创新		区域内协同创新		区域间协同创新	
	门槛值	95%置信区间	门槛值	95%置信区间	门槛值	95%置信区间
单一门槛模型:	0.554	[0.532, 0.626]	0.601	[0.293, 0.738]	0.294	[0.293, 0.307]
双重门槛模型:						
Ito1	0.979	[0.293, 0.979]	0.846	[0.827, 0.979]	0.979	[0.979, 0.979]
Ito2	0.554	[0.546, 0.626]	0.601	[0.554, 0.626]	0.303	[0.293, 0.307]
三重门槛模型:	0.303	[0.293, 0.343]	0.978	[0.293, 0.979]	0.554	[0.524, 0.916]

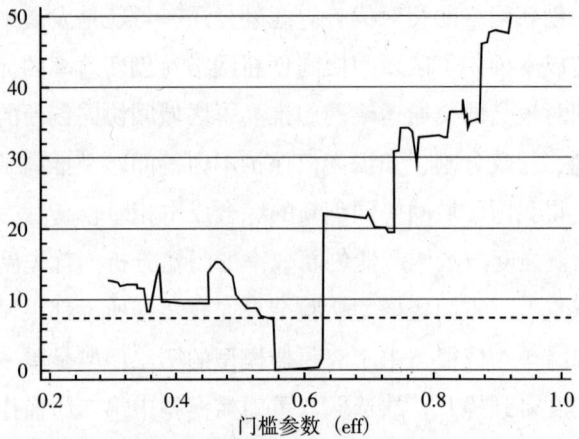

图 7-2 区域整体协同创新强度 LR 值变化情况

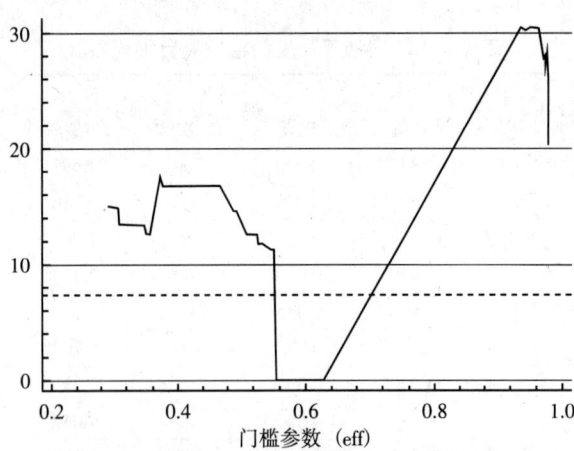

图 7-3 区域内协同创新强度 LR 值变化情况

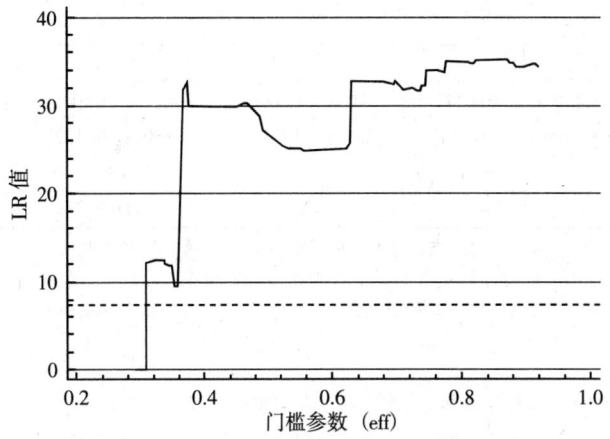

图7-4 区域间协同创新强度LR值变化情况

第一,对区域整体协同创新强度的门槛分析。

表7-6显示了区域整体协同创新强度的参数估计结果,在模型1.1、模型1.2中,$CI \cdot I$ ($eff \leq \lambda_0$) 系数为负、$CI \cdot I$ ($eff > \lambda_0$) 系数为正,且都获得了较高的显著性,意味着可接受假设 H_{11}:产业创新效率较低时,产业创新效率与区域整体协同创新强度呈反向关系;产业创新效率较高时,产业创新效率与协同创新强度呈正向关系。在模型1.3、模型1.4中,CI^2 系数为负、$CI \cdot I$ ($eff > \lambda_0$) 系数为正,且都获得了较高显著性,二次关系对称轴为取值 $CI=0.105$,在观测样本的范围内,故可接受假设 H_{22}:产业创新效率较高时,产业创新效率与区域整体协同创新强度呈倒"U"型关系。

表7-6 区域整体协同创新强度的参数估计结果

变量	模型1.1	模型1.2	模型1.3	模型1.4
CI^2			−8.999** (3.824)	−8.999*** (3.162)
$CI \cdot I$ ($eff \leq \lambda_0$)	−1.519*** (0.291)	−1.519*** (0.412)	−0.512 (0.514)	−0.512 (0.449)
$CI \cdot I$ ($eff > \lambda_0$)	0.797** (0.314)	0.797*** (0.303)	1.886*** (0.556)	1.886*** (0.529)
Co	0.432*** (0.103)	0.432*** (0.077)	0.447*** (0.102)	0.447*** (0.085)
Fr	347.95*** (124.85)	347.948** (130.086)	287.560** (125.176)	287.560** (134.286)
Sc	−0.280*** (0.041)	−0.280*** (0.064)	−0.281*** (0.040)	−0.281*** (0.064)
HHI	0.107 (0.331)	0.107 (0.494)	0.134 (0.325)	0.134 (0.488)
De	0.062 (0.078)	0.062 (0.052)	0.061 (0.077)	0.061 (0.055)
Mc	0.124 (0.479)	0.124 (0.523)	−0.134 (0.483)	−0.134 (0.527)
gov	0.180 (0.295)	0.180 (0.310)	0.095 (0.292)	0.095 (0.300)
Tf	−0.429*** (0.065)	−0.429*** (0.154)	−0.410*** (0.064)	−0.410*** (0.139)

续表

变量	模型 1.1	模型 1.2	模型 1.3	模型 1.4
balance	0.019* (0.011)	0.019** (0.009)	0.018* (0.011)	0.018** (0.009)
Constant	0.910*** (0.124)	0.910*** (0.159)	0.939*** (0.122)	0.939*** (0.164)
Observations	159	159	159	159
R-squared	0.588	0.588	0.606	0.606

注：①***、**、*分别表示1%、5%和10%的统计水平上显著，括号内数字为标准误差。
②模型1.1为不含二次项的同方差假定下的固定效应模型，模型1.2为不含二次项的异方差假定下的固定效应模型，模型1.3为包含二次项的同方差假定下的固定效应模型，模型1.4为包含二次项的异方差假定下的固定效应模型。

第二，对区域内协同创新强度的门槛分析。

表7-7显示了区域内协同创新强度的参数估计结果，在模型2.1、模型2.2中，$CI_{intra} \cdot I\ (eff \leq \lambda_1)$ 的系数显著为负，而 $CI_{intra} \cdot I\ (eff > \lambda_1)$ 的系数不显著，意味着只可部分接受假设H_{12}，得到结论：产业创新效率较低时，产业创新效率与区域内协同创新强度呈反向关系；产业创新效率较高时，产业创新效率与区域内

表7-7 区域内协同创新强度的参数估计结果

变量	模型 2.1	模型 2.2	模型 2.3	模型 2.4
CI_{intra}^2			−326.592*** (114.587)	−326.592*** (111.175)
$CI_{intra} \cdot I$ (eff≤λ_1)	−7.263*** (1.512)	−7.263*** (2.207)	0.770 (3.178)	0.770 (3.553)
$CI_{intra} \cdot I$ (eff>λ_1)	−0.424 (1.506)	−0.424 (1.879)	6.123** (2.723)	6.123* (3.188)
Co	0.472*** (0.112)	0.472*** (0.079)	0.521*** (0.110)	0.521*** (0.091)
Fr	386.365*** (129.344)	386.365*** (116.805)	343.103*** (126.522)	343.103*** (116.610)
Sc	−0.287*** (0.043)	−0.287*** (0.078)	−0.296*** (0.042)	−0.296*** (0.076)
HHI	0.061 (0.349)	0.061 (0.524)	0.184 (0.341)	0.184 (0.511)
De	0.043 (0.084)	0.043 (0.051)	0.016 (0.082)	0.016 (0.048)
Mc	0.653 (0.534)	0.653 (0.534)	0.396 (0.527)	0.396 (0.509)
gov	0.138 (0.309)	0.138 (0.385)	0.078 (0.301)	0.078 (0.364)
Tf	−0.469*** (0.069)	−0.469*** (0.161)	−0.441*** (0.068)	−0.441*** (0.146)
balance	0.026** (0.012)	0.026** (0.011)	0.023** (0.012)	0.023** (0.011)
Constant	0.874*** (0.134)	0.874*** (0.167)	0.929*** (0.131)	0.929*** (0.170)
Observations	159	159	159	159
R-squared	0.541	0.541	0.570	0.570

注：①***、**、*分别表示1%、5%和10%的统计水平上显著，括号内数字为标准误差。
②模型2.1为不含二次项的同方差假定下的固定效应模型，模型2.2为不含二次项的异方差假定下的固定效应模型，模型2.3为包含二次项的同方差假定下的固定效应模型，模型2.4为包含二次项的异方差假定下的固定效应模型。

协同创新强度关系不显著。在模型 2.3、模型 2.4 中，CI^2_{intra} 系数为负、$CI_{intra} \cdot I$ $(eff > \lambda_1)$ 系数为正，且都获得了显著性，二次关系对称轴取值 $CI_{intra} = 0.0094$，该值在观测样本的取值范围内，因此可完全接受假设 H_{21}：产业创新效率较高时，产业创新效率与区域内协同创新强度呈倒"U"型关系。

第三，对区域间协同创新强度的门槛分析。

从表 7-8 的参数估计结果看出，在模型 3.1、模型 3.2 中，$CI_{inter} \cdot I$ $(eff \leq \lambda_2)$ 系数为负，$CI_{inter} \cdot I$ $(eff > \lambda_2)$ 系数为正，都获得了较高的显著性，因而可接受假设 H_{13}：产业创新效率较低时，产业创新效率与区域间协同创新强度呈反向关系；产业创新效率较高时，产业创新效率与区域间协同创新强度呈正向关系。

表 7-8 区域间协同创新强度的参数估计结果

变量	模型 3.1	模型 3.2	模型 3.3	模型 3.4
CI^2_{inter}			−12652.828 (21711.242)	−12652.828 (22274.443)
$CI_{inter} \cdot I$ $(eff \leq \lambda_2)$	−1173.820*** (246.440)	−1173.820*** (321.795)	−1165.221*** (247.573)	−1165.221*** (323.328)
$CI_{inter} \cdot I$ $(eff > \lambda_2)$	49.155* (24.847)	49.155** (19.717)	67.679* (40.388)	67.679 (42.181)
Co	0.376*** (0.105)	0.376*** (0.086)	0.375*** (0.106)	0.375*** (0.087)
Fr	262.990** (130.179)	262.990** (112.508)	258.428* (130.779)	258.428** (113.815)
Sc	−0.304*** (0.042)	−0.304*** (0.075)	−0.305*** (0.042)	−0.305*** (0.075)
HHI	0.124 (0.343)	0.124 (0.546)	0.126 (0.344)	0.126 (0.551)
De	0.094 (0.086)	0.094 (0.064)	0.063 (0.102)	0.063 (0.097)
Mc	−0.238 (0.520)	−0.238 (0.511)	−0.244 (0.522)	−0.244 (0.509)
gov	0.177 (0.307)	0.177 (0.354)	0.155 (0.311)	0.155 (0.342)
Tf	−0.414*** (0.068)	−0.414*** (0.138)	−0.413*** (0.068)	−0.413*** (0.138)
balance	0.026** (0.012)	0.026** (0.011)	0.027** (0.012)	0.027** (0.011)
Constant	0.939*** (0.128)	0.939*** (0.169)	0.971*** (0.140)	0.971*** (0.178)
Observations	159	159	159	159
R-squared	0.554	0.554	0.555	0.555

注：①***、**、* 分别表示 1%、5%和 10%的统计水平上显著，括号内数字为标准误差。
②模型 3.1 为不含二次项的同方差假定下的固定效应模型，模型 3.2 为不含二次项的异方差假定下的固定效应模型，模型 3.3 为包含二次项的同方差假定下的固定效应模型，模型 3.4 为包含二次项的异方差假定下的固定效应模型。

四、结论与政策建议

本节引入双寡头两阶段博弈理论模型，综合运用面板门槛模型与随机前沿面分析方法探讨了中国企业协同创新网络与产业创新效率的关系。研究结果表明，企业协同创新网络是否促进产业创新效率，取决于企业所在区域的产业创新特征，存在着以产业创新效率为门槛变量的门槛效应：第一，在产业创新效率较低的区域，产业创新效率分别与区域整体、区域内以及区域间企业协同创新强度呈反向关系。第二，在产业创新效率较高的区域，产业创新效率与区域整体、区域间企业协同创新强度呈正向关系，与区域内企业协同创新强度呈倒"U"型关系。第三，区域内企业协同创新强度比区域间企业协同创新强度相对较高的地区倾向拥有更高的产业创新效率。

根据以上结论，我们提出相关的政策建议：第一，政府作用的体现要以发挥市场的决定性作用为前提。区域企业协同创新网络的建立是以企业内生化的协同创新决策为基础的，是以赋予企业充分的自主决策选择权为前提的，这需要充分发挥市场在创新资源配置中的决定性作用。政府的作用更多应当体现在通过法律、经济和组织管理手段在制度、环境和政策层面，引导企业协同创新的产业领域选择。第二，政府对企业协同创新的支持政策需要充分考虑区域差异。区域企业协同创新网络是否促进产业创新效率，取决于企业所在区域的产业创新特征，存在着以产业创新效率为门槛变量的门槛效应。因此，对企业协同创新的政策支持不能够"一刀切"，而应当采取差别化的支持政策，在那些具备一定创新基础的地区，为具备较强创新能力且具有较强协同创新意愿的企业提供全方位的政策支持。第三，建议成立跨区域的企业协同创新促进机构。和许多发达国家不同，我国区域内企业协同创新强度比区域间企业协同创新强度相对较高的地区倾向拥有更高的产业创新效率。针对这一特点，建议降低交通费用，打破市场、行政区域分割的现状，建立统一创新协调机制，可在国家科技部下设跨区域的企业协同创新促进机构，以协调和促进跨不同行政区域的企业协同创新网络，进而促进区域产业创新效率，加快创新型国家建设的步伐。

第四节 创新网络集聚、网络联结对技术创新效率影响研究[①]

一、引言

随着经济全球化、信息化、知识化的快速发展,市场变化层出不穷,市场机遇稍纵即逝,这使得创新主体很难有足够时间和资源来迅速调整自身生产与设计。研发活动网络化趋向,使得创新活动组织形式发生了显著改变,越来越多创新主体开始借助正式契约、合同和非正式"信任"形成的创新网络来规避研发成本上升和技术创新不确定性带来的风险。具体表现为:企业与政府部门、中介机构、高校、科研机构等各个部门交互联结,相互作用形成的创新网络。网络内部它们各有分工,协调互补。高校以及科研机构作为创新成果之源,除了为区域内企业提供最新知识与技术、输送创新型人才外,还通过各种创业孵化平台增加了创新型企业数量,提高了整个区域显性知识存量和流量(孙笑明等,2011);企业作为创新成果的实现者和推广者,除了实现创新成果价值获得收益外,还为区域内高校、科研机构提供资金支持和需求引导,使得技术创新由独立创新向合作创新转变。中介服务机构作为创新活动间接参与者,在优化区域内部创新资源配置,促进创新成果转化中起桥梁作用。地方政府作为创新活动有效进行的重要支持机构,在塑造和优化区域创新环境中充当着重要角色。它们这种合作伙伴关系的质量、合作伙伴的选择在一定程度上决定了企业创新能力和创新绩效的提高(樊霞和朱桂龙,2008)。但是,这种合作伙伴关系,在现实发展中却并不那么顺利,互补的程度和质量均存在一些问题,比如说网络内部创新主体之间联结不紧密,缺乏积极有效互动;高校和研发机构人员过分关注职称高低和职位晋升,学术研究中存在"重申报、轻应用"现象,企业与高校和科研机构间,需求不一缺乏有效对接,使得大量科研成果成为"展品",很难高效转化为生产力(刘家树

[①] 本部分借鉴了刘梦和朱英明的工作论文(2014)。

等，2013）。随着中国国家创新驱动发展战略的实施，加强创新网络中主体间联系与互动、促进协同与集成，充分发挥网络集聚效应，提升创新绩效，已变得尤为重要。

二、文献回顾

关于创新网络，学术界对其进行了广泛探讨。Freeman（1991）认为，创新网络既是一种系统性的创新制度设计，也是一种新的创新模式。王缉慈等（1999）认为创新网络是地方行为主体企业、科研机构、高校、政府等在长期正式或非正式合作与交流中形成的相对稳定系统。Harris 等（2000）认为创新网络是不同创新参与者共同参加新产品研发、生产与销售，并通过交互作用而形成的网络，并且这种网络整体创新能力要大于个体创新能力之和，即创新网络具有协同特征。国内外关于创新网络对创新绩效影响研究主要集中在：研究网络特征（包括结构和联系两个维度）对创新绩效影响。关于结构方面的研究中，Liu 等（2005）建立仿真模型研究了网络结构特点与创新扩散间的关系，认为网络密度、集中度、嵌入能力促进了网络创新主体间的模仿能力，使得知识得以流动和扩散，进而影响主体创新绩效。Zaheer 和 Bell（2005）研究认为，企业创新能力以及所处的网络结构能够增强企业绩效，网络嵌入能力能够使企业跨越结构洞，并接触到更多创新企业，进一步增强企业创新绩效。Schilling 和 Phelps（2007）认为网络联盟结构影响了知识创造能力，非冗余联结缩短了企业间距离，企业嵌入网络联盟所带来的高集聚性和高度可达性会有更大的创新产出。Corey 和 Phelps（2010）研究表明企业间横向联盟的网络密度，提升了它们获取、调用和集中网络内合作伙伴知识的能力，也提升了它们从技术多样化中获益的能力，有利于探索性创新。Arranz 等（2012）考察了创新网络的三个维度：技术过程，网络结构和网络控制对创新绩效的影响；研究表明，过程、结构和控制三个子系统间的互补和协作提高了创新绩效，并且联合效用要大于每一个子系统对创新的效用之和。有学者借助 CAS（复杂适应系统理论）研究了集群创新网络结构和创新能力间的关系，研究表明最短距离（相邻节点间产品、技术、知识和信息交流的最短路径）和高集聚系数（节点间的连通性和传递性）能够提高创新资源利用效率，促进创新绩效提升。关于联系方面的研究中，李志刚等（2007）研究表明，网络成员间频繁的接触促进了信息流动和资源共享，有助于企业创新绩效提升。Zeng

等（2010）通过对中国制造业中小企业调查研究发现，中小企业通过外部网络联结能够显著提升复杂创新过程绩效；其中，企业间合作以及与中介机构、研究机构合作促进了企业绩效提升，但是与政府间合作对创新绩效影响不显著。Fritsch等（2010）研究了德国企业和研究组织（包括高校、公共研究机构等）组成的创新网络间信息流动和知识转移，研究表明嵌入网络的强联系是知识和信息交流的重要先决条件，相对弱联系更能促进组织间知识和信息的交流，促进创新。Danielle等（2011）研究了高技术行业企业间R&D合作伙伴关系强度对创新绩效影响；研究表明，企业间R&D网络关系（以合作时间和数量来度量）显著提高了企业创新绩效，就它们的深度而言（以合作程度和相似性来度量）对提高企业的创新绩效不显著。任胜钢等（2011）通过以高校科研活动中企业资助和企业科技活动中政府资助等表征的网络强联系对创新绩效影响进行研究，发现强联系能够提高创新主体间的深度沟通和互动，对区域创新能力具有正向促进作用。刘凤朝等（2012）研究认为创新主体间的频繁接触，促进了主体间互惠和信任的生成，降低了网络主体参与网络合作的交易成本和风险，进而提升创新网络绩效。

通过梳理现有研究成果发现，大部分网络研究都是以案例、问卷调查或仿真模拟的方式，探究区域创新网络结构特征对区域创新绩效影响，缺乏数据支撑；同时对网络结构的衡量多利用某一系列指标表征，而忽视了网络整体结构效果比如说网络集聚程度的影响；对网络主体联结强度虽然也有研究，但也只是将其作为一个影响因素，并未将其纳入到整个创新网络中来考察。为此，本节借助于网络加权集聚系数，度量区域创新网络主体间的集聚程度；实证分析不同创新主体网络集聚、网络主体联结对创新绩效影响，从而为构建和优化区域创新网络提供意见和参考。

三、创新网络集聚系数度量

1. 集聚系数测算

按照图形理论，集聚系数表示一个图形中节点聚集程度。在特定网络中，由于相对高密度连接点的关系，节点总是趋向于建立一组严密的组织关系，故它可以用来描述网络的集团化程度（Watts & Strogatz，1998）。复杂网络理论中，大部分文献都是研究没有连接强度的无权网络，即根据某节点与邻居节点之间彼此是否存在连边情况，有连边则值取1、无连边则值取0。而对有权网络，节点间的权重则直接影响到节点间接触的频率,权重越大则表明两者之间接触频率越高,相互传播的信息也就越多。在网络中如果每条边都赋予权重,形成的网络就是加权之后的网络。加权网络中,w_{ij} 表示 i 和 j 两个节点间连接的强弱,等于零则表示它们之间没有相互作用。

研究加权网络,关键是确定权数。本节主要采用相似赋权法,即节点间权重表示两者间的关系,其值越大表示关系越紧密。对节点 i 的加权集聚系数我们借鉴 Onneal 等(2005)提出的局域加权聚类系数,定义如下:

$$\widetilde{C}(i) = \frac{2}{k_i(k_i-1)} \sum_{j,k} \sqrt[3]{\widetilde{w}_{ij}\widetilde{w}_{jk}\widetilde{w}_{ki}} \tag{7-26}$$

其中,k_i 表示与节点 i 相邻并连接的节点数,$\frac{k_i(k_i-1)}{2}$ 表示 k_i 个节点最多可能相邻的边数,$\widetilde{w}_{ij}$、$\widetilde{w}_{jk}$、$\widetilde{w}_{ki}$ 表示经过归一化处理后的权重,其计算公式为:$\widetilde{w}_{ij} = w_{ij}/\max(w_{ij})$,$w_{ij}$ 表示 i 和 j 两个节点间的连边权重,$\max(w_{ij})$ 表示权重最大值。

若一个网络是由 n 个节点组成,那么整个网络的集聚系数则可视为网络内所有节点集聚系数的平均值(单海燕等,2012),计算公式为:

$$C = \frac{1}{n} \sum_{i=1}^{n} C(i) \tag{7-27}$$

2. 创新网络集聚的空间度量

创新网络集聚系数是衡量创新主体及其参与者间整体联系强弱的指标。本节的创新参与者是具有 R&D 行为的大中型工业企业、研究与开发机构和高校以及为其提供资助的国内金融机构等部门和境外组织;本节各创新参与者间的连边权重采用刘家树等(2013)的做法,根据 R&D 内部支出经费按来源分类的各主体投资额来表征,见图 7-5。

依据式(7-26)和式(7-27),我们对数据进行归一化处理和计算得到全国 30 个省市自治区的创新网络集聚系数,如表 7-9 所示。从表 7-9 中我们可以看出,目前我国创新网络集聚呈现出明显的空间差异特征,呈现出东高西低,高集聚区主要分布在东南沿海,例如北京、上海、江浙、广东一带,平均值均达到 0.121 以上;较低集聚区主要分布在中西部地区;又如青海、内蒙古、甘肃等地区,平均值不足 0.033。这与我国东西部地区教育和经济发展水平空间差异特征相类似。统计数据来源于2010~2013年《中国科技统计年鉴》。①

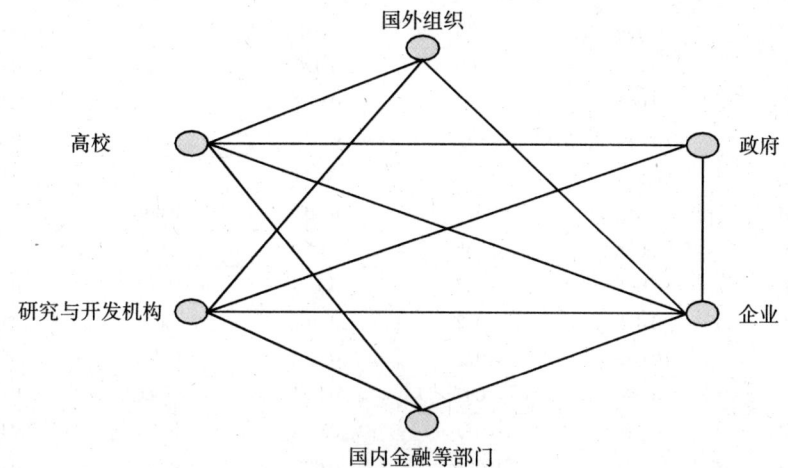

图7-5 创新网络拓扑结构图

表7-9 区域创新网络集聚系数

地区	2009年	2010年	2011年	2012年	均值
北京	0.331	0.331	0.349	0.242	0.313
天津	0.064	0.086	0.090	0.151	0.098
河北	0.028	0.024	0.024	0.047	0.031
山西	0.027	0.021	0.024	0.034	0.027
内蒙古	0.012	0.012	0.010	0.036	0.018
辽宁	0.105	0.126	0.109	0.117	0.114
吉林	0.035	0.031	0.029	0.030	0.031
黑龙江	0.054	0.070	0.045	0.079	0.062
上海	0.164	0.200	0.204	0.188	0.189
江苏	0.346	0.267	0.244	0.450	0.327
浙江	0.095	0.101	0.113	0.204	0.128
安徽	0.063	0.057	0.054	0.101	0.069
福建	0.031	0.031	0.036	0.079	0.044
江西	0.035	0.020	0.020	0.044	0.030
山东	0.105	0.107	0.113	0.291	0.154

---

① R&D经费内部支出中国外资金：指调查单位R&D经费内部支出中来自中国境外企业、大学、国际组织、民间组织、金融机构及外国政府资金的实际支出，由于金融机构资助占主要成分，本节在这里将其统归为金融机构；R&D经费内部支出中其他资金：指从上述渠道以外获得的计划用于R&D活动的经费，如企业从金融机构贷款得到的用于内部展开R&D活动的资金、从独立科研院所和高等学校等事业单位获得的用于R&D活动的经费，来自民间非营利机构的资助和个人捐款等。

续表

地区	2009年	2010年	2011年	2012年	均值
河南	0.039	0.048	0.045	0.065	0.049
湖北	0.093	0.100	0.096	0.123	0.103
湖南	0.061	0.057	0.069	0.083	0.068
广东	0.124	0.141	0.164	0.356	0.196
广西	0.011	0.021	0.024	0.022	0.019
海南	0.002	0.002	0.002	0.002	0.002
重庆	0.038	0.035	0.054	0.054	0.045
四川	0.095	0.107	0.116	0.109	0.107
贵州	0.015	0.012	0.016	0.021	0.016
云南	0.035	0.022	0.020	0.020	0.024
陕西	0.086	0.097	0.087	0.086	0.089
甘肃	0.016	0.017	0.016	0.017	0.017
青海	0.001	0.004	0.002	0.008	0.004
宁夏	0.002	0.002	0.004	0.006	0.003
新疆	0.006	0.006	0.005	0.006	0.006

3. 变量的选取

（1）产出变量。在衡量创新过程产出时，有效专利数代表了产业创新能力，故被大多数学者所采用。尽管专利指标存在不足，但是其在大量文献中仍然被广泛采用。官建成等（2005）和 Wang（2007）研究中均选取专利数作为衡量创新产出的有效指标。鉴于数据可得性，本节使用有效发明专利数作为创新产出指标。

（2）投入变量。资本投入和劳动力投入是投入产出效率研究中的常用指标，就区域创新效率而言，研发费用和研发劳动投入对其有直接且主要影响（关祥勇等，2011）。故本节用各创新主体 R&D 人员全时当量和 R&D 经费内部支出作为投入指标。但是，由于 R&D 经费内部支出是一项流量指标。因此，在 R&D 经费的衡量上，本节与大多学者一样，用永续盘存法来构建知识资本存量（Griliches，1980；于明超等，2010）。计算公式为：$K_{it}=(1-\delta)\times K_{i(t-1)}+E_{it}$，式中 K_{it}、$K_{i(t-1)}$ 分别表示某一地区相邻时期的资本存量，δ 为折旧率，取 $\delta=15\%$，E_{it} 表示实际 R&D 支出，其值以 R&D 支出价格指数 = 0.55×消费价格指数 + 0.45×固定资产投资价格指数，并以 2003 年为基期，对名义 R&D 进行平减（朱平方、徐伟明，2003）。然后，对基期资本存量，我们根据公式：$g_i=(K_{it}-K_{i(t-1)})/K_{i(t-1)}=(E_{it}-E_{i(t-1)})/E_{i(t-1)}$ 和 $K_{i0}=E_{i0}/(g_i+\delta)$，就可以计算出各期各地区 R&D 资本存量。

(3) 网络主体联结指标。本节中创新主体间联结关系主要表现为信息和资金的融通，由于信息难以度量，故本节同大多数学者一样，用 R&D 内部经费支出中政府、国内金融机构等部门出资额来表示其与企业、高校和研究与开发机构间的联结关系；R&D 内部经费支出中企业出资额来表示企业与高校、研究与开发机构间的联结关系。

(4) 其他外部环境变量。创新环境是一个复杂巨系统，创新效率的提高不仅仅依靠某一单一创新要素投入，而是依靠各种创新要素来共同推动。因此，为了更好地准确估计创新网络中各要素对创新效率的影响，本节的控制变量主要从经济和教育两个方面来衡量一个地区综合外部环境，即人均 GDP 和教育投入占 GDP 比重，其中 GDP 是以 2003 年为基期进行平减。主要变量集群描述性统计如表 7-10 所示。

表 7-10 变量描述性统计

	指标	符号	个数	均值	标准差	最小值	最大值
企业	有效发明专利（件）	y-1	116	6108.543	11717.346	58.000	83280.000
	R&D 人员（人/年）	K-1	116	60225.060	77602.310	861.806	424563.200
	R&D 经费支出（亿元）	L-1	116	428.575	531.833	3.127	2677.376
	政府联结	G-1	116	0.058	0.040	0.018	0.204
	金融等机构联结	F-1	116	0.011	0.013	0.000	0.099
	企业联结（对机构资助）	I	116	0.037	0.042	0.000	0.298
	企业联结（对高校资助）	U	116	0.037	0.042	0.000	0.298
机构	有效发明专利（件）	y-2	116	969.293	1777.323	10.000	13911.000
	R&D 人员（人/年）	K-2	116	10575.569	15004.017	550.000	92577.000
	R&D 经费支出（亿元）	L-2	116	137.174	262.691	3.385	1645.393
	政府联结	G-2	116	0.814	0.104	0.470	0.959
	金融等机构联结	F-2	116	0.037	0.042	0.000	0.298
	企业联结（对机构资助）	I	116	0.144	0.088	0.025	0.459
高校	有效发明专利（件）	y-3	116	4003.431	4773.079	10.000	21859.000
	R&D 人员（人/年）	K-3	116	10093.337	6663.186	472.000	31239.500
	R&D 经费支出（亿元）	L-3	116	64.809	68.272	1.377	404.132
	政府联结	G-3	116	0.814	0.104	0.470	0.959
	金融等机构联结	F-3	116	0.037	0.042	0.000	0.298
	企业联结（对高校资助）	U	116	0.144	0.088	0.025	0.459
公共变量	网络集聚	C	116	0.082	0.089	0.001	0.450
	人均 GDP（元）	Gdp	116	11692.049	5664.549	4664.002	28532.083
	教育投入	E	116	0.041	0.013	0.021	0.082

注：由于西藏和宁夏部分数据缺失，境外组织与创新主体联结数据缺失严重故从本节中剔除，以上是剔除之后的统计数据。

四、实证分析

1. 模型构建

传统生产函数只反映了样本投入各因素与平均产出间的关系，强调生产单元完全有效；而前沿生产函数则反映了具体技术条件和给定生产要素组合下，投入组合与最大产出间的关系，强调存在技术无效率项。由于现实经济中，生产单元大多存在无效率项（韩晶，2010），所以在效率模型选择中，后者更为适用。前沿函数无效率项的识别方法包括两种：参数方法和非参数方法。其中非参数方法即 DEA，一般根据投入产出数据，使用数学规划模型来计算每一单元有效值；参数方法即 SFA，沿袭了传统生产函数估计思想，将实际生产单元与前沿面的偏离分解为随机误差和技术无效率项，主要采用极大似然估计法进行计算。由于 DEA 方法对技术有效单元无法进行比较，同时也未考虑到系统中随机因素影响，当样本中存在特殊点时，技术效率结果将受到很大影响。鉴于此，本节使用 Battese 和 Coelli（1995）经过改进和拓展的随机前沿函数模型作为基本研究框架。模型构建如下：

$$\ln y_{it} = \beta_0 + \beta_1 \ln K_{it} + \beta_2 \ln L_{it} + v_{it} - \mu_{it} \tag{7-28}$$

$$TE_{it} = \exp(-\mu_{it}) \tag{7-29}$$

$$\gamma = \delta_\mu^2 / (\delta_v^2 + \delta_\mu^2) \tag{7-30}$$

式中 y_{it} 表示创新主体有效发明专利数，L 表示 R&D 人员，K 表示 R&D 资本存量，下标 i 和 t 分别表示地区和时间。β_0 为截距项，β_1、β_2 分别代表资本和劳动的产出弹性；v_{it} 为随机变量，其分布服从正态分布 $N(0, \sigma_v^2)$，μ_{it} 为非负随机变量，表示创新活动中无效率项，并服从非负半正态分布 $N(0, \sigma_\mu^2)$，v_{it} 与 μ_{it} 相互独立并且与自变量均无关；TE_{it} 表示第 i 个研究所在 t 时期的技术效率值；γ 为待估参数，其中 $0 \leq \gamma \leq 1$，其值越大，说明生产单元与前沿面偏差中无效率项占主要成分，此时选择前沿函数是比较合适的。对无效率项影响因素我们重点考虑创新网络集聚、创新主体联结以及外部环境等因素对创新活动无效率影响，无效率函数设定为：

$$m_{it} = \delta_0 + \delta_1 \ln Lin_{it} + \delta_2 \ln Agg_{it} + \delta_3 \ln Gdp_{it} + \delta_4 \ln Edu_{it} + w_{it}$$

δ_0 为常数项，δ_1、δ_2、δ_3、δ_4 分别表示以上变量对研发无效率项的影响系数，如果变量系数为负，说明变量对无效率项有负向影响，也就是说该变量对效率有正向影响；反之亦然。

2. 计量分析

本节通过 Frontier4.1 软件，根据以上公式和方法，得到表 7-11 待估参数值及其相关检验结果。从表 7-11 可见滞后一期模型中 γ 值均大于 0，且通过了 10% 的显著性水平，说明误差项存在明显复合结构，使用 SFA 技术估计是合适的。

表 7-11　SFA 模型下的 C-D 生产函数估计结果

企业	模型一（无滞后）		模型二（滞后一期）	
	系数	t 检验值	系数	t 检验值
β_0	2.126	1.547	0.020	0.008
K-1	1.024***	5.319	0.642**	2.439
L-1	-0.238	-1.327	0.188	0.643
δ_0	2.678*	1.816	2.343	0.965
G-1	0.180	1.652	0.174	0.813
F-1	0.078	1.075	0.092	1.097
I	0.013	0.018	0.033	0.047
U	0.013	0.018	0.033	0.047
C	-0.418***	-3.950	-0.374*	-1.801
Gdp	-0.620***	-3.725	-0.465*	-1.685
E	-1.313***	-4.501	-1.052***	-2.695
σ^2	0.203***	6.289	0.335***	6.526
γ	0.999***	25.654	0.999***	37.756
对数似然函数值	-68.356		-70.079	
单边 LR 检验	48.591		20.325	
样本数	116		87	
平均效率	0.276		0.292	

机构	模型一（无滞后）		模型二（滞后一期）	
	系数	t 检验值	系数	t 检验值
β_0	-3.196***	-3.396	-8.846***	-9.162
K-2	-0.190	-0.558	-0.709**	-1.972
L-2	0.865***	3.261	1.658***	6.060
δ_0	13.520***	4.322	4.021***	3.202
G-2	-3.170***	-3.377	-5.135***	-5.052
F-2	-0.579	-1.406	-0.994	-1.430
I	-0.284***	-4.542	-0.588***	-5.067
C	-0.211*	-1.861	-0.881***	4.490
Gdp	-2.578***	-4.827	-0.471*	-1.698
E	-2.176***	-3.412	-0.616*	1.775

续表

机构	模型一（无滞后）		模型二（滞后一期）	
	系数	t 检验值	系数	t 检验值
σ^2	0.428***	5.393	0.315***	2.892
γ	0.271**	2.288	0.363*	1.659
对数似然函数值	−108.061		−70.257	
单边 LR 检验	57.436		36.206	
样本数	116		87	
平均效率	0.584		0.596	

高校	模型一（无滞后）		模型二（滞后一期）	
	系数	t 检验值	系数	
β_0	−8.439***	−12.868	−1.907	−1.298
K−3	0.494***	3.781	0.707***	3.071
L−3	0.901***	34.849	0.308	1.455
δ_0	0.028	0.029	7.333***	3.297
G−3	−0.043	−0.055	−1.128*	−1.652
F−3	−0.027	−0.062	−0.349	−1.600
U	0.001	0.003	−0.104*	−1.723
C	−0.130	−0.555	−0.616***	−4.889
Gdp	−0.050	−1.283	−1.601***	−4.625
E	0.098	0.067	−1.661***	−2.949
σ^2	0.212**	2.073	0.192***	3.307
γ	0.030	0.349	0.476**	2.017
对数似然函数值	−72.255		−42.518	
单边 LR 检验	1.296		27.581	
样本数	116		87	
平均效率	0.668		0.558	

注：*、**、*** 分别表示 10%、5%和1%的显著性水平；LR 为似然比检验统计量，并且服从混合卡方分布。

从表 7-11 可以看出，无论时间是否滞后，模型测算的区域效率值均较低，尤其是企业均未超过 50%，说明近年来研发创新投入增加对创新产出转化并不理想。为了说明效率不显著原因，我们将对影响效率因素进行详细分析。

（1）创新网络集聚。对企业、高校、科研机构而言，无论时间是否滞后，模型估计参数均为负，且模型二中除了企业通过 10%显著性水平外，科研机构和高校均通过了 5%的显著性水平，说明区域创新网络集聚对各创新主体创新效率提升均有显著促进作用。这主要是因为，创新主体之间频繁接触和交流不仅可以通过知识外溢来推动网络内各主体创新，同时由于通畅的知识、信息流动渠道，也使得新知识在网络内部能够迅速进行传播，并在各主体间得到普遍采用。

（2）政府联结。对企业而言，政府资助在模型一和模型二中均为正且未通过显著性检验，这说明，政府资助对企业创新率提高作用不显著，甚至在某种程度上阻碍了企业创新发展。政府资助，其目的主要是为企业研发投入方向提供正确引导，帮助企业降低研发成本，避免研发中技术外溢而导致收益与投资失衡问题。但是，现实中政府资助在提高企业R&D总量的同时也增加了对稀缺R&D资源的需求，可能导致R&D价格上升，真正R&D总量可能降低；而且，当研发成本提高时，企业可能会转向其他盈利项目而终止原项目，从而挤出部分企业R&D投资，不利于创新（程华，2005）。但是，对科研机构和高校而言，模型二中，系数均为负且通过显著性检验，说明政府资助正向促进了其创新效率的提高，这可能得益于高校和科研机构雄厚的理论研发基础和研发设施，以及政府的大力支持，从最近几年的R&D内部经费支出就可以看出，政府对高校和科研机构的R&D资助几乎是企业的5倍以上。

（3）企业联结。对企业而言，模型一和模型二中系数均为正，且未通过显著性检验，说明企业对高校和机构资助并没有显著提高其创新效率，反而起抑制作用。而对高校和科研机构而言，企业资助，在模型二中均为负且通过显著性检验，说明企业资助对高校和科研机构创新效率提高具有正向促进作用。两者之所以出现反差，这主要是因为，中国对科研价值的衡量，长期以来主要是以论文发表数、见刊等级以及是否获得奖项及其优劣作为评价标准，并没有将科研成果的市场价值纳入到其评价体系中，这显然与企业实际需求不一致，可能造成有效科研成果供不应求。而对高校和科研机构而言，由于其本身作为科研创新单位，一方面，具有大量成熟和新颖的科研成果；另一方面，企业资助无疑为其科研进一步深入和与市场对接提供了良好的资金环境，而创新环境的好坏又直接影响到创新绩效的提升。

（4）金融等机构联结。对企业而言，模型一和模型二系数为正，对机构和高校而言，模型一和模型二系数为负，并且均未通过显著性检验，说明金融等机构资助对创新主体效率影响具有不确定性。这与大多数学者得出结论一致（于明超等，2010；关祥勇等，2011）。由于盈利是金融机构放贷的主要目的，因此，周期短、低风险、可行性高、前景乐观的创新项目更有可能成为其资助对象，而专利数目不能直接反映这一特点,所以专利在衡量金融等机构资助意愿上可能存在一定欠缺(白俊红等,2009)。这也可能是造成回归系数为正或不显著的原因之一。

(5)外部环境变量。人均GDP和地区教育投入对企业、科研机构和高校而言,在模型二中均为负并且通过了显著性检验,说明一个地区经济发展水平和地区教育投入强度对创新主体创新效率提升具有显著促进作用。这是因为,一个地区经济发展水平的提高,可以促进原创性很强的技术能力提高,尤其是对具有自主创新能力的发明专利影响更明显(党文娟等,2008)。同时,一个地区对教育的投入越多,那么就能为该地区培养出各种不同层次的专业人才,以满足企业和研发机构的需求,创新活动也就能从大量高素质劳动力中受益(李习保,2007)。

五、结论与启示

本节运用复杂加权网络理论,测度了区域创新网络加权集聚系数,结果表明:我国区域创新网络集聚存在明显空间差异特征,东南沿海区域北上广、江浙一带创新网络集聚明显高于中西部地区;同时运用有效前沿模型,分析了创新网络集聚、网络联结对各创新主体创新效率的影响,得出网络集聚对企业、科研机构、高校创新效率均有显著的正向促进作用;政府资助对企业创新效率提高并不明显,但是对高校和科研机构创新效率提高效果显著;金融机构等部门资助对企业、科研机构以及高校创新效率具有不确定性,效果不显著;企业对科研机构和高校的资助正向作用于科研机构和高校的创新效率,但对企业本身创新效率作用不显著;其他环境变量,地区经济发展水平、教育投入强度均对各创新主体创新效率具有显著促进作用。

基于以上主要结论,得出以下政策建议:为了缩减区域间创新网络集聚差距,更好地发挥网络集聚对创新绩效的作用,宏观上要加强各区域间的交流与合作,疏通创新资源流通渠道,实现资源共享;微观上政府要积极转变职能,减少行政干预,更多地依靠市场来规范和鼓励企业创新行为;高校、科研机构要充分发挥科研和人才方面优势,科研活动既要"重学术"又要"重应用";企业作为创新网络中的核心部分,同时也是新技术和新知识得以转化和推广的助推器,要加强与其他创新主体间互动的积极性,建立长期有效的信息共享平台,同时也要加强自主创新，不断优化资源配置，提高资源转化率；金融机构等部门也要加强自主创新，在建立有效风险防范机制的同时，也要大力支持科技创新活动，尤其是对那些有创意并且创新能力高的中小企业给予更多支持，最终实现金融创新与科技创新的协调发展。

参考文献

[1] Abernathy W. J. & K. Dark. Innovation: Mapping the winds of creative destruction [J]. Research Policy, 1985, 14: 3-22.

[2] Abernathy W. J. & J. M. Utterback. Patterns of industrial innovation [J]. Technology Review, 1978, 50: 40-47.

[3] Abernathy W., K. Dark & A. Kantrow. Industrial Renaissance: Producing a competitive future for America [M]. New York: Basic Books, 1983.

[4] Abramovitz M.. Resource and output trends in the United States since 1870 [J]. American Economic Review, 1956, 46: 5-23.

[5] Acemoğlu D.. Technical change, inequality and the labor market [J]. Journal of Economic Literature, 2002, 11: 7-72.

[6] Addison J. T. & P. Teixeira. Technology, employment and wages [J]. Labour, 2001, 15: 191-219.

[7] Aghion P. & P. Howitt. Endogenous growth theory [M]. Cambridge, MA: MIT Press, 1998.

[8] Ahuja G.. Collaboration networks, structural holes, and innovation: A longitudinal study [J]. Administrative Science Quarterly, 2000, 45: 425-455.

[9] Almeida P., J. Hohberger & P. Parada. Individual scientific collaborations and firm-level innovation [J]. Industrial and Corporate Change, 2011, 20: 1571-1599.

[10] Almeida R. & A. M. Fernandes. Openness and technological innovations in developing countries: Evidence from firm-level surveys [J]. Journal of Development Studies, 2008, 44: 701-727.

[11] Alnuaimi T., J. Singh & G. George. Not with my own: Long-term effects

of cross-country collaboration on subsidiary innovation in emerging economies versus advanced economies [J]. Journal of Economic Geography, 2012, 12: 943-968.

[12] Amsden A.. Asias next giant: South Korea and late industrialization [M]. New York: Oxford University Press, 1989.

[13] Andersson T. & S. Mahroum. Policy relevant nordic innovation indicators: Objectives and rationales in Nordic and European innovation policies [J]. NIND Project, 2008.

[14] Antonucci T. & M. Pianta. Employment effects of product and process innovation in Europe [J]. International Review of Applied Economics, 2002, 16: 295-307.

[15] Antonucci T.. Innovation and employment in Europe: A sectoral perspective [A]. In Uwe Cantner & Franco Malerba (eds.). Innovation, industrial dynamics and structural transformation [C]. Berlin Heidelberg: Springer-Verlag, 2010.

[16] Appelbaum E. & R. Schettkat. Employment and productivity in industrialized economies [J]. International Labour Review, 1995, 134: 605-623.

[17] Arora A. & A. Gambardella. The changing technology of technological change: General and abstract knowledge and the division of innovative labour [J]. Research Policy, 1994, 23: 523-532.

[18] Arranz N., J. Carlos Fdez & de Arroyabe.Can innovation network projects result in efficient performance? [J]. Technological Forecasting and Social Change, 2012: 485-497.

[19] Arrow K.. Economic welfare and the allocation of resources for inventions [A]. In: Nelson R. (ed.). The rate and direction or inventive activity [C]. Princeton, NJ: Princeton University Press, 1962.

[20] Artola N. & M. D. Parrilli. The Dairy Products Cluster in Nicaragua: Issues for upgrading [A]. In C. Pietrobelli& R. Rabellotti (eds.). Upgrading to compete [M]. Cambridge, MA: Harvard University Press, 2007.

[21] Arvanitis S. & T. Bolli. A comparison of national and international innovation cooperation in five European countries [J]. Review of Industrial Organization, 2013, 43: 163-191.

[22] Asheim B., R. Boschma & P. Cooke. Constructing regional advantage: Platform policies based on related variety and differentiated knowledge bases [A]. Papers in evolutionary economic geography [C]. Utrecht University, 2008.

[23] Aterido, Reyes, Mary Hallward-Driemeier & Carmen Pages. Big constraints to small firms' growth? Business environment and employment growth across firms [A]. Policy Research Working Paper [C]. Washington, D. C.: The World Bank, 2009.

[24] Ayyagari M., A. Demirguc-Kunt & V. Maksimovic. Firm innovation in emerging markets [A]. Policy Research Working Paper [C]. Washington, D. C.: The World Bank, 2007.

[25] Badaracco J.. The knowledge link: How firms compete through strategic alliances [J]. Harvard Business Press, 1991.

[26] Bair J.. Global capitalism and commodity chains [J]. Competition and Change, 2005, 9: 153-180.

[27] Bair J.. Global commodity chains: Genealogy and review [A]. In J. Bair (ed.). Frontiers of Commodity Chain Research [C]. Stanford University Press, 2009.

[28] Baldwin J. & M. Rafiquzzaman. Trade, technology, and wage differentials in the Canadian manufacturing sector [A]. In D. Audretsch & R. Thuriked. Innovation, Industry Evolution, and Employment [C]. UK: Cambridge University Press, 1999.

[29] Baldwin J., P. Hanel & D. Sabourin. Determinants of innovative activity in Canadian manufacturing firms [A]. In A. Kleinknecht & P. Mohnen (eds.). Innovation and Firm Performance [C]. New York: Palgrave, 2002.

[30] Bantel K. A. & S. E. Jackson. Top management and innovations in banking: Does composition of top management team make a difference? [J]. Strategic Management Journal, 1989, 10: 107-124.

[31] Baptista R.. Geographical clusters and innovation diffusion [J]. Technological Forecasting and Social Change, 2001, 66: 31-46.

[32] Bartlett W. & N. Cuckovic. Knowledge transfer, institutions, and innovation in Croatia and Slovenia [J]. Drustvena Istrazivanja, 2006, 15: 371-399.

[33] Batabyal A. A., P. Nijkamp. A Schumpeterian model of entrepreneurship, innovation, and regional economic growth [J]. International Regional Science Review, 2012, 35: 339-361.

[34] Battese G. E. & T. J. Coell. A model of technical inefficiency effects in stochastic frontier production for panel data [J]. Empirical Economics, 1995, 20: 325-332.

[35] Bauer T. K. & S. Bender. Technological change, organizational change, and job turnover [J]. Labour Economics, 2004, 11: 265-291.

[36] Bayus B. L.. Optimal dynamic policies for product and process innovation [J]. Journal of Operations Management, 1995, 12: 173-185.

[37] Bell M. & K. Pavitt. The development of technological capabilities [A]. In: Haque I. (ed). Trade, Technology and International Competitiveness [C]. Washington, D.C.: World Bank, 1995.

[38] Benavente J. M. & R. Lauterbach. Technological innovation and employment: Complements or substitutes? [J]. European Journal of Development Research, 2008, 20: 318-329.

[39] Benavente J. M.. The role of research and innovation in promoting productivity in Chile [A]. In: Hall B., Mairesse J. Guest (eds). Empirical Studies of Innovation in the Knowledge Driven Economy [C]. Economics of Innovation and New Technologies, 2006, 15: 301-315.

[40] Bergek A., S. Jacobsson, B. Carlsson, S. lindmarki & A. Rickne. Analysing the functional dynamics of technological innovation systems [J]. Research Policy, 2008, 37: 407-429.

[41] Berman E., J. Bound & Z. Griliches. Changes in the demand for skilled labor within US manufacturing evidence from the annual survey of manufactures [J]. The Quarterly Journal of Economics, 1994, May: 367-397.

[42] Bertrand-Cloodt D., J. Hagedoorn & H. van Kranenburg. The strength of R&D network ties in high-tech sectors: A multi-dimensional analysis of the effects of tie strength on innovation performance [J]. Technology Analysis & Strategic Management, 2011, 23: 1015-1030.

[43] Bessant J., R. Lamming, H. Noke & W. Phillips. Managing innovation beyond the steady state [J]. Technovation, 2005, 25: 1366–1376.

[44] Bester H. & E. Petrakis. The incentives for cost reduction in a differentiated industry [J]. International Journal of Industrial Organization, 1993, 11: 519–534.

[45] Bhide A.. The Venturesome Economy [M]. New Jersey: Princeton University Press, 2008.

[46] Bhoovaraghavan S., A. Vasudevan & R. Chandran. Resolving the process vs. product innovation dilemma: Consumer choice theoretic approach [J]. Management Science, 1996, 42: 232–246.

[47] Blanchflower D. & S. Burgess. New technology and jobs: Comparative evidence from a two country study [J]. Economics of Innovation and New Technology, 1998, 5: 109–138.

[48] Blanchflower D. & S. Burgess. New Technology, Jobs and Profits: Comparative Evidence from a Two Country Study [M]. Photocopied. Dartmouth, MA: Dartmouth College, 1995.

[49] Blanchflower D., N. Millward & A. Oswald. Unionisation and employment behaviour [J]. Economic Journal, 1991, 101: 815–834.

[50] Boltho A. & A. Glyn. Can macroeconomic policies raise employment? [J]. International Labour Review, 1995, 134: 451–470.

[51] Bonanno G.. Vertical differentiation with cournot competition [J]. Economic Notes, 1986, 15: 68–91.

[52] Bonanno G. & B. Haworth. Intensity of competition and the choice between product and process innovation [J]. International Journal of Industrial Organization, 1998, 16: 495–510.

[53] Boomgard J., S. Davies, S. Haggblade & D. Mead. A subsector approach to small enterprise promotion and research [J]. World Development, 1992, 20: 199–212.

[54] Bortagaray I. & S. Tiffin. Innovation clusters in Latin America [A]. Paper presented at 4th International Conference on Technology Policy and Innovation, Curitiba, Brazil, 2000, 28–31.

[55] Boschma R.. Proximity and innovation: A critical assessment[J]. Regional studies, 2005, 39: 61-74.

[56] Bottazzi L., Peri, G.. Innovation & spillovers in regions: Evidence from European patent data [J]. European Economic Review, 2003, 47 (4): 687-710.

[57] Boyer R.. Technical Change and the Theory of Regulation [A]. In Dosi G., Freeman C., Nelson R., Silverberg G. & Soete L. (eds.). Technical Change and the Economic Theory [M]. London: Pinter, 1988.

[58] Boyer R.. The Capital Labor Relations in OECD Countries: From the Fordist Golden Age to Contrasted National Trajectories [A]. Working Paper CEPREMAP n. 9020, Paris, 1990.

[59] Breschi S., F. Malerba & L. Orsenigo. Technological regimes and Schumpeterian patterns of innovation [J]. The Economic Journal, 2000, 110: 388-410.

[60] Broekel T. & M. Binder. The regional dimension of knowledge transfers: A behavioral approach [J]. Industry and Innovation, 2007, 14: 151-175.

[61] Broekel T.. Collaboration intensity and regional innovation efficiency in Germany: A conditional efficiency approach [J]. Industry and Innovation, 2012, 19: 155-179.

[62] Broersma L.. The role of services in innovative clusters [A]. NBER Working Paper, 2001.

[63] Brouwer E., A. Kleinknecht & J. O. N. Reijnen. Employment growth and innovation at the firm level: An empirical study [J]. Journal of Evolutionary Economics, 1993, 3: 153-159.

[64] Brown, C. & B. Campbell. The impact of technological change on work and wages [J]. IndustrialRelations, 2002, 41: 1-33.

[65] Brown J. S. & P. Duguid. Organizational learning and communities of practice: Toward a unified view of working, learning, and innovation [J]. Organization Science, 1991, 2: 40-57.

[66] Buerger M., T. Broekel & A. Coad. Regional dynamics of innovation: Investigating the co-evolution of patents, research and development, and employment

[J]. Regional Studies, 2012, 46: 565-582.

[67] Cabagnols A. & C. Le Bas. Differences in the determinants of product and process innovations: the French case [A]. In A. Kleinknecht & P. Mohnen (eds.). Innovation and Firm Performance. New York: Palgrave, 2002.

[68] Calamel L., C. Defelix & T. Picq. Inter-organisational projects in French innovation clusters: The construction of collaboration [J]. International Journal of Project Management, 2012, 30: 48-59.

[69] Calatone R., C. DiBenedetto & M. Meloche. Strategies of product and process innovation: A loglinear analysis [J]. R&D Management, 1988, 18: 13-21.

[70] Camison-Zornoza C., R. Lapiedra-Alcami, M. Segarra-Cipres & M. Boronat-Navarro. A meta-analysis of innovation and organizational size [J]. Organization Studies, 2004, 25: 331-361.

[71] Carbonara N.. Innovation processes within geographical clusters: A cognitive approach [J]. Technovation, 2004, 24: 17-28.

[72] Cassiman B. & R. Veugeler. Complementarity in the Innovation Strategy: Internal R&D, external technology acquisition and cooperation [J]. Centre for Economic Policy Research, 2002.

[73] Chad Syverson. What determines productivity? [J]. Journal of Economic Literature, American Economic Association, 2011, 49 (2): 326-365.

[74] Chennells, L. & J. Van Reenen. Has technology hurt less skilled workers? [C]. IFS Working Paper Series, No. w99/27, 1999.

[75] Cho H., H. Huh, S. Chung & J. Lee. Changes in corporate R&D after the financial crisis: Practices and policy suggestions [J]. STEPI, 2001.

[76] Chudnovsky D., A. López & G. Pupato. Innovation and productivity in developing countries: A study of Argentine manufacturing firms' behaviour 1992-2001 [J]. Research Policy, 2006, 35: 266-288.

[77] Chung W. & J. Alcácer. Knowledge seeking and location choice of foreign direct investment in the United States [J]. Management Science, 2002, 48: 1534-1554.

[78] Clausen T. H.. External knowledge sourcing from innovation cooperation and

the role of absorptive capacity: Empirical evidence from Norway and Sweden [J]. Technology Analysis & Strategic Management, 2013, 25: 57-70.

[79] Clauss T.. The Influence of the type of relationship on the generation of innovations in buyer-supplier collaborations [J]. Creativity and Innovation Management, 2012, 21: 388-411.

[80] Coase R. H.. The nature of the firm [J]. Economica, 1937, 4: 386-405.

[81] Coe N., P. Dicken & M. Hess. Global production networks: Realizing the potential [J]. Journal of Economic Geography, 2008, 8: 271-295.

[82] Cohen W. M. & R. C. Levin. Empirical studies of innovation and market structure [A]. In R. Schmalansee & R. D. Willing (eds.). Handbook of Industrial Organization [C]. Vol. II. New York: Elsevier, 1989.

[83] Cohen W. M. & S. Klepper. Size and the nature of innovation within industries: the case of process and product R&D [J]. Review of Economics and Statistics, 1996, 78: 232-243.

[84] Cohen W. M. & D. A. Levinthal. Fortune favors the prepared firm [J]. Management Science, 1994, 40: 227-251.

[85] Cooke P.. Rational drug design, the knowledge value chain and bioscience megacenters [J]. Cambridge Journal of Economics, 2005, 29: 325-342.

[86] Cooke P., M. G. Uranga & G. Etxebarria. Regional innovation systems: Institutional and organisational dimensions [J]. Research Policy, 1997, 26: 475-491.

[87] Corey C. & A. Phelps. Longitudinal study of the influence of alliance network structure and composition on firm exploratory innovation [J]. Academy of Management Journal, 2010, 53: 890-913.

[88] Corrado C. A., C. R. Hulten & D. E. Sichel. Intangible capital and economic growth [A]. NBER Working Paper 11948, Cambridge, MA, 2006.

[89] Cowling K. & Sugden R.. Beyond capitalism [M]. London: Pinter, 1997.

[90] Crafts N.. Regulation & productivity performance [J]. Oxford Review of Economic Policy, 2006, 22: 186-202.

[91] Crone M. & H. D. Watts. The determinants of regional sourcing by

multinational manufacturing firms: Evidence from Yorkshire and Humberside, UK [J]. European Planning Studies, 2003, 11: 717-737.

[92] Daft R. L.. A dual-core model of organizational innovation [J]. Academy of Management Journal, 1978, 21: 193-210.

[93] Damanpour F.. An integration of research findings of effects of firm size and market competition on product and process innovations [J]. British Journal of Management, 2010, 21: 996-1010.

[94] Damanpour F. & D. Aravind. Product and process innovations: A review of organizational and environmental determinants [A]. In J. Hage & M. Meeus (eds.). Innovation, Science, and Institutional Change: A Research Handbook [C]. Oxford: Oxford University Press, 2006.

[95] Damanpour F. & S. Gopalakrishnan. The dynamics of the adoption of product and process innovations in organizations [J]. Journal of Management Studies, 2001, 38: 45-65.

[96] Damanpour F.. Organizational innovation: A metaanalysis of effects of determinants and moderators [J]. Academy of Management Journal, 1991, 34: 555-590.

[97] Danielle B. C., J. Hagedoorn & H. Van Kranenburg. The Strength of R&D Network Ties in High-tech Sectors: A multi-dimensional analysis of the effects of tie strength on innovation performance [J]. Technology Analysis & Strategic Management, 2011, 23: 1015-1030.

[98] Das T. K. & B. Teng. Instabilities of strategic Alliances: An internal tensions perspective [J]. Organization Science, 2000, 11: 77-101.

[99] D'Aspremont C. & Jacquemin, A.. Cooperative and noncooperative R&D in duopoly with spillovers [J]. The American Economic Review, 1988, 78: 1133-1137.

[100] Davies S. & B. Lyon. Industrial organization in the European Union: Structure, strategy and the competitive mechanism [J]. Oxford: Oxford University Press, 1996.

[101] Davis C. H., T. Creutzberg & D. Arthurs. Applying an innovation cluster

framework to a creative industry: The case of screen-based media in Ontario [J]. Innovation-Management Policy and Practice, 2009, 11: 201-214.

[102] Davis D. R.. Technology, unemployment, and relative wages in a global economy [J]. European Economic Review, 1998, 42: 1613-1633.

[103] Davis S. J. & J. Haltiwanger. Gross job creation, gross job destruction, and employment reallocation [J]. The Quarterly Journal of Economics, 1992, 107: 819-863.

[104] Davo N. B., M. G. O. Mayor & M. L. B. de la Hera. Empirical analysis of technological innovation capacity and competitiveness in EU-15 countries [J]. African Journal of Business Management, 2011, 5: 5753-5765.

[105] De Bondt R., P. Slaets & B. Cassiman. The degree of spillovers and the number of rivals for maximum effective R&D [J]. International Journal of Industrial Organization, 1992, 10: 35-54.

[106] De Faria P., F. Lima & R. Santos. Cooperation in innovation activities: The importance of partners [J]. Research Policy, 2010, 39: 1082-1092.

[107] Dean T. J., R. L. Brown & C. E. Bamford. Differences in large and small firm responses to environmental context: Strategic implications from a comparative analysis of business formations [J]. Strategic Management Journal, 1998, 19: 709-728.

[108] DeBresson C. & J. Lampel. Beyond the life cycle: Organizational and technological design I, an alternative perspective [J]. Journal of Product Innovation Management, 1985, 3: 170-187.

[109] DeBresson C. & J. Townsend. Multivariate model of innovation: Testing the Abernathy-Utterback model with other data [J]. OMEGA, 1981, 9: 429-436.

[110] DeBresson C.. Breeding innovation clusters: A source of dynamic development [J]. World Development, 1989, 17: 1-16.

[111] Delbono F. & V. Denicolo. R&D investment in a symmetric and homogeneous oligopoly [J]. International Journal of Industrial Organization, 1990, 8: 297-313.

[112] Dewar R. D. & J. E. Dutton. The adoption of radical and incremental

innovations: an empirical analysis [J]. Management Science, 1986, 32: 1422–1433.

[113] Dhanaraj C., Lyles M. A. & H. K. Steensma. Managing tacit and explicit knowledge transfer in IJVs: the role of relational embeddedness and the impact on performance [J]. Journal of International Business Studies, 2004, 35: 428–442.

[114] Dickey D. A. & W. A. Fuller. Likelihood ratio statistics for autoregressive time series with a unit root [J]. Econometrica, 1981, 49: 1057–1072.

[115] Djellal F., F. Gallouj. Innovation and Employment Effects in Services: A review of the literature and an agenda for research [J]. The Service Industries Journal, 2007, 27: 193–213.

[116] Dobbs I. M., M. B. Hill & M. Waterson. Industrial structure and the employment consequences of technical change [J]. Oxford Economic Papers, 1987, 39: 552–567.

[117] Doloreux D & R. Shearmur. Collaboration, information and the geography of innovation in knowledge intensive business services [J]. Journal of Economic Geography, 2012, 12: 79–105.

[118] Dosi G. & R. Nelson. An Introduction to evolutionary theories in economics [J]. Journal of Evolutionary Economics, 1994, 4: 153–172.

[119] Dosi G.. Sources, Procedures and microeconomic effects of innovation [J]. Journal of Economic Literature, 1988, 26: 1120–1171.

[120] Downs G. W. & L. B. Mohr. Conceptual issues in the study of innovation [J]. Administrative Science Quarterly, 1976, 21: 700–714.

[121] Drucker P.F.. Managing for the future [M]. Routledge, 1993.

[122] Dunne T., Haltiwanger J. & K. R. Troske. Technology and jobs: Secular changes and cyclical dynamics [J]. Carnegie-Rochester Conference Series on Public Policy, 1997, 46: 107–178.

[123] Dunning J. & S. Lundan. Multinational enterprises and the global economy [M]. Elgar, Cheltenham, 1997.

[124] Dunning J.. The eclectic paradigm of international production [J]. Journal of International Business Studies, 1989, 19: 1–31.

[125] Dutz Mark A., Janusz A. Ordover & Robert D. Willig. Entrepreneurship,

access policy and economic development: Lessons from industrial organization [J]. European Economic Review, 2000, 44: 739-747.

[126] Dutz Mark A., S. Kannebley Jr., M. Scarpelli & S. Sharma. Measuring intangible capital in an emerging market economy: An application to Brazil, mimeo [M]. Washington, D.C.: The World Bank, 2011.

[127] Dutz M. A., I. Kessides, S. O'Connell & R. D. Willig. Competition and innovation-Driven inclusive growth [A]. Policy Research Working Paper 5852 [C]. The World Bank, 2011.

[128] Ebersberger B. & S. J. Herstad. The relationship between international innovation collaboration, intramural R&R and SMEs' innovation performance: A quantile regression approach [J]. Applied Economics Letters, 2013, 20: 626-630.

[129] Ebersberger B., S. J. Herstad & C. Koller. Does the composition of regional knowledge bases influence extra-regional collaboration for innovation? [J]. Applied Economics Letters, 2014, 21: 201-204.

[130] Edquist C.. Systems of innovation perspectives and challenges [J]. African Journal of Science, Technology, Innovation and Development, 2010, 2: 14-45.

[131] Edquist C., L. Hommen & M. Mckelvey. Product versus process innovations: implications for employment [A]. In Michie, J. & A. Reati (eds.). Employment, technology and economic needs [C], UK: Edward Elgar, 1998.

[132] Elola A., M. D. Parrilli & R. Rabellotti. The resilience of clusters in the context of increasing globalization: The Basque wind energy value chain [J]. European Planning Studies, 2012, 21. doi: 10.1080/ 09654313.2013.734456.

[133] Engel J. S. & I. Del-Palacio. Global clusters of innovation: The case of israel and silicon valley [J]. California Management Review, 2011, 53: 27-49.

[134] Engel J. S. & I. Del-Palacio. Global networks of clusters of innovation: Accelerating the innovation process [J]. Business Horizons, 2009, 52: 493-503.

[135] Enos J.. The creation of technological capabilities in developing countries [M]. London: Pinter, 1992.

[136] Entorf H. & W. Pohlmeier. Employment, innovation and export activities [A]. In J. P. Florens (ed.). Microeconometrics: Surveys and applications [C].

London: Basil Blackwell, 1990.

[137] Ernst D.. A new geography of knowledge in the electronics industry? Asia's role in global innovation networks [J]. Policy Studies, 2009, 54.

[138] Ernst D. & L.Kim.Global production networks, knowledge diffusion and local capability formation [J]. Research Policy, 2002, 31: 1417-1429.

[139] Ettlie J. E. & A. H. Rubenstein. Firm size and a product innovation [J]. Journal of Product Innovation Management, 1987, 4: 89-108.

[140] Ettlie J. E., W. P. Bridges & R. D. O'Keefe. Organization strategy and structural differences for radical versus incremental innovation [J]. Management Science, 1984, 30: 682-695.

[141] Evangelista R. & M. Savona. Innovation, employment and skills in services: Firm and sectoral evidence [J]. Structural Change and Economic Dynamics, 2003, 14: 449-474.

[142] Evangelista R. & V. Mastrostefano. Firm size, sectors and countries as sources of variety of innovation [J]. Economics of Innovation and New Technology, 2005, 15: 247-270.

[143] Evangelista R.. Knowledge & Investment: The sources of innovation in industry [M]. Elgar, Aldershot, 1999.

[144] Evangelista R.. Sectoral patterns of technological change in services [J]. Economics of Innovation and New Technologies, 2000, 9: 183-221.

[145] Falk M. & K. Seim. The impact of information technology on high-skilled labor in services: Evidence from firm-level panel data [J]. Economics of Innovation and New Technology, 2001, 10: 289-323.

[146] Fallah M. H. & S. Ibrahim. Knowledge spillover and innovation in technological clusters [J]. Proceedings, IAMOT 2004 Conference, Washington, D. C., 2004.

[147] Fan C. C. & A. J. Scott. Industrial agglomeration and development: A survey of spatial economic issues in east Asia and a statistical analysis of Chinese regions [J]. Economic Geography, 2003, 79: 295-319.

[148] Fawcett S. E., S. L. Jones & A. M. Fawcett. Supply chain trust: The

catalyst for collaborative innovation [J]. Business Horizons, 2012, 55: 163-178.

[149] Feldman M. P. & D. B. Audretsch. Innovation in cities: Science-based diversity, specialization and localized competition [J]. European Economic Review, 1999, 43: 409-429.

[150] Fiocca R. & A. Gianola. Network analysis of knowledge-Intensive Services [C]. Imp Conference, Citeseer, 2003.

[151] Fitjar R. D. & A. Rodriguez-Pose. Firm collaboration and modes of innovation in Norway [J]. Research Policy, 2013, 42: 128-138.

[152] Fogelberg H. & S. Thorpenberg. Regional innovation policy and public-private partnership: The case of Triple Helix Arenas in Western Sweden [J]. Science and Public Policy, 2012, 39: 347-356.

[153] Foley H. C., J. Freihaut & P. Hallacher. The greater Philadelphia innovation cluster for energy-efficient buildings: A new model for public-private partnerships [J]. Research Technology Management, 2011, 54: 42-48.

[154] Foray D. & B. van Ark. Smart specialization [A]. Policy brief No. 1, Expert Group Knowledge for Growth [C]. European Commission, 2012.

[155] Frank A. G.. Dependent accumulation and underdevelopment [M]. London: Macmillan, 1978.

[156] Freel M. S.. Sectoral patterns of small firm innovation, networking, and proximity [J]. Research Policy, 2003, 32: 751-770.

[157] Freeman C.. Networks of innovators: A synthesis of research issues [J]. Research Policy, 1991, 20: 499-514.

[158] Freeman C., J. Dark & L. Soete. Unemployment and technical innovation [M]. London: Pinter, 1982.

[159] Freeman R. E.. The politics of stakeholder theory: Some future directions [J]. Business Ethics Quarterly, 1994, 4: 409-421.

[160] Freeman C.. The "national system of innovation" in historical perspective [A]. In: Archibugi D, Michi J (eds.). Technology, Globalization and Economic Performance [C]. Cambridge: Cambridge UniversityPress, 1997.

[161] Fritsch M. & M. Meschede. Product innovation, process innovation, and

size [J]. Review of Industrial Organization, 2001, 19: 335-350.

[162] Fritsch M.. Cooperation and the efficiency of regional R&D activities [J]. Cambridge Journal of Economics, 2004, 28: 829-846.

[163] Fritsch M., M. Kauffeld-Monz. The impact of network structure on knowledge transfer: An application of social network analysis in the context of regional innovation networks [J]. The Annals of Regional Science, 2010, 44: 21-38.

[164] Fung K. M.. Are labor-saving technologies lowering employment in the banking industry? [J]. Journal of Banking & Finance, 2006, 30: 179-198.

[165] Fusfeld H. I. & C. S. Haklisch. Cooperative R&D for Competitors [J]. Harvard Business Review, 1985, 63: 60-76.

[166] Gabszewicz J. & J. F. Thisse. Price competition, quality and income disparities [J]. Journal of Economic Theory, 1979, 20: 340-359.

[167] Gallego J., L. Rubalcaba & C. Suarez. Knowledge for innovation in Europe: The role of external knowledge on firms' cooperation strategies [J]. Journal of Business Research, 2013, 66: 2034-2041.

[168] Garcia A., J. Jaumandreu & C. Rodriguez. Innovation and jobs: Evidence from manufacturing firms [EB/OL]. UC3M, http: //www.eco.uc3m.es/IEEF, 2002.

[169] Gera S., W. L. Gu & Z. X. Lin. Technology and the demand for skills in Canada: An industry-level analysis [J]. Canadian Journal of Economics, 2001, 34: 132-148.

[170] Gereffi G. & M. Korzeniewicz. Commodity chains and global capitalism [M]. Greenwood Press, Westport, CT, 1994.

[171] Gereffi G., J. Humphrey & T. Sturgeon. The governance of global value chains [J]. Review of International Political Economy, 2005, 12: 78-104.

[172] Gereffi G., J. Humphrey, R. Kaplinsky & T. Sturgeon. Globalization, value chains and development [J]. IDS Bulletin, 2001, 32: 1-8.

[173] Gereffi G.. Global value chain analysis and its implications for measuring trade [C]. Paper presented at the Global Forum for Measuring Trade, Geneva, February 2, 2011.

[174] Germain R.. The role of context and structure in radical and incremental logistics innovation adoption [J]. Journal of Business Research, 1996, 35: 117-127.

[175] Gielsing V. & B. Noteboom. Exploration and exploitation in innovation systems: The case of pharmaceutical biotechnology [J]. Research Policy, 2006, 35: 1-23.

[176] Gilsing V., B. & Nooteboom. Explorationand Exploitationin Innovation Systems: Thecase of pharmaceuticalbiotechnology [J]. Research Policy, 2006, 35: 1-23.

[177] Glaeser E. L., H. D. Kalla, J. A. Scheinkman & A. Schleifer. Growth in cities [J]. Journal of Political Economy, 1992, 100: 1126-1152.

[178] Gloor P. A.. Swarm creativity: Competitive advantage through collaborative innovation networks [M]. New York: Oxford University Press, 2005.

[179] Gnyawali D. R. & B. J. Park. Co-opetition between giants: Collaboration with competitors for technological innovation [J]. Research Policy, 2011, 40: 650-663.

[180] Goedhuys M. & R. Veugelers. Innovation strategies, process and product innovations and growth: Firm-level evidence from Brazil [J]. Structural Change and Economic Dynamics, 2012, 23: 516-529.

[181] Golany M. B. & Y. Roll. An application procedure for DEA [J]. Omega: Journal of the International Ement Science, 1989, 17: 237-250.

[182] Gomes J. & M. Silva. Behind innovation clusters: Individual, cultural, and strategic linkages [J]. International Journal of Innovation Science, 2013, 5: 89-102.

[183] Gorodnichenko Y. & M. Schnitzer. Financial constraints and innovation: Why poor countries don't catch up [A]. Discussion Paper No. 4786. IZA, 2010.

[184] Grant R. M.. Toward a knowledge-based theory of the firm [J]. Strategic Management Journal, 1996, 17: 109-122.

[185] Greenan N. & D. Guellec. Technological innovation and employment reallocation [J]. Labour, 2000, 14: 547-590.

[186] Greenhalgh C., M. Longland & D. Bosworth. Technological activity and

employment in a panel of UK firms [J]. Scottish Journal of Political Economy, 2001, 48: 260-282.

[187] Greer C. R. & D. Lei. Collaborative innovation with customers: A review of the literature and suggestions for future research [J]. International Journal of Management Reviews, 2012, 14: 63-84.

[188] Griliches Z.. R&D and the productivity slowdown [J]. American Economic Review, 1980, 70: 343-348.

[189] Grossman G. & E. Helpman. Innovation and growth in the global economy [M]. Cambridge, MA: MIT Press, 1991.

[190] Hagedoorn J. & J. Schakenraad. The effect of strategic technology alliances on company performance [J]. Strategic Management Journal, 1994, 15: 291-309.

[191] Hagedoorn J.. Inter-firm R&D partnerships: An overview of major trends and patterns since 1960 [J]. Research Policy, 2002, 31: 477-492.

[192] Hall B. H., F. Lotti & J. Mairesse. Employment, innovation, and productivity: Evidence from Italian microdata [J]. Industrial and Corporate Change, 2008, 17: 813-839.

[193] Hall P. H. & S. A. Heffeman. More on the employment effects of innovation [J]. Journal of Development Economics, 1985, 17: 151-162.

[194] Hall R. E.. Invariance Properties of Solow's Productivity Residual [A]. In P. Diamond (ed.). Growth, Productivity, Unemployment. MIT Press, 1990.

[195] Hall R. E.. The Relation between Price and Marginal Cost in U.S. Industry [J]. The Journal of Political Economy, 1988, 29: 921-947.

[196] Hansen B. E.. Threshold effects in non-dynamic panels: Estimation, testing, and inference [J]. Journal of Econometrics, 1999, 93: 345-368.

[197] Hansen T.. Bridging regional innovation: Cross-border collaboration in the Oresund region [J]. Geografisk Tidsskrift-Danish Journal of Geography, 2013, 113: 25-38.

[198] Harris L., A. M. Coles & K. Dickson. Building innovation networks: Issues of strategy and expertise [J]. Technology Analysis and Strategic Management,

2000, 12: 229-241.

[199] Harrison R., J. Jaumandreu, J. Mairesse & B. Peters. Does innovation stimulate employment? A firm-level analysis using comparable micro-data from four European Countries [A]. National Bureau of Economic Research Working Paper 14216 [C]. Cambridge, MA, 2008.

[200] Haskel J. & Y. Heden. Computers and the demand for skilled labour: Industry-and-establishment-level panel evidence for the UK [J]. The Economic Journal, 1999, 109: 68-79.

[201] He Z. L. & P. K. Wong. Reaching out and reaching within: A study of the relationship between innovation collaboration and innovation performance [J]. Industry and Innovation, 2012, 19: 539-561.

[202] Held D. & A. McGrew. Governing globalization: Power, authority and global governance [M]. Cambridge: Polity Press, 2002.

[203] Henderson J. & K. Nadvi. Greater China, the challenges of global production networks, and the dynamics of transformation [J]. Global Networks, 2011, 11: 285-297.

[204] Henderson J., P. Dicken, M. Hess, N. Coe & H. W. Yeung. Global production networks and the analysis of economic development [J]. Review of International Political Economy, 2002, 9: 436-464.

[205] Henderson R. M. & K. B. Clark. Architectural innovation: The reconfiguration of existing product technologies and the failure of established firms [J]. Administrative Science Quarterly, 1990, 35: 9-30.

[206] Henderson V., A. Kuncoro & M. Turner. Industrial development in cities [J]. Journal of Political Economics, 1995, 103: 1067-1090.

[207] Hess M. & H. W. Yeung. Whither global production networks in economic geography? Past, present and future [J]. Environment and Planning A, 2006, 38: 1193-1204.

[208] Hicks J. R.. The Theory of Wages [M]. London: Macmillan, 1932.

[209] Hicks J. R.. Capital and Time [M]. Oxford: Oxford University Press, 1973.

[210] Hoekman J., K. Frenkenand & F. van Oort. The geography of collaborative knowledge production in Europe[J]. The Annals of Regional Science, 2009, 43: 721-738.

[210] Hollanders, H. & B. ter Weel. Technology, Knowledge Spillovers and Changes in Employment Structure: Evidence from six OECD countries [J]. Labour Economics, 2002, 9: 579-599.

[211] Hopkins T. & I. Wallerstein. Patterns of development of the modern world-system [J]. American Economic Review, 1950, 1: 111-145.

[212] Hu T. S., C. Y. Lin & S. L. Chang. Technology-based regional development strategies and the emergence of technological communities: a case study of HSIP, Taiwan [J]. Technovation, 2005, 25: 367-380.

[213] Huang K. F. & C. M. Yu. The effect of competitive and non-competitive R&D collaboration on firm innovation[J]. Journal of Technology Transfer, 2011, 36: 383-403.

[214] Humphrey J. & H. Schmitz. How does insertion in global value chains affect upgrading in industrial clusters [J]. Regional Studies, 2002, 36: 1017-1027.

[215] Ianta M., Innovation, demand and employment [A]. In Petit P. & Soete L. (eds.). Technology and the future of European employment [C]. Elgar, Cheltenham, 2001.

[216] Inkpen A. C. & W. Pien. An examination of collaboration and knowledge transfer: China-Singapore Suzhou industrial park[J]. Journal of Management Studies, 2006, 43: 779-811.

[217] Inkpen A.. Learning, knowledge acquisition, and strategic alliances [J]. European Management Journal, 1998, 16: 223-229.

[218] INSEAD. Global Innovation Index 2013, http://www.globalinnovationindex.org/content.aspx? page=GII-Home.

[219] ITIF. Global Innovation Policy Index 2012, http://www2.itif.org/2012-global-innovation-policy-index.pdf.

[220] Jacobs J.. The economy of cities [M]. New York: Random House, 1969.

[221] Jaumandreu J.. Does innovation spur employment? A firm-level analysis

using Spanish CIS data [A]. The European Commission IEEF project paper [C]. 2003. http: //www.eco.uc3m.es/IEEF/emplics.pdf Cited 2 Dec 2008.

[222] Jensen M. B., B. Johnson & E. Lorenz. Forms of knowledge and modes of innovation [J]. Research Policy, 2007, 36: 680-693.

[223] Johansen S.. Statistical analysis of cointegration vectors [J]. Journal of Economics Dynamics and Control, 1988: 231-254.

[224] Jovanovic B.. Selection and the evolution of industry [J]. Econometrica, 1982, 50: 649-670.

[225] Jukka-Pekka O., J. Saramäki, J. Kertész & K. Kaski. Intensity and coherence of motifs in weighted complex networks [J]. Physical Review E, 2005, 71: 65-103.

[226] Kalmbach P. & H. D. Kurz. Micro-electronics and employment: A dynamic input-output study of the West-German economy [J]. Structural Change and Economic Dynamics, 1990, 1: 371-386.

[227] Kang K. H. & J. Kang. Does partner type matter in R&D collaboration for product innovation? [J]. Technology Analysis and Strategic Management, 2010, 22: 945-959.

[228] Karl A. & P. Miehael. The single market and geography concentration in Europe [J]. Review of International Economics, 2004, 12: 1-15.

[229] Karlsson C., C. Mellander & T. Paulsson. Spatial ICT clusters in Sweden: An empirical method to identify a necessary condition for existence [M]. Jönköping University, 2003.

[230] Käser P. A. & R. E. Miles. Knowledge activists: The cultivation of motivation and trust properties of knowledge sharing relationships [M]. Academy of Management Proceedings, 2001.

[231] Katsoulacos Y. S.. The employment effect of technical change [M]. Brighton: Wheatsheaf, 1986.

[232] Kee H. L.. Markups, returns to scale, and productivity: A case study of Singapore's manufacturing sector [A]. Policy Research Working Paper 2857 [C]. The World Bank, 2002.

[233] Kerr W. R.. Breakthrough inventions and migrating clusters of innovation [J]. Journal of Urban Economics, 2010, 67: 46-60.

[234] Ketels C.. European clusters [J]. Structural Change in Europe, 2004, 3: 1-5.

[235] Keynes J. M.. The general theory of employment, interest and money [A]. In The Collected Writings of John Maynard Keynes [C]. London: Macmillan, 1973.

[236] Kim L.. Imitation to Innovation: The dynamics of Korea's technological Learning [M]. Cambridge: Harvard Business School Press, 1997.

[237] Kimberly J. R. & M. Evanisko. Organizational innovation: The influence of individual, organizational, and contextual factors on hospital adoption of technological and administrative innovations [J]. Academy of Management Journal, 1981, 24: 679-713.

[238] Kitagawa F.. The Fukuoka silicon sea-belt project: An east Asian experiment in developing transnational networks [J]. European Planning Studies, 2005, 13: 793-799.

[239] Klette Jakob & S. Forre. Innovation and job creation in a small open economy-evidence from norwegian manufacturing plants 1982-92 [J]. Economics of Innovation and New Technology, 1998, 5: 247-272.

[240] Knight K. E.. A descriptive model of the intra-firm innovation process [J]. Journal of Business, 1967, 40: 478-496.

[241] Knorringa P.. Agra: An old cluster facing the new competition [J]. World Development, 1999, 27: 1587-1604.

[242] Kogut B.. Joint ventures: Theoretical and empirical perspectives [J]. Strategic Management Journal, 1988, 9: 319-332.

[242] Kotabe M. & J. Y. Murray. Linking product and process innovation and modes of international sourcing in global competition: A case of foreign multinational firms [J]. Journal of International Business Studies, 1990, 21: 383-408.

[243] Kotabe M.. Corporate product policy and innovation behavior of European and Japanese multinationals: An empirical investigation [J]. Journal of Marketing,

1990, 54: 19-33.

[244] Kraft K.. Are product-and process-innovations independent of each other? [J]. Applied Economics, 1990, 22: 1029-1038.

[245] Krugman P.. A model of innovation, technology transfer, and the world distribution of income [J]. Journalof Political Economy, 1979, 87: 253-266.

[246] Lachenmaier S. & H. Rottmann. Effects of innovation on employment: A dynamic panel analysis [A]. Munich Society for the Promotion of Economic Research Working Paper 2015 [C]. Munich, 2007.

[247] Lall S.. Technological capabilities and industrialisation [J]. World Development, 1992, 20: 165-186.

[248] Layard R. & S. Nickell. The Causes of British unemployment [J]. National Institute Economic Review, 1985, 111: 62-85.

[249] Layard R., S. Nickell & R. Jackman. Unemployment: Macroeconomic Performance and the Labour Market [M]. Oxford: Oxford University Press, 1991.

[250] Lee B. H. & S. K. Kwun. Public policy toward the innovation-driven economy in Korea [J]. International Journal of Entrepreneurship and Innovation Management, 2003, 3: 267-281.

[251] Lee H. H. & J. A. Stone. Product and process innovation in the product life cycle: Estimates for U.S. manufacturing industries [J]. Southern Economic Journal, 1994, 60: 754-763.

[252] Lee J. S. & J. C. Wang. Public policies for the promotion of an innovation-driven economy in Taiwan[J]. International Journal of Entrepreneurship and Innovation Management, 2003, 3: 227-248.

[253] Lee K.. Promoting innovative clusters through the regional research centre (RRC) policy programme in Korea [J]. European Planning Studies, 2003, 11: 25-39.

[254] Lee T. L.. Action strategies for strengthening industrial clusters in southern Taiwan [J]. Technology in Society, 2006, 28: 533-552.

[255] Leontief W. & F. Duchin. The Future Impact of Automation on Workers [M]. Oxford: Oxford University Press, 1986.

[256] Levin R. & P. Reiss. Cost-reducing and demand-creating R&D with spillovers [J]. Rand Journal of Economics, 1988, 19: 538–556.

[257] Li J., D. Chen & D. M. Shapiro. Product innovations in emerging economies: The role of foreign knowledge access channels and internal efforts in Chinese firms [J]. Management and Organization Review, 2010, 6: 243–266.

[258] Lichtenthaler U.. Absorptive capacity, environmental turbulence, and the complementarity of organizational learning processes [J]. Academy of Management Journal, 2009, 52: 822–846.

[259] Link A.. A disaggregated analysis of industrial R&D: Product versus process innovation [A]. In: D. Sahal (ed.). The Transfer and Utilization of Technical Knowledge [M]. DC Heath, Lexington, MA, 1982.

[260] Liu B. C., R. Madhavan & D. Sudharshan. DiffuNET: The impact of network structure on diffusion of innovation [J]. European Journal of Innovation Management, 2005, 8: 240–262.

[261] Liyanage S.. Breeding innovation clusters through collaborative research networks [J]. Technovation, 1995, 15: 553–567.

[262] Liyanage S. & H. Mitchell. A symbiotic model of innovation management for collaborative research [J]. Prometheus, 1994, 12: 207–224.

[263] Lundequist P. & D. Power. Putting Porter into practice? Practices of regional cluster building: Evidence from Sweden [J]. European Planning Studies, 2002, 10: 685–704.

[264] Lundin N., F. Sjöholm, H. Ping & J. C. Qian. Technology development and job creation in China [A]. Research Institute of Industrial Economics Working Paper 697 [C]. Stockholm, 2007, http://www.ifn.se/Wfiles/wp/wp697.pdf Cited 13 Nov 2008.

[265] Lundvall B. A.. National Systems of Innovation [M]. London: Pinter, 1992.

[266] Lundvall B. A.. Innovation as an interactive process: user-producer interaction to the national system of innovation: research paper [J]. African Journal of Science, Technology, Innovation and Development, 2009, 1: 10–34.

[267] Lunn J.. An empirical analysis of firm process and product patenting [J]. Applied Economics, 1987, 19: 743-751.

[268] Lunn J.. An empirical analysis of process and product patenting: A simultaneous equation framework [J]. Journal of Industrial Economics, 1986, 34: 319-330.

[269] Lynch R. P.. Architecture of innovation: Creating a "School of Thought", http://www.robertporterlynch.com/Architecture_of_Innovation_V1.1.doc, 2006.

[270] Machin S. & J. Van Reenen. Technology and changes in skill structure: Evidence from seven OECD countries [J]. The Quarterly Journal of Economics, 1998, 113: 1215-1244.

[271] Machin S. & S. Wadhwani. The effects of unions on organisational change and employment: Evidence from WIRS [J]. Economic Journal, 1991, 101: 324-330.

[272] Machin S.. The changing nature of labour demand in the new economy and skill-biased technology change [J]. Oxford Bulletin of Economics and Statistics, 2001, 63: 753-776.

[273] Maggioni M. A. & M. R. Riggi. High-tech firms and the dynamics of innovative industrial clusters [A]. In C. Karlsson (ed.). Handbook of research on innovation and clusters: cases and policies [C]. Bodmin: MPG Books Ltd, 2008.

[274] Mahroum S. & Y. Al-Saleh. Towards a functional framework for measuring national innovation efficacy [J]. Technovation, 2013, 33: 320-332.

[275] Mahroum S.. Assessing human resources for science and technology: The 3Ds framework [J]. Science and Public Policy, 2007, 34: 489-499.

[276] Mahroum S., R. Huggins, N. Clayton, K. Pain & P. Taylor. Innovation by Adoption: Measuring and Mapping Absorptive Capacity in UK Nations and Regions [M]. NESTA, 2008.

[277] Malerba F. & L. Orsenigo. Schumpeterian patterns of innovation are technology-specific [J]. Research Policy, 1996, 25: 451-478.

[278] Malerba F. & L. Orsenigo. Technological regimes and firm behaviour [J]. Industrial Corporate Change, 1993, 2: 45-71.

[279] Malerba F. & L. Orsenigo. Technological regimes and sectoral patterns of innovative activities [J]. Industrial Corporate Change, 1997, 6: 83-117.

[280] Malerba F.. How innovation differ across sectors and industries [A]. In: Fagerberg J., D. Mowery & R. Nelson (eds.). Handbook of innovation [C]. Oxford: Oxford University Press, 2004.

[281] Malofie T. W. et al. Do some business models perform better than others? [A]. Working Paper: MIT Sloan School of Management, 2006.

[282] Malone T. W., P. Weill, R. R. Lai, V. T. D'Urso, G. Herman, Th. G. Apel & St. L.Woerner. Do some business models perform better than others? [R]. Working Paper: MIT Sloan School of Management, 2006.

[283] Malthus T. R.. Principles of political economy [M]. New York: M. Kelley, 1964.

[284] Marshall A.. Principles of economics [M]. Macmillan, Cambridge, 1961.

[285] Marsili O. & B. Verspagen. Technology and the dynamics of industrial structure: An empirical mapping of Dutch manufacturing [J]. Industrial and Corporate Change, 2002, 11: 791-815.

[286] Marsili O.. The anatomy and evolution of industries: Technological change and industrial dynamics [M]. Elgar, Cheltenham, 2001.

[287] Martin R. & P. Sunley. Deconstructing clusters: Chaotic concept or policy panacea? [J]. Journal of Economic Geography, 2003, 3: 5-35.

[288] Martinez-Ros E.. Explaining the decisions to carry out product and process innovations: The Spanish case [J]. Journal of High Technology Management Research, 2000, 10: 223-242.

[289] Marx K.. Capital [M]. Moscow: Foreign Languages Publishing House, 1961.

[290] Maurin Eric & D. Thesmar. Changes in the functional structure of firms and the demand for skill [J]. Journal of Labor Economics, 2004, 22: 639-664.

[291] Meisel J. B. & S. A. Y. Lin. The impact of market structure on the firm's allocation of resources to research and development [J]. Quarterly Review of Economics and Business, 1983, 23: 28-43.

[292] Meng H. C.. Innovation cluster as the national competitiveness tool in the innovation driven economy [J]. International Journal of Foresight and Innovation Policy, 2005, 2: 104-116.

[293] Meriküll J.. The impact of innovation on employment: Firm-and industry-level evidence from transition economy [EB/OL]. http://www.bankofestonia.info, 2009.

[294] Metcalfe S.. The economic foundations of technology policy: equilibrium and evolutionary perspectives [A]. In P. Stoneman (ed.). Handbook of the Economics of Innovation and Technological Change [C]. Oxford (UK) /Cambridge (US): Blackwell Publishers, 1995.

[295] Meyer-Krahmer F.. The effects of new technologies on employment [J]. Economics of Innovation and New Technology, 1992, 2: 131-149.

[296] Mill J. S.. Principles of political economy [M]. New York: M. Kelley, 1976.

[297] Miotti L. & F. Sachwald. Co-operative R&D: why and with whom?: An integrated framework of analysis [J]. Research Policy, 2003, 32: 1481-1499.

[298] Mishra A. A. & R. Shah. In union lies strength: Collaborative competence in new product development and its performance effects [J]. Journal of Operations Management, 2009, 27: 324-338.

[299] Monge-González R., J. A. Rodríguez-Alvarez, J. Hewitt, E. Orozco & K. Ruiz. Innovation and employment growth in Costa Rica: A firm-level analysis [A]. Inter-American Development Bank Science and Technology Division, No. IDB-TN-318, 2011.

[300] Montresor S. & G. V. Marzetti. Innovation clusters in technological systems: A network analysis of 15 OECD countries for the mid-1990s [J]. Industry and Innovation, 2008, 15: 321-346.

[301] Moodysson J. & O. Jonsson. Knowledge collaboration and proximity: The spatial organization of biotech innovation projects [J]. European Urban and Regional Studies, 2007, 14: 115-131.

[302] Moreno R., R. Paci & S. Usai. Geographical and sectoral clusters of

innovation in Europe [J]. Annals of Regional Science, 2005, 39: 715-739.

[303] Moreno R., R. Paci & S. Usai. Innovation clusters in the European regions [J]. European Planning Studies, 2006, 14: 1235-1263.

[304] Mowery D. & N. Rosenberg. Path of innovation: Technological change in 20th-Century America [M]. Cambridge: Cambridge University Press, 1998.

[305] Muro M. & B. Katz. The new cluster moment: How regional innovation clusters can foster the next economy [J]. Metropolitan Policy Program at Brookings, 2010.

[306] Mussa M. & S. Rosen. Monopoly and product quality [J]. Journal of Economic Theory, 1978, 18: 301-317.

[307] Nadvi K. & G. Halder. Local clusters in global value chains: Exploring dynamic linkages between Germany and Pakistan [J]. Entrepreneurship and Regional Development, 2005, 17: 339-363.

[308] Nadvi K.. Global standards, global governance and the organization of global value chains [J]. Journal of Economic Geography, 2008, 8: 323-343.

[309] Narayan P. K. & S. Popp. A new unit root test with two structural breaks in level and slope at unknown time [J]. Journal of Applied Statistics, 2010, 37: 1425-1438.

[310] Nasierowski W. & F. J. Arcelus. On the efficiency of national innovation system [J]. Socio-Economic Planning Sciences, 2003, 37: 215-234.

[312] Neary J. P.. On the short-run effects of technological progress [J]. Oxford Economic Papers, 1981, 32: 224-233.

[313] Nelson R. & S. Winter. In search of a useful theory of innovation [J]. Research Policy, 1977, 6: 36-76.

[314] Nickell S. & P. Kong. Technical progress and jobs [A]. Centre for Labour Economics, Discussion Paper No. 366, London School of Economics, London, 1989.

[315] Nickell S.. Product markets and labour markets [J]. Labour Economics, 1999, 6: 1-20.

[316] Nieto M. J. & L. Santamaria. Technological collaboration: Bridging the

innovation gap between small and large firms [J]. Journal of Small Business Management, 2010, 48: 44-69.

[317] Nieto M. J. & L. Santamaria. The importance of diverse collaborative networks for the novelty of product innovation [J]. Technovation, 2007, 7: 367-377.

[318] Nonaka I. & H. Takeuchi. The Knowledge-Creating Company: How Japanese companies create the dynamics of innovation [M]. New York: Oxford University Press, 1995.

[319] Norden. Nordic Innovation Monitor [M]. Copenhagen: Nordic Council of Ministers, 2009.

[320] OECD. Boosting Innovation: The cluster approach [M]. Paris: OECD, 1997.

[321] OECD. Boosting innovation: The cluster approach [M]. Paris: OECD, 1999.

[322] OECD. Innovative cluster: Drivers of national innovation system [M]. Paris: OECD, 2001.

[323] OECD. Korea and the knowledge-based economy: Making the transition [M]. Word Bank, 2000.

[324] OECD. Main Science and Technology Indicators [M]. Paris: OECD, 2005.

[325] OECD. OECD science, technology and industry outlook 2010 [M]. OECD, 2010.

[326] Oh I. & H. Park. Shooting at a moving target: four theoretical problems in explaining the dynamics of the Chaebol [J]. Asia Pacific Business Review, 2001, 7: 44-69.

[327] Okamuro H.. Determinants of successful R&D cooperation in Japanese small businesses: The impact of organizational and contractual characteristics [J]. Research Policy, 2007, 36: 1529-1544.

[328] Onnela J.-P., J. Saramäki, J. Kertész & K. Kaski. Intensity and coherence of motifs in weighted complex networks [J]. Physical Review E, 2005, 71: 65-103.

[329] Osterwalder A.. The Business Model Ontology: A Proposition in a Design Science Approach [D]. Doctoral Dissertation: Ecole des Hautes Etudes Commerciales de l'Universite de Lausanne, 2004.

[330] Padalino. S. & M.Vivarelli. The employment intensity of economic growth in the G-7 countries [J]. International Labour Review, 1997, 136: 191-213.

[331] Padilla-Pérez R. & Y. Gaudin. Science, technology and innovation policies in small and developing economies: The case of Central America [J]. Research Policy, 2014, 43: 749-759.

[332] Pakes A. & R. Ericson. Empirical implications of alternative models of firm dynamics [J]. Journal of Economic Theory, 1998, 79: 1-45.

[333] Park S. O.. Economic spaces in the Pacific Rim: A paradigm shift and new dynamics [J]. Papers in Regional Science, 2003, 82: 223-247.

[334] Parrilli M. D., K. Nadvi & H. W. Yeung. Local and regional development in global value chains, production networks and innovation networks: A comparative review and the challenges for future research [J]. European Planning Studies, 2013, 21: 967-988.

[335] Pasinetti L.. Structural change and economic growth [M]. Cambridge: Cambridge University Press, 1981.

[336] Pavitt K. & R. Rothwell. A comment on "A dynamic model of process and product innovation" [J]. Omega, 1976, 4: 375-377.

[337] Pavitt K.. Secioral patterns of technical change: Towards a taxonomy and a theory [J]. Research Policy, 1984, 13: 343-375.

[338] Perez C.. Structural change and the assimilation of new technologies in the economic and social system [J]. Futures, 1983, 15: 357-375.

[339] Peters B.. Employment effects of different innovation activities: Microeconometric evidence [EB/OL]. Centre for European Economic Research Discussion Paper 04-73, Mannheim, 2004. ftp: //ftp.zew.de/pub/zew-docs/dp/dp0473.pdf, Cited 13 Nov. 2008.

[340] Petit P. & L. Soete. Technology and the future of European employment [M]. Elgar, Cheltenham, 2001.

[341] Piacentini P. & P. Pini. Growth and employment [A]. In Vivarelli, M. & Pianta, M. (eds.). The employment impact of innovation: Evidence and policy [C]. London: Routledge, 2000.

[342] Pianta M.. Innovation and employment [A]. In Fagerberg J., D. Mowery & R. Nelson (eds.). Handbook of innovation [C]. Oxford: Oxford University Press, 2005.

[343] Pianta M.. Innovation, demand and employment [A]. In Petit P. & L. Soete (eds). Technology and the Future of European Employment [C]. UK and US: Edwar Elgar, 2001.

[344] Pietrobelli C. & R. Rabellotti. Global value chains meet innovation systems [J]. World Development, 2011, 39: 1261-1269.

[345] Pietrobelli C. & R. Rabellotti. Upgrading to compete [M]. Cambridge: Harvard University Press, 2007.

[346] Pigou A.. The theory of unemployment [M]. London: Macmillan, 1933.

[347] Pini P.. An integrated cumulative growth model: Empirical evidence for nine OECD countries, 1960-1990 [J]. Labour, 1996, 10: 93-150.

[348] Pisano G. P. & S. C. Wheelwright. The new logic of high-tech R&D [J]. Harvard Business Review, 1995, 73: 93-105.

[349] Piva M. & M. Vivarelli. Innovation and Employment: Evidence from Italian microdata [J]. Journal of Economics, 2005, 86: 65-83.

[350] Piva M. & M. Vivarelli. Technological change and employment: Some micro evidence from Italy [J]. Applied Economics Letters, 2004, 11: 373-376.

[351] Porter M. E.. Competitive advantage: Creating and sustaining superior performance [M]. New York: Free Press, 1985.

[352] Porter M.. The competitive advantage of nations [M]. New York: Free Press, 1990.

[353] Prebisch R.. Crecimiento, desequilibrio y disparidades, in CEPAL, Estudio Economico Sobre America Latina [M]. New York: United Nations, 1950.

[354] Preissl B.. Innovation clusters: Combining physical and virtual links [A]. DIW Discussion papers, 2003: 1-25.

[355] PROINNO Europe. European Innovation Scoreboard (EIS) 2009 [M]. European Union, Brussels, 2009.

[356] Raffo J., S. Lhuillery & L. Miotti. Northern and southern innovativity: A comparison across European and Latin American countries [J]. The European Journal of Development Research, 2008, 20: 219-239.

[357] Ray P. K. & S. Ray. Resource-Constrained innovation for emerging economies: The Case of the Indian telecommunications industry[J]. IEEE Transactions on Engineering Management, 2010, 57: 144-156.

[358] Reati A.. The present technological change: growth and employment perspectives [A]. In Michie J. & A. Reati (ed.). Employment, Technology and Economic Needs [C]. UK and US: Edward Elgar, 1998.

[359] Rees K.. Interregional collaboration and innovation in Vancouver's emerging high-tech cluster [J]. Tijdschrift Voor Economische En Sociale Geografie, 2005, 96: 298-312.

[360] Rennings K., A. Ziegler & T. Zwick. The effect of environmental innovations on employment changes: An econometric analysis [J]. Business Strategy and the Environment, 2004, 13: 374-387.

[361] Ricardo D.. Principles of political economy [A]. In Sraffa P. (ed.). The Works and Correspondence of David Ricardo [C]. Cambridge: Cambridge University Press, 1951.

[362] Roberts P. W. & R. Amit. The dynamics of innovative activity and competitive advantage: The case of Australian retail banking, 1981 to 1995 [J]. Organization Science, 2003, 14: 107-122.

[363] Roeger W.. Can imperfect competition explain the difference between primal and dual productivity measures?. Estimates for U.S. Manufacturing [J]. Journal of Political Economy, 1995, 103: 316-330.

[364] Romer P.. The origins of endogenous growth [J]. Journal of Economic Perspectives, 1994, 8: 3-22.

[365] Ronde P.. Technological clusters with a knowledge-based principle: Evidence from a Delphi investigation in the French case of the life sciences [J].

Research Policy, 2001, 30: 1041-1057.

[366] Rosenberg N.. Perspectives on technology [M]. Cambridge: Cambridge University Press, 1976.

[367] Rothwell R. & W. Zegveld. Industrial innovation and public policy [M]. London: Frances Pinter Ltd, 1981.

[368] Rugman A. M. & G. Boyd. Alliance capitalism for the new American economy [M]. Edward: Elgar Publishing, 2003.

[369] Rutten R. & F. Boekema. Regional social capital: Embeddedness, innovation networks and Regional economic development [J]. Technological Forecasting and Social Change, 2007, 74: 1834-1846.

[370] Sanders M. & B. Weel. Skill-Biased technical change: Theoretical concepts, empirical problems and a survey of the evidence [A]. DRUID Conference presentation, 2000.

[371] Say J. B.. A Treatise on political economy or the production, distribution and consumption of wealth [M]. New York: M. Kelley, 1964.

[372] Scherer F. M.. Concentration, productivity, and R&D change [J]. Southern Economic Journal, 1983, 50: 221-275.

[373] Scherer F. M.. Industrial market structure and economic performance [M]. Chicago: Rand McNally, 1980.

[374] Schilling M. A. & C. C. Phelps. Interfirm collaboration networks: The impact of large-scale network structure on firm innovation [J]. Management Science, 2007, 53: 1113-1126.

[375] Schilling M. A.. Strategic management of technological innovation [M]. New York: McGraw-Hill Irwin, 2005.

[376] Schmitz H.. Local enterprises in the global economy: Issues of governance and upgrading [M]. Cheltenham: Edward Elgar, 2004.

[377] Schumpeter J. A.. Capitalism, socialism and democracy [M]. London: Allen and Unwin Ltd, 1942.

[378] Sciberras E.. Technical innovation and international competitiveness in the television industry [J]. Omega, 1982, 10: 585-596.

[379] Sener S. & E. Sandogan. The effects of science-technology-innovation on competitiveness and economic growth [J]. Procedia Social and Behavioral Sciences, 2011, 24: 815-828.

[380] Shaked A. & J. Sutton. Relaxing price competition through product differentiation [J]. Review of Economic Studies, 1982, 49: 3-13.

[381] Shleifer A.. Implementation cycles [J]. Journal of Political Economy, 1986, 10: 101-112.

[382] Shrader R. C.. Collaboration and performance in foreign markets: The case of young high-technology manufacturing firms [J]. Academy of Management Journal, 2001, 44: 45-60.

[383] Simmie J., C. Siino & J. M. Zuliani. Local innovation system governance and performance: A comparative analysis of Oxford shire, Stuttgart and Toulouse [J]. International Journal of Technology Management, 2004, 28: 534-559.

[384] Simmie J., J. Carpenter, A. Chadwick & R. Martin. History matters: path dependence and innovation in British city-regions [A]. Research Report. NESTA Futurlab, 2008.

[385] Simonetti R., K. Taylor & M. Vivarelli. Modelling the employment impact of innovation [A]. In Vivarelli M. & Pianta M. (eds.). The Employment Impact of Innovation: Evidence and Policy [C]. London: Routledge, 2000.

[386] Sinclair P. J. N.. When will technical progress destroy jobs? [J]. Oxford Economic Papers, 1981, 31: 1-18.

[387] Singer H.. The distribution of gains between investing and borrowing countries [J]. American Economic Review, 1950, 40: 473-485.

[388] Singh P. J. & D. Power. The nature and effectiveness of collaboration between firms, their customers and suppliers: A supply chain perspective [J]. Supply Chain Management: An International Journal, 2009, 14: 189-200.

[389] Sitilli G.. Science and Technology Indicators: The State of the art and prospects for the future [A]. In: Antonelli G, Liso ND (eds.) Economics of Structural and Technological Change [C]. London: Routledge, 1997.

[390] Sivadas E. & F. R. Dwyer. An examination of organizational factors

influencing new product success in internal and alliance-based processes [J]. The Journal of Marketing, 2000, 64: 31-49.

[391] Slaughter G. L., B. A. Traversat & R. J. Block. Highly-available distributed cluster configuration database, U.S.08/954.796, 1997.

[392] Smith H. L. & J. Glasson. Milton park: Developing a successful high-tech business park [A]. Local knowledge: Case Studies for Four Innovative Places [C]. London: NESTA, 2010.

[393] Smith H. L.. Universities, innovation, and territorial development: A review of the evidence [J]. Environment and Planning C-Government and Policy, 2007, 25: 98-114.

[394] Smolny W.. Innovations, prices and employment: A theoretical model and an empirical application for West German manufacturing firms [J]. Journal of Industrial Economics, 1998, 46: 359-381.

[395] Solow R.. A contribution to the theory of economic growth [J]. Quarterly Journal of Economics, 1956, 701: 65-94.

[396] Soosay C. A., P. W. Hyland & M. Ferrer. Supply chain collaboration: Capabilities for continuous innovation [J]. Supply Chain Management: An International Journal, 2008, 13: 160-169.

[397] Spielkamp A. & K. Vopel. Mapping innovative clusters in national innovation systems [M]. Mannheim: Zentrum für Europäische Wirtschaftsforschung, 1998.

[398] Steinle C. & H. Schiele. When do industries cluster?: A proposal on how to assess an industry's propensity to concentrate at a single region or nation [J]. Research Policy, 2002, 31: 849-858.

[399] Steuart J.. An inquiry into the principles of political economy [M]. Chicago: Oliver and Boyd, 1966.

[400] Stoneman P.. The economic analysis of technological change [M]. Oxford: Oxford University Press, 1983.

[401] Sturgeon T.. From commodity chains to value chains: Interdisciplinary theory building in an age of globalization [A]. In J. Bair (ed.). Frontiers of

Commodity Chain Research [M]. Stanford: Stanford University Press, 2009.

[402] Sun C. C., G. T. R. Lin & G. H. Tzeng. The evaluation of cluster policy by fuzzy MCDM: Empirical evidence from HsinChu Science Park [J]. Expert Systems with Applications, 2009, 36: 11895-11906.

[403] Sylos Labini. Oligopoly and technical progress [M]. Cambridge: Harvard University Press, 1969.

[404] Takeda Y., Y. Kajikawa & I. Sakata. An analysis of geographical agglomeration and modularized industrial networks in a regional cluster: A case study at Yamagata prefecture in Japan [J]. Technovation, 2008, 28: 531-539.

[405] Taymaz E.. National system of innovation in Turkish [M]. Ankara: TÜBİTAK/TTGV/DİE, 2001.

[406] Taymaz E.. Technological change and employment in Turkish manufacturing industries [A]. In Bulutay T. (ed.). Technology and Employment [C]. Ankara: SIS, 1996.

[407] Teece D. J.. Competition, cooperation, and innovation: Organizational arrangements for regimes of rapid technological progress [J]. Journal of Economic Behavior and Organization, 1992, 18: 1-25.

[408] Teece D. J., G. Pisano & A. Shuen. Dynamic capabilities and strategic management [J]. Strategic Management Journal, 1997, 18: 509-533.

[409] Temel S., A. Mention & M. Torkkeli. The impact of cooperation on firms' innovation propensity in emerging economies[J]. Journal of Technology Management & Innovation, 2013, 8: 54-64.

[410] Tether B. S. & A. Tajar. Beyond industry-university links: Sourcing knowledge for innovation from consultants, private research organizations and the public science-base [J]. Research Policy, 2008, 37: 1079-1095.

[411] The Council on Competitivenes. Collaborate: leading regional innovation clusters [EB/OL]. http: //www.compete.org/images/uploads/File/PPF%20Files/Final-collaborate. Pdf, 2010.

[412] Tidd J., J. Bessant & K. Pavitt. Managing innovation: Integrating technology, market, and organizational change [M]. New York: Wiley, 2001.

[413] Tirole J.. The theory of industrial organization [M]. MA Cambridge: The MIT Press, 1988.

[414] Tödtling F., P. Lehner & M. Trippl. Innovation in knowledge intensive industries: The nature and geography of knowledge links [J]. European Planning Studies, 2006, 14: 1035-1058.

[415] Tracey P. & G. L. Clark. Alliances, networks and competitive strategy: Rethinking clusters of innovation [J]. Growth and Change, 2003, 34: 1-16.

[416] Tsai K. H.. Collaborative networks and product innovation performance: Toward a contingency perspective [J]. Research Policy, 2009, 38: 765-778.

[417] Tschirky H. & G. Trauffler. Developing innovation strategies: How to start?: A systemic approach using the innovation architecture [A]. In H. Tschirky et al. (eds.). Managing innovation driven companies [C]. Palgrave Macmillan, 2011.

[418] Üçdoğruk Y.. Employment impact of product and process innovations in turkey [J]. Ege Academic Review, 2006, 6: 87-99.

[419] Un C. A., C. A. Cuervo & K. Asakawa. R&D collaborations and product innovation [J]. Journal of Product Innovation Management, 2010, 27: 673-689.

[420] UNCTAD. World Investment Report 2005 [M]. New York: United Nations, 2005.

[421] Usher A.. A history of mechanical inventions [M]. Cambridge: Harvard Univ. Press, 1954.

[422] Utterback J. & W. Abemathy. A dynamic model of process and product innovation [J]. OMEGA, 1975, 3: 639-656.

[423] Utterback J. M.. Mastering the dynamics of innovation: How companies can seize opportunities in the face of technological change [M]. Boston MA: Harvard Business School Press, 1994.

[424] Uzzi B.. The sources and consequences of embeddedness for the economic performance of organizations: The network effect [J]. American Sociological Review, 1996, 61: 674-698.

[425] Van Reenen J.. Employment and technological innovation: Evidence from U.K. manufacturing firms [J]. Journal of Labor Economics, 1997, 15: 255-284.

[426] Venables A. J.. The economic implications of a discrete technical change [J]. Oxford Economic Papers, 1985, 37: 230-248.

[427] Vivarelli M.. Innovation and employment: A survey [A]. IZA Discussion Paper No. 2621, 2007.

[428] Vivarelli M.. The economics of technology and employment: Theory and empirical evidence [M]. Aldershot: Edward Elgar Pub., 1995.

[429] Volberda H. W.. Crisis in strategy: fragmentation, integration or synthesis [J]. European Management Review, 2004, 1: 35-42.

[430] Vonortas N. S. & A. Tolnay. Towards the knowledge-based economy [A]. In M. P. Feldman & A. N. Link (eds.). Innovation Policy in the Knowledge-based Economy [C]. Kluwer Academic Publishers, 2001.

[431] Walker R. M.. Innovation and organizational performance: Evidence and a research agenda [A]. AIM Research Working Paper, Advanced Institute for Management Research, London, 2004.

[432] Wang E. C. & W. Huang. Relative efficiency of R&D Activities: A cross country study accounting for environment factors in the DEA approach [J]. Research Policy, 2007, 36: 260-273.

[433] Watts D. J. & S. H. Strogatz. Collective dynamics of small-world networks [J]. Nature, 1998, 393: 440-442.

[434] WEF. The Global Competitiveness Report 2013-2014 [EB/OL]. http://www3.weforum.org/docs/WEF_GlobalCompetitivenessReport_2013-14.pdf.

[435] Whitley J. D. & R. A. Wilson. Quantifying the employment effects of micro-electronics [J]. Futures, 1982, 14: 486-495.

[436] Whitley J. D. & R. A. Wilson. Quantifying the impact of information technology on employment using a macroeconomic model of the United Kingdom economy [A]. In OECD, ICCP paper 12: Information Technology and Economic Prospects [C]. Paris: OECD, 1987.

[437] Wicksell K.. Lectures on Political Economy [M]. London: Routledge & Kegan, 1961.

[438] Williamson O. E.. Calculativeness, trust, and economic organization[J].

Journal of Law and Economics, 1993, 36: 453-486.

[439] Williamson O. E.. The economic institutions of capitalism: Firms, markets, relational contracting [M]. New York: The Free Press, 1985.

[440] Wolfe R. A.. Organizational innovation: Review, critique, and suggested research directions [J]. Journal of Management Studies, 1994, 31: 405-431.

[441] Wooldridge J.. Introductory econometrics: A modern approach [M]. Cengage Learning Custom Publishing, 2012.

[442] World Bank. World development indicators 2010 [M]. Washington D. C.: World Bank Publications, 2010.

[443] Wu J.. Technological collaboration in product innovation: The role of market competition and sectoral technological intensity [J]. Research Policy, 2012, 41: 489-496.

[444] Yang C.. From strategic coupling to recoupling and decoupling: Restructuring global production networks and regional evolution in China [J]. European Planning Studies, 2012, 21. doi: 10.1080/09654313.2013.733852.

[445] Yang C. H. & C. H. A. Lin. Developing employment effects of innovations: Microeconometric evidence from Chinese Taiwan [J]. The Developing Economies, 2008, 46: 109-134.

[446] Yeung H. W.. From followers to market leaders: Asian electronics firms in the global economy [J]. Asia Pacific Viewpoint, 2007, 48: 1-25.

[447] Yeung H. W.. Regional development and the competitive dynamics of global production networks [J]. Regional Studies, 2009, 43: 325-351.

[448] Yu J. B. & R. Jackson. Regional innovation clusters: A critical review [J]. Growth and Change, 2011, 42: 111-124.

[449] Zaheer A. & G. G. Bell. Benefiting from network position: Firm capabilities, structural holes, and performance [J]. Strategic Management Journal, 2005, 26: 809-825.

[450] Zahra S. A. & J. G. Covin. The financial implications of fit between competitive strategy and innovation types and sources [J]. Journal of High Technology Management Research, 1994, 5: 183-211.

[451] Zahra S. A.. New product innovation in established companies: associations with industry and strategy variables [J]. Entrepreneurship Theory and Practice, 1993, 18: 47-69.

[452] Zahra S. A., D. O. Neubaum & M. Huse. Entrepreneurship in medium-size companies: Exploring the effects of ownership and governance systems [J]. Journal of Management, 2000, 26: 947-976.

[453] Zaltman G., R. Duncan & J. Holbek. Innovations and organizations [M]. New York: Wiley, 1973.

[454] Zeng S. X., X. M. Xie & C. M. Tam. Relationship between cooperation networks and innovation performance of SMEs [J]. Technovation, 2010, 30: 181-194.

[455] Zsidisin G. A. & M. E. Smith. Managing supply risk with early supplier involvement: A case study and research propositions [J]. Journal of Supply Chain Management, 2005, 41: 44-57.

[456] 艾兴政, 朱中国, 唐小我. 存在技术溢出的供应链合作创新机制 [J]. 控制与决策, 2012 (11).

[457] 白俊红, 江可申, 李婧. 应用随机前沿模型评测中国区域研发创新效率 [J]. 管理世界, 2009 (10).

[458] 鲍新中, 徐丹, 王道平. 产学研合作收益分配的博弈分析 [J]. 数学的实践与认知, 2009 (19).

[459] 陈丹. 中小企业合作创新倾向影响因素的实证研究 [J]. 山东大学学报 (哲学社会科学版), 2010 (5).

[460] 陈继勇, 雷欣, 黄开琢. 知识溢出、自主创新能力与外商直接投资 [J]. 管理世界, 2010 (7).

[461] 陈鹏恺. 产业集聚对区域创新能力的影响研究 [D]. 南京: 南京理工大学硕士学位论文, 2014.

[462] 陈永清. 科技投入与产业经济增长: 基于灰色综合关联的实证研究 [J]. 技术经济与管理研究, 2011 (5).

[463] 陈宥荌. 国际创新驱动能力评价指标体系及其对我国的借鉴 [J]. 南京理工大学学报 (社会科学版), 2014 (4).

[464] 陈治亚. 行业特色型高校推进协同创新的思考 [J]. 中国高等教育, 2012 (15-16).

[465] 程华. 科技资助促进企业 R&D 研究 [J]. 科研管理, 2005 (4).

[466] 程桦. 协同创新是地方高校实现一流的战略选择 [N]. 中国教育报, 2012-06-19.

[467] 程璐, 程鹏, 孙立荣. 企业间合作创新演化博弈研究 [J]. 经济问题, 2012 (11).

[468] 池仁勇. 企业技术创新效率及其影响因素研究 [J]. 数量经济技术经济研究, 2003 (6).

[469] 单海燕, 王文平. 跨组织知识整合下的创新网络结构分析 [J]. 中国管理科学, 2012 (6).

[470] 党文娟, 张宗益, 康继军. 创新环境对促进我国区域创新能力的影响 [J]. 中国软科学, 2008 (3).

[471] 丁斌, 李伟, 吕世平. 基于供应链合作创新的收益共享契约研究 [J]. 合肥工业大学学报（自然科学版）, 2009 (8).

[472] 樊霞, 朱桂龙. 区域创新网络的结点联结及其创新效率评价——以广东省为例 [J]. 工业技术经济, 2008 (12).

[473] 方新. 国外关于技术创新评价指标的研究 [J]. 国外科技政策与管理, 1991 (1).

[474] 冯缨, 滕家佳. 江苏省高技术产业技术创新效率评价 [J]. 科学学与科学技术管理, 2010 (8).

[475] 弗里曼. 工业创新经济学 [M]. 北京：北京大学出版社, 2004.

[476] 付家骥. 技术创新学 [M]. 北京：清华大学出版社, 1998.

[477] 付启敏, 刘伟. 供应链企业间合作创新的联合投资决策：基于技术不确定性的分析 [J]. 管理工程学报, 2011 (3).

[478] 盖文启, 王缉慈. 论区域的技术创新型模式及其创新网络——以北京中关村地区为例 [J]. 北京大学学报, 1999 (5).

[479] 高闯, 潘忠志. 高技术集群企业合作创新博弈及其制度分析 [J]. 科技进步与对策, 2007 (3).

[480] 弓志刚. 基于社会网络分析的中国跨区域技术创新合作研究 [J]. 科技

管理研究，2012（10）.

[481] 关祥勇，王正斌. 区域创新环境对区域创新效率影响的实证研究 [J]. 科技管理研究，2011（21）.

[482] 官建成，何颖. 基于 DEA 方法的区域创新系统的评价 [J]. 科学学研究，2005（2）.

[483] 官建成，何颖. 科学—技术—经济的联结与创新绩效的国际比较研究 [J]. 管理科学学报，2009（5）.

[484] 郭磊，刘志迎，周志翔. 基于 DEA 交叉效率模型的区域技术创新效率评价研究 [J]. 科学学与科学技术管理，2011（11）.

[485] 郭强，夏向阳，赵莉. 高校科技成果转化影响因素及对策研究 [J]. 科技进步与对策，2012（6）.

[486] 郭晓川. 企业网络合作化技术创新及其模式比较 [J]. 科学管理研究，1998（5）.

[487] 国家统计局社会和科技统计司. 2007 年全国工业企业创新调查统计资料 [M]. 北京：中国统计出版社，2008.

[488] 韩晶. 中国高技术产业创新效率研究——基于 SFA 方法的实证分析 [J]. 科学学研究，2010（3）.

[489] 何海燕. 探索高校协同创新科研组织模式推动产学研用结合深入发展 [J]. 中国科技产业，2012（3）.

[490] 何丽君. 合作创新伙伴信任关系的构建 [J]. 科技管理研究，2011（6）.

[491] 赫尔曼·哈肯. 高等协同学 [M]. 北京：科学出版社，1989.

[492] 洪银兴. 科技创新与创新型经济 [J]. 管理世界，2011（7）.

[493] 胡赤弟，黄志兵. 知识形态视角下高校学科—专业—产业链的组织化治理 [J]. 教育研究，2013（1）.

[494] 胡登峰，程楠. 产学研合作过程中校企博弈及管理策略研究 [J]. 郑州航空工业管理学院学报，2012（3）.

[495] 胡锦涛. 在庆祝清华大学建校 100 周年大会上的讲话 [J]. 中国高等教育，2011（9）.

[496] 胡修武. 从全球科技创新热点领域看中国产业科技创新发展方向 [J]. 南京理工大学学报（社会科学版），2014（4）.

[497] 贾俊雪. 中国经济周期波动特征及原因研究 [M]. 北京：中国金融出版社，2008.

[498] 蒋键. 供应商参与技术创新情况实证研究：以我国制造企业为例 [J]. 中国物流与采购，2012（6）.

[499] 李琳，杨军，郑刚. 地理邻近对集群内企业合作创新的动态影响机制 [J]. 科技管理研究，2012（18）.

[500] 李习保. 区域创新环境对创新活动效率影响的实证研究 [J]. 数量经济技术经济研究，2007（8）.

[501] 李新安. 产业集群合作创新优势的演变机制研究 [J]. 科技进步与对策，2007（2）.

[502] 李志刚，汤书昆，梁晓艳，赵林捷. 产业集群网络结构与企业创新绩效关系研究 [J]. 科学学研究，2007（4）.

[503] 李忠云，邓秀新. 高校协同创新的困境、路径及政策建议 [J]. 中国高等教育，2011（17）.

[504] 李忠云，邓秀新. 内外兼治破解高校协同创新困境 [J]. 中国教育报，2011（7）.

[505] 李祖超，梁春晓. 协同创新运行机制探析：基于高校创新主体的视角 [J]. 中国高教研究，2012（7）.

[506] 李祖超. 产学研协同创新问题分析与对策建议 [J]. 中国高校科技，2012（8）.

[507] 梁琦. 知识溢出的空间局限性与集聚 [J]. 科学学研究，2004（1）.

[508] 林涛. 基于协同学理论的高校协同创新机理研究 [J]. 研究生教育研究，2013（4）.

[509] 刘爱芹，张伟. 区域技术创新效率的测度与评价：基于山东省的实证研究 [J]. 山东财政学院学报，2008（6）.

[510] 刘本盛. 关于国家创新体系建设的思考与建议 [J]. 管理世界，2007（8）.

[511] 刘凤朝，潘雄锋. 基于Malmquist指数法的我国科技创新效率评价 [J]. 科学学研究，2007（5）.

[512] 刘凤朝，姜滨滨. 中国区域科研合作网络结构对绩效作用效果分析：以燃料电池领域为例 [J]. 科学学与科学技术管理，2012（1）.

[513] 刘华容,曹休宁.产业集群中集群企业的合作创新问题研究[J].科技进步与对策,2009(23).

[514] 刘家树,菅利荣,洪功翔.区域创新网络集聚系数测度及其效应分析[J].财贸研究,2013(3).

[515] 刘梦,朱英明.创新网络集聚、网络联结对技术创新效率影响研究[Z].南京理工大学江苏产业集群研究基地工作论文,2014.

[516] 刘旻,胡晓军,王宏达.科技型中小企业合作创新模式初探[J].现代财经—天津财经学院学报,2003(12).

[517] 刘文丽.我国科技金融对经济增长影响的区域差异:基于东部、中部和西部面板数据的实证分析[J].宏观经济研究,2014(2).

[518] 刘细发.我国高校科技成果转化现状与对策[J].黑龙江高教研究,2009(9).

[519] 刘媛华.企业集群合作创新涌现的动力模型研究[J].科学学研究,2012(9).

[520] 刘志迎,李芹芹.产业链上下游链合创新联盟的博弈分析[J].科学学与科学技术管理,2012(6).

[521] 罗思平,于永达.技术转移、"海归"与企业技术创新:基于中国光伏产业的实证研究[J].管理世界,2012(11).

[522] 罗维东.高水平行业特色型高校在协同创新体系中的定位思考[J].北京教育(高教),2012(1).

[523] 罗炜,唐元虎.合作创新与企业能力发展[J].科学学与科学技术管理,2001(9).

[524] 吕慧君,朱英明.国外创新效率度量的功能框架及其对中国的借鉴[J].南京理工大学学报(社会科学版),2014(3).

[525] 马志强.基于校企协同创新博弈分析的高校服务价值提升研究[J].科技进步与对策,2012(22).

[526] 明炬.协同创新中心培育组建过程常见的几个问题:以面向行业产业和区域发展类型为例[J].中国高校科技,2012(7).

[527] 欧阳峣,生延超.战略性新兴产业研究述评[J].湖南社会科学,2010(5).

[528] 潘忠志,高闯.高技术集群企业合作创新博弈分析[J].科技进步与对策,2006(11).

[529] 彭本红,周叶.企业协同创新中机会主义行为的动态博弈及防范对策[J].管理评论,2008(9).

[530] 彭向,蒋传海.产业集聚、知识溢出与地区创新:基于中国工业行业的实证检验[J].China Economic Quarterly,2011(3).

[531] 祁艳朝.高校实施协同创新模式与机制研究初探[J].黑龙江教育学院学报,2012(10).

[532] 戚湧,丁刚,张明.高校研究成果绩效评价制度研究[J].中国高校科技,2012(5).

[533] 任爱莲.吸收能力对合作创新绩效的影响研究:来自中小电子信息科技企业的证据[J].科学管理研究,2010(1).

[534] 任荣.企业合作创新本质的理论分析[J].经济问题,2010(3).

[535] 任胜钢,胡春燕,王龙伟.我国区域创新网络结构特征对区域创新能力影响的实证研究[J].系统工程,2011(2).

[536] 邵建春.研发投入与中国经济增长:基于VAR模型的研究[J].经济问题,2008(5).

[537] 邵云飞,杨晓波,邓龙江,杜欣.高校协同创新平台的构建研究[J].电子科技大学学报(社会科学版),2012(4).

[538] 宋刚.钱学森开放复杂巨系统理论视角下的科技创新体系:以城市管理科技创新体系构建为例[J].科学管理研究,2009(6).

[539] 苏海涛,丁虎,马晓伟.基于DEA的技术创新效率评价研究:以江西为例[J].科技与经济,2012(2).

[540] 苏景军,梁涛,胡宝民.合作创新:科技型中小企业的必然选择[J].河北大学学报(哲学社会科学版),2008(5).

[541] 孙笑明,崔文田,董劲威.创新合作伙伴选择与创新绩效之间的关系[J].科学学与科学技术管理,2011(11).

[542] 唐安宝,刘传哲,刁心柯.江苏省学科集群现状及存在问题探析[J].大学教育,2012(12).

[543] 汪晨,朱英明.创新投入、产出对经济增长的影响研究:基于VAR模

型的实证研究[Z].南京理工大学经济管理学院工作论文,2014.

[544] 王兵,陈雪梅.产业结构与广东经济增长:基于VAR模型的实证分析[J].暨南学报(哲学社会科学版),2006(4).

[545] 王辉,张慧颖,吴红翠.供应链间关系质量对知识吸收能力和企业合作创新绩效的影响研究[J].统计与信息论坛,2012(11).

[546] 王雎,罗珉.基于关系性吸收能力的合作创新研究[J].科研管理,2008(1).

[547] 王灵芝.科技投入与经济增长发展优先关系研究[J].科技与管理,2011(6).

[548] 王奇珍,朱英明.基于DEA的区域技术创新效率研究:以东部十省市为例[J].南京理工大学学报(社会科学版),2014(2).

[549] 王汶如.中国大陆科技创新发展与台商转型升级[Z].中国台湾财团法人信息工业策进会产业情报研究所,2013.

[550] 王晓锋,王连军,戚涌.创新产学研合作服务经济社会发展[J].中国高校科技,2011(12).

[551] 王孝斌,王学军.创新集群的演化机理[M].北京:科学出版社,2011.

[552] 王洋,刘志迎.基于产业链上下游企业"链合创新"的博弈关系分析[J].工业技术经济,2010(5).

[553] 王玉钏.试论民营科技型中小企业的合作创新机制[J].生产力研究,2003(1).

[554] 王展祥.结构变化与经济增长:1978~2004:基于中国Panel-Data的实证分析[J].山西财经大学学报,2009(8).

[555] 王章豹,徐枞巍.高校科技创新能力综合评价:原则、指标、模型与方法[J].中国科技论坛,2005(2).

[556] 王子镐.加强行业特色大学协同创新能力建设的思考[J].中国高等教育,2011(24).

[557] 魏权龄.数据包络分析[M].北京:科学出版社,2004.

[558] 吴绍芬.协同创新与高校科技创新能力的提升[J].高校教育管理,2012(6).

[559] 吴伟. 西北五省科技创新的路径选择 [J]. 未来与发展, 2008 (11).

[560] 吴延兵. R&D 存量、知识函数与生产效率 [J]. 经济学季刊, 2006 (4).

[561] 夏若江, 徐承志, 黄骋. 基于行业技术轨道差异性的创新机会分布特征研究 [J]. 科技进步与对策, 2010 (24).

[562] 肖广岭. 创新集群及其政策意义 [J]. 自然辩证法研究, 2003 (10).

[563] 肖敏, 谢富纪. 基于供应链的企业技术创新网络研究 [J]. 科技进步与对策, 2007 (2).

[564] 谢子远, 鞠方辉. 产业集群对我国区域创新效率的影响：来自国家高新区的证据 [J]. 科学学与科学技术管理, 2011 (7).

[565] 熊丽敏. 高校科技人员协同创新面临的问题与对策 [J]. 经济与法, 2012 (10).

[566] 徐康宁, 冯伟. 基于本土市场规模的内生化产业升级：技术创新的第三条道路 [J]. 中国工业经济, 2010 (11).

[567] 许箫迪, 王子龙, 徐浩然. 基于合作创新的企业集群竞争优势研究 [J]. 软科学, 2005 (6).

[568] 鄢显俊. 从技术经济范式到信息技术范式 [J]. 数量经济技术经济研究, 2004 (12).

[569] 严雄. 产学研协同创新五大问题亟待破解 [N]. 中国高新技术产业导报, 2007-03-19.

[570] 杨连盛, 朱英明. 企业协同创新网络是否促进了产业创新效率：基于中国企业专利数据与省级层面数据的分析 [Z]. 南京理工大学江苏产业集群研究基地工作论文, 2014.

[571] 杨连盛, 朱英明. 企业间合作创新对创新绩效影响研究综述 [J]. 南京理工大学学报（社会科学版）, 2014 (1).

[572] 杨连盛, 朱英明等. 从创新集群理念到创新集群实践：国外创新集群研究动态 [J]. 南京理工大学学报（社会科学版）, 2013 (1).

[573] 杨凌春. 美国 NSF "科学技术中心" 的协同创新 [J]. 中国高校科技, 2013 (1).

[574] 杨齐. 合作创新研究现状与未来研究取向探析 [J]. 科技进步与对策, 2011 (21).

[575] 杨耀武，魏喜武. 全球创新政策，中国有待加强：《2012全球创新政策指数报告》解读［EB/OL］. http://www.sistm.edu.cn/KGY/upload/20136515531_1.pdf，2013.

[576] 叶锐，杨建飞，常云昆. 中国省际高技术产业效率测度与分解：基于共享投入关联DEA模型［J］. 数量经济技术经济研究，2012（7）.

[577] 殷翔文. 高校协同创新的角色定位与价值追求［J］. 中国高校科技，2012（7）.

[578] 于明超，申俊喜. 区域异质性与创新效率：基于随机前沿模型的分析［J］. 中国软科学，2010（11）.

[579] 曾辉，陈志雄，李昌栋. 合作创新应成为欠发达地区中小企业发展的主要创新模式［J］. 科技管理研究，2010（11）.

[580] 张珩，朱英明. 从协同创新理念到协同创新实践：国内基于高校的协同创新研究动态［J］. 华东经济管理，2014（7）.

[581] 张洪潮，何任. 非对称企业合作创新的进化博弈模型分析［J］. 中国管理科学，2010（6）.

[582] 张利群. 技术创新与区域经济增长：基于吉林省老工业基地的实证研究［D］. 长春：吉林大学博士学位论文，2010.

[583] 张五常. 经济解释［M］. 北京：商务印书馆，2000.

[584] 张晓峒. EViews使用指南与案例［M］. 北京：机械工业出版社，2012.

[585] 张鑫. 经济全球化视角下的国外区域经济发展研究综述：基于全球价值链、全球生产网络和创新网络的比较分析［J］. 南京理工大学学报（社会科学版），2014（4）.

[586] 张云春，史伟. 基于专利申请量的技术创新与经济增长关系实证研究：以江苏省为例［J］. 知识产权，2013（11）.

[587] 赵骅，鲜丽姣，魏宏竹. 企业集群共性技术合作创新后的道德风险治理：基于无惩罚契约与惩罚契约完备两种形式［J］. 科研管理，2010（6）.

[588] 赵立雨. 基于协同创新的技术创新网络扩张研究［J］. 科技进步与对策，2012（22）.

[589] 赵树宽，余海晴，姜红. 技术标准、技术创新与经济增长关系研究：理论模型及实证分析［J］. 科学学研究，2012（9）.

[590] 赵婷. 产业集聚与地区生产增长率增进理论分析及中国经验实证 [D]. 杭州：浙江大学博士学位论文，2012.

[591] 赵云霞，赵冬梅，刘爱芹. 技术创新与经济发展间的长期动态均衡关系研究：基于山东省的实证分析 [J]. 山东财政学院学报，2011（1）.

[592] 中共中央国务院. 关于深化科技体制改革加快国家创新体系建设的意见 [EB/OL]. 新华网，2012-09-23.

[593] 中国台湾财团法人信息工业策进会数据中心. 2013 MIT TR 评选：十大突破性技术，2013.

[594] 中国台湾财团法人信息工业策进会数据中心. 2013 年全球十大创意企业排行榜，2013.

[595] 中国台湾顶尖大学联盟. "迈向顶尖大学计划"工作圈第 1 次会议记录，2011.

[596] 钟书华. 创新集群：概念、特征及理论意义 [J]. 科学学研究，2008（1）.

[597] 钟祖昌. 国家创新效率的结构特征及其收敛性研究：基于 OECD 国家和中国的经验分析 [J]. 科学学与科学技术管理，2012（3）.

[598] 周旻. 基于演化博弈的产业集群合作创新研究 [J]. 科技管理研究，2012（15）.

[599] 周佩，章道云，姚世斌. 协同创新与企业多元互动研究 [J]. 管理世界，2013（8）.

[600] 朱平芳，徐伟民. 政府的科技激励政策对大中型工业企业 R&D 投入及其专利产出的影响：上海市的实证研究 [J]. 经济研究，2003（6）.

[601] 朱涛. 产业集群内企业之间合作创新的理论分析 [J]. 经济经纬，2007（3）.

[602] 朱英明，杨连盛，吕慧君，沈星. 资源短缺、环境损害及其产业集聚效果研究：基于 21 世纪我国省级工业集聚的实证分析 [J]. 管理世界，2012（11）.

[603] 朱英明，朱婷婷，卢誉. 创新驱动发展战略下的创新产业集群研究：基于江苏省的实证分析 [J]. 南京理工大学学报（社会科学版），2014（2）.

[604] 朱英明. 基于创新集群的江苏创新驱动发展研究 [J]. 现代经济探讨，2012.

[605] 朱英明. 技术创新、就业增长与企业发展：基于工业企业创新活动的实证分析 [J]. 南京理工大学学报（社会科学版），2014（3）.

[606] 朱英明. 论创新驱动发展管理 [J]. 南京理工大学学报（社会科学版），2013（5）.

[607] 朱英明. 区域制造业规模经济、技术变化与全要素生产率：产业集聚的影响分析 [J]. 数量经济技术经济研究，2009（10）.

[608] 朱英明. 中国城市群区集聚式城市化发展研究 [J]. 工业技术经济，2006（2）.

[609] 专题调研组. 调整我们的思路和政策：以创新驱动发展 [J]. 科学发展，2010（1）.

后　记

又到了收获的季节，《创新驱动发展论》终于面世了。一路走来，虽有埋头伏案的疲惫，但更多的是充满成功的喜悦。这既是我在创新驱动发展研究领域的第一部专著，又是江苏产业集群研究基地系列研究成果的第三部专著。

本书得以顺利出版，首先要感谢经济管理出版社的责任编辑申桂萍老师为此付出的辛勤劳动。本书的出版还要感谢国家社会科学基金重点项目的资助，更要感谢我的妻子和儿子，他们的关心与鼓励始终是我科学研究的强大动力。

由于水平所限，本书肯定存在许多不当之处，真诚希望读者能够提出宝贵的意见与建议。

作　者